W0049018

Erik Eybl

Von der Eule zum Euro

Nicht nur eine österreichische Geldgeschichte

Erik Eybl

Von der Eule zum Euro

Nicht nur eine österreichische Geldgeschichte

Mohorjeva
Hermagoras

BUNDESKANZLERAMT ■ KUNST

Erik Eybl: Von der Eule zum Euro. Nicht nur eine österreichische Geldgeschichte

Lektorat: Daniela Warmuth
Umschlaggestaltung: ilab.at
Satz: Emil Stingler
© 2005 Verlag Hermagoras/Mohorjeva založba, Klagenfurt/Celovec – Ljubljana/Laibach – Wien/Dunaj
Gesamtherstellung: Hermagoras Verein/Mohorjeva Klagenfurt/Celovec
Bildnachweis beim Verfasser
Alle Rechte vorbehalten

ISBN 3-7086-0166-1

INHALTSVERZEICHNIS

VORWORT

Die Umstellung der verschiedenen Landeswährungen auf Euro war ein historisch einzigartiges Ereignis. Die Frage drängte sich auf, wie denn frühere Währungsänderungen vor sich gegangen waren, was waren die Gründe, was die Folgen? Österreich hat alleine in den letzten hundertfünfzehn Jahren sechs Änderungen des Geldsystems erlebt: Den Ersatz des Guldens und Kreuzers durch Krone und Heller, den Verfall der Krone in der Inflation der zwanziger Jahre, die Einführung des Schillings 1925, dessen Ablöse durch die Reichsmark im Zuge des Anschlusses an Deutschland, die Wiedereinführung des Schillings und schließlich den Euro.

Immer wieder waren es Kriege, die dramatisch die Geldentwicklung beeinflussten und damit die Lebensbedingungen der Menschen auf Jahre und Jahrzehnte ruinierten. Der Zusammenhang von Frieden und Wohlstand ist so klar wie unumstößlich. Damit soll dieses Buch auch ein Bekenntnis zur Europäischen Union und deren mittlerweile wichtigster Klammer, der gemeinsamen Währung, sein. Allen Widrigkeiten der EU im täglichen Leben zum Trotz: als Friedensordnung für dieses zweitausend Jahre lang vom Krieg zerrüttete Europa scheint sie mir unersetzlich.

Mein Ziel war, die Geschichte des österreichischen Geldes im Rahmen der allgemeinen Geldgeschichte anschaulich zu schildern. Dass ich dabei vielleicht das eine oder andere Mal vom Thema abgekommen bin, den einen oder anderen Umweg genommen und mich ein bisschen verirrt habe, möge man mir verzeihen: es geschah aus purer Lust am Erzählen. Dabei schien es mir besonders wichtig, den abstrakten Geldwerten auch konkrete Inhalte zu geben. Mit dem Abstand der Zeit wird eine Umrechnung in heutiges Geld aber immer schwieriger, da dafür die jeweilige Kaufkraft als Gesamtes verglichen werden muss.

Den Damen und Herren, die mir nicht nur das Material für meine Sammlung lieferten, sondern in spannenden Gesprächen auch zahlreiche Hinweise gaben, die in keinem Buch nachzulesen sind, bin ich besonders verbunden.

Gewidmet ist diese Arbeit meiner Nichte Christina und meinem Neffen Julian, sie wachsen in Österreich und Deutschland mit dem Euro auf und werden sich an Schilling und D-Mark nicht mehr erinnern können.

Erik Eybl, im Winter 2004/ 2005

„Die Frau erfand den Schmuck, der Mann das Geld"
– wie alles begann.

(Wilhelm Gerloff)

Seit der Jungsteinzeit, also seit etwa 25.000 Jahren, gibt es auch Beispiele für die Grundfunktionen von „Geld": Tauschmittel, Maßstab für Wertvergleiche und Mittel zur Aufbewahrung von Werten. Gegenstände, die allgemein angenommen wurden und auch zu anderen Waren in Relation gesetzt werden konnten, übernahmen diese Funktion. Allerdings gab es auch Völker ohne Geld, wie die Aborigines in Australien oder manche Stämme Südamerikas. Bei den Frühformen des Geldes ist zwischen „Hortgeld" und „Tauschgeld" zu unterscheiden: Hortgeld diente der Anlage eines Schatzes, der frühen Form von Ersparnissen. Dafür verwendete man gerne Dinge, die auch als Schmuck dienen und sichtbar getragen werden konnten und damit die Würde des Trägers unterstrichen, es war auch „Prunkgeld".

Etwa Muschelschalen wie die der Perlmuschel in Neu-Guinea oder Schneckenhäuser wie die der Kauri-Schnecken (nicht Muscheln!).

Schon um 2000 v. Chr. durchbohrten Chinesen die Schneckenschalen und fädelten sie an Schnüren zu je 5 Stück auf. Noch im 19. Jahrhundert war die Kauri-Schnecke eine geschätzte Währung in Afrika, Indien und den pazifischen Inseln. Oft mussten sie über lange Strecken transportiert werden, da sie nur an den Küsten des indisch-pazifischen Ozeans und an der Ostküste Afrikas vorkommen. Im Mittelalter übernahmen die Venezianer den Transport der Kauris in großen Mengen, bis sie von

Kauri Schnecken.

den Portugiesen, Holländern und Engländern auch darin abgelöst wurden. Man schätzt, dass um 1800 knapp eine Milliarde Kauri-Schnecken von den Malediven nach Afrika gebracht wurde. Kauris dienten auch praktischen Zwecken wie der Anfertigung von Angelhaken, Nadeln und Messerklingen. Die Kauri-Schnecken gehören zur Gattung der Porzellanschnecken und wegen der Ähnlichkeit nannte man die hauchdünne glasierte und gebrannte Töpferware aus China in Europa Porzellan. Bei Knappheit der Schneckenhäuser wurden sie aus Knochen, Stein oder Bronze nachgebildet, wobei die Nachbildungen erkennbar waren und einen geringeren Wert hatten. Kauri-Schnecken ließen sich nur schwer fälschen, die bekannten Imitationen dienten eher kultischen Zwecken.

Die Funktion dieser Frühform des Geldes war der eines Wertmessers: Indem der Wert aller Waren in Kauri-Schnecken ausdrückbar war, konnte leichter getauscht werden. Im Gegensatz zu Lebensmitteln konnte man Kauris auch unbegrenzt aufbewahren und erst einsetzen, wenn es notwendig war. In Uganda betrug der Preis für eine Frau lange zwei Kauri-Schnecken. Um 1860 kostete eine Unze (20,4 Gramm) Gold in Benin 16.000 Kauris. Der Weltreisende Heinrich Harrer zahlte noch 1962 seinen 115 einheimischen Trägern auf einer Expedition durch Neu-Guinea täglich sechs Kauris pro Kopf. Erst als sich die Europäer in Afrika festsetzten und durch massiven Import von Kauri-Schnecken im Tausch gegen Bodenschätze „gegen die Spielregeln" verstießen, brach das monetäre System dieser Gebiete zusammen. Der Preis für eine Frau stieg auf 10.000 Kauri-Schnecken oder 25 französische Francs.

Zähne von Hunden, Raubtieren und Raubfischen und Hauer von Ebern genossen als Jagdtrophäe hohes Prestige und waren daher als Tauschmittel akzeptiert. Zu Beginn des 19. Jahrhunderts hatte ein Elchzahn bei den nordamerikanischen Indianern einen Wert von 25 Cent. Aber auch völlig nutzlose Dinge wie die über vier Meter großen Steinscheiben auf der Karolineninsel Yap wurden als Prunk- und Hortgeld verwendet. Dabei gab es auf Yap keine Steinbrüche, das tonnenschwere Geld musste

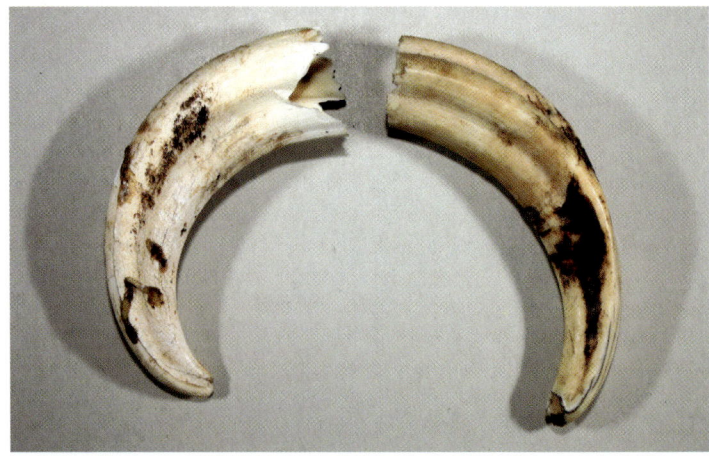

Namibia,
Warzenschweinzähne,
19. Jahrhundert.

hunderte Kilometer über das Meer transportiert werden. Noch im 19. Jahrhundert kostete ein Boot einen Stein von knapp zwei Metern Durchmesser. Hortgeld unterstrich immer die Würde des Besitzers und stellte seinen Reichtum auch öffentlich dar – es ist wohl so alt wie die Menschheit selbst.

Im Gegensatz dazu entwickelte sich Tauschgeld erst mit der Arbeitsteilung. Solange eine kleine Gruppe, Familie oder Sippe, alles Notwendige selbst herstellte, war Handel nicht nötig. Mit der Spezialisierung innerhalb eines größeren Verbandes musste getauscht werden. Als Tauscheinheit verwendete man Dinge, die jedermann gleich brauchen konnte, vor allem Lebens- und Genussmittel, aber auch Felle und Häute. In Krisenzeiten kehrt auch heute die Menschheit sofort zum Warengeld zurück, wie etwa zum „Zigarettengeld" nach dem Zweiten Weltkrieg. Tabak war sowohl in den englischen Kolonien in Nordamerika als auch in Teilen Afrikas Zahlungsmittel. Die ungarische Gaunersprache kennt heute noch für Geld das Wort „bagó – Tabak". In Asien übernahm diese Funktion gepresster Tee oder Opium, ein Pferd kostete in Tibet Anfang des 20. Jahrhunderts 20 Teeziegel.

In Nordeuropa aber auch im hohen Norden des amerikanischen Kontinents waren Tierfelle Zahlungsmittel. Noch im 19. Jahrhundert war die Währungsrelation der Hudson-Bay Gesellschaft drei Marder = ein Biber; zwei Biber = ein weißer Fuchs, vier Biber = ein kleiner Bär, fünf Biber = ein Gewehr. In Russland und auf dem Balkan war das Fell des schwarzen Marders das Hauptgeld, dasjenige des Eichhörnchens „Kleingeld". Marder heißt im Slawischen „Kuna" und die heutige Währung Kroa-

Kroatien, 5-Kuna Münze mit dem namengebenden Marder.

Tibet, Teeziegelgeld, 20. Jahrhundert.

Siam, Opiumwaage, 19. Jahrhundert.

tiens erinnert wieder an dieses Zahlungsmittel. Später wurden die Zobelfelle in obrigkeitlich kontrollierten Magazinen hinterlegt und nur die präparierten Tierschnauzen als Surrogat für das ganze Fell an Zahlungsstatt weitergegeben.

Um 800 v. Chr kostete ein Sklave in Griechenland vier Rinder, eine hübsche junge Sklavin zwanzig und für seinen gefangenen Sohn zahlte König Priamos von Troja das Vermögen von 300 Rindern. Die Wurzeln vieler Wörter erinnern heute noch daran: „Kapital" von lateinisch „caput – Haupt" als Ausdruck für eine Viehherde. Kapital, das war für den antiken Menschen eben eine Herde von Rindern. Die Erinnerung daran hat sich im Wort „pekuniär" von lateinisch „pecus – Vieh" bis heute gehalten. „Salär" für Einkommen ist schon ein bisschen veraltet, die Herkunft des Wortes stammt noch aus der Zeit, als Salz, lateinisch „sal", als Zahlungsmittel für römische Legionäre verwendet wurde. Auch in der Wiener Mundart finden wir solche uralten Bezeichnungen für Geld wie „Gerstl" vom Gerstenkorn, das wiederum im Juweliersgewicht Gran noch weiter wirkt, und „Marie", von „maro – Brot", einem Ausdruck aus der Zigeunersprache. Und zu wackeren Mannsbildern sagen wir auch heute noch „von altem Schrot und Korn". Im Mittelalter waren die Getreidebezeichnungen „Korn" der Begriff für das reine Edelmetallgewicht einer Münze (Feingewicht) und „Schrot" für das Gesamtgewicht (Raugewicht). Die wertvollste Münze war die, bei der „Korn" und „Schrot" gleich waren.

Mit der Kenntnis der Erzgewinnung und Verarbeitung übernimmt ab etwa 1700 v. Chr. Metall langsam die Tausch- und Schmuckfunktion des Geldes. Metall verdirbt nicht und ist auch problemlos in beliebige Stücke teilbar. Metall ist aber auch eine Ware, es ist als Rohstoff nützlich, weil daraus die verschiedensten Gebrauchsgegenstände hergestellt werden konnten. In China begann man, Kaurischnecken in Bronze nachzubilden, aber nach wie vor fädelte man sie auf Schnüre. Diesen Brauch behielten die Chinesen und andere asiatische Völker auch bei ihrem Münzgeld bei, das deswegen in der Mitte immer gelocht war. Im indonesischen Raum waren kleine Metallstücke in Form eines Kanus, in Kenia zusammengedrehte dünne Eisenstäbe als Zahlungsmittel üblich. Waren- und Metallgeld existierten lange nebeneinander. Große Summen drückte man immer noch in Tieren aus, die Münze war eher das praktische Hilfsmittel für den kleinen Kauf des täglichen Lebens. Zum Kauf einer Braut oder eines Sklaven war „kostbareres" Geld nötig als für eine Ziege oder ein Huhn. Schwere kupferne Armreifen, Manillas, vom lateinischen „manus – Hand", waren in West- und Ostafrika bis nach dem Zweiten Weltkrieg Zahlungsmittel. Ein Sklave kostete 10 – 12 Manillas. Schon im 16. Jahrhundert exportierten die Fugger, Kaufleute aus Augsburg, Tiroler Kupfer in großem Stil nach Afrika und der Rohstoff so mancher Manilla wurde von österreichischen Bergknappen zutage gefördert. Die englischen Kolonialherren erzeugten später solche Manillas in Massen. Die aus Messing in Birmingham gefertigten kamen wegen ihres Glanzes recht gut an. Spätere Eisenfabrikate konnten nicht abgesetzt werden, da sie beim Anschlagen keinen schönen Klang hatten. Mit der allgemeinen Zunahme des Handels und der Arbeitsteilung spalteten sich in einigen Kulturkreisen die Funktionen Schmuck und Geld. Metallbarren,

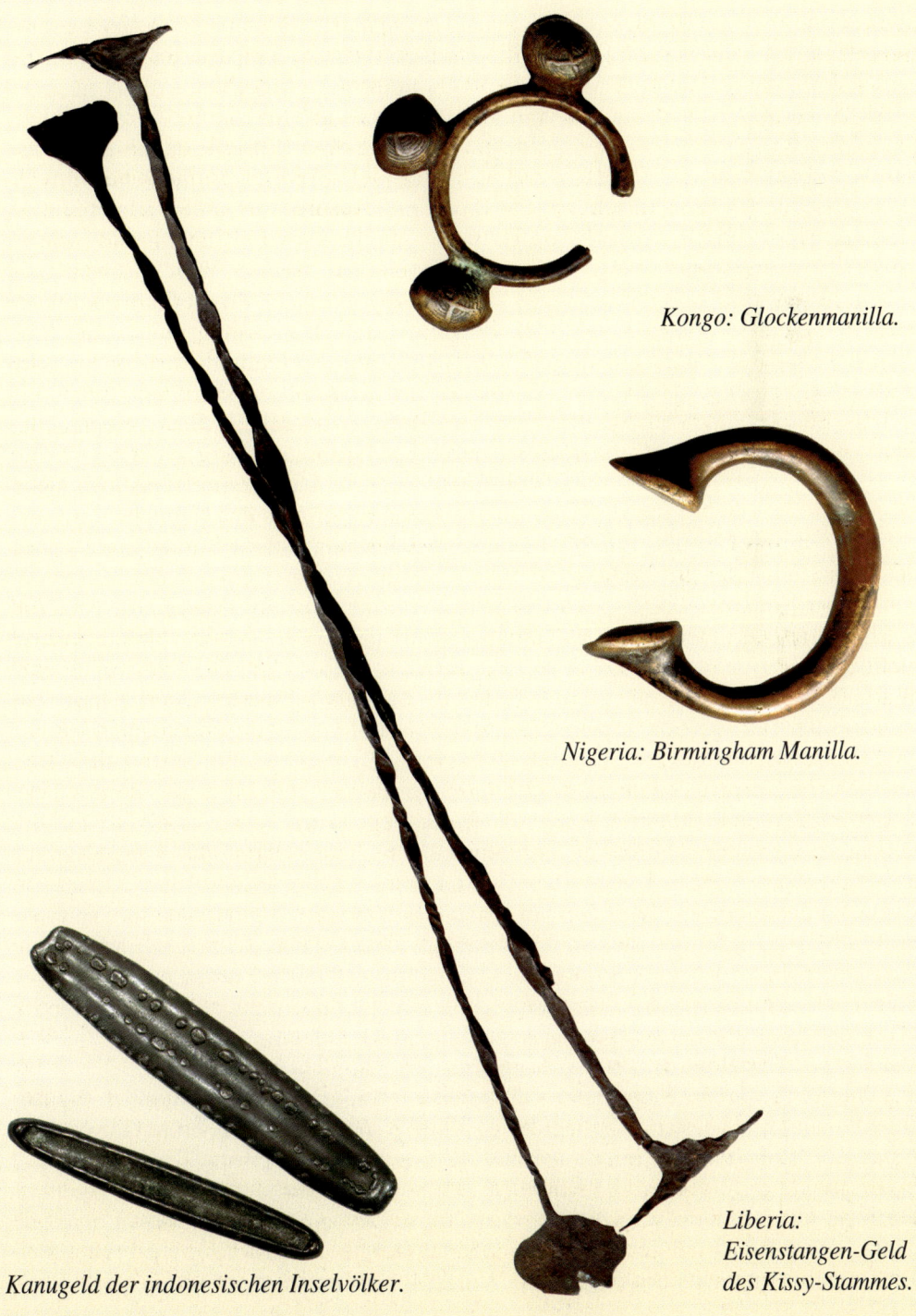

Kongo: Glockenmanilla.

Nigeria: Birmingham Manilla.

Kanugeld der indonesischen Inselvölker.

Liberia:
Eisenstangen-Geld
des Kissy-Stammes.

China: Miniatur-Spatengeld (links)
Java: Miniatur-Messergeld „Kris" (rechts).

von denen Stücke abgehackt wurden, ersetzten die Ringe und Reifen. So heißt der russische „Rubel" nach einem Verbum „rubit – abhacken". Gold- und Silberstaub musste gewogen werden und als Gewichte verwendete man ursprünglich allgemein zugängliche und annähernd gleich schwere Dinge wie Körner oder Fruchtkerne. Das Juwelengewicht „Gran" leitet sich vom englischen „Grain" für Getreidekorn ab, das „Karat" vom Johannisbrotkern. Neben den bloßen Metallstücken übernahmen auch Gebrauchsgegenstände wie Äxte, Spaten, Messer und Glocken Geldfunktion. Mit der Intensivierung des Tauschhandels wurde es immer mühsamer, Tiere zum Tausch auf den Markt zu treiben oder eine Vielzahl von Geräten mitzuführen. Da der Tausch sich vor allem in der eigenen kleinen Gruppe vollzog, entstand Vertrauen. Der Mensch verletzte dieses Vertrauen auch nicht, da er nur im Schutz seiner Gruppe, seiner Sippe oder Gemeinde überleben konnte. Ein Verstoß aus der Gruppe kam zumeist einem Todesurteil gleich. Damit konnte der Übergang vom Warengeld zum „Symbolgeld" stattfinden. Auf Metallbarren wurde der ursprüngliche Tauschgegenstand bloß bildlich dargestellt, wie etwa das Rind auf den ersten kupfernen Geldbarren Roms. Oder der Gegenstand wurde miniaturisiert und so seiner eigentlichen Funktion beraubt wie beim chinesischen Spaten- und Messergeld oder in Indonesien der Kris, ein Dolch mit markant geschwungener Klinge. Damit hatte das Warengeld aber seinen inneren Wert verloren, im Gegensatz zu Gold- und Silbergeld. Edelmetalle waren ja immer gleichzeitig eine Ware. Die Entkopplung von „innerem Wert" und „Symbolwert" des Geldes fand in Europa erst ab dem 17. Jahrhundert mit den relativ wertlosen Kupfermünzen und dann massiv mit dem Papiergeldeinsatz statt. Bis dahin verlangten die Marktteilnehmer, dass der Metallwert der Silber- oder Goldmünze dem Nominalwert entsprechen solle.

Mit der Einrichtung der ersten Girobanken in Italien begann schließlich die Entwicklung zum modernen Buchgeld: der bloße Nachweis einer Verbuchung auf ein Konto reichte schon als Liquiditätsbasis, das Geld tritt nicht einmal mehr symbolisch in Erscheinung. Während die Kaufleute seit dem 13. Jahrhundert mit Buchgeld arbeiteten, setzte sich in Österreich die bargeldlose Lohnauszahlung auf das Lohnkonto erst in den 60er Jahren des 20. Jahrhunderts durch.

Geld hatte natürlich auch kultische Wurzeln. Gold und Silber wurden als Symbole für Sonne und Mond, Sitz mächtiger Gottheiten, verehrt. Gelehrte der Antike vertraten die Ansicht, dass sich Sonnenstrahlen zu Gold, Mondstrahlen zu Silber materialisierten, eine Meinung, die noch bis über das Mittelalter hinaus galt. Das Wertverhältnis von Gold zu Silber schwankte über zweitausend Jahre rund um das Verhältnis 1:12, was nicht etwa der Marktlage, sondern dem Verhältnis des Sonnen- zum Mondumlauf entsprach. Das krampfhafte Festhalten an diesem kultischen Wertverhältnis entgegen den Gesetzen des Marktes führte zu zahlreichen Währungskrisen in der Antike und im Mittelalter. Erst im 19. Jahrhundert brach der Silberwert gegenüber dem Gold auf das Verhältnis 1:40 ein, was zur Umstellung der Währungsdeckungen von Silber auf Gold führte.

Jahrhundertelang mühten sich Alchemisten, Gold nach obskuren Rezepturen künstlich herzustellen. Der manisch-depressive Kaiser Rudolf II hoffte, die ungeheuren Aufwendungen für seine Kunstsammlungen am Prager Hradschin so finanzieren zu können. Das Wunder gelang zwar Keinem, aber Geld machten doch einige damit. Entweder im Sold so versessener wie naiver Herrscher, die hofften, ihre Kriegs- und Verschwendungslust finanzieren zu können, oder indem sie durch Zufall anderwärts brauchbare Ergebnisse fanden. Der Apotheker Böttger etwa entdeckte beim zigtausendsten erfolglosen Versuch der Goldfabrikation um 1709 das Rezept zur Porzellanherstellung. Damit war die Monopolstellung Chinas gebrochen und sein geldgieriger Kurfürst August der Starke konnte seine Truhen nun im Umweg über die Porzellanmanufaktur Meißen und deren „weißem Gold" füllen.

DIE ERSTEN MÜNZEN: KLEINASIEN, GRIECHENLAND UND CHINA

Gold und Silber wurde von den griechischen und kleinasiatischen Staaten schon lange als Zahlungsmittel benutzt. Eine Ausnahme bildete Sparta. Da es seine Grenzen zu den Nachbarn hermetisch verschloss, konnte im internen Zahlungsverkehr auch ein geringwertigerer Stoff eingesetzt werden. Der Staatsmann Lykurg verfügte den Einsatz von bloßem Eisen als Geld, um persönlichen Reichtum und damit eine Spaltung der Gesellschaft zu verhindern. Gold und Silber waren ausschließlich der Zahlung im staatlich kontrollierten Außenhandel vorbehalten.

Das Metall musste aber überall noch bei jeder Zahlung gewogen werden, was den Zahlungsvorgang ziemlich verkomplizierte. In China und Indien waren mit dem verkleinerten Gerätegeld schon münzähnliche Zahlungsmittel im Umlauf. Aber es fehlte noch die Systematisierung, die Wertangabe und Garantie des Staates. Scheinbar sind die Menschen an mehreren Orten unabhängig voneinander zu bestimmten Zeiten einfach reif für gleichartige Erfindungen und Entwicklungen. Aus verschiedenen Vorformen entstand etwa zur gleichen Zeit am Mittelmeer, in China und Indien ohne erkennbaren Zusammenhang das Münzgeld. Für uns war die von Lydien, an der heute türkischen Mittelmeerküste ausgehende Entwicklung bestimmend. Um 700 v. Chr. wurden erstmals in Elektron-Klümpchen, einer natürlichen Gold-Silber-Legierung,

Lydien: Elektron-Münze.

das Siegel des Königs als Garant gleicher Güte und gleichen Wertes eingeschlagen. Damit entfiel das aufwändige Abwägen bei jeder Zahlung.

Auch unsere Sagen über Goldgier gehen auf diese Zeit zurück. Der lydische Fluss Paktolos führte dieses Elektron mit sich und in ihm soll König Midas gebadet haben, bevor er den Wunsch äußerte, alles, was er berühre, möge zu Gold werden. Der Sage nach erstickte er an seiner Unmäßigkeit, da sich sein Essen, kaum kam es mit ihm in Berührung, zu Gold verwandelte. Der Name des lydischen Königs Krösus, der als erster Münzen in reinem Gold und Silber prägen ließ, gilt noch heute als Synonym für Reichtum. In einem Angriffskrieg gegen die Perser gelang es Krösus dem Orakelspruch gemäß ein großes Reich zu zerstören – sein eigenes. Nach ihrem Sieg von 546 v. Chr. übernahmen die Perser das lydische Münzsystem und König Darius I führte in seinem Reich auch ein einheitliches Währungssystem ein – wobei der goldene „Dareikos" zum ersten Mal mit einem Bild des Königs geprägt wurde. Dazu ritzte man das Münzbild, die „Aversseite", in einen Eisenstempel, das „Obereisen". Das Edelmetallplättchen, der „Schrötling", wurde auf einen Amboss, das „Untereisen", gelegt. In den ersten Jahrhunderten sorgte eine Erhebung am Amboss dafür, dass der Schrötling beim Hammerschlag nicht verrutschte. Später schnitt man auch in das Untereisen ein Münzbild, die „Reversseite". Diese Technik wurde nach über zweitausend Jahren mit dem Einsatz der ersten wasserkraftbetriebenen Walzenprägemaschine im tirolerischen Hall um 1550 abgelöst.

Den Nutzen dieser Einrichtung erkannten auch bald die benachbarten griechischen Insel- und Stadtstaaten. Bei ihrer Geldgestaltung knüpften sie an rituelle Bräuche an. Die Opferung von Tieren diente in den griechischen Stadtstaaten immer auch einer allgemeinen Ausspeisung. Den Göttern wurden die weniger geschätzten Teile abgetreten. Je nach Verdienst, Würde und Rang erhielten die Bürger eine Anzahl von Bratspießen, mit denen sie von den Opferpriestern ihren Fleischanteil abholten. Da diese Spieße also eine Art Forderung auf Anteile an den gemeinsamen Opfertieren symbolisierten, entwickelte sich damit ein reger Handel – ähnlich dem modernen Verkauf und Kauf von Forderungen. Nachdem die Griechen die Münzen des benachbarten kleinasiatischen Lydien kennen gelernt hatten, ersetzten sie die Bratspieße ab dem 7. Jahrhundert v. Chr. auch durch die kleinen Metallscheiben. Damit war erstmals in einem hochentwickelten Kulturraum der Übergang von der Tausch- zur Geldwirtschaft vollzogen worden.

Um 650 v. Chr. tritt das erste „europäische" Münzgeld auf der Insel Ägina bei Athen in Erscheinung: Silbermünzen mit einer Schildkröte. In Athen führte König Solon um 600 v. Chr. eine Münzreform auf Basis der alten Gewichtseinheiten von Obolos und Drachme durch. Drachme heißt „eine Hand voll" und meint „eine Hand voll Obolen – Bratspieße". Damit war

Ägina: Stater, Silber, mit Schildkröte, 500 v.Chr.

Drachme die älteste noch gültige Währungsbezeichnung der Welt bis zur Einführung des Euro in Griechenland. Sechs Obolen waren eine Drachme, zwei Drachmen ein Stater oder eine Didrachme, vier Drachmen eine Tetradrachme, 60 Drachmen eine Mine und 60 Minen ein Talent. Das Wort „Mine" kommt aus dem semitischen, „Talenton" hieß auf altgriechisch „Waage". Unser Wort „Talent" für eine besondere Begabung geht darauf zurück. Mine und Talent waren aber keine geprägten Münzen, sondern bloße Recheneinheiten. Die Griechen rechneten im sumerischen 12er-System, das zwar den Nachteil hatte, nicht den zehn Fingern der Hände zu entsprechen, dafür aber leichter geteilt werden konnte. Die semitischen Völker der nordafrikanischen Küste hingegen verwendeten das Dezimalsystem, das dann von der römischen Kolonialmacht übernommen wurde.

Thrakien: Obole, Silber, mit Delfin, 450 v. Chr.

Aus alten Strafkatalogen sind auch Preise bekannt, so entsprach der Opferung eines Schafes die Leistung einer Drachme, eines Rindes aber 5 Drachmen. Der Lebensunterhalt eines Tages kostete 2 bis 3 Obolen. Diese kleinen Münzen für den täglichen Gebrauch wurden im Mund getragen. Bei Begräbnissen war es Sitte, dem Toten eine Obole unter die Zunge zu legen. Mit diesem „Obolus" sollte er Charon, den Fährmann, bezahlen können, der ihn über den Fluss Styx zum Eingang des Totenreiches Hades bringt.

Athen: Tetradrachme, Silber, Vorderseite mit Pallas Athene, 460 v. Chr.

Die Tetra- oder Vierfach-Drachme Athens war die gängigste Münze des antiken Griechenlandes. Ab Peisistratos, ca. 550 v. Chr., prägte man doppelseitige Münzen: auf der Vorderseite den Kopf der Schutzgöttin Athens, der Pallas Athene, auf der Rückseite ihr Wappentier, das Symbol der Weisheit, die Eule, griechisch „Glaukos". Nachdem Athen sich zur reichsten Stadt der Antike entwickelt hatte, wurde die Münze in sehr großer Zahl geprägt, so dass man schon damals meinte, es sei unnötig, „Eulen nach Athen zu tragen". Zur Erinnerung an diese Zeit längst vergangener Größe findet man die Eule auf der 1 Euro-Münze Griechenlands. Die Griechen perfektionierten die Kunst der Gravur und ihre Münzen zeigen Köpfe und Bilder von unglaublicher Schönheit und Perfektion. Doch bereits damals neigten die Münzpräger zum Betrug: ein kupferner Kern wurde versilbert, nach dem Motto: „Außen hui, innen pfui". Antike Münzen sind daher oft eingekerbt, einfach um das Münzinnere prüfen zu können. Da Athen besonders streng gegen Münzfälscher vorging und, im Gegensatz zu Rom, auch keine staatlichen Wertverminderungen durchführte, genoss die attische Währung großes Vertrauen im

Athen: Tetradrachme, Silber, Rückseite mit Eule, 460 v. Chr.

Griechenland: 1-Euro mit Eule, 2002.

Mittelmeerhandel. Diese kluge Währungspolitik trug wesentlich zur weiten Verbreitung der „Eule" bei.

Um 300 v. Chr. war in Griechenland der Übergang von der Natural- zur Geldwirtschaft weitgehend abgeschlossen. Münzen aus Gold und Silber vereinigten nun alle bisher je nach Ware getrennten Geldfunktionen in sich: Sie sind Schatzobjekt, Prunkgerät, Wertmesser und Tauschmittel in einem.

Schließlich beschleunigte das Versiegen der Silberminen von Laurion, gefördert durch Zerstörungen im Zuge eines Aufstandes der Bergwerkssklaven, den Abstieg Athens zugunsten der jungen Kolonialstädte an der Küste der italienischen Halbinsel.

Um 500 v. Chr. traten unabhängig von der europäischen Entwicklung auch in China gegossene Bronzemünzen auf. Auf chinesisch „Ch'ien", von den Europäern „Käsch" ausgesprochen, ein Begriff, den die Engländer als asiatische Kolonialmacht schließlich in ihre Sprache aufnahmen. So wurde der alte chinesische Münzname der weltweite Begriff für Bargeld schlechthin. Das viereckige Loch diente dem schon von den Kauri-Schnecken bekannten Auffädeln zu 100 und 1.000 Stück. Mit straff zusammengebundenen Münzen bildete man Schwerter nach, die über dem Bett aufgehängt vor Krankheiten schützen sollten und auch als Opfergaben verwendet wurden. Die Bindschnur war rot, und rot ist in China die Farbe des Glücks. Die Ära der Käsch-Münzen dauerte fast 2500 Jahre – bis zum Beginn des 19. Jahrhunderts.

*China: Käsch,
Bronzeguss,
19. Jahrhundert.*

*China:
Gottheit aus
Käsch-
Münzen.*

*China: Glücks-
schwert aus
Käsch-Münzen.*

„GELD REGIERT DIE WELT" (Publius Syrus) – DIE ANTIKEN GROSSREICHE

Die Entstehung von Großreichen hängt eng mit der Entwicklung des Geldes zusammen. Je einheitlicher und stabiler die Währung war, je mehr sie von der Bevölkerung akzeptiert wurde, um so leichter ließen sich auch weiter entfernte Gebiete an das Mutterland binden. Eine stehende Armee, Rückgrat eines jeden Großreiches, war nur über ein ausgefeiltes Finanzsystem aufrecht zu erhalten. Auch Steuern konnten wegen der langen Transportwege nicht mehr in Naturalien geleistet werden. Dafür erwies sich das Münzgeld als sehr praktische Form. Für eine einheitliche stabile Währung eines Großreiches war aber wiederum die ausreichende Versorgung mit Edelmetall notwendig. Nach dem Versiegen von Gold- und Silberquellen geriet oft auch das politische System in Schwierigkeiten, wie in Athen nach dem Ende der Silbergewinnung von Laurion und in Karthago nach dem Verlust der spanischen Minen. Ein Land war um so reicher, je mehr Edelmetalle es selbst fördern konnte und nicht im Warenaustausch importieren musste.

Um 330 v. Chr. gründete Alexander der Große ein erstes Weltreich, ausgehend von Nordgriechenland über Persien bis Indien und die arabischen Staaten. Wie schon sein Vater König Philipp II von Makedonien erkennt er den Wert einer Goldwährung. Nachdem er ganz Griechenland erobert hat, übernimmt er zu den makedonischen Goldstatern die allseits akzeptierte attische Silberwährung als Ergänzung. Dem endgültigen Versiegen der Silberminen Griechenlands begegnete er durch die Ausmünzung des gigantischen Gold- und Silberschatzes des eroberten Persiens. Seine Münzen können somit als erste Weltwährung bezeichnet werden. Wen wundert es da, dass das Porträt des Herkules auf den Statern immer mehr die Gesichtszüge Alexanders annahm!

Makedonien: Stater, Gold, mit Bild Alexander des Großen um 330 v. Chr. (Nachprägung).

Die Freizügigkeit, mit der Alexander allen seinen Offizieren und Soldaten die Schulden bei griechischen und semitischen Händlern bezahlte und dadurch Unsummen neuen Geldes in Umlauf brachte, führte allerdings zu einem raschen Preisanstieg und damit zu einem Inflationsschub. Das Reich zerfiel nach seinem frühen Tod 323 v. Chr. Die Diadochen, Alexanders Nachfolger in den einzelnen Teilreichen, hielten die hohe Münzkunst der Griechen aufrecht und überlieferten sie schließlich an die islamischen Araber und über Byzanz auch an das nicht römisch besetzte Europa.

Alexanders Erbe als „Herren der Welt" traten die Römer an. Ihr Währungssystem beherrschte für rund 600 Jahre die bekannte Welt. Ursprünglich hatte Rom eine rein landwirtschaftliche Kultur mit dem schon bekannten „Viehgeld". Ganze Tiere waren als Bezahlung aber nur für größere Summen geeignet, etwa für den Brautkauf. Für die Geschäfte des täglichen Lebens taugte diese Geldform immer weniger. Numa Pompilius, der zweite König Roms, soll im 7. Jahrhundert v. Chr. Bronze als Zahlungsmittel eingeführt haben. Zuerst waren es rohe Stücke, dann gegossene Barren, schließlich geschlagene Münzen. Das Barrengeld, „aes grave – schweres Kupfer" genannt, basierte auf dem lateinischen Pfund zu 327 Gramm.

Der Barren zu einem Pfund hieß „As", der zu zwei „Dupondius – Zweipfund". Die Namen wurden auch für die viel leichteren Kupfermünzen beibehalten. Rom war damals eine unbedeutende Provinzstadt, dominiert von der griechischen Kultur. Mit der Einführung einer Bronzewährung machte sich König Numa allerdings von der herrschenden Gold- und Silberwährung der griechischen Mutterstädte unabhängig. Erst mit den Siegen über Karthago in den Punischen Kriegen erlangte Rom zuerst durch Tributzahlungen und schließlich, nach der endgültigen Vernichtung Karthagos, durch den Besitz der Goldminen Nordafrikas und der Silbergruben Spaniens den notwendigen Zugang zu Edelmetall. Damit konnte um 211 v. Chr. auf eine Silberwährung umgestellt werden, der Denar im Wert von zehn Assen wurde eingeführt. Die Geldwirtschaft hat sich durchgesetzt.

Aber auch nach der Einführung des Münzsystems hielt man es für unstatthaft, bei besonderen Anlässen oder für spezielle persönliche Dienste einfach Münzen zu überreichen. Man verbarg die Zahlung in Geschenken, dem Ehrengeld, lateinisch „honorarum". Davon kommt das Honorar für Berufe, deren Tätigkeit man eher verschämt bezahlt, wie bei Ärzten und Rechtsanwälten.

Im Zwölftafelgesetz von 450 v. Chr., dem ältesten bekannten römischen Gesetzeswerk, findet sich schon eine Regelung für das Metallgeld.

Das römische Währungssystem entwickelte sich über die Jahrhunderte zu einer sehr klaren Form und hatte für alle Bedürfnisse einer differenzierten Wirtschaft die nötigen Zahlungsmittel:

• Quadrans: kleinste Kupfermünze; übersetzt: Viertel; Wert: 1/4 As
• Semis: Kupfer; übersetzt: Hälfte; Wert: 1/2 As
• As: Basiswert aus Kupfer, Name von lateinisch „aes – Erz, Kupfer, Bronze";
• Dupondius: Bronze; übersetzt: Zweipfund; Wert: 2 As

Rom: Quadrans, Kupfer, Augustus, 27 v. Chr – 14 n. Chr. Senatsmünze: „S.C:" für „Senatus consulto".

Rom: As, Kupfer, Claudius 41-54 n. Chr.

Rom: Dupondius, Kupfer, Nero 65 n. Chr.

- Sesterz: Bronze, Name von „semis tertius – den Dritten halb" und meinte den ursprünglichen Wert: 2,5 As, späterer Wert 2 Dupondien oder 4 As
- Denarius: Silber; von „deni – je zehn"; Wert 10, später 16 As. Davon der Dinar, der französische denier, der italienische denaro oder das slowenische denar für Geld.
- Aureus: Goldmünze; nach der lateinischen Bezeichnung für Gold; an den Namen Aureus erinnert noch die schwedische Scheidemünze Oere; Wert 25 Denare; später „Solidus Aureus" oder bloß „Solidus" – davon leitet sich der Schilling ab.

Wertverhältnis

1 Aureus =	25 Denare =	100 Sesterze =	200 Dupondien =	400 As
-	1 Denar =	4 Sesterze =	8 Dupondien =	16 As
-	-	1 Sesterz =	2 Dupondien =	4 As
-	-	-	1 Dupondius =	2 As
-	-	-	1 As =	2 Semis
-	-	-	1 As =	4 Quadrans

Quelle: Sprenger: Das Geld der Deutschen

Für die Griechen hatte Geld einen heiligen Ursprung, die Münzen zeigten durchwegs Götterdarstellungen. Das änderte sich unter Alexander und vollends unter den Römern. Münzen waren die einzigen „Bildwerke", die im ganzen Reich umliefen, also nützte man sie als Träger für staatliche Propaganda. Als erster lebender Römer ließ sich Cäsar, wer sonst, auf Münzen darstellen. Die Rückseite trug sein Motto: veni, vidi, vici – ich kam, sah und siegte. Brutus gab Münzen aus, die durch Abbildung von Messern den Mord an Cäsar offen verherrlichten. Danach beherrschte das Bild des Kaisers oder auch der Kaiserin alle größeren Nominalen. Das Recht der Gold- und Silberprägung stand seit Augustus nur dem Kaiser zu. Kupferstücke durften auch vom Römischen Senat hergestellt werden, der auf die Rückseite die Initialen seiner schwindenden Macht „S.C: – senatus consulto" prägen ließ. Daneben gab es noch spezielle Zahlmarken. Im ganzen Reich konnten Legionäre für Kupferstücke, die die jeweilige Leistung aufgeprägt hatten, zu gleichen Preisen Militär-Bordelle in Anspruch nehmen.

Der Unterschied zwischen Reich und Arm war gewaltig. Einige wenige Familien aus dem Senatorenstand teilten sich den Großteil des römischen Volksvermögens.

Marcus L. Crassus, der Sieger über den Sklavenaufstand des Spartakus und neben Pompejus der größte Finanzmagnat Roms, hatte ein Vermögen von 200 Millionen Sesterzen. Er hielt es mit anderen adeligen Römern, ging als junger und relativ armer Mann in eine reiche Provinz und kehrte in mittleren Jahren als reicher Mann aus einer armen Provinz nach Rom zurück. Ein freier Arbeiter verdiente etwa 25 Sesterzen im Monat, wovon er die Hälfte für Lebensmittel brauchte. Eine feine Stadtwohnung kostete in Rom 250 Sesterzen Monatsmiete. Gleichgültig, ob dieser Reichtum aus Landwirtschaft, Bergbau oder militärischen Erfolgen herrührte, er gründete immer auf der unvorstellbaren Ausnützung von Sklavenarbeit. Die Menschen der Antike fassten körperliche Arbeit als Form der Unfreiheit auf. Da aber mangels Maschinen jede Produktion, ob Lebensmittel, Gebrauchsgüter oder Kunstwerke mit hohem körperlichem Aufwand verbunden war, wurden einfach fremde Menschen gefangen und zur Arbeit gezwungen. Nach der Ächtung der Sklaverei durch das Christentum, was nichts daran änderte, dass Christen bis in das 19. Jahrhundert Sklaven einfingen, transportierten, verkauften und selbst hielten, wurde sie in Europa durch subtilere Formen der Zwangsarbeit wie der bäuerlichen Leibeigenschaft ersetzt.

Cäsar war vor seinem Aufstieg tief verschuldet und okkupierte bei seiner Machtergreifung den römischen Staatsschatz im Wert von mindestens 100 Millionen Sesterzen. Nach seinen Eroberungen verkaufte er auf eigene Rechnung ganze Volksstämme zu Zehntausenden in die Sklaverei, wenn es ihm nicht beliebte, sie von seinen Soldaten oder bei Schaukämpfen niedermetzeln zu lassen. Unmengen Geldes flossen in „Brot und Spiele" für das Volk. Etwa 320.000 römische Bürger waren Unterstützungsempfänger. Ein Triumphspektakel mit Gladiatorspielen, Tierhetzen und freier Verköstigung der römischen Stadtbevölkerung kostete fast eine Million Sesterzen. Nach der Unterwerfung Galliens schwamm Rom in Geld. Der Krieg kostete 24 Millionen Sesterzen, der jährliche Tribut der neuen Provinz betrug 40 Millionen. Man schätzte, dass sich zu dieser Zeit etwa die Hälfte des weltweit vorhandenen Goldes in Rom befunden habe. An Privatvermögen hinterließ Cäsar 100 Millionen Sesterzen, gerade die Hälfte der Schätze des Crassus. Erbe war sein Neffe und Nachfolger Oktavian, als „Augustus" der Begründer des Römischen Kaisertums.

Während alle Einwohner des Römischen Reiches die Grundertragssteuer zu entrichten hatten, musste die Kopfsteuer nur von den Provinzbürgern geleistet werden. Zur Feststellung der Steuerleistung einer Provinz führte Kaiser Augustus Volkszählungen ein, wobei die Steuerpflichtigen in ihren Herkunftsstädten zu erfassen waren. Also machte sich auch Josef aus Galiläa mit seiner schwangeren Frau Maria auf, um sich in Bethlehem in die Steuerliste eintragen zu lassen. Die Steuern mussten mit dem Silberdenar bezahlt werden, und als die Pharisäer Jesus mit der scheinheiligen Frage, ob es rechtens sei, dem Kaiser eine Kopfsteuer zu entrichten, eine Falle stellen wollten, nahm er den Denar mit dem Bild des regierenden Kaisers Tiberius in die Hand und antwortete: „So gebet dem Kaiser, was des Kaisers ist, und Gott, was Gottes ist".

Rom: Denar, Silber, Tiberius 14-37 n. Chr.

Preise und Einkommen im 1. Jahrhundert nach Christus:
1 Liter Wein: 1 – 2 As
1 kg Weizen: 2 As
Eintritt ins Bad: 1 Quadrans
Täglicher Bedarf an Essen: 3 As

Einkommen pro Tag
Einfache Tagesarbeit: 1 Sesterz (= 4 As)
Arbeit im Weinberg: 1 Denar (= 16 As)
Jahressold Legionär: 230 Denare (= 10 As pro Tag) und eine Abfertigung bei der Verabschiedung aus der Armee in Form von Grund und Boden in eroberten Provinzen oder ein Deputat an Sklaven.

Die dreißig Silberlinge, die Judas für seinen Verrat an Jesus bekommen hat, entsprachen also etwa einem Monatsgehalt eines gut bezahlten Arbeiters.

Urin war ein wichtiger Rohstoff zum Gerben von Häuten und als Zusatz, um Mörtel wasserdicht zu machen. Deshalb wurde er in Amphoren gesammelt, die als öffentliche „Toiletten" dienten. Als Kaiser Vespasian um 70 n. Chr. darauf eine Steuer einführte, wies sein Sohn Titus auf die Anrüchigkeit dieses Vorhabens hin. Vespasian soll ihm eine Münze unter die Nase gehalten und nur lapidar gemeint haben: „Num olet?" – frei übersetzt „Geld stinkt nicht".

Rom: Denar, Silber, Vespasian 69-79 n. Chr.

Krieg und Hofhaltung kosten Geld, viel Geld. Nur zu leicht begingen die Kaiser die bedeutendste „Todsünde" der Geldwirtschaft, sie erhöhten die Geldmenge ohne entsprechende Warendeckung. Daraus entsteht Inflation. Die nächste „Todsünde" beging die Gesellschaft des römischen Mutterlandes generell. Sie bezog Luxuswaren aus Indien und dem fernen Osten, ohne entsprechend zu produzieren oder zu exportieren. Man war eben gewöhnt, den eigenen Luxus rasch durch Eroberungen zu finanzieren. Ab Nero erlagen die römischen Kaiser der Versuchung, die Münzen regelmäßig zu verschlechtern. Daran mag die zwar langsam, aber stetig abnehmende Ausbeute der spanischen Silberminen schuld gewesen sein oder der enorme Abfluss von Geld in alle Winkel des Riesenreiches. Nero ließ sowohl die Legierung verschlechtern als auch das Gewicht herabsetzen. Das gute Geld floss ab, denn die indischen Handelsherren waren nur an reinem Silber interessiert, das schlechte, mit Kupfer, Blei und Zinn versetzte Geld blieb im Lande. Die Praxis der Münzverschlechterung wird von nun an hemmungslos nachgeahmt. Unter Septimus Severus hat der Denar nur noch 50 % Silber. Caracalla führte eine neue Nominale zu zwei Denaren ein, den Antoninian, doch auch dieser verfällt rasant. Natürlich heizte das die Inflation an, verdiente ein Legionär unter Augustus (um 1 n. Chr.) 230 Denare im Jahr, so waren es unter Domitian (95 n. Chr.) 300, unter Septimus Severus (210 n. Chr.)

Rom: Antonian, Kupfer versilbert, Gordianus III. Pius, 238-244.

schon 500 und unter Caracalla (217 n. Chr.) 750 Denare. Schließlich wurde der Denar zu einer reinen Kupfermünze, die durch Überzug mit einem 4%igen Silbersud für kurze Zeit einen silbrigen Glanz hatte. Unter Kaiser Gordianus III (um 240) verschwand der altehrwürdige Denar zur Gänze aus dem Umlauf. Unter Gallienus gab es kaum mehr Silbermünzen – galoppierende Inflation war die Folge. Die Preise stiegen bis zum Hundertfachen, ein Landarbeiter verdiente nun täglich etwa 25 Denare. Als

Folge allzu schlechter Münzen kehrte die Bevölkerung regelmäßig wieder zur Naturalwirtschaft zurück. Das erschwerte wiederum die Steuereintreibung. Eine Münzreform war dringend notwendig. Immer nach massiven monetären Krisen sollten neue Währungsnamen der Bevölkerung signalisieren, dass das alte schlechte Geld nun durch ein besseres ersetzt worden war. So führte Kaiser Diokletian um 295 den silbernen Argenteus statt des verkommenen Denars und den kupfernen Follis statt der Sesterze ein. Als Rechnungseinheit blieb der Denar aber erhalten.

Rom: Follis, Kupfer, Diokletian 284-305.

Wertverhältnis

1 Aureus =	25 Argentei =	200 Folles
	1 Follis entspricht 8 Rechnungs-Denare	

Quelle: Sprenger: Das Geld der Deutschen

Als Ergänzung soll eine streng zu überwachende Höchstpreisregelung der Inflation Einhalt gebieten. Damit entzog Diokletian Handel und Gewerbe die Möglichkeit, nach eigener Kalkulation Gewinn zu machen. Die Wirtschaft stagnierte. Bereits 40 Jahre später unter Konstantin dem Großen hatte der Follis nur mehr einen Bruchteil seines ursprünglichen Gewichtes. Konstantin erkannte die tödliche Gefahr für das Reich und reagierte rasch. Nachdem er das Christentum 324 zur Staatsreligion erklärt hatte, konnte er die für die Wirtschaft nutzlosen enormen Gold- und Silberschätze der Tempel beschlagnahmen. Ob der Glaubenswechsel nur ein geschickter Schachzug für eine Enteignung allergrößten Stils war oder tatsächlich aus religiösen Gründen erfolgte, mag nicht mehr nachvollziehbar sein. Plötzlich verfügte der Kaiser über große Edelmetallmengen und er handelte weise. Die neu geprägten Münzen erhielten ein hohes Feingewicht. Um dies auch nach außen zu verkünden, nannte er seine Goldmünze den „Solidus Aureus", den „festen, soliden Aureus". Von diesem Solidus leitet sich der Name des mittelalterlichen Schillings ab. Mit diesem neu gewonnenen Reichtum sollte die Wirtschaft den dringend benötigten neuen Schwung erhalten. Nach dem Muster moderner Wirtschaftspolitik vergab Konstantin einen gewaltigen öffentlichen Auftrag. Er verlegte 331 den Regierungssitz aus dem verfallenden Rom nach Byzanz und ließ es zum Preis von 30 Tonnen Gold zu Konstantinopel ausbauen.

Follis, Kupfer, Constantin d. Große 307-337.

Ein Vorgang, der mit dem Ausbau von Ankara, Brasilia oder Berlin zu neuen Hauptstädten ihrer jeweiligen Länder im 20. Jahrhundert durchaus vergleichbar ist.

Nach der Teilung des Römischen Reiches bestand das Ostreich noch über 1000 Jahre bis 1453, als es den Türken wie eine reife Frucht in den Schoß fiel. Der Reichtum dieses Oströmischen Reiches und später der italienischen Handelsstädte beruhte zu einem Gutteil auf der geschickten Ausnützung der Kursunterschiede zwischen den Gold- und Silberwerten in Asien und Europa. Während der Gold-Silberkurs in Europa aus kultischen Gründen um das 1:12 Verhältnis kreiste, betrug er im fernen Osten 1:6. Für europäisches Silber gab es also in Asien die doppelte Menge Gold, für asiatisches Gold in Europa die doppelte Menge Silber. Dieses Wertverhältnis war nur wenigen auf den Osthandel spezialisierten Handelsmächten wie Byzanz und Venedig bekannt und führte zum märchenhaften Reichtum beider Städte. In Japan blieb diese Wertrelation auf einem nach außen völlig abgeschotteten Markt bis in das 19. Jahrhundert bestehen. Es mag einer der Gründe gewesen sein, weswegen Amerikaner und Europäer den Tenno ab 1854 mittels Kriegsschiffen zwangen, sein Land für die westliche Wirtschaft zu öffnen.

Der byzantinische Solidus existierte über 1000 Jahre, von seiner Einführung durch Konstantin 312 bis zur Eroberung durch die Türken 1453. Für rund 700 Jahre war er die führende Handelsmünze Europas, bis er von den Goldmünzen Venedigs und Florenz' abgelöst wurde. Goldene Solidi, deren Halb- und Drittelstücke Semis und Triens, silberne Miliaresiae und kupferne Follis in verschiedenen Größen bildeten die Hauptmünzen Byzanz'. Ab dem 8. Jahrhundert zeigte die Vorderseite des Solidus ein Christusbild. Es sollte den Mohammedanern Raubprägungen verleiden, da ihnen die Darstellung von Gottesbildern durch ihre Religion verboten war.

Byzanz: Solidus, Gold, Phokas 602-610.

Byzanz: Follis zu 40 Nummien, Kupfer, Justinian I. 540.

Die als Levante bezeichneten kleinasiatischen und nordafrikanischen Mittelmeer-Anrainerstaaten, das oströmische Reich um Byzanz und der Nahe Osten konnten ihre Kulturentwicklung auch nach dem Zusammenbruch des Römischen Reiches weiterführen. Als Europa in der Finsternis des Frühmittelalters versank, blühte die Kultur der Kalifen in Damaskus, Bagdad und Cordoba. Sizilien und weite Teile Spaniens waren arabisch beherrscht oder besiedelt und gehörten dem islamischen Kulturkreis an. Ein persischer Botschafter konnte von den unglaublichen hygienischen Zuständen am Hofe der Karolinger berichten: Der Kaiser speiste mit den Fingern, konnte kaum lesen, es gab weder einen Abtritt noch gar einen Baderaum. Tatsächlich aß man in ganz Europa nur mit Löffeln, Messern und Fingern. Die Gabel als Esswerkzeug fand erst ab dem 12. Jahrhundert Verwendung. Sie

Persien: Drachme,
Silber, Xusro II. 591-628.

Bagdad: Dirhem,
Silber, Omajjaden,
701-754.

wurde als Ausdruck der Völlerei und „Werkzeug des Teufels" von der Kirche abgelehnt.

Die Kalifate übernahmen die Geldwirtschaft von den persischen Diadochen, den Nachfolgestaaten des Alexander-Reiches. Auch die Münzart – dünne, dafür größere Silberplättchen statt der dicken griechischen oder römischen – wurde beibehalten. Der auch heute in manchen arabischen Staaten noch gebräuchliche Münzname „Dirhem" leitet sich von „Drachme" ab. Im Gegensatz zur Antike und dem Christentum besteht im Islam ja ein striktes Verbot, Gott abzubilden. Die Münzen tragen daher nur religiöse Aufschriften, später auch das Prägejahr und den Prägeort, aber nie Bilder. Der Dirhem des Kalifen Harun-al-Raschid trägt die Inschrift „Kein Gott außer dem Gott, er hat keinen Genossen" – womit gegen den christlichen Glauben an Christus als Gottessohn Stellung bezogen wird – das Prägejahr 170 (= 787 n. Chr.) und den Prägeort Bagdad. Doch auch die Kalifate waren von Inflation und Münzverschlechterung nicht verschont geblieben und der Dirhem verkam im 12. Jahrhundert zu einer unbedeutenden Kupfermünze. Die in Europa vergessene Kunst der Goldprägung gelangte über das zwar christlich-staufische, aber gegenüber der Mischbevölkerung sehr tolerante und so gar nicht missionarisch regierte Sizilien zu den Handelsgroßmächten Venedig und Florenz.

KARL DER GROSSE – AUCH ALS WÄHRUNGSREFORMER EIN GROSSER

In der Zeit der Völkerwanderung – zwischen 400 und 700 nach Christus – herrschte in Europa allgemeines Chaos. Zahlreiche Funde von gefälschten römischen Münzen weisen auf höchst instabile Verhältnisse hin. Schließlich kam der Fernhandel – und damit sind schon Strecken über 100 km gemeint – gänzlich zum Erliegen. Im fränkischen Reich der Merowinger wurde das noch in größeren Mengen in Umlauf befindliche römische Geld weiter verwendet. Daneben entwickelte sich ein auf silbernen Denaren und goldenen Solidi beziehungsweise dessen Drittelstück, dem Triens, basierendes Münzsystem. In 800 über das Land verstreuten Münzprägestätten wurden ohne zusammenhängenden Plan Münzen nach den lokalen Bedürfnissen geschlagen. Eine Kuh kostete einen Solidus, ein Ochse zwei, eine Stute und ein Schwert drei. Trotzdem blieb die Bevölkerung im regionalen Handel beim Tausch. Es sollte noch Jahrhunderte dauern, bis wieder ein ähnlich hoch entwickeltes Geldsystem wie im antiken Rom etabliert war. Auch die Kunst des Stempelschneidens, des Gravierens, hatte einen Tiefstand erreicht.

Ab dem 7. Jahrhundert n. Chr. ist eine Zunahme der Silberprägung zu bemerken, wahrscheinlich, weil Goldquellen versiegten, dafür Silber gefunden wurde.

Der Name Denar blieb im Westen des Reiches erhalten, im Osten setzte sich im 8. Jahrhundert die Bezeichnung „Pfennig" durch.

Ungarn: Denar oder Pfennig, Silber, Stephan I. d. Heilige 997-1038.

Wie Cäsar betrieb auch Karl der Große eine rücksichtslose Eroberungspolitik. Sein Weg führte nach Osten, in die Gebiete jenseits des Rheins, die dem Römischen Reich nicht angehört hatten. Und wie Cäsar machte er enorme Beute. Weniger an Gold und Silber, mehr an einem ebenso wertvollen Rohstoff: an Menschen. Die unterworfenen Völker, in erster Linie Sachsen, wurden als Nicht-Christen bedenkenlos versklavt. Einen Teil steckte man in die grauenhaftesten Arbeitsstätten des Altertums, in die Bergwerke. Der Großteil wurde aber über italienische Sklavenhändler nach Nordafrika an die Moslems verkauft. Auch dadurch floss reichlich Gold und Silber in den Staatsschatz.

Zuerst reduzierte Karl die Münzstätten auf 34, von denen sich alle bis auf drei im heutigen Frankreich befanden. In seiner Währungsreform von 794 machte er den Pfennig zur europäischen Leitwährung. Aus „pondus" (lat. Gewicht) wurde die deutsche Gewichtsbezeichnung Pfund. Aus einem Silberbarren von einem Pfund (408 Gramm) stellte man 240 Pfennige zu 1,7 Gramm Silber her. Um diese Barren besser teilen zu können, wurde bei der Hälfte eine Markierung eingekerbt. Danach erhielt das halbe Pfund den Namen „Mark". Pfennig und Halbpfennig waren die einzigen geprägten Münzen, Silber das einzige Münzmetall. Der Pfennig enthielt soviel reines Silber wie der byzantinische Solidus Gold. Nachdem Karl das alte Wertverhältnis 1:12 für Gold zu Silber bestätigt hatte, war also ein goldener Solidus zwölf silberne Pfennige wert. Für den lokalen Binnenhandel reichte der Pfennig, für den Fernhandel gab es den byzantinischen Solidus. Und da Gold in Europa selten war, ließ Karl keine eigenen Goldmünzen prägen. So war der „Schilling" eben keine eigene Münze als Pendant zum Solidus, sondern bloß eine Recheneinheit für zwölf Pfennige. Ein Pfund Silber = 240 Pfennige oder 20 Schillinge zu 12 Pfennigen. Kupfermünzen waren unbekannt und riefen bei der Bevölkerung noch 900 Jahre später großes Misstrauen hervor. Dem Silber aber insgeheim ein wenig Kupfer beizumengen – dieser Versuchung konnte kaum ein Münzherr widerstehen.

Alles in allem wies die geringe Anzahl verschiedener Nominalen auf eine wenig entwickelte Wirtschaft hin. Damals verdiente ein einfacher Landarbeiter etwa einen halben Pfennig pro Tag, das musste man auch für ein Huhn bezahlen. Für einen Pfennig bekam man eine Gans oder cirka sechs kg Weizen, ein Schwein mittlerer Größe kostete acht bis zehn Pfennige, ein Rind zwölf, ein einfaches Frauenkleid acht, eine Mönchskutte kam auf 60 Pfennige, ein Zobelmantel auf 120. Für ein Schwert mit Scheide zahlte man 84 Pfennige, für einen Brustpanzer 144 – genauso viel, wie für einen männlichen Sklaven.

Eine Anordnung von 794 bestimmte, dass jedermann die kaiserlichen Münzen annehmen müsse, widrigenfalls er eine erhebliche Strafe zu zahlen habe. Das Münzgeld war also noch nicht allgemein anerkannt, neben der Geldwirtschaft bestand immer auch der Tausch. Je unsicherer die Zeiten wurden, desto rascher gingen die Menschen zum Warengeld über. Oft war der Pfennig nur der Wertmaßstab, um die Tauschrelationen auszudrücken. Die Münzproduktion im Frankenreich betrug während der 200 Jahre von 925 bis 1125 aber immerhin etwa zwei Milliarden Pfennigstücke. Europa hatte damit erstmals nach den Römern wieder eine Einheitswährung. Jedermann zwischen Barcelona, Köln und Mailand nahm diese Münze an. Es sollte rund 900 Jahre dauern, bis dieser Zustand wieder erreicht war.

Karl der Große, Charlemange 747-814, sowohl von Deutschen als auch Franzosen als Reichsgründer betrachtet.

Das Reich Karls des Großen war aus heutiger Sicht ein „Westreich", mit den Kernländern Frankreich und den westlichen Rheingebieten. Kein Wunder, dass Karl der Große, Charlemagne, sowohl von den Deutschen als auch von den Franzosen als nationaler Urvater betrachtet wird.

Unter den Enkeln Karls des Großen zerfiel das Reich in drei Teile, von denen Frankreich und Deutschland übrig blieben. An Versuchen, dieses Reich wiederherzustellen, mangelte es nicht. Alle scheiterten, bis die Herren Schumann und Adenauer sich noch in den Trümmern des im Zweiten Weltkrieg zerstörten Europas über eine „Konföderation für Kohle und Stahl" einigten. Daraus sollte in weltgeschichtlich geradezu läppischen fünfzig Jahren die erste stabile Ordnung Gesamteuropas seit Karl dem Großen entstehen.

Mit der Teilung des Reiches zerbrach auch die karolingische Münzordnung, Deutschland und Frankreich gingen eigene Wege. Nur im Norden Europas, auf einer abgeschiedenen Insel, hielten die Könige für 1200 Jahre an der alten Münzordnung fest. Mit der zunehmenden Souveränität der deutschen Fürsten und dem Verfall der kaiserlichen Ordnungsmacht entwickelten sich in Deutschland Hunderte Währungssysteme. Ihre Wertrelationen waren nur mehr Fachleuten bekannt.

Der Name des Geldes

Schon der deutsche Begriff „Geld" sagt etwas über den Zweck aus: es „gilt", es hat „Geltung". Münze heißt im Lateinischen „nummus" nach dem Bronzegeld des zweiten römischen Königs Numa. Dieses „nummus" ist wiederum Wortstamm für unser Wort „Nummer" oder die „Numismatik" als Münzwissenschaft. Geld heißt im Lateinischen aber auch „moneta". Im Tempel der Göttin Juno Moneta, der „mahnenden Juno", am Capitolshügel befand sich die Münzstätte Roms. „Moneta" heißt es auch heute noch in Italien. Die sprachliche Nähe zu unserem Wort „Münze", den umgangssprachlichen „Moneten", dem englischen „money" und dem französischen „monnaie", durch das „Portemonnaie" bekannt, ist leicht erkennbar.

So ein Geldvermögen hieß auch „pecunia" von „pucus – Ochse" und weist wieder auf den Ursprung Roms als landwirtschaftliche Gemeinschaft hin. Da in spätrömischer Zeit das Silber knapp geworden war und hauptsächlich Kupfer gehortet wurde, hieß der Schatzkeller auch Kupferkammer, lateinisch „aerarium" – von „aes – Kupfer". Augustus gründete eine Veteranenversorgungskasse, das „aerarium militare" und der Begriff „Ärar" für die militärische Finanzgebarung blieb in Österreich bis in das 20. Jahrhundert erhalten. Der geflochtene Korb, der als Käseform, aber auch zur Aufbewahrung von Geldstücken diente, war die „fiscina" – der Name wurde allgemein für das darin aufbewahrte Geld übernommen und letztlich nannte man die Summe des kaiserlichen Vermögens in Rom „fiscus".

Auf der britischen Insel übernahm König Offa von Mercia, der führende Herrscher der sieben angelsächsischen Königreiche, Ende des 7. Jahrhunderts die Währungsordnung Karls des Großen. Sie sollte für unglaubliche 1200 Jahre bestehen bleiben: pound = 20 shillings = 240 pence, 1 shilling = 12 pence. Die Abkürzung für das Pfund „lb" und das Zeichen „£" kommt vom lateinischen „libra", der Edelmetallwaage, mit der man das Pfund, ursprünglich ja eine Gewichtseinheit, abwog. Der Name „penny" ist eine Abwandlung des fränkischen „Pfennigs", der seinerseits Nachfolger des römisch-merowingischen Denar ist. Deshalb kürzt sich der englische penny mit „d" ab – von lateinisch „denarius". Erst 1971 führte Großbritannien das Dezimalsystem ein und damit starb auch der „shilling".

Das Bild der „Britannia" auf der Penny-Münze (rechts) erinnert an den in England geprägten Sesterz Hadrians (links, Nachprägung). Das englische Wort „penny" leitet sich vom Pfennig ab.

Stadt Lübeck: Taler zu 48 Schilling, Silber, 1752.

Der „Schilling" leitet sich also vom römischen „Solidus" ab, in gotischen Urkunden des Jahres 550 wird bereits ein „skilliggs" genannt. Der Wortstamm „Schilling" ist auch im französischen „sou" und im italienischen „soldo" wie auch in der italienischen Bezeichnung für Geld „soldi" enthalten. Die sprachliche Verwandtschaft des englischen „sold" zum „Sold" des „Soldaten" liegt nahe. Ursprünglich war der Schilling aber aber nur Recheneinheit und Zahlwort.

Im 12. Jahrhundert begann eine Entwicklung, die erst mit der Prägung des Talers zweihundert Jahre später abgeschlossen sein sollte. Für eine sich entwickelnde Wirtschaft reichten die vorhandenen Münznominalen nicht mehr aus. Münzprägung war teuer und so war es effizienter, größere Werte zu schaffen. Nachdem Venedig 1194 an Kreuzfahrertransporten neun Tonnen Silber verdient hatte, ließ der Doge Enrico Dandolo erstmals in Europa größere Silbermünzen prägen. Andere italienische Stadtstaaten folgten. Die kleine Silbernominale hieß in Italien noch immer Denar, dieser neue und größere Denar daher lateinisch: „grossus denarius". Von diesem „grossus" leitet sich ja auch unser Wort „groß" ab. Nördlich der Alpen ließ König Ludwig IX., der Heilige, in Tours 1266 eine große Silbermünze im Wert von zwölf Pfennigen – also im Wert eines Schillings – schlagen, nach seinem Herkunftsort „gros tournoise". Diese neue Nominale wurden rasch in anderen Münzstätten kopiert, soweit das Silber vorhanden war. In Skandinavien und den norddeutschen Städten blieb man bei der Bezeichnung „skilling" oder „Schilling". Im silberreichen Böhmen übernahm König Wenzel II. die Prägung dieses „gros tournoise" oder „grossus denarius" mit

Böhmen: Prager Groschen, Silber, König Wenzel II. 1378-1419; böhmischer Löwe als Wappentier.

Österreich/ Galizien: Schilling, Kupfer, Maria Theresia 1774.

dem Silbergehalt von 12 Pfennigen. Aus dem lateinischen „grossus" und dem französischen „gros" wurde bald das böhmische „Grosch" oder das deutsche „Groschen". Dieser „Prager Groschen" war auch in Österreich eine viel verwendete Münze. Somit gab es eine Münze im Wert eines „Schillings" mit der Bezeichnung „Groschen". Maria Theresia ließ ab 1765 verschiedene Kupfermünzen mit Namen Schilling und Groschen prägen. Das 3-Kreuzer-Stück mit einem Wert von 12 Pfennigen nannte man bis in die Zeit Kaiser Franz II. noch Groschen. Beethoven schrieb sein Opus 129 „Die Wut über den verlorenen Groschen" um 1795. Als österreichische Währung wurden Schilling und Groschen aber erst 1925 eingeführt.

Österreich: Groschen zu 3 Kreuzern, Franz I., 1795 Beethovens „verlorener Groschen".

In Südtirol prägte Graf Meinhard II. im 13. Jahrhundert hochwertige Münzen im Wert von vier Pfennigen, nach den zwei Kreuzen auf der Rückseite „Kreuzer" genannt. Seine komplette Bezeichnung mit dem Herkunftsort war „Etschtaler Kreuzer", was der Volksmund kurzerhand zu „Netsch" verkürzte.

Bis in das 19. Jahrhundert galt im deutschsprachigen Raum überwiegend folgende Währungsrelation, wobei es auch Gegenden gab, die den Schilling/Groschen mit einem Silbergehalt von vier Kreuzern ausprägten, den Kreuzer aber dann zu drei Pfennigen, so dass das Verhältnis Groschen – Pfennig mit 1:12 gleich blieb.

Tirol: Etschtaler Kreuzer „Netsch", Silber, Sigmund d. Münzreiche, 1480.

- 1 Groschen =   3 Kreuzer =   12 Pfennige (=1 Schilling)
- 1 Kreuzer =   4 Pfennige
- ¼ Kreuzer =   1 Pfennig

Die Pfennige, die Kaiser Friedrich Barbarossa zu Ende des 12. Jahrhunderts in Schwäbisch Hall prägen lässt, nennt man bald nur „Haller" oder später Heller. Das unveränderte Aussehen über Jahrhunderte machte den Heller zu der am weitest verbreiteten Münze im süddeutschen Raum, bis er im 16. Jahrhundert durch laufende Inflation zur kleinsten Scheidemünze mit Wert eines 1/2 Pfennigs herabsank.

Schwäbisch-Hall: Heller, Silber, 13. Jahrhundert. Geprägte Hand erkennbar.

In einem alten Soldatenlied heißt es, „der Heller ward zu Wasser, der Batzen ward zu Wein". Der Heller, als Halbpfennig ziemlich wertlos, reichte eben nur noch für Wasser. Anders war das beim „Batzen". Ab Mitte des 15. Jahrhunderts wurden wegen stetiger Zunahme des Handels die Groschen knapp. Also gingen weitere Städte dazu über, Münzen im Wert von vier Kreuzern oder zwölf Pfennigen zu schlagen, unter anderem auch Bern. Berns Wappentier ist ein Bär, „Batz" eine Form von „Petz" und schon wurde aus der Münze mit dem Bären auf der Rückseite der

Salzburg: Batzen,
Erzbischof
Leonard
v. Keutschach,
1513.
Im rechten
Wappenfeld Rübe
erkennbar.

„Batzen". Und für zwölf Pfennige bekam man schon einen Liter Wein. In anderen Territorien wird der Namen „Batzen" aber für schlechte Münzen übernommen. Auch das Erzbistum Salzburg war ein eigener Kleinstaat mit Münzhoheit und gab 180 verschiedene Formen des „Rübenbatzens" mit einer Rübe im Wappenschild aus. In der Schweiz wird das 10-Rappen-Stück im Volksmund heute noch Batzen genannt.

Die zur Ausmünzung bestimmten Silberbarren von einem Pfund hatten eine Halbierungsmarke. Danach hieß das halbe Pfund „Mark". Dieser Name setzte sich als Bezeichnung des Silbergewichts durch, so wie „Gran" für Gold und „Karat" für Edelsteine. Das Gewicht von Pfund und Mark änderte sich im Laufe der Zeit und war auch nicht an allen Orten gleich. Köln war die wichtigste deutsche Handelsstadt des Mittelalters und so errang die „Kölnische Mark" mit 233,8 Gramm überregionale Bedeutung. Die „Wiener Mark" war mit 280,7 Gramm deutlich schwerer. Eine Münze mit der Bezeichnung Mark wurde erstmals 1502 in Lübeck geprägt, exakt 500 Jahre vor dem Ersatz der Mark durch den Euro. Danach folgte der ganze Ostseeraum und die Mark wurde zur zentralen Handelswährung des Bundes der deutschen Fernhandelskaufleute, der Hanse. Als unter Führung Preußens 1871 das neue Deutsche Kaiserreich entstand, suchte man auch eine neue einheitliche Währung, welche die Unzahl verschiedener Taler und Gulden in den deutschen Königreichen und Fürstentümern ablösen sollte. Da sich die süd- und norddeutschen Staaten nicht einigen konnten, ob die neue Einheitswährung nun Taler oder Gulden heißen solle, verfiel man als Kompromiss auf die Mark.

Aus lat. „pondus – Gewicht" wurden die spanische Peseta und der argentinische Peso, aber auch das deutsche Pfund und das englische Pound.

Wegen der Freilassung des in England gefangenen französischen Königs Johann des Guten prägte man 1360 in Frankreich eine besondere Goldmünze, den „franc d'or – Freiheit aus Gold", der dann nur mehr kurz „Franc" bezeichnet wurde. Der Zusammenhang zwischen „frank und frei" ist uns aus einem Sprichwort heute noch bekannt. Bis zur französischen Revolution bildeten aber „livre" (von lat. „libra – Waage") und „sou" (von „Schilling") die Währungsgrundlage. Danach führte neben Frankreich auch die Schweiz 1799 und Belgien 1830 den Franken oder Franc ein.

Durch den Aufschwung der Städte und die Zunahme des Fernhandels genügten die kleinen Silbernominale nicht mehr. Die Kaufleute wollten auf den beschwerlichen und gefährlichen Reisen nicht mehr kiloweise kleine Silbermünzen mit sich führen.

Durch den Unterschied der Wertrelation Silber zu Gold in Indien und Europa floss zunehmend Silber nach Osten ab, dafür kam Gold in die Handelszentren Norditaliens. So war es ganz natürlich, dass gerade die Handels- und Bankenstädte Genua und Florenz 1252 eine erste europäische Goldmünze prägten. Während der „Genovino" keine größere Bedeutung erlangte, wirkt der Name der Florentiner Goldmünze bis in das 21. Jahrhundert fort. Auf der Rückseite trug sie das Wappenzeichen Florenz', die Lilie, eine Blume, eine „fiore" aus Gold, ein „Fiorino d'oro", im deutschsprachigen Europa „goldener = gulden Pfennig" oder kurz „Gulden" genannt. Der lateinische Name „florenus" führte zur Abkürzung „fl.", deshalb kürzte man die holländischen Gulden „hfl." ab.

Ungarn war der ergiebigste europäische Goldproduzent des Mittelalters und prägte als Erster 1325 den Gulden nördlich der Alpen nach. In Abwandlung der Ursprungsmünze „Fiorino" hieß er dort Forint. Die Fürsten am Rhein schlossen sich 1386 zum „rheinischen Münzverein" mit dem Ziel stabiler Guldenprägung zusammen. Im nord- und westdeutschen Raum dominierte der rheinische Gulden, im Südosten der ungarische, zahlreiche Herrschaften und Städte folgten dem Beispiel.

Als in Tirol zu Ende des 15. Jahrhunderts reiche Silbervorkommen gefunden wurden, ließ Erzherzog Sigmund der Münzreiche eine große Silbermünze im Wert eines Goldguldens prägen – den Guldengroschen, nach seinem Wert ein Gulden, nach seinem Material ein Groschen. Daraus wurde der „Guldiner" oder Gulden als Bezeichnung für eine große Silbermünze. Und der Guldiner aus dem silberreichen böhmischen Joachimsthal war bald nur noch der „Joachimsthaler" oder noch einfacher „Taler". Damit gab es im deutschsprachigen Raum für ähnlich große Silbermünzen zwei Begriffe: Gulden und Taler, ihnen ist ein eigenes Kapitel gewidmet.

Kein Wunder, dass auf den Erfolg des florentinischen Goldguldens die zweite große Handelsstadt, Venedig, mit der Prägung einer eigenen Goldmünze, des Zecchino, reagierte. Die Inschrift auf der Rückseite lautete „SIT T(IBI) XPE (CHRISTE) DAT(US), Q(UEM) TU REGIS ISTE DUCATUS (Dir, Christus, sei das Herzogtum gegeben, das du regierst) und nach dem letzten Wort „ducatus" hieß der Zecchino bald nur noch „Dukat". Während man beim Gulden zwischen goldenen und silbernen unterscheiden muss, blieb „Dukat" immer eine Bezeichnung für eine Goldmünze. In Österreich galt der silberne Gulden als offizielles Zahlungsmittel von 1481 bis 1892, die Goldmünzen nannte man daher „Dukaten", auch wenn sie nicht mehr das Münzbild der venezianischen Prägung sondern die Konterfeis der österreichischen Herrscher trugen.

Gulden mit dem Wappen Florenz', der Lilie.

Ungarische Nachprägung, Gold, Ludwig I., d. Heilige, 1342-1353.

Venedig: Zecchino „Dukat", Gold, Domenico Contarini 1659-1674.

Böhmen: Joachimsthaler Guldiner „Taler", Silber, Vorderseite, Graf Schlick 1505-1528.

DIE WIEGE DER BANKEN STAND IN ITALIEN

Bankähnliche Institutionen sind sehr alt. In Ägypten entwickelte sich lange vor der Erfindung der Münze ein regelrechtes Banksystem mit Getreide als Zahlungsmittel. In Mesopotamien gab es im 7. Jahrhundert v. Chr. bereits Privatbanken. Griechische Stadtstaaten und Rom verwahrten ihre Kassen oft in Heiligtümern, im Schatztempel, griechisch „thesaurus". Davon leitet sich unser Wort „Tresor" und das englische „treasure – Schatz" ab. Die Schätze der Griechen lagen in den Tempeln von Delphi, Milet, Ephesos und Delos, die Roms bis zur Beschlagnahme durch Julius Cäsar im Tempel des Saturn. Priester fungierten schon früh als Bankiers und gaben auch Anleihen aus. Ein staatliches Banksystem blieb aber nur in Ägypten erhalten. Einer Zentrale in Alexandria waren Filialen in vielen anderen Städten untergeordnet, die sowohl Geld verliehen als auch Einlagen verwalteten. Im römischen Reich setzten sich die Privatbankiers durch. Die monatlich berechneten Zinsen schwankten zwischen 4 % und 24 % innerhalb eines Jahres. Das Rechnen im römischen Zahlensystem war allerdings schwierig. Es kannte weder die „Null" noch den „Stellenwert". Als Beispiel möge die Schreibweise der Zahlen 331 und 1100 gelten. Im römischen schreibt man 331: CCCXXXI und 1100: MC. Der Wert wurde durch die Buchstaben angegeben, nicht aber durch den Stellenwert. Dadurch waren Rechenoperationen, wie wir sie kennen, nicht möglich. Addition und Subtraktion konnten mit Hilfe einer Rechenmaschine, des „Abakus", noch relativ einfach vorgenommen werden, schon Division und Multiplikation erforderten tiefgehende Kenntnisse. Das Rechnen mit dem „Abakus" oder

Abakus, Rechenmaschine nach römischem Vorbild für „Rechnen auf der Linie". Die Horizontalen geben den Stellenwert an, die einzelnen Ringe die Werte von 1 bis 10. Beispiel: Fünf Reihen, die unterste stellt die Einerstelle, die oberste die Zehntausenderstelle dar. Von Oben: Gelbe Linie: 2 Ringe rechts = 20.000 rote Linie: 7 Ringe rechts = 7.000, grüne Linie: 2 Ringe rechts = 200, braune Linie: 7 Ringe rechts = 70, blaue Linie: 6 Ringe rechts = 6. Die dargestellte Zahl ist 27.276. Addieren wird durch Verschieben einer entsprechenden Anzahl von Ringen der jeweiligen Linie von links nach rechts vorgenommen; subtrahieren durch Verschieben nach links. Erreicht man auf einer Linie 10, werden die Ringe nach links verschoben, dafür ein Ring auf der nächsthöheren Linie nach rechts.

„auf der Linie" war bis in die Neuzeit in Europa bestimmend. Die Verwendung arabischer Ziffern, von Leonardo Fibonacci bereits im 13. Jahrhundert zu einem Rechensystem zusammengefasst, verbreitete sich nur langsam, wurde sie doch von der Kirche wegen der Ungläubigkeit der Araber abgelehnt.

Nach dem Zerfall des Römischen Reiches war die Geldwirtschaft in Europa wie die meisten anderen kulturellen Errungenschaften in Vergessenheit geraten. Auch das Währungssystem Karls des Großen zerbrach wenige Generationen nach seinem Tod so wie sein Reich. Die bedeutendsten kulturellen Impulse erhielt das Mittelalter durch die Kreuzzüge. Der Kontakt mit der überlegenen maurischen Zivilisation löste einen echten „Kulturschock" bei den noch recht barbarisch wirkenden Kreuzrittern aus. Erst durch die sonst so unmenschlichen Kreuzzüge entwickelte sich wieder so etwas wie ein „Geldbewusstsein". In den maurischen Siedlungsgebieten Siziliens und Spaniens blieb neben vielen anderen Kulturtechniken auch die Kunst der Münzprägung erhalten. Von der Kenntnis dieser ungleich höheren maurischen Zivilisation profitierten zwei Gruppen besonders: die Kreuzfahrerorden, allen voran die Templer und die italienischen Handelsstädte. Der Templerorden entstand um 1115 zum Schutz der Heiligen Stätten und der Pilger. Durch Erbschaften und Schenkungen wurde er binnen weniger Jahrzehnte nach dem Papst zur einflussreichsten Organisation des Christentums. Nach dem Niedergang der Kreuzzugsidee ließen sich die Templer in Paris nieder, woran heute noch einige Straßennamen erinnern. Von hier aus erwarben sie durch Erbschaft und Schenkung umfangreiche Ländereien in ganz Europa, in Berlin etwa am „Tempelhof". Mit ihren Kenntnissen der Mathematik und der arabischen Geldwirtschaft, vor allem der doppelten Buchführung, richteten sie die ersten Banken nördlich der Alpen ein. Aufgrund ihrer geistlichen Stellung und des hohen Ansehens als Kreuzritterorden waren sie exterritorial und konnten als „Staat im Staat" ihre Geschäfte unbehelligt in allen christlichen Ländern betreiben. Ihre Ordenshäuser, die „Tempel", waren der denkbar sicherste Platz zur Aufbewahrung von Geld und Gold. Das prädestinierte sie zum Aufbau eines Einlagebankwesens. Als Finanzminister des französischen Königs hoben sie die Steuern ein und verwalteten den Staatsschatz. Als Kreditgeber zwangen sie König Heinrich III. von England, die verpfändeten Kronjuwelen auch wirklich zu übergeben. Damit ging es ihnen besser als dem Prager Bankier Mordechai Meisels, der im 17. Jahrhundert Kaiser Rudolf II. Kredit gewährt hatte, aber die dafür verpfändete Krone nicht in seinen Gewahrsam nehmen konnte. Sie ist heute als österreichische Kaiserkrone in der Wiener Schatzkammer ausgestellt, obwohl sie doch wegen der uneingelösten Schuld des Kaisers rechtens Eigentum der Familie Meisels sein sollte. Während sich die Handelsmacht der Juden nur auf ihre Fähigkeiten, ihr Netzwerk unter Glaubens- und Leidensgenossen und einen höchst fragilen Schutz des Landesherren stützte, standen die Templer unter dem direkten Schutz des Papstes. Sie stellten sich außerhalb des gemeinen Rechtes, waren von Steuern und Abgaben befreit und hatten ihre eigene Gerichtsbarkeit. Aber Hochmut kommt vor dem Fall. Die Übermacht der Templer war König Philipp IV. von Frankreich so unerträglich geworden, dass er die Mitglieder des Ordens 1307 völlig überraschend festnehmen ließ. Als Begründung dafür wurden jene unzählige Untaten angeführt, die den Ordensrittern unter der Folter abgepresst worden waren. Da war alles enthalten, was in jener Zeit als todeswürdig galt: Verhöhnung des Christentums und Abhaltung satanischer Messen, Homosexualität untereinander und Verführung von Knaben, Völlerei und Luxus. Schließlich entzog auch der Papst den Templern seinen Schutz und eröffnete damit einen europaweiten Vernichtungsfeldzug. Sehr viele große und kleine Schuldner, ob Fürst, Edelmann oder Bürger, konnten sich mit einem Schlag von ihren Verbindlichkeiten befreien. Gefangene Templer wurden am Scheiterhaufen hingerichtet oder gleich niedergemetzelt. Auch die Blutgasse in Wien als ehemaliger Standort des Tempels könnte davon ihren Namen haben. Wer mit dem Leben davonkam, tauchte unter, so wie auch der sagenhafte Templerschatz von Paris angeblich verschwand. Die Spuren sollen nach Schottland führen, wo der exkommunizierte König Bruce sich nicht um die päpstlichen Anordnungen scherte. Durch die Unterstützung der Templer soll er 1313 die Engländer in der Schlacht von Bannockburn geschlagen haben und konnte so die bis 1688 regierende Dynastie der Stuarts begründen. Das schottische Bankwesen dominierte durch Innovationskraft das späte 17. und 18. Jahrhundert. Und waren die Templer nicht auch die Vorgänger der Freimaurer? Jedenfalls gibt die Geschichte dieses ersten europäischen Bankhauses bis heute genügend Stoff für wilde Spekulationen.

Neben den Templern waren es die italienischen Städte, die aufgrund der räumlichen Nähe zum arabischen Raum und des Orienthandels als Erste den Rückfall des Mittelalters in die Tauschwirtschaft überwanden. Genua, später Venedig und Florenz übernahmen die Führung in Handels- und Geldgeschäften. Venedig war durch die Transporte der Kreuzfahrer in das Heilige Land vermögend geworden. Den wirklich lukrativen Osthandel beherrschte aber Ostrom. Etwa ein Drittel der Venezianer lebte in Byzanz, um von hier aus am großen Geschäft teilzuhaben. Als um 1204 ein Kreuzzugsheer die Kosten für den Transport nicht aufbringen konnte, ließ der fast neunzigjährige blinde Doge Enrico Dandolo die unbeschäftigt in Venedig herumlungernden Kreuzfahrer kurzerhand nach Konstantinopel verschiffen und diese Stadt so gründlich plündern, dass sie ihre Vormachtstellung im Orienthandel endgültig an die Lagunenstadt verlor. Byzanz wurde zum Marionettenstaat der großen Handelsmächte degradiert, bis die Türken es zweihundertfünfzig Jahre später eroberten, ohne dass irgendeine europäische Macht etwas dagegen tat. Der erste Eroberer Byzanz', Enrico Dandolo, ließ sich in der prächtigsten Kirche der Christenheit, der Hagia Sophia begraben, der zweite Eroberer, Sultan Mehmed II., ließ diese Hagia Sophia zur Moschee umbauen. Mit dem Fall des Oströmischen Reiches standen für Venedig einerseits die Wege an die Küsten des Schwarzen Meeres offen, an denen die damaligen Hauptfundorte für Gold lagen, andererseits übernahm Venedig auch den Osthandel. Also konnte die Lagunenstadt die Goldprägung wieder aufnehmen und schuf mit dem „Dukaten" eine der stabilsten Münzen der Geldgeschichte. Die antiken Rosse auf dem Balkon der Basilika von San Marco zeugen noch heute von einem der barbarischsten Raub- und Vernichtungszüge der Weltgeschichte.

Nach der Ausschaltung der einzigen außeritalienischen Konkurrenten, des Templerordens und Byzanz', war es kein Wunder, dass sich die moderne Geldwirtschaft in Italien entwickelte. Der norddeutsche Kaufmannsbund der Hanse, der für geraume Zeit den gesamten Nordhandel dominierte und auch Könige in die Knie zwingen konnte, blieb in seiner Rechnungsgebarung seltsam konservativ und unbeweglich und geriet gegenüber den wendigen Italienern zunehmend ins Hintertreffen.

Soweit Münzen wieder an Verbreitung gewannen, prägte jede Region eigenes Geld. In Handelsstädten waren daher professionelle Geldwechsler unerlässlich, da nur Fachleute die Wertrelationen bestimmen konnten. Das allgemeine Misstrauen gegen diesen Berufsstand findet sich allerdings in vielen bildlichen Darstellungen des biblischen Motives der Vertreibung der Geldwechsler durch Jesus. Das Wechseln von Geld war Christen nicht verboten, da dabei ja kein Zins genommen wurde. Die Verdienstspanne ergab sich vielmehr aus dem Wechselkurs, zu dem der Wechsler bereit war, einzutauschen. Daher finden wir unter den Geldwechslern viele später hochangesehene Familien. Die Medici hatten jahrhundertelang die Macht in Florenz inne, führten es kulturell und wirtschaftlich zu ungeahnten Höhen, stellten Päpste und begehrte Ehefrauen für alle Dynastien Europas. Die Grimaldis aus Genua erwarben später die Herrschaft über Monaco und üben sie noch heute aus. Dass die Geschäftsverbindung mit Kaisern und Königen sehr ertragreich, aber auch ruinös sein kann, musste als nächstes das Florentiner Bankhaus Bardi & Peruzzi erfahren. Die Bardis waren nach der Vernichtung der Templer als Geldgeber der französischen Krone reich geworden. In England gaben sie König Edward III. so lange Kredit, bis sie die ganze staatliche Finanzgebarung pfandweise übernommen hatten, und der König nur noch ein monatlicher Rentenempfänger war. Als das für Edward III. unerträglich wurde, ließ er kurzerhand alle italienischen Kaufleute und Bankiers ausweisen. Die Bardis hatten alles auf eine Karte gesetzt und verloren. Das ehemals mächtigste Bankhaus Europas ging mit einer Quote von 26 % in Konkurs. Immerhin wurden sie nicht auf Scheiterhaufen verbrannt, wie die unseligen Tempelritter. Die Financiers der Fürsten mussten immer mit der plötzlichen Zahlungseinstellung ihrer hochadeligen Schuldner rechnen. Rechtsmittel dagegen gab es keine. Manchmal gelang es, sie von weiterem Kredit und Handel so auszuschließen, dass sie sich wieder reumütig an die Spielregeln hielten. Der Hansebund gewann 1449 einen Wirtschaftskrieg gegen den König von Dänemark. Jakob Fugger zwang im 16. Jahrhundert den König von Ungarn nieder, als dieser meinte, die für Kredit verpfändeten Kupferminen einfach wieder in Besitz nehmen zu können. Viel öfter gingen die Bankiers aber an der Rolle als Geldgeber der Mächtigen selbst zugrunde, ein Schicksal, das die Bardis mit den Fuggern, den Welsern und den Oppenheimern teilten.

Zum Nachteil einer geordneten Wirtschaftsentwicklung verbot die katholische Lehre den Christen die Verleihung von Geld gegen Zinsen. Die Kirchenväter sahen darin eine Art Verkauf von Zeit – und diese gehörte Gott alleine. Von diesem Verbot waren Juden und Lombarden ausgenommen und konnten sich daher, ohne auf Umgehungsgeschäfte angewiesen zu sein, auf den Kleinkredit und die Pfandleihe spezialisieren. Anders als die großen Bankiers waren die für die lokale Wirtschaft so notwendigen kleinen Kreditgeber der physischen Gewalt und der Versagung des Rechtsschutzes viel direkter ausgesetzt. Für die Übernahme dieses Risikos verlangten sie einerseits enorme Zinsen von bis zu 40 %, andererseits die Besicherung durch Pfänder. Beides steigerte den Hass der Bevölkerung und führte regelmäßig zu Vertreibung, wenn nicht zum Mord. So nebenbei konnten sich Adel und Bürgerschaft damit schlagartig entschulden. Mit genau derselben Regelmäßigkeit brach das Wirtschaftsgefüge danach zusammen. Wenn sich der Volkszorn gelegt hatte, holten die Herrscher rasch wieder ihre jüdischen Finanziers und stellten sie unter ihren besonderen Schutz – bis zum nächsten Pogrom. Besicherte Darlehen heißen noch heute „Lombard-Kredit", zu einem bestimmten Zinssatz, dem „Lombard-Satz", können sich Banken gegen Verpfändung von Effekten bei der Zentralbank refinanzieren. Nördlich der Alpen nannte man alle italienische Bankiers nur die „Lombarden", obwohl die wenigsten von ihnen in der Lombardei ansässig waren. Die Geldinstitute Londons waren in der „Lombard street" konzentriert und eine Vereinigung von Bankiers heißt heute noch „Lombard-Club". Wollte jemand Geld ausleihen, musste sich der Verleiher entscheiden, ob er dem Rückzahlungsversprechen des Schuldners glauben wollte oder nicht. „Glauben" heißt auf lateinisch „credo" und wer Kredit vergibt, darf nicht zu leichtgläubig sein. Der Begriff „Bank" kommt vom Tisch, der „banca" des Geldwechslers, des „banchiere". Wurde ein banchiere unsauberer Geschäfte überführt, so zerschlug man seinen Tisch – die banca war dann „rotta – zerstört" und der Wechsler daher „bankrott". Davon mussten natürlich auch die anderen Kunden des Wechslers informiert werden, die liefen zusammen – lateinisch „concurrere" – um zu sehen, was noch zu holen sei. Und war er dann im „Konkurs", wurden die Gläubiger aufgerufen, sich zu äußern. „Crida" hieß dieser öffentliche Aufruf und die Zahlungsunfähigkeit heißt heute noch bei uns „Krida". Auch das englische „to cry – rufen" leitet sich davon ab. Gewogen hat der Geldwechsler mit einer Waage römischen Ursprungs, die bis in das 18. Jahrhundert praktisch unverändert blieb – die „libra". Davon kommen, wie bereits erwähnt, die italienische Lira und der französische Livre, aber auch die englische Abkürzung „lb" für Pfund. Die Waagschale der libra hieß „lanx" – man brauchte eine Waage mit zwei Schalen, also mit „bi lanx". Es war wichtig, dass die Schalen ausgewogen waren. Diese Ausgewogenheit sucht der Kaufmann auch heute noch, wenn er seine „Bilanz" erstellt. Rechnete er am Ende des Tages alles zusammen, auf lateinisch „computare", dann konnte er es damals schon in sein „Konto" eintragen, aber eben noch ohne Computer. Vorher musste er aber seine Preise kalkuliert haben, dazu dienten ihm Kalksteinplättchen – lateinisch „calculi" – mit denen er auf eigenen Brettchen ähnlich wie mit dem römischen „Abakus" rechnete.

Auch Florenz beeinflusste bereits früh das Geldwesen Europas. Hier etablierte sich eine ausgezeichnete Wollindustrie, die Basis des Reichtums der Stadt wurde.

Wien: Münzwaage 1788.

Erstklassige Wolle gab es aber hauptsächlich in England. Die musste dort gekauft werden, was zu Geldtransporten von Florenz nach England führte. Auf der anderen Seite mussten die Kircheneinnahmen aus England nach Rom gebracht werden. Zu damaligen Zeiten waren das wochenlange sehr unsichere und teure Reisen über Tausende von Kilometern. Kaufmannsfamilien aus Florenz fanden den Stein der Weisen. Englische Wolle wurde aus englischen Kirchengeldern bezahlt, nach Florenz transportiert und über florentinische Banken, die bald Filialen in Rom eröffneten, an die päpstliche Finanzkammer ausbezahlt – oder gleich im Namen der Kirche veranlagt.

Der Transport von Münzen über längere Strecken stellte immer noch ein hohes Risiko dar. Tausend Reichstaler wogen rund 30 kg. Die Bestechungssumme der Fugger für die Wahl Kaiser Karls V. in Höhe von 544.000 Gulden hätte in Bargeld zwei Tonnen gewogen. Als Ersatz für diesen höchst unsicheren Transport größerer Geldsummen über längere Strecken entwickelte sich zuerst der Wechsel, altmodisch auch Tratte vom italienischen „tratta". Er war natürlich auch eine Erfindung italienischer Renaissance-Bankiers und glich in seiner Funktion eher einem Reisescheck. Ohne diesen bargeldlosen Zahlungsverkehr wäre die regelrechte Explosion des Handels in der Renaissance nicht möglich gewesen. Erst im 17. Jahrhundert begann man, Wechsel als allgemeines Zahlungsmittel unter Kaufleuten und Banken zu akzeptieren. Die Weitergabe wurde auf der leeren Rückseite des Wechsels als „Indossament" vermerkt, italienisch „in dosso – auf dem Rücken". Kein Wunder, dass die italienischen

Bankiers sehr bald den bargeldlosen Zahlungsverkehr erfanden – Anweisungen und Guthaben ihrer Kunden wurden gegeneinander verrechnet, ohne dass man Geld bewegen musste. So wurde das Geld im Kreise, im „giro", geschickt, wie heute beim bargeldlosen Giro-Zahlungsverkehr auf dem Girokonto oder die Radrennfahrer beim Giro d'Italia. Der ersten Girobank im Venedig des Jahres 1587 folgten bald solche in den Handelszentren Amsterdam, Hamburg, Nürnberg, Leipzig, Rotterdam, Stockholm und 1703 endlich auch in Wien.

„DIE PHÖNIKIER HABEN DAS GELD ERFUNDEN, ABER WARUM SO WENIG?" (Johann Nestroy) – REDENSARTEN RUND UMS LIEBE GELD

Die Steinmetze im Römischen Reich formten in ihren Inschriften das „U" der Einfachheit halber genauso wie das „V" – weshalb das „V" oft als „U" zu lesen ist. Die Gauner hingegen haben gerne das Zifferzeichen für fünf, römisch „V", zu einem Zehner, römisch „X" verfälscht, weswegen es immer gut war, „sich kein X für ein U vormachen zu lassen".

Österreich: Geldkatze, nicht mehr aus Katzenfell, 19. Jahrhundert.

Hingegen haben sich ehrliche Münzmeister, die mit „gutem altem Schlag" den runden Metallplättchen „ihren Stempel aufdrückten" und damit neues „Geld herausschlugen", das noch von „echtem Schrot und Korn" war, der Bevölkerung in das „Gedächtnis eingeprägt", denn ihr Wort konnte man „für bare Münze nehmen".

Auf so mancher Burg kann man noch mittelalterliche Geldtruhen sehen, mächtige eiserne Kassen mit massiven Schlössern. Am Boden war oft als symbolischer Wächter ein Hund aufgemalt. Musste der Burgherr die letzten Silberstücke zusammenkratzen, so dass der Hund sichtbar wurde, war er „auf den Hund gekommen". Schlau, wie die alten Ritter waren, hatte er unter dem ersten Boden der Eisenkassa noch ein Geheimfach, „die eiserne Reserve". Und musste er nun auch auf diese zugreifen, dann war er schon „unterm Hund". Sollte aber auch in dem Geheimfach nur Staub gewesen sein, dann war unser stolzer Fürst schlicht „am Sand".

Im wirtschaftlichen Kampf siegten jedenfalls die städtischen Kaufleute, nach einem der wertvollsten und teuersten Gewürze der Zeit auch „Pfeffersäcke" genannt, gegen das Rittertum „auf ganzer Linie". Vielleicht deshalb, weil sie in der damaligen Rechenmethode, dem „Rechnen auf der Linie", überlegen waren.

Österreich, Frankfurt:
Knöpfe aus Kronen und Talern,
19. Jahrhundert.

Beim „Rechnen auf der Linie" konnte man sich leicht irren und das war kost-spielig. Verwechselte man die Hunderter- und die Tausenderlinie, so war man schnell vom „Hundertsten in's Tausendste" gekommen.

Im Mittelalter kannte jede Stadt ihre eigenen Maße und Gewichte. Für verschie-den wertvolle Dinge wurden oft verschiedene Maße verwendet. Dass dabei so man-cher, der das Messen mit „zweierlei Maß" nicht verstand, übervorteilt wurde, ist klar. Hatte der Bauer dann keine Münzen mehr in seiner „Geldkatze", dem aus einem ganzen Katzenfell zusammengenähten Gürtel, in dem man das Bare um den Körper geknotet transportierte, hat man ihm sein Geld halt „abgeknöpft". Als sichtbares Zei-chen des Reichtums wurden früher echte Silbermünzen an die Westen und Janker genäht. Die Mode gibt es noch heute, auch wenn es oft nur noch billige Blechprä-gungen sind. Da war es schon gut, wenn unser Bauer wenigstens die halbe Ernte schon in der „Miete", eine alte Bezeichnung für Scheune, hatte. War auch das Geld abgeknöpft, konnte er doch zumindest die „halbe Miete" sein Eigen nennen. Sollte aber unser Bauer während des Dreißigjährigen Krieges in einem der zahlreichen nie-dergebrannten Dörfer gelebt haben, so konnte es schon passieren, dass er völlig be-sitzlos geworden war, „abgebrannt" eben oder auch „schwarz", woraus dann das nicht rassistisch gemeinte „neger" wurde. Schließlich wollen wir diese Begriffe „nicht auf die Goldwaage legen".

Das konnte einem „betuchten" Menschen nicht geschehen, heißt doch das hebräische Wort „batuach" auf Deutsch „sicher" und hat nichts mit feinem Stoff zu tun. Ganz anders erging es jenen Mitbürgern, die dem Laster des Spiels huldigten, jiddisch „zachkenen", und die dann zu „Zockern" wurden. Natürlich konnte auch so ein „Zocker" seinen „Reibach" oder „Rebbach" machen, er musste dazu gar nicht wissen, dass der Zins im Hebräischen „reiwah" heisst. Aber viel öfter kam es vor, dass er bloß noch einen „Tinnef" hatte, vom jiddischen „tinuf – Dreck". Der ganze „Zaster" war dahin – zigeunersprachlich „saster – Eisen" (das wieder auf Altindisch „sastra" zurückzuführen ist). Da war es schon gut, sich ein bisschen etwas zu ersparen. Aber wie konnte man es verwahren, wenn es auf Wanderschaft ging, wie das von den Handwerksgesellen verlangt wurde? Dabei sollte man ja auf Reisen das Geld vor Wegelagerern verbergen und sich zum Beispiel in die Kleidung „einnähen". Schließlich musste das Bare ja auch in der Fremde verfügbar sein, auch wenn es nur darum ging, ein einfaches christliches Begräbnis zahlen zu können. Das kostete im Mittelalter nicht allzu viel, eine kleine Silbermünze die „Flins" hieß, reichte dafür aus und der dünne goldene Ring, den jeder Wanderbursche im Ohr trug war genau einen „Flins" wert. Das „Flinserl" war also nichts anderes als eine Reisesparkasse. Wenn unser wandernder Geselle nichts mehr außer seinem „Flins" hatte, kam es schon vor, dass er dem Wirt die Zeche nicht zahlen konnte. Der führte eine große Schiefertafel, auf der er mit Kreide die Schuldner und die offenen Beträge „ankreidete" – man stand dann halt bei ihm „in der Kreide". Zahlte er dann wenigstens ein bisschen etwas zurück, trug er halt nur ein „Scherflein" bei. Sicher war es unserem Schuldner gleichgültig, dass „Scherf" die Bezeichnung für den halben Pfennig zur Zeit Karls des Großen war. Das Wort leitet sich vom lateinischen „srupulum" ab, der geringsten Gewichtseinheit beim Wägen.

Hatte der Schuldner Glück und man vertraute ihm, konnte er sich Geld auch ausleihen. Der Bankier eröffnete ein Konto, indem er zwei Holzstäbe aneinander legte und auf dem einen mit Kerben vermerkte, wie viel man schuldete, auf dem anderen, was man zurückgezahlt hat. Wer viel schuldete, hatte dann halt auch viel „auf dem Kerbholz". Die beiden Stäbe miteinander waren eine Art Kontoauszug für Analphabeten, da die Schuldner ja zumeist nicht lesen konnten. Außerdem war Pergament oder Papier viel zu teuer. Von dieser Art der Kontoführung leitet sich auch der englische „stockholder" für Gläubiger und später Aktionär ab.

Irgendwie musste der Schuldner aber seine Schulden „berappen". Das ging auch anders als mit jenen Freiburger Pfennigen, deren geprägter Adler eher einem Raben glich. Und da man im Mittelhochdeutschen „Rabe" wie „Rappe" aussprach, wurde der „Rabenpfennig" zum „Rappen" so wie auch das „rabenschwarze" Pferd.

Dabei musste der Bankier besonders darauf achten, kein „Schwarzgeld" anzunehmen. Dabei ging es weniger um illegale Einkünfte, sondern um schlechte Silbermünzen mit hohem Kupferanteil. Sie wurden nach dem Prägen in einem Sud aus Kochsalz und Weinstein gekocht, der das oberflächliche Kupfer angriff und die Pfennige silbrig glänzen ließ. Nach einiger Abnützung verloren sie den Glanz und wurden dunkel, „Schwarzgeld" eben. Frisches Kupfer leuchtet aber auch rot. War der Silberglanz einmal abgerieben, dann musste man feststellen, dass man einen „roten Heller" erhalten hat, der wirklich nichts wert war.

Doch wehe dem Bankier, zu dem „der Bartel den Most holen" kam. Das war überall eher möglich als im Mostkeller, es sei denn, unser Geldverleiher hat dort seine Schatztruhe vergraben. In der Wiener Gaunersprache, dem Rotwelsch, hieß die Brechstange aus dem Jiddischen „barsel". Die benötigte man, um die Kasse aufzubrechen und an die „ma'ot" zu kommen, ebenfalls jiddisch für „Münzen". Die sprachliche Nähe zu „Maut", „Mäusen", „Moos" und „Most" ist einleuchtend. Störte jemand den Kassenschränker, so musste er wohl „Fersengeld" geben und es dürfte ihm dabei ziemlich egal gewesen sein, dass bei den nordslawischen Wenden die Ehefrau sich vom Mann trennen konnte, indem sie ihn auszahlte. Der musste sein „Fersengeld" nehmen und das Haus verlassen. Er hatte nun zwar etwas mehr „Kies", von hebräisch „kiss – Beutel", aber oft waren es nur wenige „Kohlen", vom jiddischen „kal – gering". Wer kein Geld hatte, also „kal" war, litt oft Hunger – in der Gaunersprache „Dampf". Der „Kohldampf" hat also nichts mit Appetit auf dieses nicht überall geschätzte Gemüse zu tun, sondern bedeutete einfach chronischen Hunger wegen Armut. Obwohl schon seit der Antike reichlich Geld gefälscht wurde, konnte da noch kein „falscher Fuffziger" dabei sein – der kommt aus dem Deutschland der Zwischenkriegszeit nach der Währungsreform, weil die nun wieder wertvolleren 50-Pfennig-Stücke so leicht nachzumachen waren. Da zahlte es sich schon aus, das Geld ganz genau zu betrachten, bevor man es annahm. Und wenn man dazu etwa einen Silbertaler ganz nahe an die Augen führte, begann man unweigerlich leicht zu schielen, weswegen Menschen mit dem „Silberblick" ja vielleicht auch als besonders anziehend gelten.

So ein falscher Fuffziger war jedenfalls wohl „keinen Deut" wert, die alte, wertlose holländische Scheidemünze „Duit" wollte ja wirklich niemand mehr haben. Glücklich, wer sich darum auch „keinen Deut mehr scheren" musste.

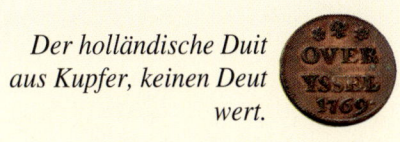

Der holländische Duit aus Kupfer, keinen Deut wert.

Grüne Linie: Grenzen des Herzogtums Österreich unter den Babenbergern zur Zeit Leopolds V., 1192.

Österreich: Kelten, Kärntner, Kidnapper und Kaiser

In der Antike tritt in Ost- und Südösterreich erstes Münzgeld bei den keltischen Stämmen der Noriker, Taurisker und Boier auf. Prägestätten waren der Magdalensberg in Kärnten und Pressburg. Die groben Münzen des 3. bis 1. vorchristlichen Jahrhunderts zeigen starken griechischen Einfluss, ohne aber die Feinheit und den Stil der Originale auch nur annähernd erreichen zu können.

Später brachten keltische Söldner auch vermehrt römische Münzen, die Wirtschaft basierte aber nach wie vor auf Tauschhandel.

Makedonien: Tetradrachme Typ „Palmenreiter", Silber, Philipp II. 359-336 v. Chr.

Österreich Donauraum: Tetradrachme, Kupfer versilbert, keltisch, um 350 v.Chr.; beide Münzen sind gekerbt, um den Silbergehalt prüfen zu können.

Ab 15 v. Chr. wurde der Österreichische Raum südlich der Donau von Kaiser Augustus dem Römischen Reich eingegliedert – bis zum Zerfall in der Völkerwanderung des 5. Jahrhunderts galt die römische Geldordnung, wovon reiche Funde zeugen.

Die Konsolidierung und Besiedelung des „wilden Ostens" ging oft von geistlichen Zentren, etwa Regensburg, Passau, Freising und Salzburg aus. Dadurch erlangten diese Klöster großen Streubesitz, an den heute noch in Ostösterreich viele Flur- und Ortsnamen erinnern. Von einer funktionierenden Geldwirtschaft wie im Römischen Reich war man aber noch weit entfernt. Bauern und Grundherren lebten in persönlicher Abhängigkeitsgemeinschaft. Der Bauer lieferte eine generelle zehnprozentige Steuer, den Zehent, der Ritter kümmerte sich um Schutz und Sicherheit. Die römischen Städte waren als Folge der Völkerwanderung weitgehend verlassen. Von der stolzen Militärstadt Vindobona, in der angeblich Kaiser Marc Aurel gestorben sein soll, blieb gerade noch ein Gutshof im Bereich der heutigen Judengasse. Als geistige und kulturelle Zentren fungierten nun die Klöster, nur hier konnte man lesen und schreiben, nur hier wurde das spärliche Wissen, das aus der überreichen römischen Zivilisation herübergerettet werden konnte, bewahrt. Ritter und kirchliche Vögte erzeugten in ihren Gutshöfen alles Notwendige in Eigenregie oder bekamen es als Zehent in Naturalien geliefert. Bestimmte Güter wuchsen allerdings nicht an jedem Ort, sie mussten

Rom: Denar, Silber, Marc Aurel 161-180.

einfach zugekauft werden, Metalle etwa oder Salz. So blieb doch noch die Notwendigkeit von Handel. Handel verlangt aber Geld. Als im kärntnerischen Friesach, Besitz der Bischöfe von Salzburg, am Ende des 12. Jahrhunderts Silber gefunden wurde, begannen die Landesherren umgehend mit der Ausmünzung. Geld bedeutete Handel, bedeutete Eisen und Bronze, bedeutete Rüstung und Werkzeug, bedeutete mehr Ertrag der Böden, bedeutete mehr Sicherheit gegen die Reiterscharen der Ungarn. Trotzdem dauerte es noch Jahrhunderte, bis sich die Bevölkerung wieder an jene umfassende Geldwirtschaft gewöhnte, die es unter den Römern schon gegeben hatte. Sowohl das Raubrittertum als auch die Bauernkriege des 16. Jahrhunderts waren ein letztes Aufbäumen der „Verlierer" dieser Entwicklung gegen die Ablöse des Tauschhandels durch die Geldwirtschaft. Geld, nicht mehr Grund und Boden, war zum Motor des Reichtums geworden.

*Kärnten/
Friesach:
Pfennig,
Silber,
Bischof
Otto III.
v. Bamberg
1183.*

Der Friesacher Pfennig erlangte nicht nur in Kärnten und der Steiermark, sondern auch in Friaul, Ungarn und Dalmatien eine bedeutende Stellung und wurde daher im ganzen Verbreitungsraum kopiert. Mit dem Mongoleneinfall von 1241 verlor diese erste österreichische Münze mit überregionaler Wirkung ihre Bedeutung, vielleicht auch weil im Wien der Babenberger ein Silberbergwerk ganz eigener Art in Betrieb genommen wurde.

EIN SILBERBERGWERK NAMENS „RICHARD LÖWENHERZ"

Die Babenberger prägten seit der Erhebung Österreichs zum Herzogtum im Jahre 1156 schon in Enns und Krems Pfennige. Eine kontinuierliche österreichische Geldgeschichte beginnt aber erst mit dem Babenbergerherzog Leopold V. und der Verlagerung der Münzstätte nach Wien. Von da an bestimmte die dauernde Finanznot der österreichischen Regenten, ob Babenberger, Habsburger oder republikanische Bundeskanzler die Geldentwicklung. Dabei war es weniger verschwenderische Hofhaltung als mehr der jahrhundertelange Abwehrkampf an der Ost- und Südostgrenze gegen Ungarn und Türken, der Kampf der Habsburger um die Vorherrschaft in Europa und im Heiligen Römischen Reich gegen Frankreich und Preußen. Dass sie daran nicht viel früher bankrott gingen, dafür sorgten überaus geschickte Bankiers und Kaufleute und eine Heiratspolitik, die immer wieder reiche Länder an Österreich band, aber auch neue Kriegsgegner heraufbeschwor. Der Spruch des ungarischen Königs Matthias Corvinus „Bella gerant alii, tu, felix Austria, nube! – Anderen lasse den Krieg, du, glückliches Österreich, heirate!", traf leider nur zum geringen Teil zu.

Am Anfang stand das Lösegeld für König Richard Löwenherz aus England. Nach der Eroberung von Akkon im Dritten Kreuzzug 1191 hinderte er den Babenbergerherzog Leopold V. gewaltsam, seinen Teil der Beute in Empfang zu nehmen. Auch sonst benahm er sich eher wie die sprichwörtliche „Axt im Wald". Die englischen

Könige hatten damals noch große Besitzungen im heutigen Frankreich – kein Wunder, dass Richard auch mit dem französischen König Philipp und letztlich auch mit Kaiser Heinrich VI. verfeindet war. Nachdem sein Schiff auf der Rückfahrt vom Heiligen Land vom Sturm in die Adria getragen und bei Triest gestrandet war, versuchte er inkognito über Österreich nach England zurückzukehren. In Erdberg wollte er 1192 mit „fremdem Geld" zahlen, wurde sicherheitshalber festgenommen und erkannt. Herzog Leopold sollte sich seinen Beuteanteil von Akkon nun mit Zins und Zinseszins holen. Zuerst wurde Richard in Dürnstein inhaftiert, dann dem Kaiser übergeben und auf Burg Trifels weiter gefangen gehalten. Die Suche des treuen Sängers Blondel nach seinem Herrn König Richard ist zwar eine Legende, die besondere Vorliebe Richards für ihn aber nicht. 20.000 kg Silber erpresste der österreichische Herzog gemeinsam mit dem deutschen König und Kaiser Heinrich VI. von den Engländern. 5.000 kg Silber erhielt Leopold, 15.000 kg der Kaiser. Richards Bruder und Vertreter in der Regentschaft, Johann, führte ein tyrannisches Regiment, wobei ihm die Aufbringung des Lösegeldes für seinen Bruder als Vorwand für eigene Bereicherung diente. Johann erklärte sich gerne bereit noch mehr als das verlangte Lösegeld zu zahlen, wenn Richard nur weiter in Haft bliebe. Dagegen erhob sich – zumindest der Legende nach – Robin Hood in Sherwood Forest. Und während König Johann „Ohneland" von der Legende auf Dauer zum Bösen gestempelt wurde, war Richard im Volksglauben der gute König, obwohl er sich tatsächlich kaum jemals in England aufgehalten hat und auf den Kreuzzügen eher als Massenschlächter von Geiseln auftrat. Den Namen „Löwenherz" erhielt er von der maurischen Bevölkerung Siziliens, weniger als Zeichen tapferer Großmütigkeit, sondern wegen seiner raubtierhaften Gesinnung. Jedenfalls stand Richard als Kreuzritter unter dem Schutz des Papstes und als dieser immer heftiger mit der damals noch höchst wirkungsvollen Kirchenstrafe der Exkommunizierung drohte, mussten Kaiser und Herzog ihren wertvollen Gefangenen doch freilassen.

Ab 1194 wurde das österreichische Silber großteils in der ersten Wiener Münzstätte zum „Wiener Pfennig" ausgeprägt. Diese lag zwischen Hohem Markt und Landskrongasse – eine Tafel in einem Durchgang erinnert daran. In den Kellern eines mittelalterlichen Hauses in dieser Landskrongasse sollen sich auch die Silberlager für die Münzstätte befunden haben.

Österreich verdankte seine Entstehung als Grenzmark mit weitreichender Selbständigkeit dem Abwehrkampf des Heiligen Römischen Reiches gegen die Ungarn. Bis zum endgültigen Sieg über die Türken 800 Jahre später war die Sicherung der Ostgrenze eine der wichtigsten Aufgaben der österreichischen Landesherren. Deshalb ließ auch Herzog Leopold V vom Lösegeld Wien vergrößern, mit einer mächtigen Stadtmauer umgeben, Hainburg befestigen (der Stadtturm steht heute noch), und Wiener Neustadt, Enns und Friedberg als befestigte Städte gründen. Der letzte Babenberger, Friedrich der Streitbare, fiel im Kampf gegen die Ungarn. Das Führungsvakuum in den österreichischen Erbländern, bestehend aus Ober- und Niederösterreich, der Steiermark und Kärnten, reizte den mächtigen Nachbarn im Norden, König

Kärnten/
Völkermarkt:
Pfennig
"Brakteat",
Silber,
Ottokar II.
Przemysl
1270-1276.

Ottokar II. von Böhmen aus der Dynastie der Przemysliden. Nach einer formellen Ehe mit einer ältlichen Babenbergerin bemächtigte er sich, durchaus nicht gegen den Willen des örtlichen Adels, des Herzogtums Österreich. Denn ein mächtiger Fürst war notwendig, sollte die Grenzmark nicht in die Hände der Ungarn fallen. Ottokar ließ auch in Österreich weiter Münzen prägen und nützte die reichen Kärntner Silbervorkommen. Nach einem kurzen Krieg und dem Schlachtentod Ottokars gegen den neuen deutschen König Rudolf I., einen schwäbischen Grafen mit Stammsitz auf der kleinen „Habichtsburg" im heute schweizerischen Aargau, war im Jahr 1278 der Weg frei für ein ambitioniertes, relativ machtloses und in Österreich so gar nicht beliebtes Grafengeschlecht aus dem Westen des Reiches: die Habsburger.

DER „WIENER PFENNIG" – EINE MÜNZE FÜR 250 JAHRE

In silberreichen Gebieten schlug man weiter den „dicken Pfennig", in ärmeren Gegenden walzte man das Silber zu dünnen Folien aus. Bei der Prägung drückte sich der Stempel durch und erzeugte auf einer Seite ein Relief, auf der anderen ein Hohlbild. Diese „Hohlpfennige" oder nach lateinisch „bractea – dünnes Blech" Brakteaten genannten Münzen wurden auch im österreichischen Raum hergestellt. Sie boten genügend Platz für schöne Bilder, Inschriften kamen kaum vor, konnte doch die Bevölkerung weder lesen noch schreiben. Die Gestaltung diente auch einer Form der Vermögenssteuer-Einhebung, der Münzverrufung. Einerseits nutzten sich die Silberplättchen rasch ab, andererseits wurden sie jährlich vom Landesfürsten für ungültig erklärt und eingezogen. Als Ersatz gab es eine geringere Menge neuer oder im Gewicht herabgesetzter Münzen mit anderem Bild. Aus einer Mark Silber prägte man 1340 noch 540 Pfennige, kaum zwei Jahrzehnte später fast doppelt so viele.

Drei Pfennige, Silber, 1180-1490. Über die Jahrhunderte wurden die Münzen immer kleiner und dünner.

Kremser Pfennig
Leopold V. 1177-1194
Doppeladlermotiv.

Wiener Pfennig
Rudolf III. 1298-1306
Bild des Herzogs.

Wiener Pfennig
Friedrich III. 1439-1492
Wappen mit Bindenschild.

Natürlich wurden die alten Münzen weiter verwendet oder wegen des höheren Gehalts gehortet und dann zum Silberpreis verkauft statt zur Nominale verwendet. Seit damals unterschied man auch bei Preisangaben zwischen „guten" und „schlechten" Münzen. Der Gewinn aus der österreichischen Münzverrufung von 1334 betrug rund 540 kg Silber. Herzog Rudolf IV. (1339-1365), der Stifter des Stephansdomes, der Wiener Universität und Erfinder des Titels „Erzherzog", verzichtete um 1360 erstmals auf diese Art der Steuer. Allerdings führte er als Ersatz das bis heute gültige „Ungeld" ein, eine zehnprozentige Getränkesteuer auf Alkohol. Damit verdiente Rudolf zwar etwa 800 kg Silber pro Jahr, zog sich aber den Hass des im Bierbrauen und Weinbau besonders professionellen Wiener Klerus zu. Die Rache folgte auf dem Fuß. Der Papst verweigerte seine Zustimmung zur Gründung einer theologischen Fakultät an der Universität Wien. Das Ungeld brachte etwa die Hälfte der jährlichen Einnahmen, der Rest wurde zu einem nicht unerheblichen Teil aus den Erträgen des steirischen Silberbergbaus in Oberzeiring erwirtschaftet, bis ein Wassereinbruch 1364 an die 1.400 Knappen tötete und das Bergwerk zerstörte.

Mit der Zunahme von Handel und Wirtschaft aber auch für die Steuerleistungen an den Großunternehmer „Kirche" reichte der relativ geringwertige Pfennig nicht mehr. Für größere Zahlungen war es nötig, Hunderte kleine Silberlinge zu verwahren, zu zählen und zu wägen.

Als 1298 in Kuttenberg in Böhmen reiche Silbervorkommen gefunden wurden, ließ König Wenzel II. neue, größere Münzen prägen. Als Muster diente ihm auf Anraten toskanischer Bankiers der „Gros tournoise" König Ludwigs IX. von Frankreich.

Dieser „Prager Groschen" fand schnell Verbreitung, vor allem, weil der Ausbau Prags zur „goldenen Stadt" des Mittelalters viel kostete und das Silbergeld aus Kuttenberg daher reichlich in die Nachbarländer abfloss. Auch in Österreich kam dieser „Prager Groschen" im Wert von 12 Pfennigen in den regulären Umlauf. Für noch größere Zahlungen musste man mangels einer nennenswerten eigenen Goldproduktion auf ausländische Goldmünzen zurückgreifen. Ungarische Gulden und venezianische Dukaten waren am meisten verbreitet.

Böhmen: Prager Groschen, Silber, Vorderseite Wenzelskrone.

Rückseite böhmischer Löwe, Wenzel II. 1278-1305.

Preise und Einkommen für das ausgehende 14. Jahrhundert:

10 Eier: 1 Pfennig

1 Huhn: 2 Pfennige

1 Prager Groschen: 12 Pfennige

1 venezianischer Dukat: 120 Pfennige (= 1/2 Pfund Silber)

1 Zentner Pfeffer (=rund 48 kg): 15 Dukaten = 1.800 Pfennige = 18.000 Eier

1 Zentner Safran: 20 Dukaten = 2.400 Pfennige = 24.000 Eier

1 Stück Samt für einen Mantel: 45 Dukaten = 6.400 Pfennige oder 64.000 Eier

Taglohn eines Handwerkers: 6–12 Pfennige (= 150 – 300 Pfennige/ Monat)

Taglohn eines Erntehelfers: 2 Pfennige (= 50 Pfennige/Monat)

Aufgrund der strikten Sonntagsruhe und der Bezahlung nach Arbeitstagen ist ein Monatseinkommen unselbständiger Handwerker und in der Landwirtschaft Beschäftigter mit etwa 25 Taglöhnen anzusetzen. Es gab zwar keinen Urlaub, aber wesentlich mehr Feiertage als heute, die für Taglöhner natürlich unbezahlt waren.

Handel und Geldwirtschaft des Mittelalters sind gekennzeichnet von der Spannung zwischen der christlichen Lehre vom „gerechten Preis" und dem kirchlichen Zinsverbot einerseits und den Notwendigkeiten des Wirtschaftens andererseits. Konnte das Zinsverbot noch über nicht-christliche Zwischenhändler, über Pfandnahmen und deren Ausbeutung oder über die Verwendung zweierlei Maßes für Kredit und Rückzahlung und eine Reihe anderer eigens dafür geschaffener Geschäfte umgangen werden, war es mit dem „gerechten Preis" schon schwieriger. Detaillierte Preisordnungen sind genauso überliefert wie Straflisten für deren Übertretung. Schon Karl der Große erließ Verordnungen gegen den spekulatorischen Ankauf großer Mengen haltbarer Lebensmittel während der Erntezeit. Wucherische Preisgestaltung war leicht zu durchschauen und führte auch schnell zu erheblichen sozialen Spannungen. Also gingen die findigen Kaufleute und Handwerker zu einer Verminderung von Längen, Gewichten oder Qualität über. Neben den Preisen mussten daher auch die Maße und Gewichte bestimmt werden. Am Wiener Stephansdom befinden sich an der linken Seite des Riesentores Eisenstangen, die die beiden Wiener Längenmaße angeben. Jedermann konnte dort „das Maß holen". Ein eiserner Sperrhaken der längst verschwundenen großen Ledervorhänge hat daneben einen Kreis in den Sandstein gekratzt. Und da er sich gleich neben den offiziellen Längenmaßen befand, verordnete man den Kreisdurchmesser als Brotlaibgröße. Im Jahr 1444 wurden in Wien 12 Bäcker wegen zu geringen Brotgewichtes zu insgesamt fast 40.000 Pfennigen Strafe verurteilt. Konnten sie nicht zahlen, fielen sie dem „Bäckerschupfen" anheim: In einen Käfig gesperrt, der an einem Hebelarm montiert war, wurden sie zum Gaudium der Menge auf großen Plätzen in wassergefüllte Bottiche oder gleich in die Donau getaucht. Wenngleich dies nicht als Todesstrafe auszuführen war, mag so mancher dabei ertrunken oder an Todesangst verstorben sein.

Die erste galoppierende Inflation in Mitteleuropa gab es während des habsburgischen Bruderkrieges zwischen dem späteren Kaiser Friedrich III. (1415-1493) und Erzherzog Albrecht um 1460. Um seine Gläubiger zu befriedigen, übergab ihnen Kaiser Friedrich III. das Recht auf Münzprägung. Sofort wurde Österreich von einer unglaublichen Flut schlechter Pfennige überschwemmt. Dabei verwendete man auch Bilder früherer Münzen, um das Volk zu täuschen. Der Kurs des Wiener Pfennigs zum ungarischen Goldgulden fiel von 1: 50 im Jahr 1420, auf 1: 3.700 im Jahr 1460. Die Kurssteigerungen des Guldens betrugen am Höhepunkt der Inflation 20 bis 30 Pfennige pro Tag. Als Ursachen für Teuerungen kannte man bisher nur Missernten, Naturkatastrophen oder Verwüstungen im Krieg. Dass auch schlechtes Geld dazu führen konnte, war neu. Schließlich weigerte sich die Bevölkerung, die praktisch silberlosen Kupferpfennige anzunehmen und erzwang eine Reform. Die geringwertigen Münzen hießen im Volksmund „Schinderlinge"nach dem ehrlosen Beruf des Schinders, des Abdeckers, der den Tierkadavern die Haut vom Leibe zog. Die Münzmeister von Wiener Neustadt und Graz hatten sich mittlerweile wohlweislich ins Ausland abgesetzt. Als neue „gute" Silbermünze prägte man wie in Böhmen den großen Pfennig, den Groschen im inflationsbedingten Wert von 16 statt 12 Pfennigen. Daneben gab es noch den Tiroler Kreuzer zu 4 Pfennigen. Der Pfennig verlor schließlich nach 660 Jahren seine Funktion als Leitwährung und wurde zur geringwertigen Scheidemünze. Die habsburgische Welt gehörte nun dem Silbergroschen, daneben war nach wie vor der ungarische Goldgulden offizielles Zahlungsmittel für größere Transaktionen.

Der venezianische Golddukat, der florentinische Goldgulden, beide bereits an vielen Orten nachgeprägt, und die spanischen Goldmünzen blieben bis in das 18. Jahrhundert die bedeutendsten Welthandelswährungen.

In ganz Europa machte sich indessen wieder ein Mangel an größeren Nominalen bemerkbar. Nennenswerte Goldvorkommen gab es nur in Ungarn, den Import beherrschte Venedig. So begannen einzelne italienische Stadtstaaten mit der Ausprägung noch größerer Silbermünzen, der Durchbruch sollte aber in Tirol erfolgen.

DER ERSTE TALER WAR TIROLER

Mit der Prägung des „Kreuzers" unter Graf Meinhard II. in Meran beeinflusste Tirol im 13. Jahrhundert zum ersten Mal die europäische Währungsordnung. Die letzte Erbin des Geschlechts der Meinhardiner, Gräfin Margarete, vererbte Tirol und Vorarlberg nicht den Verwandten ihres Mannes, den Herzogen von Bayern, sondern dem Habsburger Rudolf IV., dem Stifter. Die bayrischen Chronisten rächten sich dafür durch einen bis heute nachwirkenden Rufmord. Nicht nur, dass sie Ehemänner und den kränklichen Sohn vergiftet haben soll, nein, sie gaben ihr auch den Beinamen „Maultasch", der eine Zusammenziehung aus zwei nicht gerade feinen zeitgemäßen

Bezeichnungen für die Vagina war. Damit wurde Tirol 1463 zwar habsburgisch, aber erst 1665 auf Dauer mit den österreichischen Erblanden Niederösterreich, Oberösterreich, Steiermark und Kärnten vereinigt.

Um 1409 fand man am Falkenstein in Schwaz Silber. Herzog Friedrich IV. von Habsburg, Graf von Tirol, verlegte die Residenz nicht zuletzt deswegen 1420 von Meran nach Innsbruck. Ab 1431 tauchte Schwazer Silber im Handel auf, hundert Jahre später stammte 85 % der Weltsilberproduktion aus Schwaz. Obwohl Friedrich zwischenzeitlich wegen Parteinahme für den falschen Papstkandidaten seine Länder verloren hatte, was ihm den Beinamen „mit der leeren Tasche" einbrachte, wirtschaftete er mit dem plötzlichen Reichtum sorgfältig und überließ seinem Sohn Sigmund 1439 ein geordnetes und wohlhabendes Land.

Da Graf Sigmund beim Tod des Vaters erst zwölf Jahre alt war, übernahm sein Vetter, der spätere Kaiser Friedrich III., die Vormundschaft und räumte dabei auch gleich die Innsbrucker Schatzkammer aus. Überhaupt war dieser Friedrich III. ein wegen seines Geizes und seiner Raffgier berüchtigter Fürst. Währenddessen wurde in Schwaz immer tiefer in den Berg gegraben. Der Ort zählte nun zu den reichsten Silbergruben Europas und wurde mit 20.000 Einwohnern nach Wien zur zweitgrößten Stadt des heutigen Österreich. Zur Blütezeit arbeiteten 10.000 Knappen aus allen Teilen des Reiches im Berg. Die Arbeit war extrem hart, gesundheitsschädlich und gefährlich. Die Lebenserwartung der Knappen lag mit 35 Jahren um rund 15 Jahre niedriger als die des Durchschnitts. Zwar wurden Streiks und überregionale Lohnabsprachen, „Einigungen", von den Landesherren untersagt und mit Gewalt gebrochen, als nicht leicht zu ersetzende Spezialisten konnten die Knappen aber doch einige soziale Forderungen gegen die Bergbauunternehmer, die „Gewerken", durchsetzen. Neben dem Achtstunden-Tag erstritten sie die Aufhebung des Versammlungsverbotes und schlossen sich zu „Gewerkschaften" zusammen. Sie verdienten gut und zahlten monatlich einen Kreuzer in die „Bruderlade", eine Versorgungskasse für Krankheit, Arbeitsunfähigkeit, Alter und Hinterbliebene ein. Das „Schwazer Bruderhaus", gegründet 1510, war das erste Berufskrankenhaus überhaupt.

Als typische „Glücksritter" ihrer Zeit waren sie zumeist unverheiratet. Das Schwazer Bergbuch zeigt naturalistisch die Begleiterscheinungen: Händler, Gastwirte und Dirnen bevölkerten den Großraum um die Erzgruben, nicht anders als 350 Jahre später den „Wilden Westen" Amerikas zur Zeit des kalifornischen Goldrausches. Dabei kam es zu ständigen Auseinandersetzungen zwischen Knappen und Bürgern, sodass schließlich sogar die prachtvolle Schwazer Kirche durch einen mannshohen Plankenzaun in eine Knappen- und eine Bürgerhälfte geteilt werden musste. Andererseits waren die Knappen wegen der in der Arbeit erworbenen Härte und Genügsamkeit auch gerne angeworbene Söldner, was den Bergwerksunternehmern und dem Landesherren wiederum nicht recht war, es sei denn, es handelte sich gerade um seinen eigenen Krieg.

Die Silberfunde im Inntal und die Türkengefahr bewogen Sigmund die Münzstätte vom weit entfernten Meran in das nahe Hall zu verlegen. Hall war bereits durch den Salzbergbau und die Innschifffahrt reich geworden, wobei auch die Sperrung des Flusses für Kaufleute nach alter Raubritterart eine Rolle spielte. Die Haller erzwangen sich so das „Stapelrecht": die Kaufleute mussten ihre Waren drei Tage lang am Haller Markt anbieten, bevor sie damit weiterziehen durften. Da auch der Salzabbau ein landesfürstliches Recht war, gab es in Hall schon eine finanzbehördliche Infrastruktur, die „Saline", die auch die Verwaltung der Silbergewinnung und Münzprägung übernehmen konnte.

Dort wurden nun nicht nur die bekannten „Kreuzer" geprägt, sondern auch Goldgulden mit dem Bildnis Sigmunds, der sich wie alle Habsburger ab 1477 der neuen Würde eines „Erzherzogs" erfreute und dies auch kundtun wollte. Nun gab es aber in Tirol kein Gold. Es musste importiert werden oder fremde Münzen dienten als Rohstoff und wurden eingeschmolzen. In beiden Fällen war es eine kostspielige Angelegenheit. Dafür gab es Silber im Überfluss. Da ein Goldgulden aber etwa sechzig Kreuzer wert war, bedeutete das Prägen von Silbermünzen im gleichen Wert den sechzigfachen Aufwand. Seit über zweihundert Jahren gab es nur Pfennige, Kreuzer, Groschen und Goldmünzen, dazwischen klaffte eine Lücke, die mit der Ausweitung des Handels und Kredits immer spürbarer wurde. Doch in Geldangelegenheiten war man äußerst konservativ, nur zögerlich begannen die Despoten norditalienischer Stadtstaaten diese dringend benötigten neuen Münzsorten zu schaffen. Als Finanzberater Sigmunds fungierte der Venezianer Antonio de Caballis, in Tirol „Antoni vom Roß" genannt. Als Italiener war er im Verständnis der Geldwirtschaft den meisten einheimischen Beamten und Münzmeistern haushoch überlegen.

Er erwarb sich Sigmunds Vertrauen durch ein Darlehen von 2.100 Gulden, große Herren nahmen auch kleinere Summen. De Caballis riet Sigmund zur Ausprägung größerer Werte und so ließ der Landesherr eine Münze im Wert von zwölf Kreuzern schlagen, den „Pfundner", und dann das Halbstück dazu, den „Sechser". Dem folgte der „Halbguldiner" im Wert von dreißig Kreuzern. Die neuen Münzen waren sofort ein voller Erfolg und wurden in halb Europa nachgemacht. Nun fehlte nur noch eine Silbermünze im Wert eines Guldens.

Sowohl Gulden als auch Kreuzer waren mit einem Durchmesser um die 2 cm und einem Gewicht von etwa zwei Gramm kleine und dünne Münzen. Wollte man aber das Silberäquivalent eines Guldens herstellen, galt es, einen Schrötling von 32 Gramm Gewicht und einem Durchmesser von 4 cm zu prägen. Derart große Münzen waren außer in Byzanz noch nie geschlagen worden. Dem Münzmeister und Goldschmied Bernhard Beheim gelang es, die technischen Schwierigkeiten zu überwinden. Im Jahr 1486 war es dann soweit: erstmals wurden Silbermünzen im Wert eines Goldguldens geprägt. Um dieses Wertverhältnis klar zum Ausdruck zu bringen, zeigte das Münzbild Erzherzog Sigmund so wie auf dem Goldgulden und nannte die neue Münze „Guldiner". Ab nun muss zwischen Gold- und Silbergulden unterschieden werden. Damit war das Reformwerk vollendet, die jahrhundertealte karolingische Pfennig-Münzordnung endgültig abgelöst. Den Basiswert stellte der seit zwei-

*Tirol: Guldiner, Silber,
Sigmund der Münzreiche 1486.
Vollfigur Sigmunds mit dem
Erzherzogshut. Um einen
einzigen Guldiner prägen zu
können, mussten sieben
Kilogramm Silbererz
gefördert werden.*

hundert Jahren in Meran geprägte „Kreuzer" dar, der Pfennig war ja schon längst zur kleinen Scheidemünze herabgesunken. Die Vielfachen waren der „Sechser", der „Pfundner" zu zwölf Kreuzern, der „Halbguldiner" zu dreißig Kreuzern und, als Krönung, der „Guldiner" im Wert von sechzig Kreuzern. Der besseren Teilbarkeit wegen galt ja nach wie vor das semitische Zwölfer-System statt des römischen Dezimalsystems.

Erzherzog Sigmund hatte genau das Bedürfnis der Zeit getroffen. Überall in Europa wurden die Wertverhältnisse nachgeprägt, so auch im böhmischen Joachimsthal. Der Guldiner von dort sollte als „Taler" dieser schließlich auf der ganzen Welt verwendeten Münze den endgültigen Namen geben.

Tirol erlangte für rund hundert Jahre noch ganz ohne Tourismus den Rang eines Wirtschaftszentrums erster Ordnung. Dabei war der Silbergehalt des Erzes von Schwaz mit rund 0,5 % recht gering, der Kupferanteil viel höher. Aufgrund neuer Schmelzverfahren konnten aber beide Metalle rentabel gewonnen werden. Dadurch entwickelte sich auch die Tiroler Metallindustrie rasant, ob nun Glocken oder Kanonen gegossen wurden. Und auch Dachschindeln erzeugte man aus Kupfer, wie man an der Schwazer Pfarrkirche und den feuervergoldeten Platten des „Goldenen Dachls" in Innsbruck noch heute sehen kann.

Das Recht des Erzabbaues stand dem Landesherrn zu, der darüber nach Gutdünken verfügen konnte. Erzherzog Sigmund verpachtete den Bergwerksbetrieb an Privatunternehmer, die „Gewerken". Sie kamen rasch zu Vermögen und als „Neureiche" ihrer Zeit kauften sie dem verarmten Landadel die Burgen ab, bauten sie zu prachtvollen Renaissanceschlössern um, heirateten untereinander, um das Geld zusammenzuhalten, wurden kaiserliche Räte und am Ende selbst geadelt. An Pacht zahlten sie den Zehent, also 10 % der Rohsilberausbeute. Weiters mussten sie alles Silber an die Saline Hall als landesfürstliche Finanzkammer abliefern. Für eine Gewichtsmark Silber (281 Gramm) erhielten sie fünf bis sechs Gulden, der Marktpreis betrug das Doppelte. Sigmunds Einkünfte des Jahres 1479 betrugen aus dem Silberbergbau rund 82.000 Gulden, dazu kamen noch 22.000 Gulden aus den üblichen Einnahmequellen wie Zöllen, Abgaben, Landwirtschaft und sonstigem Bergbau. Ein Maurer, damals ein gut bezahlter Handwerker, verdiente 25 Gulden im Jahr. Reich wird man bekanntlich aber nicht von dem, was man verdient, sondern von dem, was man nicht ausgibt. Schon 1456 verpfändete Sigmund zur Besicherung eines 40.000 Guldenkredits den Fuggern Silber aus Schwaz. Während unter Kaufleuten der gute Ruf als Besicherung von Schulden reichte, mussten Fürsten ihre Kredite immer durch Verpachtung von Einkünften gleich welcher Natur absichern. Die Einbringung dieser Einkünfte wurde dann gleich vom Kaufmann organisiert, ohne das Geld in die Hände des Fürsten gelangen zu lassen. Schließlich konnte man einen Landesfürsten nicht gut verklagen, wenn er nicht zahlte. Da saß man schon lieber direkt an der Quelle und so begannen die Fugger selbst in Schwaz Silber abzubauen. In den Jahren 1482 bis 1490 ließ Sigmund rund 32 Tonnen Silber prägen. Dennoch brauchte er ständig Geld. Die Herzoge von Bayern hatten schon seit Margarete Maultasch ein Auge auf das Land geworfen und Herzog Albrecht verstand es meisterhaft, dem verschwenderischen Erzherzog gegen einen Kredit nach dem anderen die Verpfändung eines Landstriches nach dem anderen abzujagen. Nicht nur, dass dieser seine zahlreichen Geliebten und unehelichen Kinder fürstlich abfertigte, er ließ auch so manches stolze Schloss bauen wie Sigmundskron und Sigmundsried, Sigmundslust und Sigmundsruh. Die Verpfändung bedeutete noch keinen Besitzwechsel, aber da Sigmund kinderlos blieb, hätte Albrecht nach des Erzherzogs Tod wohl die Schuldentilgung oder Übereignung der Gebiete verlangen können. Die Intrige des Bayernherzogs trieb Sigmund immer tiefer in sinnlose Geldverschwendung. Als Sigmund wegen seiner Hofhaltung und eines völlig unsinnigen Krieges gegen Venedig 150.000 Gulden brauchte, trat Jakob Fugger, Kaufmann aus Augsburg, auf den Plan. Er lieh diese rund 4,3 Tonnen Silber und erhielt die Schwazer Silbergruben zum Pfand. Zusätzlich hatte Fugger praktischerweise auch die Saline Hall übernommen, sodass man den knapp dreißigjährigen Kaufmann aus Augsburg schon als „geheimen Herrscher Tirols" ansehen konnte.

Durch eine mächtige Intrige sicherte sich Jakob Fugger den Einfluss in Tirol auch für die Zeit nach Sigmund und stach einen unliebsamen Konkurrenten aus dem Feld. Hans Baumgartner war vermögender Kaufmann im damals bairischen Kufstein und bot dem Erzherzog als Strohmann des Bayernherzogs immer wieder Kredit an. Jakob Fugger ließ nun das Gerücht ausstreuen, der kinderlose Erzherzog Sigmund plane auf Vermittlung Baumgartners gegen bloß 50.000 Gulden die Vererbung Tirols an die Wittelsbacher. Tatsächlich hatte Sigmund aus Geldnot ja schon einige Gemeinden an die verhassten Nachbarn veräußert. Kaiser Friedrich III., sonst des „Reiches Erzschlafmütze" genannt, ließ in Innsbruck 1.400 Ritter aufmarschieren. Der Adel und hohe Klerus Tirols warf dem schon verwirrten Sigmund in einer dramatischen Begegnung Verrat vor, sein wie zufällig anwesender Neffe Maximilian, der spätere Kaiser, veranlasste ihn zur Abdankung und Übergabe Tirols. Schon war Sigmund entmündigt und Rentner mit 42.000 Gulden Jahreseinkommen. Bezeichnenderweise hatte sich Maximilian schon zuvor feierlich verpflichtet, alle Schulden Sigmunds an die Fugger zurückzuzahlen.

Sechs Jahre später ließ der größte Währungsreformer seit Karl dem Großen an sein Sterbebett eine Schale mit 300 Guldinern kommen, weil er noch einmal so voll ins Silber greifen wollte. Es war gar nicht leicht, das Geld aufzutreiben, hatte er doch 500.000 Gulden an Schulden aufgehäuft. Jakob Fugger nannte die Nachwelt „den Reichen", Erzherzog Sigmund „den Münzreichen", aber auch „den Einfältigen".

15. Jahrhundert nach der Währungsstabilisierung:
1 Silbergulden = 60 Kreuzer, 1 Kreuzer = 4 Pfennige

Preise			Einkommen pro Monat	
Brot je nach Größe	¼-1	Pfennig	Steinträger im Bergwerk	1,5 Gulden
1 Liter Bier	2	Pfennige	Holzknecht	1,8 Gulden
1 Liter Wein	7	Pfennige	Maurer, Köhler	2 Gulden
1 kg Rindfleisch	7	Pfennige	wohlhabender Bauer	3,5 Gulden
1 Huhn	3	Kreuzer	Bergknappe	4 Gulden
100 Eier	4-20	Kreuzer	Großgrundbesitzer (Ritter)	35 Gulden
1 ganzer Ochse	5	Gulden	Kaufmann	50 Gulden

Um 1470 betrug die ausgemünzte Geldmenge in Europa etwa 5.000 Tonnen Silber, cirka 1.000 Tonnen entfielen auf den deutschen Sprachraum. Das entsprach wiederum 600 Millionen Prager Groschen.

„MICH WUNDERT, DASS ICH SO FRÖHLICH BIN.“
Kaiser Maximilian I. (Zeile aus seinem Wahlspruch)

Halbguldiner, Silber, Maximilian I. 1515. Aus Anlass der Doppelverlobung der Enkel Maximilians mit den Kindern König Wladislaws II. von Böhmen und Ungarn.

Die Regierungszeit Kaiser Maximilians I. (1455-1519) war beherrscht vom Konflikt mit Frankreich. Maximilians erste Ehe mit der reichsten Erbprinzessin Europas, Maria von Burgund, verschärfte die Situation. Maria war bereits mit einem französischen Prinzen verlobt, Burgund schien der französischen Krone sicher. Da starb dieser Karl von Guyenne plötzlich und wieder einmal witterte „des Reiches Erzschlafmütze“, Kaiser Friedrich III., seine Chance, für Maximilian eine gute Partie zu sichern. Der ungarische König Matthias Corvinus sagte dazu nur: „Bella gerant alii, tu, felix Austria, nube! – Anderen lasse den Krieg, du, glückliches Österreich, heirate!“, bevor er sich in der von ihm besetzten Wiener Hofburg an unreifen Feigen zu Tode fraß. Dabei waren Friedrich und Maximilian im Vergleich zum Herzog von Burgund bettelarm. Für die Brautfahrt musste sich Maximilian 100.000 Gulden von seiner zukünftigen Gemahlin und 30.000 Gulden vom Bischof von Gran leihen.

Das angeheiratete Vermögen Kaiser Maximilians I. reichte aber nur kurz für den Dauerkrieg gegen Frankreich. Deshalb heiratete er nach dem frühen Unfalltod seiner Maria die nicht ganz ebenbürtige, aber dafür umso vermögendere Bianca Maria Sforza, Tochter des Herzogs von Mailand. Nachdem Burgund durch die dauernden Kriege Maximilians ausgesogen und verarmt war, erinnerte er sich an seine Vorliebe für das silberreiche Tirol. Es lieferte dem Hof 1516 Einkünfte von 1,4 Millionen Gulden. Aus dem Tiroler Silber wurden zwar weiterhin wunderschöne Münzen mit dem Bildnis des Kaisers geprägt, der Gewinn fiel aber wegen der Verpfändungen noch immer an die Fugger. Im Gegensatz zu den französischen Königen oder gar dem türkischen Sultan konnten sich die Kaiser zur Finanzierung ihrer machtpolitischen Vorhaben nicht auf ein geordnetes Reichssteuersystem stützen. Als Geldquelle dienten nur die Einkünfte aus dem Eigenbesitz, also Zehente, Zölle, Bergrechte auf Salz und Metalle und andere Abgaben, die in den Erblanden erzielt wurden. Zur Verwaltung dieser Einkünfte ließ Maximilian in Innsbruck das erste moderne Finanzamt einrichten, die „Raitkammer", mit Sitz im Hause mit dem „goldenen Dachl". Abgaben anderer Fürsten oder von Reichsstädten mussten in langwierigen Verhandlungen zumeist gegen Zugeständnis besonderer Rechte erkämpft werden. Deshalb waren die Habsburger in ihrem Zweifrontenkrieg gegen Frankreich und Türken so sehr auf Fremdfinanzierung angewiesen. In den 25 Regierungsjahren Kaiser Maximilians hatten die österreichischen Länder zusammen 25 Millionen Gulden aufgebracht, der Silberbergbau in Schwaz davon alleine 14 Millionen. Bei seinem Tod hinterließ Maximilian trotzdem 6 Millionen Gulden Schulden, etwa das Zehnfache eines Jahresbudgets des ganzen Reiches. Als der Kaiser schon schwer krank in Innsbruck einziehen wollte, verweigerten die Gastwirte seinem Gefolge die Unterbringung, da noch 24.000 Gulden an unbezahlten Rechnungen fällig waren. Zornig verließ Maximilian die Stadt Richtung Wien, zuerst auf dem Inn, dann durch das Salzkammergut. In Wels verschlechterte sich sein Gesundheitszustand so sehr, dass die Reise unterbrochen werden musste. Der melancholische Wahlspruch Maximilians: „Ich leb', weiß nicht wie lang, und sterb', weiß nicht wann. Muss fahren, weiß nicht wohin, mich wundert, dass ich so fröhlich bin" erfüllte sich. Am 12. Jänner 1519 verstarb der Kaiser in der Burg zu Wels. Von Innsbruck und seinen Gastwirten noch immer tief enttäuscht, hatte er knapp davor verfügt, in der Kapelle der Burg seines Geburtsortes Wiener Neustadt begraben werden zu wollen. Dabei hatte sich Maximilian noch zu Lebzeiten in der Innsbrucker Hofkirche ein einzigartiges Grabdenkmal errichten lassen. Der freistehende mannshohe Sarkophag, bekrönt von der knienden Figur des Kaisers, wird umringt von 28 feinst gearbeiteten überlebensgroßen Bronzefiguren der Herrschergeschichte. Das grandiose Denkmal eines grandiosen Herrschers und imponierendes Zeugnis der Tiroler Gießereikunst. Es blieb leer.

Nach wie vor war Hall die bedeutendste Münzstätte Europas und mit der Einführung der „Walzenprägung" revolutionierte man Mitte des 16. Jahrhunderts die Münzherstellung. Seit der „Erfindung" der Münze an der lydischen Mittelmeerküste schnitt man die Münzbilder in Stempel und prägte mit kräftigen Hammerschlägen. Je dicker und größer die Münzen wurden, desto schwieriger war diese „Hammerprägung", desto mehr Zeit brauchte man und desto mehr „Ausschuss" wurde produziert.

Zaine, Silberstreifen aus Walzenprägung mit Guldentaler Ferdinand II. 1567 „Huldigungstaler" (Neuprägung)

Um 1550 kam in Hall die erste Prägewalze zum Einsatz. Durch Wasserkraft wurden über ein ausgeklügeltes Radsystem zwei gegenläufige Stahlwalzen für Vorder- und Rückseite betrieben, in die mehrere Münzbilder hintereinander eingraviert waren. Die Bilder prägten sich in die zwischen die Walzen geführten weicheren Silberstreifen, die „Zaine". Dabei musste der Walzenlauf genau abgestimmt sein, um Vorder- und Rückseite deckungsgleich einzuprägen. Auch die Münzbilder wurden etwas queroval in die Walzen eingeschnitten, da sich der zwischen den Walzen „gequetschte" Silberstreifen und damit auch das Bild beim Prägevorgang streckte. Danach mussten die Münzen aus dem Silberstreifen nur noch ausgestanzt werden, oft behielten sie aber eine leicht gewellte Form.

„ALL DAS KANN EIN DEUTSCHER LEINENWEBER AUS AUGSBURG AUCH BEZAHLEN."
(Kaiser Karl V. zu König Franz I. von Frankreich) – WELTMACHT FUGGER

Das bedeutendste Handelshaus der Renaissance saß nicht etwa in Italien, sondern nördlich der Alpen. Augsburg war im Mittelalter ein wichtiges Handelszentrum und so zog auch der Weber Hans Fugger vom nahegelegenen Dorf in die Stadt. Während sich heute der Erwerb großen Reichtums während des Lebensalters eines Menschen ergeben kann, wie das Beispiel amerikanischer Milliardäre zeigt, waren früher dazu mehrere Generationen notwendig. Es war einfach zu wenig Geld im Umlauf, als dass solche Vermögen rasch angehäuft werden konnten. Die Fugger benötigten drei Generationen ab jenem Weber Hans, um die reichste Familie der abendländischen Welt zu werden. Fürsten, Könige und Kaiser geboten zwar über Land und Leute, das Geld aber hatten die Fugger.

Allerdings lernten auch sie den „Dank des Hauses Habsburg" kennen. Kaiser Maximilian verpfändete für einen Kredit die Steuereinnahmen der belgischen Stadt Löwen. Als diese nicht zahlte und auch die kaiserliche Reichsacht gegen die selbstbewussten Niederländer nichts ausrichtete, ließ Maximilian seinen Geldgeber Lukas Fugger gnadenlos in Konkurs gehen.

Das große Geschäft machte erst dessen Vetter Jakob Fugger, später genannt „der Reiche". Nach dem Tod seines Vaters und älterer Brüder mit fünfzehn Jahren von der Ausbildung zum Priester zurückberufen, lernte er das Handwerk des Kaufmannes im Deutschen Handelshaus Venedigs, dem „Fondaco tedesco". Er lernte es brillant. Sein Stern ging auf, als er Kreditgeber des verschwenderischen Erzherzog Sigmund von Tirol wurde und dafür die Silberbergwerke in Tirol als Pfand erhielt. Inzwischen finanzierte Jakob Fugger weiter die Kriege und den Prunk Maximilians und baute seine Monopolstellung in der Silber- und Kupfergewinnung aus. Als dem Kaiser die Erzgruben als Pfänder ausgingen, erhob er den Enkel des Webers Hans in den Grafenstand und überschrieb ihm zahlreiche Ländereien. Fugger nahm die neue Würde gelassen entgegen, wusste er doch zu gut, dass adeliges Leben und kaufmännischer Erfolg nicht gut vereinbar waren. Aber ablehnen konnte Fugger die Standeserhebung auch nicht und so lieh er die 80.000 Gulden, die Maximilian dringend für die Fahrt nach Rom zur Kaiserkrönung benötigte. Nur ein einziges Mal verweigerte Jakob Fugger dem Kaiser Kredit. Als Maximilian, bereits zum zweiten Mal Witwer geworden, erfuhr, dass Papst Julius II. schwer erkrankt sei, fasste er den Plan sich nach dessen Tode selbst zum Papst wählen zu lassen. Doch Jakob Fugger erfuhr durch seinen bestens organisierten Nachrichtendienst als erster von der Genesung des Papstes. Das Informationssystem Jakob Fuggers war das beste seiner Zeit. Bei Schönwetter „blinkte" man die Nachrichten mit großen Spiegeln von Station zu Station. Angeblich dauerte die Übermittlung einer kurzen Botschaft von Spanien nach Augsburg so nur zwei Tage. Als Julius II. 1513 wirklich starb, wählte das Kardinalskollegium gleich den Angehörigen einer anderen geadelten Kaufmannsfamilie. Giovanni de Medici bestieg als Leo X. den Thron Petri. Jakob Fugger nahm sofort Kontakt mit dem neuen Papst auf und kam mit ihm auch bald ins Geschäft, schließlich führte Fugger einen internationalen Mischkonzern. Der Ablasshandel sollte effizienter organisiert werden, denn der Bau des Petersdomes verschlang Geld, viel Geld. Jeder Christ konnte und sollte sich die Vergebung seiner Sünden nach einem Katalog erkaufen. Doch der Papst wollte nicht lange warten und verpfändete nach habsburgischer Sitte die Einkünfte des Ablasshandels an die Fugger. Während die florentinischen Banken bisher zwei Drittel der Einnahmen einstreiften, gab Fugger sich mit der Hälfte zufrieden. Gemeinsam mit dem besonders tüchtigen Ablassprediger Johannes Tetzel zog ein Vertreter der Fugger durch die Lande und achtete darauf, dass die gefüllten Geldkisten wohlbehalten nach Augsburg gebracht wurden. Die Hälfte erhielt der Papst, die andere Hälfte floss in die Darlehenstilgung. Gegen diesen entarteten Handel mit der Vergebung der Sünden richtete sich Luthers Protest und setzte sich die Reformation in Gang. Ulrich von Hutten, ein hitzköpfiger „Enthüllungsjournalist" seiner Zeit, prangerte die Fuggersche Praxis in Streitschriften wortreich an und stritt vehement gegen die „verdammte Fuckerei". Damit erwarb dieses Kaufmannsgeschlecht auch noch die zweifelhafte Ehre, Namensgeber eines bis heute besonders im englischen Sprachraum gerne verwendeten Schimpfwortes geworden zu sein.

Zu Kaiser Maximilians Lebensende stand das Imperium der Fugger wieder einmal auf der Kippe, zu sehr hing es von der Verbindung mit Habsburg als Regenten des Heiligen Römischen Reiches ab. Die Wahl des Enkels von Maximilian, des spanischen Königs Karl, zum deutschen König war eine Schicksalswahl, stand doch als Gegenkandidat König Franz I. von Frankreich bereit. Hätte er mehr als die 850.000 Gulden des Habsburgers Karl als Bestechungsgelder für die Kurfürsten anbieten können – wer weiß, vielleicht gäbe es seit 1519 einen europäischen Einheitsstaat unter französischer Führung. Aber schließlich hing die Sicherheit der Kredite vom Machterhalt der Habsburger ab. Von diesen sagenhaften 850.000 Gulden brachten alleine die Fugger 543.585 Gulden und 14 Kreuzer, die Welser 143.000 und ein Konsortium Genueser und Florentiner Bankiers weitere 165.000 Gulden auf. Dafür hatten sie schließlich das mitteleuropäische Silber- und Kupfermonopol fest in ihren Händen. Die Macht des Jakob Fugger war nach der Wahl Karls V. so groß, dass sich die Reichsstände am Nürnberger Reichstag von 1522 gezwungen sahen, dagegen aufzutreten. Die blutigen sozialen Unruhen, Knappenaufstände, Bauern- und Religionskriege – all das hatte nicht zuletzt mit den Fuggern und ihrer ungebremsten Ausbeutung des ganzen Reiches zu tun. Die Wortwahl von Anklage und Verteidigung war einem modernen Kartellverfahren nicht unähnlich. Soziale Schädlichkeit und Ausbeutung wurden der Übernahme besonderer kaufmännischer Gefahren und der Sicherung von Arbeitsplätzen gegenübergestellt. Jedenfalls gibt es bis heute keinen Konzern, der eine derartige Machtfülle besitzt. Und die setzte Fugger nun ganz direkt ein. In einem Brief schrieb er Kaiser Karl V., dem Herrscher, in dessen Reich die Sonne nicht unterging, „Alle Welt weiß, dass Eure Majestät nur durch mich die Kaiserkrone erlangt hat." Weiteren Kredit, etwa für die Türkenabwehr gäbe es nur, wenn der Kaiser das Verfahren niederschlage und das fuggersche Kartell reichsrechtlich schütze. Vielleicht wäre Wien in der ersten Türkenbelagerung gefallen, wenn der Kaiser nicht nachgegeben, dem Wunsch des Kaufmannes entsprochen, und die fuggerschen Monopole mittels Reichsgesetzen geschützt hätte. Die wirklich großen Summen konnten eben nur noch von den Fuggern aufgebracht werden.

Jakob Fugger stand am Höhepunkt seiner Macht. Er hatte das Silbermonopol in der Hand, verfügte über die spanischen Quecksilberminen in Almadén und regierte das Kupfermonopol. Als der König von Ungarn seine ebenfalls schon verpfändeten Kupferminen von Neusohl gewaltsam wieder übernahm, ließ Jakob Fugger ihn kraft seines Monopoles vom internationalen Handel ausschließen. Auf seinem Kupferberg sitzengeblieben und ohne Kredit, musste auch ein König einsehen, dass er sich einem Jakob Fugger zu beugen habe.

Die „Residenzstadt" der Fugger, Augsburg, wurde prachtvoll ausgebaut. Als Kaiser Karl während einer Friedensperiode zu Gast beim französischen König war und dieser ihm die Schätze Paris' zeigte, meinte Karl nur lapidar: „All das kann ein deutscher Leinenweber aus Augsburg auch bezahlen." Für seine Frau hatte Jakob Fugger die schönsten Stücke aus jenem Burgunderschatz erworben, den Kaiser Maximilians Schwiegervater Karl der Kühne mitsamt der Schlacht an ein Schweizer Bauernheer verloren hatte. Als gläubige Katholiken waren die Fugger aber auch zu Werken der Nächstenliebe verhalten, als Kassiere des Papstes wussten sie aber nur zu gut, dass Spenden an die Kirche dazu wenig geeignet waren. Mit reichem Gespür für „public relations" setzten sie eine für die Zeit bemerkenswerte Tat. Sie ließen in Augsburg hundertvier Wohnhäuser für unverschuldet in Not geratene Mitbürger erbauen. Die „Fuggerei" wurde nach den Zerstörungen des Zweiten Weltkriegs auf Initiative und mit Geld des Fürsten Joseph Ernst von Fugger wieder aufgebaut. Sie ist die älteste Sozialsiedlung der Welt.

Zeitweise besaßen die Fugger ein Finanzvermögen von fünf Millionen Gulden, ein Betrag, der an Kaufkraft wohl einigen hundert Millionen Euro entspricht. Weder in Deutschland noch in Italien gab es ein weiteres Handelshaus, das über mehr als 500.000 Gulden verfügen konnte. Das Jahreseinkommen eines vermögenden Bauern betrug 40 Gulden, eines reichen Bürgers bis zu 100, das eines Ritters 400, ein Kaufmann verdiente bis 600 Gulden, ein reicher Graf mit großem Landbesitz 4.000.

Kaiser Karl V erkaufte sich ein „Reich, in dem die Sonne nicht unterging" um den bitteren Preis völliger Kreditabhängigkeit. Schließlich verlieh Kaiser Ferdinand I. den Fuggern auch das Recht, eigene Münzen herzustellen. Je mehr sie in die Habsburger investierten, desto größer wurde aber ihre eigene Abhängigkeit und letztlich waren sie selbst durch ihre Schuldner erpressbar. Nach Jakobs Tod übernahm sein Neffe Anton die Führung, der weiter fest in Karl V. investierte. Nach des Kaisers Tod beschied sein Sohn König Philipp II. von Spanien, alle Schulden Spaniens streichen zu lassen, wenn er nicht neues Geld bekäme. Die enormen Kredite an Habsburg konnten schon lange nicht mehr aus eigenem Finanzvermögen gegeben werden. Doch die Fugger waren ja nicht nur Bergwerksunternehmer und internationale Großhändler, sie betrieben auch das bedeutendste und vertrauenswürdigste Bankhaus nördlich der Alpen. Wären die Kredite an Habsburg „faul" geworden, hätte das unabsehbare Folgen für die Fuggerbank gehabt. Also gab Anton Fugger weiter, wusste aber ganz genau, dass daraus kein Gewinn mehr erwachsen werde. Die spanische Krone verfügte zwischen 1557 und 1607 drei „Schuldenannullierungen", was nur eine Umschreibung für Staatsbankrott war. Alleine 1607 betrug der Verlust der Fugger zwei Millionen Gulden. Bei einem Geschäftskapital von zuletzt gerade noch zwei Millionen Gulden sah sich Anton Fugger mit vier Millionen Gulden Außenständen des Hauses Habsburg konfrontiert. Insgesamt hatten sie an den Habsburgern acht Millionen Gulden verloren, was ein erheblicher Teil ihres gesamt erwirtschafteten Vermögens war. Da weder Antons Sohn noch seine Neffen Lust und Begabung zeigten, das so schwierig gewordene Geschäft weiter zu führen, beschloss das Familienoberhaupt, den Betrieb rechtzeitig zu liquidieren. Drei Generationen währte der unvergleichliche Höhenflug der Augsburger Kaufmannsfamilie. Mit seiner Verfügung, die Liegenschaften nicht verkaufen zu dürfen, schuf Anton Fugger ein Stiftungskapital, das der Familie bis heute erhalten blieb. So wie auch der Glanz des Namens der Familie, die 1803 von Kaiser Franz II. knapp vor Ende des Heiligen Römischen Reiches in den Reichsfürstenstand erhoben wurde.

Die zweite führende Kaufmannsfamilie waren die Welser, ebenfalls aus Augsburg, aber nicht annähernd so reich wie die Fugger. Auch sie beteiligten sich an der Finanzierung Karls V., wollten aber im Gegensatz zu den Fuggern Distanz zu den politischen Streitparteien halten, was ihnen letztlich Misstrauen von allen Seiten einbrachte. Die massive Ansammlung reichster Kaufleute machte Augsburg zur schönsten und modernsten Stadt Deutschlands. Schon Kaiser Maximilian hielt sich gerne hier auf und nahm bei Jakob Fugger Quartier. Auch Kaiser Karl V. bevorzugte Augsburg als Ort für Reichstage. Dabei lernte der Neffe des Kaisers, Erzherzog Ferdinand, die Tochter Bartholomäus Welsers kennen und lieben. Ursprünglich meinte man, in Philippine Welser nur eine Mätresse des Erzherzogs sehen zu müssen. Der Skandal war perfekt, als herauskam, dass er sie heimlich geheiratet hatte. Ferdinand, mittlerweile Landesfürst eines wieder von Österreich getrennten Tirols, konnte an dieser ersten bürgerlichen Ehe eines Habsburgers festhalten. Für Philippine Welser ließ er Burg Ambras bei Innsbruck zu einem prachtvollen Renaissanceschloss ausbauen.

Da auch die Leistungskraft der Fugger für den unendlichen Finanzbedarf Karls V. nicht ausreichte, verpfändete der Kaiser 1528 den Welsern ganz Venezuela als Kreditbesicherung. Bartholomäus Welser, ein Sohn des Familienoberhauptes, wurde beim Versuch, die Ausbeutung des Landes persönlich zu übernehmen, vom spanischen Befehlshaber eigenhändig ermordet. Er war in unbezähmbarer Gier auf der Suche nach dem sagenhaften Goldland „el dorado" selbst nach Südamerika gereist – dabei waren christliche Europäer wie er gerade dabei, „el dorado" zu vernichten. Die Welser hatten immer auf beide Kriegsparteien, Habsburg und Frankreich, gesetzt. Als aber 1614 sowohl der spanische als auch der französische König die Zahlungen einstellten, bedeutete dies ihren Bankrott.

DER DOLLAR KOMMT AUS BÖHMEN: WELTWÄHRUNG TALER

Die Versorgung mit ausreichend Edelmetall für eine eigene Münzprägung war eines der Hauptprobleme der Währungspolitik. Manche Länder mussten zeitweise mangels eigener Edelmetallvorkommen wieder zu Kupferwährungen übergehen.

Das Glück reicher Silbervorkommen blieb den Habsburgern aber treu. Als die Tiroler Minen nicht zuletzt wegen des Raubbaues der Fugger langsam in ihrer Ergiebigkeit nachließen, wurden in Joachimsthal nordwestlich von Prag große Silberlager entdeckt. Böhmen gehörte zur ungarischen Krone und die Grundherren von Joachimsthal, die Grafen Schlick, stellten ab 1520 den Joachimsthaler Guldiner nach dem Vorbild des Tiroler Guldiners in großen Mengen, bis zu einer Million Stück pro Jahr, her. Die schön gearbeitete Münze zeigt auf der Rückseite den böhmischen Löwen. Der Einfachheit halber nannte man diesen Guldiner bald nur noch „Taler". Größe und Wert hat Erzherzog Sigmund vorgegeben, der Name aber kommt aus Böhmen. Der junge böhmisch-ungarische König Ludwig II. ver-

Böhmen:
Joachimsthaler
Guldiner
„Taler", Sil-
ber, Rückseite,
Graf Schlick
1505-1528.

Nürnberg:
Reichstaler zu
60 Kreuzern,
Maximilian II.,
1571.

lor 1526 in der Schlacht von Mohacs gegen die Türken das Leben und gemäß den alten Heiratsverträgen Kaiser Maximilians fielen Ungarn und Böhmen an Österreich. Ungarn war zwar nun zum Großteil türkisch besetzt, aber Böhmen war frei, und damit auch die Silbergruben von Joachimsthal. Bald nannte man in ganz Europa Münzen dieser Größe nur noch „Taler": in den Niederlanden „Daalder", in Schweden „Daler", im englischen Sprachraum „Dollar", im spanischen Bereich „Dolaro", in Italien „Tallero", im slowenischen Gebiet „Tolar", in Polen „Talar". An die Ursprungsbezeichnung Joachimsthal erinnern das französische „Jocondale" und das russische „Jefimok". Eine neue Europawährung war geboren. Kaiser Karl V. legte 1524 einen Reichstaler mit fixem Silbergehalt fest und dieser bildete die Leitwährung des Heiligen Römischen Reiches – was aber andere Fürsten und selbst die Habsburger nicht hinderte, leichtgewichtigere Landestaler zu prägen.

Karl V. war aber auch König Spaniens und ließ aus dem Silber der ab 1492 blutigst erschlossenen amerikanischen Kolonien eine talergroße Silbermünze zu 8-Reales (vom lateinischen „rex – König") prägen. Auf Spanisch nannte man dieses 8-Reales-Stück ebenfalls nach dem böhmischen Taler „Dolaro". Über Mexiko gelangte der Begriff schließlich in die revolutionären englischen Kolonien Nordamerikas.

Bei der Suche nach dem Namen der gemeinsamen Währung der EU-Staaten schwankte man lange zwischen „Ecu" – sowohl eine alte französische Münzbezeichnung als auch die englische Abkürzung für „European currency unit" – und dem Taler. Es gab schon Privatprägungen mit beiden Bezeichnungen. Um keine europäische Nation zu bevorzugen, hat man sich dann bekanntlich für die Neuschöpfung „Euro" entschieden.

Europa: Ecu / Scudo / Taler,
Silber, Privatprägung 1972.

DAS REICH, IN DEM DIE SONNE NICHT UNTERGING – IBERISCHE WELTWÄHRUNGEN

Mit der Entdeckung Amerikas gab es nun zwei Welten, die alte mit Venedig als Drehscheibe zu den asiatischen Handelspartnern und die neue, Amerika, mit Spanien und Portugal als Kolonialmacht unter den Habsburgern. Nachdem die traditionellen Handelswege Venedigs durch die Türken abgeschnitten und die neuen Seewege nach Westen entdeckt worden waren, gehörte der Welthandel den Seefahrernationen Westeuropas, zuerst Portugal und Spanien, dann den Niederlanden und England.

Zur besseren Kontrolle der importierten Silbermenge musste alles Edelmetall noch in den Kolonien eingeschmolzen und gemünzt werden. Um der Vorschrift Genüge zu tun, wurden unförmige Silberbatzen flüchtig geprägt. Lange nahm man an, dass diese

Spanien: 8 Reales „Dolaro", Schiffsgeld, Silber, Philipp IV. 1621-1665.

ohne jede Form geprägten „Münzen" auf den Schiffen in Notlagen hergestellt wurden und nannte sie „Schiffsgeld", dabei war es nur eine Form der Einfuhrkontrolle. Kaum waren die Schiffe aus der Neuen Welt an den Ufern Portugals und Spaniens gelandet, wurde das „Schiffsgeld" wiederum eingeschmolzen und neu gemünzt. Auch bei Goldmünzen errangen nun Portugal und Spanien die Führung. Der portugiesische Cruzado – zur Finanzierung eines Kreuzzuges gedacht – sowie die spanisch-portugiesischen Escudos (nach dem lateinischen „scutum – Schild") errangen wegen der sicheren Deckung durch die scheinbar nie versiegenden Quellen Amerikas schlagartig eine führende Stellung neben Dukaten und Gulden. Im Mexiko der vorkolonialen Zeit hingegen galt die Kakaobohne als Zahlungsmittel – Gold und Silber hatte man genug, bis die Spanier kamen. Sehr rasch entdeckten die Portugiesen das Gold-Silber-Geheimnis der Venezianer und importierten nun fleißig Gold aus Japan.

Es mag wie ein Treppenwitz der Weltgeschichte klingen und wäre eine späte Genugtuung für die unzähligen Opfer der Konquistadores, aber Spanien ging letztlich am Reichtum seiner Kolonien zugrunde. Geraubte Gold- und Silberschätze waren schnell verprasst, und die Silberförderung kostete viel Geld. In den bolivianischen Anden fanden die Spanier auf 4.000 m Seehöhe einen wahren „Silberberg". 1545 gründeten sie die Stadt Potosi, nie zuvor waren Europäer in solchen Höhen. Wege mussten gebaut, alles Material, alle Lebensmittel von weit unten herangeschafft werden. Die Arbeit verrichteten versklavte Indios, deren Lebenserwartung am Berg etwa sechs Monate betrug.

Schätzungen zufolge sollen zwischen einer und acht Millionen Menschen in den Minen umgekommen sein. Entsetzt von den Zuständen konnte der Priester und spätere Bischof Bartolomé de Las Casas Kaiser Karl V. überzeugen, die Indios von ihrem Sklavendasein zu befreien. Statt ihrer, so der Vorschlag Las Casas', könnten

Schwarzafrikaner als Arbeitskräfte eingesetzt werden, da sie körperlich robuster seien. Das Geschäft der Sklavenhändler, Christen wie Juden wie Moslems, blühte und versprach eine weit höhere Rendite als der Bergbau. Potosi, auf 4.000 m Seehöhe, wurde mit bis zu 160.000 Einwohnern zu einer der größten Städte der Welt, größer als London und Paris. Im 17. Jahrhundert stammten zwei Drittel der gesamten Weltsilberproduktion aus diesen Minen. In 5.000 Schächten kratzten die Sklaven 70.000 Tonnen Silber von den Wänden, dann war es aus. Bis zum Bau von Eisenbahnen brachten Lamas das Silber zur Küste des Pazifik, dann ging es zu Schiff nach Panama, dort wieder über Land an die Atlantikküste. Die Silberflotten fuhren zwar nur zweimal im Jahr, viele Schiffe fielen aber trotz aufwändigsten militärischen Schutzes Piraten in die Hände oder sanken in Stürmen. Alles in allem dürften die Gesamtkosten der Silbergewinnung den Wert des Silbers überschritten haben. Mangels einer wirtschaftlichen Gesamtbetrachtung, quasi eines „controllings", ließen sich die Spanier durch den vordergründigen Reichtum blenden. Im Mutterland angelangt, führte der „Silberschub" zu einer plötzlichen Geldmengenausweitung und daher unvermeidlich zu Inflation. Zwischen den jeweiligen „Silberschüben" finanzierte sich der Hof vornehmlich aus Krediten. War so ein Silbertransport endlich gelandet, mussten natürlich auch Luxuswaren in ganz Europa angekauft werden, um sie für die Konquistadores nach Amerika zu verschiffen. Die Zahlungsbilanz Spaniens in Europa war chronisch passiv und der Finanzbedarf der Kaiser und Könige enorm. Kämpfe gegen Frankreich und England, gegen die aufständischen Niederlande, die Religionskriege in Deutschland wollten finanziert werden und im Osten drohte die Türkengefahr. Die spanischen Herrscher reagierten auf die zunehmenden Probleme mit genauen Regelungen und Preisvorschriften. Dadurch wurden die Probleme immer größer. Parallel dazu fanden die Niederländer eigene Seehandelsrouten, schalteten die portugiesischen und spanischen Händler aus, regelten ihre Probleme über den freien Markt, verlangten von ihrer Regierung nur militärischen Schutz – und im 17. Jahrhundert war Amsterdam die reichste Stadt Europas. Der Stern Lissabons war längst genauso verblasst, wie der Venedigs hundert Jahre zuvor, als eben dieses Lissabon sich anschickte, die Rolle der Handelsmetropole Europas zu übernehmen. Binnen einem halben Jahrhundert war Spanien dreimal zahlungsunfähig und riss seine Finanziers mit ins Verderben. Philipp II. von Spanien war der moderne König Midas, der an seinem Gold erstickte.

Die Reales und Pesos oder Piaster, Cruzados und Escudos beherrschten die Neue Welt für rund 300 Jahre. Auf der Rückseite des Real oder des späteren Peso finden wir zwei Säulen und ein Spruchband. Die Säulen stehen für die Felsen Gibraltars, „Säulen des Herkules" genannt, als Zeichen für das Ende des alten und den Anfang des neuen Spaniens. Auf dem Band steht der Wahlspruch Karls V., des Kaisers, in dessen Reich die Sonne nicht unterging: „Plus! Ultra! – Mehr! Weiter!" Sowohl die spanischen als auch die ibero-amerikanischen Münzen behielten dieses Münzbild bis ins 19. Jahrhundert. Sogar im dänischen Grönland prägte man um 1770 einen „Dollar Piastre" mit zwei Säulen auf der Rückseite, die das dänische Wappen flankierten.

Spanien: 8 Reales „Dolaro",   *Dollar-Zeichen*
Silber, Rückseiten mit Säulen und
Spruchband „Plus ultra", 1756.

Nachdem die jungen Vereinigten Staaten von Amerika 1792 den Dollar als Währung eingeführt hatten, und so noch heute an Joachimsthal in Böhmen und die Grafen Schlick erinnern, übernahmen sie als Währungszeichen das spanisch-habsburgische Münzbild: Die zwei Säulen mit dem geschlungenen Spruchband Kaiser Karls V. wurden zum Symbol für den Dollar $.

„ZUM KRIEGFÜHREN BRAUCHT MAN DREI DINGE: GELD, GELD UND NOCHMALS GELD."
(Raimondo Graf Montecuccoli, österreichischer Feldherr)

Die Geldwirtschaft setzte sich auf breiter Basis erst langsam durch. Besonders den Rittern und Bauern fehlte jegliches Verständnis dafür. Die herkömmliche, auf gegenseitige persönliche Verpflichtungen gegründete Ordnung verfiel aber zusehends. Die Bauernkriege des 16. Jahrhunderts waren auch gegen das moderne Wirtschaftssystem gerichtet, das bei guten Ernten die Preise fallen ließ und bei schlechten die Bauern in die Arme der „Kredithaie" trieb. Kleine Schuldner zahlten noch immer 30 bis 40% Zinsen.

Für die Staatsführung war die Etablierung eines regelmäßigen Steuersystems von unschätzbarer Wichtigkeit. Während das in Frankreich gelang, widersetzten sich in Spanien und im Heiligen Römischen Reich Adel und Bürger erfolgreich. Als Karl V. seine Söldner in Italien nicht mehr zahlen konnte, plünderten sie Rom in unvorstellbarer Weise, dasselbe passierte in Antwerpen, als Karls Sohn Philipp II. zahlungsunfähig geworden war. Der Versuch Philipps II in den Niederlanden eine rigorose Steuerordnung durchzusetzen endete mit dem Aufstand dieser Provinz, der Spaltung in besiegte „Österreichische Niederlande" (das heutige Belgien) und den unbesiegt gebliebenen Oranje-Freistaat (die heutigen Niederlande). Die Rolle Antwerpens als Metropole des Westhandels ging auf Amsterdam über.

Nachdem Ferdinand I. von seinem Bruder Kaiser Karl V. 1521 die Herrschaft über Österreich erhalten hatte, erließ er eine Münzordnung, der das Tiroler Silbermünzen-System mit Reichsguldiner, Halbguldiner, Pfundner, Sechser und Kreuzer zugrunde lag. Der Versuch, den silbernen Guldiner beziehungsweise Taler an den Wert des Goldguldens zu binden, brachte die Relation zu den im täglichen Zahlungsverkehr so wichtigen Kreuzern immer wieder durcheinander. Entgegen den Reichsmünzordnungen bewegte sich das Wertverhältnis Gold zu Silber entsprechend den Marktgesetzen und so musste man, um den Guldiner/ Taler im Wert eines Guldens zu halten, seinen Silbergehalt bald auf 64 und 72 Kreuzer hinaufsetzen. In Deutschland wurde der Gulden nur als Recheneinheit zu 60 Kreuzern verwendet, die Münzbasis bildete bis 1871 der Reichstaler zu 68 Kreuzern.

In Österreich war hingegen der Silbergulden bis 1892 die Währungsbasis. Die triste finanzielle Lage des Hofes versuchte Kaiser Ferdinand I. mit Hilfe seines spanischen Finanzberaters Gabriel Salamanca mit brutalen Mitteln zu verbessern. Das hieß in erster Linie alte Schulden abzustreiten und Steuererhöhungen zu verkünden, die zum Widerstand der Bevölkerung führten und letztlich im Bauernaufstand von 1525 unter Michael Gaismair ihren Höhepunkt fanden. Auch das Ringen um eine Einheitswährung im Heiligen Römischen Reich hielt an. In insgesamt vier Reichsmünzordnungen des 16. Jahrhunderts versuchten die Kaiser Ordnung in das chaotische System von 300 deutschen Kleinstaaten zu bringen. Die Versuche scheiterten zwar, aber ab 1566 war der Reichstaler mit rund 26 Gramm Silber die Leitwährung. Durch das folgende Jahrhundert betrug die Inflation jeweils 10 % pro Jahr, was sich einerseits in laufender Verringerung des Silbergehalts der Münzen und andererseits in steigenden Preisen für schlechteres Geld äußerte. Der Reichstaler behielt allerdings sein Silbergewicht und bildete die Bezugsmünze. Sein Kurs zu Groschen und Kreuzern wechselte mit der Verschlechterung der kleineren Silbermünzen von ursprünglich 68 Kreuzer auf 72, später auf 90 und zur Zeit der galoppierenden Inflation im Dreißigjährigen Krieg sogar auf 1.000 Kreuzer. Die alte Regel „60 Silberkreuzer = 1 Goldgulden = 1 Guldiner in Silber = 1 Taler" war endgültig gesprengt. Für die Zeit vor dem Dreißigjährigen Krieg kann man für den süddeutsch-österreichischen Raum folgende Relationen als rechnerischen Anhalt nehmen:

1 Goldgulden =	75 Kreuzer =	300 Pfennige
1 (Reichs)Taler =	68 Kreuzer =	272 Pfennige
½ Taler =	34 Kreuzer =	136 Pfennige
¼ Taler =	17 Kreuzer =	68 Pfennige
1 Batzen =	4 Kreuzer =	16 Pfennige
1 Groschen (Schilling) =	3 Kreuzer =	12 Pfennige
½ Batzen =	2 Kreuzer =	8 Pfennige
1 Kreuzer =	4 Pfennige	
1 Pfennig =	2 Heller	

Währungsordnung Österreichs im 16. und 17. Jahrhundert, Silber:

Taler, Rudolf II. 1605;   Halber Taler, Ferdinand II. 1625;   Viertel Taler, Matthias 1611

10-Kreuzer,   Groschen,   2-Kreuzer,   Kreuzer,   Linzer Pfennig,
Leopold 1630;   Ferdinand II. Ferdinand I.   Ferdinand I.   Ferdinand I.
*   1625;   1560;   1563;   1528.*

Der Geldbedarf der Kaiser im 17. Jahrhundert war ungebrochen. Alleine die kaiserliche Armee kostete im Dreißigjährigen Krieg (1618-1648) das Vermögen von rund 300.000 Gulden pro Monat – und dies, obwohl vom Recht der Plünderung und Brandschatzung zur Versorgung der Truppe und vor allem ihrer Feldherren ausgiebig Gebrauch gemacht wurde. Das Wort „Brandschatzung" bedeutet die Verschonung einer Stadt vor dem Niederbrennen gegen Zahlung einer freiwilligen Kontribution. Wallensteins Devise „der Krieg ernährt den Krieg", wonach sich eine Armee aus dem besetzten Land erhalten solle, fand in der zunehmenden Verwüstung Mitteleuropas ihre Grenze.

*24-Kipperkreuzer,
Kupfer mit Silber,
Ferdinand II.,
Brünn 1623.*

Um die Rückeroberung Böhmens zu finanzieren, verpachtete Kaiser Ferdinand II. die Herstellung der Münzen an ein Konsortium, dem auch Wallenstein und andere hochadelige Herren angehörten. Diese hatten gegen eine Pacht von 6 Millionen Gulden das Recht erworben, Münzen auf eigene Rechnung herzustellen. Zwar erhielten sie den Silbergehalt der Münzen vorgeschrieben, aber durch die hohe Pachtsumme akzeptierte der Kaiser de facto eine Münzverschlechterung, es wäre sich sonst rein rechnerisch einfach nicht ausgegangen.

Vor Kriegsausbruch hatte sich das gesamte Einkommen aus Böhmen inklusive der Münzprägung auf 1,8 Millionen Gulden belaufen. Das Konsortium bereicherte sich auf schamlose Weise, indem es den Silbergehalt der Münzen noch weit unter die vertragliche Vereinbarung drückte. Die Kontrolle über die Prägungen hätte jeweils ein eigener Notar, ein „Münzwardein", ausüben sollen, der aber oft genug mit dem Münzmeister gemeinsame Sache machte. In Wien erinnert noch heute die Münzwardeingasse an diese Zeit. Die Versuchung war natürlich groß. Bereits 1522

Kippertaler des Balthasar Zwirner, Kupfer mit Silber, Ferdinand II. 1622.

wurde der Wiener Münzmeister Schwarz wegen eigenständiger Münzverschlechterung hingerichtet. Besonders arg trieb es Balthasar Zwirner, ab 1620 Pächter und Münzmeister der Münzstätten in Wien, Preßburg, Mähren und Schlesien. Nachdem er den Silbergehalt der Taler sukzessive auf die Hälfte herabgesetzt hatte, musste er 1626 fliehen. In Dänemark kam er wieder in königlichen Dienst und endete dort schließlich durch den Henker.

Die ungebremste Tätigkeit des böhmischen Münzkonsortiums führte zur galoppierenden Geldentwertung. Der Reichstaler mit stabilem Silbergehalt war 1582 noch immer wie ursprünglich festgesetzt 68 Kreuzer wert. Da im Land das Silbergeld praktisch durch versilberte Kupfermünzen ersetzt wurde, stand der Reichstaler 1622 bereits auf 600 Kreuzer, was einer Inflation von 880 % entspricht. Der Zwirnersche „Schwindeltaler" war hingegen immerhin noch 150 Kreuzer wert, unterlag also nur 220 % Inflation. Das Währungssystem zerfiel vollkommen, da die Bevölkerung keinerlei Vertrauen mehr in das Geld hatte. Kein Wunder, dass jede Münze von Käufer und Verkäufer argwöhnisch gewogen und gemessen wurde. Münzbücher, Münzwaagen und Münzgewichte gehörten zur Ausrüstung jedes Kaufmannes. Aufkäufer waren im ganzen Land unterwegs, um die silberreichen alten Taler einzuwechseln. Dass es dabei selten nach ehrsamen Grundsätzen zuging, kann man erahnen. Vom Wägen und Messen hat die ganze Epoche ihren geldgeschichtlichen Namen, die „Kipper- und Wipper-Zeit" – vom Wippen der Geldwaagen bis zum Kippen auf die Seite mit der schwereren und besseren Münze. Die Ersparnisse ganzer Generationen wurden binnen weniger Jahre vernichtet, als Folge gab es Unruhen und lokale Aufstände. Händler und Kaufleute weigerten sich schließlich, das schlechte Geld anzunehmen, das Reich drohte wieder in den Stand der Naturalwirtschaft zu versinken. Kaiser Ferdinand II. (1578-1637) erkannte die Gefahr und ließ die minderwertigen Kippermünzen einziehen und einen „guten" Taler für acht schlechte einwechseln.

Um dies zu finanzieren, konfiszierte der Kaiser unter anderem die Güter des rebellischen böhmischen Adels und verkaufte sie günstig an seine Parteigänger.

Allen voran waren die größten Kriegsgewinnler der Zeit der Feldherr Albrecht von Wallenstein, dann die Liechtensteins, Schwarzenbergs und Eggenbergs. Während einerseits in den 30 Kriegsjahren 10 der 17 Millionen Einwohner Deutschlands umkamen, wurde andererseits der Grundstein für enorme Reichtümer gelegt.

Preise und Einkommen um 1640:		
1 Gulden = 60 Kreuzer		
1 Ochse:	20	Gulden
1 Liter Bier:	6	Kreuzer
10 Eier:	6	Kreuzer
1 Liter Wein:	3	Kreuzer
1 kg Brot:	3	Kreuzer

Monatseinkommen:		
Hauptmann:	400	Gulden
Feldwebel:	28	Gulden
Kaplan, Scharfrichter:	9	Gulden
Maurer, Wundarzt:	8	Gulden
Mühlenarbeiter, Kellner, einfacher Soldat:	4	Gulden
Schreiber:	2,5	Gulden
Schneidergeselle:	2	Gulden

In den vom Dreißigjährigen Krieg weitgehend verschonten Niederlanden kam es zur ersten großen Spekulationskrise Europas. Alles drehte sich um eine Ware, die erst vor knapp 100 Jahren aus der Türkei eingeführt worden war. Unsummen wurden ausgegeben, um sie bei Versteigerungen zu erstehen. Schließlich ließ ein Sturz an der Börse 1637 die geradezu blödsinnig hohen Preise über Nacht ins Bodenlose fallen. Zahlreiche Konkurse waren die Folge. Die begehrte Ware war die Tulpenzwiebel, und Holland ist seitdem das wichtigste Tulpenanbauland der Erde. Auch der Name „Börse" kommt aus den Niederlanden. Die Brüggener Patrizier trafen sich zum Handel mit Forderungen und Anleihen immer vor dem Hause des Kaufmannes Van der Beurse.

In den knapp 144 Jahren vom Ende des Dreißigjährigen Krieges bis zum Beginn der Franzosenkriege stehen 81 Kriegsjahre 63 Friedensjahren gegenüber.

Kaum war der Dreißigjährige Krieg vorbei, folgten die großen Türkenkriege, die in der zweiten Belagerung Wiens 1683 und in den folgenden Siegen Prinz Eugens gipfelten. Kaiser Leopold I. war zwar ein charakterlich untadeliger und musisch überdurchschnittlich begabter, aber den Regierungsaufgaben dieser so schwierigen Zeit nur mäßig gewachsener Herrscher. Auch wenn er in Finanznot war, und das war er eigentlich immer, sorgte er dafür, dass zuerst seine Musiker ihr Gehalt bekamen. Immerhin kostete die Hofmusik jährlich 60.000 Gulden und erhielt ihren Lohn gegen Bestätigung des Anspruches direkt von einem der privaten Kreditgeber des Kaisers. Um das Kriegsjahr 1703 finanzieren zu können, verpfändete Leopold seine Juwelensammlung um 300.000 Gulden, schaffte aber in den Kriegsjahren 1705 und 1706 auf Kredit weitere Diamanten im Wert von 400.000 Gulden an. Prinz Eugen erhielt für seine Dienste 1710 ein „Ehrengeschenk" des Kaisers von 300.000 Gulden, die ebenfalls beim Bankier Wertheimer geliehen werden mussten. Die jährlichen Einnahmen betrugen etwa 6 Millionen Gulden, die Hofhaltung verschlang mehr als die Hälfte davon. Ein Facharbeiter verdiente etwa

Halber Taler, Silber, Leopold I. 1703.

100 Gulden im Jahr. Leopolds Finanzminister, Hofkammerpräsident Georg Ludwig Graf Sinzendorf, bediente sich hingegen selbst. Er wurde verurteilt, zwei Millionen Gulden an veruntreuten Beträgen zurückzuzahlen, zog es allerdings vor, zu versterben.

Da zwischen den Gulden und Kreuzerwerten die Zwischennominalen fehlten, prägte man in hoher Auflage ¼ und ¹⁄₁₀ Gulden zu 15 und 6 Kreuzern. Sie enthielten um etwa 20 % weniger Silber, was angesichts der hohen Menge von Münzen einen Reingewinn von 1,5 Millionen Gulden brachte. Bei diesen Münzsorten handelte es sich überwiegend um „Kriegsgeld", das in erster Linie für die Besoldung von Truppen verwendet wurden, die demoralisierende Wirkung auf die Gesamtbevölkerung war daher nicht so groß. Allerdings kam wieder vermehrt schlechtes Geld in Umlauf. Zusätzlich betätigten sich auch zahlreiche kleine Landesfürsten und Grafen als „Heckenmünzer" und prägten gutes Geld in geringwertiges um. Dabei fälschten sie auch bedenkenlos die Jahreszahl, um den Anschein guter alter Münzen zu erwecken. In Österreich taten sich die Grafen von Montfort und Graf Hohenlohe dabei besonders hervor.

Dazwischen suchte immer wieder die Pest Europa heim. Am Ende war der halbe Kontinent verbrannt, entvölkert und demoralisiert. Kaum waren die Türken Ende des 17. Jahrhunderts halbwegs besiegt, musste die Wiederbesiedlung der eroberten Gebiete organisiert und finanziert werden. Daneben bahnte sich als nächster großer Konflikt der spanische Erbfolgekrieg an.

Kaiser Leopold I, Kriegsgeld, Kupfer versilbert

XV-Kreuzer 1695.   *VI Kreuzer 1685.*

Während der Salzabbau und Verkauf seit jeher ein so ertragreiches wie auch ertragssicheres Monopol des Landesfürsten war, erkannten erst die Berater Kaiser Leopolds auch den Tabak als hervorragende Einnahmequelle. Mit Patent aus dem Jahre 1701 erhielt die Hofkammer (das Finanzministerium) das alleinige Recht, Befugnisse zum Verkauf von Tabak zu erteilen. Damit war das Tabakmonopol geboren. Aber die Einkünfte reichten nie aus, um die Großmachtpolitik Habsburgs finanzieren zu können.

Schon unter Kaiser Leopold I. gab es den ersten, vom Hof noch unbeachteten Vorschlag, Papiergeld einzuführen. Wie immer waren auch die großen Finanzmanager dieser Zeit jüdischen Glaubens. Da ihnen die christliche Nächstenliebe durch fast 2000 Jahre den Grunderwerb, die Landwirtschaft und das Handwerk untersagte, blieben nur Handel und Geldgeschäft zum Überleben. Die Schmutzarbeit der Münzverschlechterung und verzinsten Kreditgeschäfte ließen die Fürsten gerne durch ihre „Hofjuden" verrichten. Solange sie ihnen nützlich waren, standen sie unter dem besonderen Schutz der Krone. Neben den Großfinanciers bedurfte es seit dem Mittelalter zunehmend der Kleinkreditgeber, nach dem Verschwinden der Lombarden wurde das Gewerbe praktisch nur von Juden ausgeübt. Die pfandgesicherten Zinssätze waren mit bis zu 200 % per anno wucherisch hoch und spiegelten auch das große Risiko dieser unter der Rechtsunsicherheit für Ungläubige besonders leidenden Gruppe wider. Der Volkszorn richtete sich aber immer nur gegen die Handlanger, nicht gegen die Urheber der Misere. Der Finanzmanager der Kaiser Leopold I. und Joseph I. hieß Samuel Oppenheimer. Für die Türkenkriege brachte er vier Millionen Gulden auf, den Spanischen Erbfolgekrieg finanzierte er mit acht Millionen Gulden, wozu er selbst enorme Kredite brauchte. Insgesamt stellte Oppenheimer knapp 80 Millionen Gulden zur Verfügung. Bei einer Plünderung des Oppenheimerschen Hauses in Wien durch den Pöbel im Jahr 1703 wegen eines nichtigen Streites zwischen zwei Rauchfangkehrern und Oppenheimers Hausmeister wurden die Schuldpapiere des Kaiserhauses vernichtet. Ob, wie behauptet, Oppenheimer tatsächlich wegen unerlaubten Wuchers der Staatskasse etwas schuldig war oder doch umgekehrt – Kaiser Karl VI ließ die Familie seines Bankiers kaltblütig in Konkurs gehen. Der sprichwörtliche „Dank des Hauses Habsburg" war Oppenheimers Erben so gewiss wie 200 Jahre zuvor dem unglücklichen Lukas Fugger. Die Rolle Oppenheimers wurde von anderen zumeist jüdischen Bankiers übernommen, von denen ein Neffe Oppenheimers, Simson Wertheimer, die bedeutendste Rolle spielte. Um 1720 betrug die Staatsschuld bei Wertheimer sechs Millionen Gulden. Da nahm sich die Forderung des nächstgrößten Geldgebers, Gottfried von Schreyvogel, über 1,3 Millionen Gulden geradezu bescheiden aus. In den vierzig Jahren von der Jahrhundertwende bis zum Regierungsantritt Maria Theresias beschafften sie fast 80 Millionen Gulden Kredit. Die Rückzahlung der Staatsschuld sollte über

Viertel-Taler, Silber, Karl VI. 1726.

eine neue Staatsbank, den von Kaiser Leopold I. 1703 gegründeten „Banco del Giro" erfolgen. Der Verkauf der dazu nötigen Anleihen scheiterte aber am Misstrauen der Bevölkerung. Hingegen konnte der unter Leopolds älterem Sohn Joseph I. 1705 gegründete „Wiener Stadtbanco" eine geordnete Geschäftätigkeit aufnehmen. Er entwickelte sich zu einer Einlagenbank auch für den Mittelstand und sollte bei der ersten Papiergeldausgabe Österreichs 1762 eine zentrale Rolle einnehmen. Der gut organisierte Haushalt der Stadt Wien genoss wesentlich mehr Vertrauen als die zerrütteten Staatsfinanzen.

Das zu Ende gehende 17. und beginnende 18. Jahrhundert war von den Ideen des Merkantilismus' geprägt. Ausgehend von Frankreich und dem Finanzminister König Ludwig XIV., Jean-Baptist Colbert, wurde die Ordnung der Finanzaufbringung immer mehr als Grundlage der Macht des absolutistischen Staates betrachtet. Dazu sollte aber nicht nur eine systematisierte Steuerpolitik, sondern mehr noch eine staatliche Förderung der Wirtschaft und der Ausbau der bisher völlig vernachlässigten Infrastruktur dienen. Allerdings scheiterte selbst ein so genialer Mann wie Colbert am ungeheuren Finanzbedarf seines Monarchen.

Die führenden Merkantilisten Österreichs waren Johann Joachim Becher, Wilhelm von Schröder und Philipp Wilhelm Hörnigk mit seiner Denkschrift „Österreich über alles, wenn es nur will". Sie bereiteten den Boden für die Industrialisierung des Landes unter Kaiser Karl VI. und Maria Theresias Ehemann Kaiser Franz I. Stefan.

Unterzeichnete und gesiegelte Steuer-Quittung über die Bezahlung von 44 Gulden Außenstand an den kaiserlichen Mundschenk und „Ober-Einnehmer" des Erzherzogtums unter der Enns, Georg Constantin von Sinnich auf Streittwiesen, 1692.

*Aus Viertel-Taler ge-
schnittenes Amulett
Karl VI.*

Leopolds jüngerer Sohn Kaiser Karl VI. förderte Handel und Wirtschaft. Dazu gehörte der Ausbau von sternförmig von Wien ausgehenden Fernhandelsstraßen wie die Triester, die Prager- und Brünner-Straße genauso wie die Genehmigung der ersten österreichischen Aktiengesellschaft. Mehr als hundert Jahre nach der Entwicklung der Aktiengesellschaft in England erfolgte 1719 die Gründung der „Orientalischen Gesellschaft" mit Aktien zu 1.000 Gulden Nominale. Die kaiserliche Tabakmanufaktur in Hainburg wurde neben dem Salzmonopol zum wichtigen Träger laufender Einkünfte. Karl VI. ließ in Wien eine Graveurakademie gründen und nur noch die Absolventen dieser Spezialschule von den Münzstätten anstellen. Aber auch er brauchte Unmengen Geldes für seine neuerlichen unglücklichen Kriege gegen die Türken und vor allem gegen die Franzosen im Spanischen Erbfolgekrieg. In den 29 Jahren seiner Regierung stieg die Staatsschuld von 60 auf 100 Millionen Gulden. Der größte Teil der Einnahmen ging für die Erhaltung des stehenden Heeres in Stärke von mehr als 100.000 Mann auf. Schließlich ging Spanien an eine französische Seitenlinie verloren. Nur noch die spanischen Niederlande, das heutige Belgien, verblieben den Habsburgern vom einstigen Weltreich Karls V., bis auch sie in den Wirren der Französischen Revolution abhanden kamen. Kaiser Karl VI., selbst ohne männliche Nachkommen, musste die Anerkennung seiner Tochter Maria Theresia als Herrscherin Österreichs, Böhmens und Ungarns durch Bestechung der europäischen Fürsten sichern. Für die Zukunft des „Hauses Habsburg" ließ er sogar die Liebesheirat seiner Tochter mit dem zwar standesgemäßen, aber gerade seines Landes verlustig gegangenen Franz Stephan von Lothringen zu. Der unbedeutende Schwiegersohn würde sich dem Habsburger-Mythos wohl unterordnen – und damit hatte Karl VI. recht. Genealogisch sind die Habsburger mit Maria Theresia ausgestorben und das Herrscherhaus müsste eigentlich Lothringen heißen. Aus diesem Grund verweigerte der Kaiser auch den Vorschlag Prinz Eugens, Maria Theresia mit König Friedrich II. von Preußen zu verheiraten. Der selbstbewusste Preuße hätte schon dafür gesorgt, dass der Namen Habsburg untergehen und nur Hohenzollern übrig bleiben würde. Im Gegensatz zu Friedrich II., der kinderlos starb, zeugte Franz Stephan von Lothringen 16 Kinder und sicherte so den Bestand der Familie Habsburg-Lothringen bis heute.

Um das Vertrauen in die Münzwährung zu sichern, führte Karl VI. die „Randschrift" ein: auf kleineren und dafür dickeren Münzen wurde in den Rand der Wahlspruch des Kaisers eingeprägt. Das sollte die Münzen vor Verminderung durch Beschneidung und Befeilung schützen. Es war einer der Gründe, warum sich der Taler seiner Tochter Maria Theresia (1717-1780) im Orient so großer Beliebtheit erfreute. Weitere Versuche, dem Volk papierene Obligationen zu verkaufen, scheiterten – noch war die Zeit für Papiergeld in Österreich nicht reif.

„Münzgeld ist das Geld der Unterdrücker, Papiergeld das Geld der Freiheit."

(Benjamin Franklin, Gründervater der USA, Erfinder und Banknotendrucker)

In China wurden die Käsch-Münzen seit dem 10. Jahrhundert immer schwerer und unhandlicher. Statt sie aufgefädelt mitzutragen, deponierte man sie daher bei mehr oder minder vertrauenswürdigen Händlern, die darüber Bestätigungen ausstellten. Diese Bestätigungen wurden zunehmend statt der Münzen in Zahlung gegeben. Nachdem einige dieser Händler das anvertraute Vermögen veruntreut hatten, übernahm der Staat im 11. Jahrhundert das Depotwesen und gab der Einfachheit halber vorgefertigte, auf bestimmte Werte ausgestellte Quittungen aus. Statt der deponierten Münzen wurden nun gleich diese Quittungen in Zahlung gegeben – das Papiergeld war geboren. Marco Polo, der Weltreisende aus Venedig, berichtete darüber in seiner Heimatstadt, aber keiner der goldgewöhnten Handelsherren konnte sich Geld aus Papier vorstellen. Somit sollte es noch 400 Jahre dauern, bis auch in Europa der langsame aber endgültige Siegeszug des Papiergeldes begann.

Sieht man von der „Prägung" von Papiermünzen als Metallersatz in belagerten Städten ab, stand die Wiege des europäischen Papiergeldes im Schweden des 17. Jahrhunderts. Wegen Gold- und Silbermangels musste Kupfer für alle Nominalen verwendet werden. Da aber in der Erwartung der Bevölkerung der Metallwert dem Nominale entsprechen sollte, wuchsen sich die Kupfermünzen zu Platten von bis zu 20 kg und einer Größe von 33 x 68 cm aus. Münzabdrücke in den Ecken und der Mitte dieser „Platmynts" sollten die Größe und damit Gewicht und Wert sichern. Noch Anfang des 19. Jahrhunderts gab es in Russland kupferne Kopeken-Münzen von knapp 100 Gramm Gewicht.

Russland: 10 Kopeken, 100 Gramm Kupfer 1833.

Die Verwendung solcher Zahlungsmittel im täglichen Gebrauch war denkbar schwierig, die schwedischen Kupferplatten wurden auf eigenen Schlitten transportiert. Zur Erleichterung des Zahlungsverkehrs gründete Johan Palmstrück in Stockholm eine Bank, die 1661, hundert Jahre vor Österreich, das erste Papiergeld Europas ausgab. Palmstrück führte seine Bücher schlecht, gab zu viele dieser „Kreditivsedlar" genannten Papiere aus und konnte letztlich das Einlösungsversprechen in Kupfermünzen nicht einhalten. Der erste Versuch ging also daneben.

Die französische Verwaltung in Kanada konnte im Jahr 1685 ihre Soldaten nicht mehr in klingender Münze bezahlen, da einfach zuwenig Geld aus dem Mutterland kam. Kurzerhand verteilte man geviertelte, gestempelte und unterschriebene Spielkarten in drei verschiedenen Werten. Ursprünglich wollte man dieses Ersatzgeld schnell wieder aus dem Verkehr ziehen, da es aber allgemein akzeptiert wurde, waren 75 Jahre später noch immer 14 Millionen Livres in „Spielkarten" im Umlauf.

Der Merkantilist Wilhelm von Schröder empfahl in Österreich Kaiser Leopold I. schon 1686 erfolglos die Einführung von Papiergeld als „ewige und unaufhörliche Gold- und Geldmine" für den Staat. Die Idee wurde erst unter Leopolds Enkelin Maria Theresia wieder aufgenommen.

Ein nächster Versuch in Norwegen scheiterte 1695 schon in den Ansätzen, als die Bevölkerung nicht bereit war, die vom Kaufmann Thor Mohlen ausgegebenen Papiere an Zahlungsstatt anzunehmen.

In England und Schottland nahmen Goldschmiede Edelmetalle ihrer Kunden in ihr Depot zur Verwahrung. Diese Edelmetall-Barren wurden nun gegen Schuldscheine wieder verliehen – in der Annahme aller Banken, dass nicht alle Einleger gleichzeitig ihre Depots zurückfordern würden. Der Hauptschuldner der Goldschmiede war aber – der König. Und als Wilhelm III. von England seine Schulden von 1,3 Millionen Pfund nicht mehr zurückzahlen konnte, und daher das gesamte System zusammenzubrechen drohte, gründete er kurzerhand 1694 die „Bank of England" als Notenbank zur Herausgabe von Papiergeld.

Als eigentlicher „Erfinder" der modernen Banknote gilt der Schotte John Law. Als Sohn eines dieser Goldschmiede kannte er sich in Geldgeschäften aus. Nach einem Duell musste er Schottland verlassen und geriet an den französischen Königshof. Mehr aus Verzweiflung denn aus rationaler Überlegung ging der Herzog von Orleans als Regent für den unmündigen König Ludwig XV. auf Laws Ideen ein. König Ludwig XIV hinterließ bei seinem Tod 1714 einen finanziell völlig zerrütteten Staat. Dreieinhalb Milliarden Livres Schulden standen jährlichen Einnahmen von 145 Millionen entgegen. Die Staatseinnahmen betrugen also gerade 4 % der Schulden. Nicht nur die enorme Verschwendung am Hofe des „Sonnenkönigs", mehr noch die andauernde Kriegsführung gegen alle Nachbarn hatte den Ruin herbeigeführt. Law gründete die „Banque royal" und gab ab 1716 erste Banknoten aus. Die Deckung bestand im Gegensatz zu Banknoten anderer Girobanken nicht in Edelmetall, sondern im Grundbesitz der französischen Krone in den Kolonien. Zur Ausweitung des Handels in den französischen Besitzungen in Nordamerika schuf er mit der „Mississippi-Kompagnie" den größten Konzern seiner Zeit, New Orleans wurde gegründet, das Monopol auf den Biberfang in Kanada übernommen. Die auch „Compagnie d'Occident" genannte Gesellschaft übernahm auch den Handel mit Ostindien, China und Afrika und wurde französischer Monopolist für den Handel mit Negersklaven. Law brachte die Kompagnie an die Börse, der Nennwert der Aktien betrug 500 Livres. Zahlreiche Menschen verkauften alles Hab und Gut, zogen nach Paris und spekulierten. Im Jänner 1720 wurde die Aktie um 18.000 Livres gehandelt. Die Spekulationsgewinner wurden seitdem „millionaires" genannt. Allerdings konnte Law sein Dividendenversprechen nicht erfüllen und erschütterte damit das in ihn gesetzte Vertrauen. Um den Kursverfall zu stoppen, versprach Law alle Aktien zu einem Kurs von 9.000 Livres in Papiergeld einzulösen. Dazu musste er die Geldmenge der Bank drastisch erhöhen. Nun platzte die ganze Blase, das Papiergeld verlor über Nacht jeden Wert, Law floh mittellos nach Venedig und verstarb dort völlig verarmt. Sowohl Palmstrück als auch Law machten unter anderem bereits Fälschungen für ihren Misserfolg mitverantwortlich.

Im Jahr 1690 ging in der englischen Kolonie Massachusetts das Münzgeld aus. Ein Versuch, die Kassen durch einen Feldzug gegen das französische Kanada zu füllen, schlug fehl und verschlimmerte die Situation. Nun konnten auch die Soldaten nicht mehr bezahlt werden. Um Meutereien zu verhindern, ließ die Kolonialregierung Papiergeld im „Wert" von 7000 Pfund Sterling ausgeben. Zwei Jahre später werden sie zu gesetzlichen Zahlungsmitteln erklärt, bei Bezahlung von Steuern und Abgaben mit Papiergeld wurde ein Nachlass von 5 % gewährt. In der kolonialen Abgeschiedenheit bleibt der Wert der Banknoten dreißig Jahre lang gleich dem Münzgeld. Während die Experimente in Schweden, Norwegen und Frankreich misslungen waren, kann man den Versuch des General Court von Massachusetts als die erste geglückte Papiergeldausgabe der Welt außerhalb Chinas ansehen.

Das Problem bei der Einführung des Papiergeldes lag in der Trennung von Geldfunktion und tatsächlichem Wert. Silber- und Goldmünzen sind „Stoffgeld", sie haben durch ihr Material einen „inneren Wert". Die Münzherren erlagen immer wieder der Versuchung, die Münzen zu verschlechtern, was zu Inflationen und Unruhen führte. Zur Stabilisierung der Wirtschaft und Vermeidung von Unruhen musste der Materialwert in zahlreichen „Münzreformen" immer wieder dem Nennwert angepasst werden. Papiergeld hat keinen „inneren Wert" mehr, es wurde zum bloßen „Zeichengeld". Damit die Menschen es akzeptieren, musste aber zuerst Vertrauen aufgebaut werden. Dazu diente das Versprechen der notenausgebenden Stellen, die „wertlosen" Scheine auf Wunsch in Edelmetall-Münzen umzutauschen. Dieses Versprechen wurde in Österreich zwar bis zum Ersten Weltkrieg auf die Scheine gedruckt, musste aber nicht immer eingehalten werden.

Statt den Silbergehalt der Münzen zu verringern, erlagen nun die Geldherren der Versuchung, den Papiergeldumlauf zu erhöhen, ohne für die notwendige Edelmetall-Deckung zu sorgen. Noch Benjamin Franklin, einer der Gründerväter der USA und selber Banknotendrucker, erlag der Vorstellung, mit der durch Papiergeld möglichen beliebigen Vermehrung des Bargeldes ließen sich Not und Unterdrückung endgültig besiegen. Auf diese Weise konnte aber bis heute immer nur ein kurzfristiger staatlicher Geldbedarf wie zur Kriegsfinanzierung oder zur schlichten Verschwendung finanziert werden, nie eine dauerhafte Steigerung des Wohlstandes.

Einer der größten Banknotenschwindel stand gleich am Anfang des Papiergeldes in Europa. Zur Finanzierung des Budgetdefizits gab die Führung der Französischen Revolution ab 1789 sogenannte „Assignaten" aus – Scheine, deren Deckung in enteigneten königlichen, adeligen und kirchlichen Gütern bestehen sollte. Bis 1796 wurden Papiere im Wert von 46 Milliarden Livres ausgegeben – eine Summe, die auch

Frankreich: 50 Livres, Assignate, 1792.

nicht annähernd in den Immobilien Deckung fand. Sieben Jahre später brach das System wie ein Kartenhaus zusammen, die Assignaten wurden zu einem Kurs von 1/30 in neues Papiergeld umgetauscht und 1797 für wertlos erklärt. Wer also Assignaten im Wert von 3.000 Livres besaß, erhielt beim Umtausch gerade noch den Wert von 100 Livres.

„ÖSTERREICHS KALIFORNIEN LIEGT IN KLEIN-NEUSIEDL."
(Ex-Finanzminister Philipp von Krauss über die Ausgabe von Staatspapiergeld ohne Deckung)

Während in der ersten Hälfte des 19. Jahrhunderts in Kalifornien der Goldrausch ausbrach, musste Österreich die Kosten seiner unglücklichen Kriege durch ungedecktes „Staatspapiergeld" finanzieren, so wie seinerzeit unter Kaiser Franz I. Die Papierfabrik dafür stand in Klein-Neusiedl.

Die Unterscheidung zwischen „Staatspapiergeld" und „Banknoten" ist für die Frühzeit der Papiergeldgeschichte wichtig, heute aber bedeutungslos. Das Recht, Geld auszugeben, ist ein uraltes Herrscherrecht und ging von der Person des Kaisers, Königs oder Fürsten auf den Staat über. Dieser konnte das Geldrecht an Private weitergeben, wie wir schon von den Münzpächtern des Mittelalters und der Renaissance wissen. Die Einführung von an sich wertlosem Papiergeld war nur bei entsprechendem Vertrauen der Bevölkerung in die jederzeitige Umwechslung in klingende Münze möglich. Zur Abwicklung der Papiergeldemissionen wurden meist eigene Banken eingerichtet wie der „Stockholm Banco" 1657, die Londoner „Bank of England" 1694, der „Wiener Stadt Banco" 1705 und die Pariser „Banque Generale" 1716. Sie alle sollten die Ausgabe von Papiergeld mit Erlaubnis oder sogar im Auftrag des Staates vorbereiten.

Die Banken hatten für die Umlaufsumme eine Währungsdeckung in Edelmetall zu halten, wobei man realistisch davon ausging, dass nie alle Zettelinhaber gleichzeitig die Umwechslung verlangen würden und eine geringere Deckungssumme daher reichen müsste. Wie der Name schon sagt, sind „Banknoten" von Banken ausgegebenes Papiergeld.

Im Gegensatz dazu ist „Staatsgeld" Geld, das vom Staat kraft seiner Autorität selbst ausgegeben wird. Während die Bank den Marktgesetzen gehorchen sollte, erliegt der Staat leicht der Verlockung, Budgetlücken durch die Notenpresse zu finanzieren. Bereits in dieser Frühzeit des Papiergeldes gab es Stimmen, die vor der Gefahr einer hemmungslosen Ausweitung der Banknotenmenge warnten. Die ökonomische Katastrophe im Österreich der Jahre 1811 bis 1816 gab ihnen nur allzu Recht. Während der Wiener Stadt Banco aber noch voll unter dem Einfluss der absoluten Herrschermacht stand, setzte sich ab 1816 als Folge des Staatsbankrotts die Idee einer unabhängigen Geld-Ausgabe-Bank durch. Das war die Geburtsstunde der Nationalbank. Als rechtlich unabhängige Institution sollte sie verhindern, dass Geld in Unmengen produziert wird und damit ein Instrument der Währungsstabilität sein. In Kriegs- und Krisenzeiten wie 1848 und 1866, aber auch 1880 erlag der Staat immer wieder der Versuchung, die Geldmenge durch Staatsgeld zu erhöhen. Dass aber auch eine Nationalbank keine Garantie gegen Inflation darstellt, beweist der Erste Weltkrieg: Der Staat verschuldete sich immens bei seiner Nationalbank und ließ im Gegenwert Banknoten drucken und ausgeben, um den Krieg zu finanzieren.

Seit den Römern waren Münzen mit dem Bildnis des jeweiligen Herrschers versehen. Mangels Fernsehen und Zeitungen war dies ein probates Mittel, um das Bild des Fürsten im Volk bekannt zu machen. Da die Münzprägung im Unterschied zur Papiergeldausgabe immer ureigenste Domäne des Staates blieb, und nicht etwa an Banken delegiert wurde, gab es eine bemerkenswerte Differenz: Bei den Münzen blieb die Tradition des Herrscherbildes bis zum Ende der Monarchien aufrecht, bei Papiergeld nur dann, wenn es vom Staat als Staatspapiergeld selbst, und nicht von der beauftragten Bank als Banknoten herausgegeben wurde.

Beispiele für Österreichs Staatspapiergeld mit dem Porträt Kaiser Franz Josef I. sind die Guldenscheine von 1881 – 1888.

Auch die Geldscheine Russlands waren Staatspapiergeld und folgerichtig mit den Bildern von Zarinnen und Zaren geschmückt. Während die jungen USA das Werden ihrer Nation mit Präsidenten- und Generalbildern auf den Geldscheinen untermau-

Russland, Österreich, USA: Staatspapiergeld mit Herrscher-Portraits.

erten, verzichteten die Banken so national betonter Staaten wie Frankreich oder Deutschland auf solche Abbildungen.

    Manchmal existierten Staatspapiergeld und Bankgeld nebeneinander. Das Papiergeld entwickelte sich ja aus Depotscheinen wie in England oder Schuldverschreibungen wie in Österreich und Frankreich. Es war daher für höhere Nominalen bestimmt, während die niedrigeren Werte den Münzen vorbehalten blieben. So war in Österreich der 5-Gulden-Zettel fast 40 Jahre die niedrigste Papiergeld-Nominale,

Italien: 1-Lira, Biglietto di stato, 1944.

wobei 5 Gulden des Jahres 1790 etwa 120 Euro an Kaufkraft entsprachen. In Krisenzeiten und bei steigenden Metallpreisen wurden die Münzen sofort gehortet. Dem Kleingeldmangel begegnete man einerseits mit der Ausprägung von geringwertigen Kupfermünzen, andererseits durch die rasche Herausgabe von papierenem Kleingeld. Beispielsweise gab es in Italien bis in die 1970er Jahre neben den Banknoten der Banca d'Italia noch Staatspapiergeld für die niedrigen Werte bis 500 Lire, die „Biglietti di stato".

Maria Theresia: Titelblatt des Dekretes zur Auflage der 6%igen Anleihe vom 31. Jänner 1763 über 21,9 Millionen Gulden zur Finanzierung des „Siebenjährigen Krieges" gegen Preußen.

Der „große Titel" Maria Theresias lautete:

„Wir Maria Theresia von Gottes Gnaden Römische Kaiserin, in Germanien, zu Hungarn, Böheim (Böhmen), Dalmatien, Croatien, Slavonien etc. Königin; Erz-Herzogin von Österreich; Herzogin zu Burgund, Ober- und Nieder-Schlesien, zu Braband, zu Mayland (Mailand), zu Steyer (Steiermark), zu Kärnten, zu Crain, zu Mantua, zu Parma, und Piacenza, zu Limburg, zu Luzenburg (Luxemburg), zu Geldern, zu Würtemberg; Marggräfin (Markgräfin) des Heil. Röm. Reichs, zu Mähren, zu Burgau, zu Ober- und Nieder-Lausitz; Fürstin zu Schwaben, und Siebenbürgen, gefürstete Gräfin zu Habsburg, zu Flandern, zu Tyrol, zu Pfyrt, zu Kyburg, zu Görz, zu Gradisca, und zu Artois; Landgräfin in Elsaß, Gräfin zu Namur, Frau auf der Windischen Mark, zu Portenau, zu Talins, und zu Mecheln; Herzogin zu Lothringen und Barr; Groß-Herzogin zu Toscana etc. etc."

Österreich: Vom Silbertaler zur Goldkrone – von Maria Theresia bis Franz Josef I.

Maria Theresia war unter anderem Königin von Böhmen und Ungarn und Erzherzogin von Österreich, „Kaiserin" war sie nicht im staatsrechtlichen Sinn, sondern nur als Ehefrau des Kaisers Franz I. Stephan von Lothringen. Allerdings war die Würde des „Deutschen Königs" und „Kaisers des Heiligen Römischen Reiches" zur leeren Floskel verkommen. Die zahlreichen Einzelstaaten, die dieses „Reich" formell noch bildeten, handelten völlig selbständig ohne Rücksicht auf die „Reichsinteressen". Maria Theresias Enkel Kaiser Franz II. sollte dann 66 Jahre später in den napoleonischen Kriegen die Konsequenz ziehen und das „Heilige Römische Reich" für erloschen erklären.

Maria Theresia, für die sich in Österreich trotzdem die Bezeichnung „Kaiserin" hartnäckig hält, stand bei Übernahme der Regierung 1740 vor fast unlösbaren Problemen: In Kriege um ihre Rechte in Österreich gegen Bayern und um den Besitz Schlesiens gegen Preußen verwickelt, keine Armee, keine Berater, keinen Kredit. Gerade deshalb musste Maria Theresia auch die Reform der Staatsfinanzen und des Geldwesens angehen.

DER SCHÖNSTE TALER KOMMT AUS WIEN: WELTWÄHRUNG MARIA-THERESIEN-TALER

Im 18. Jahrhundert bildete sich parallel zu den weltweit im Umlauf befindlichen Währungen der kolonialen Weltmächte, des niedergehenden Spaniens und der aufsteigenden Staaten Großbritannien und Frankreich, noch eine andere, friedliche, ausschließlich auf Handel beruhende Weltwährung heraus: Der Maria-Theresien-Taler. In Österreich war er bis 1858 gesetzlich anerkanntes Zahlungsmittel, bis 1900 noch im Umlauf und von der Bevölkerung gerne akzeptiert. Sein einzigartiger Erfolg liegt aber außerhalb Österreichs: Von 1760 an wurde er bis in das 20. Jahrhundert in der Levante – den Mittelmeergebieten des Osmanischen Reiches – sowie in arabischen Ländern, Ostafrika und

Maria-Theresien-Taler, Silber 1763.

sogar in China akzeptiert. In Äthiopien galt er bis 1945 als offizielles Zahlungsmittel, auch die Banknoten der Bank of Ethiopia in Addis Abeba lauteten auf „Thalers". Im Jemen wurde der Taler bis in unsere Tage angenommen. Eine Punzierung des jeweiligen Landes, die „Kontermarke", gab dem Taler seine offizielle Bestätigung.

Äthiopien:
2 Thalers,
Kaiser Haile
Selassie 1933.

Die vorzügliche Ausführung, die Randbeschriftung zur Vermeidung einer wertmindernden Beschneidung, das Bild der stattlichen Kaiserin mit tief ausgeschnittenem Kleid, nach dem Tod ihres Ehemannes Franz Stephan immer mit Witwen-

Maria-Theresien-Taler
„Levantetaler" seit 1780
in dieser Form geprägt.

schleier im Haar dargestellt, machten den Maria-Theresien-Taler zur begehrtesten Münze des Orients. Aber auch andere Staaten nützten seine Beliebtheit und so kopierte man den schönen Taler auch in Belgien, Frankreich, Großbritannien, Indien, Italien, den Niederlanden und der Sowjetunion. Insgesamt wurden an die 400 Millionen Stück von gleichem Aussehen hergestellt, diese Menge erreichte keine andere Silbermünze der Welt. Der Taler wird in Österreich in der Ausführung von 1780 noch immer geprägt und ist ein beliebtes Souvenir. Die Engländer nannten diese Münze wegen der üppigen Form des Kaiserinnen-Profils frech „fat lady", doch dieser Beiname gebührte wohl mehr der 20-Dollar Goldmünze der USA von 1907. Trotz ihres Erfolges musste sie gleich wieder eingezogen werden, man konnte sie nicht aufstapeln. Der Busen der weiblichen Figur war einfach zu gut gelungen. So blieb doch der Maria-Theresien-Taler die erfolgreichste Münze der Welt.

„DER EINZIGE MANN AM WIENER HOF IST EINE FRAU."
(Friedrich II. König von Preußen über Maria Theresia)

Doch mit dem Taler alleine ließ sich kein Staatshaushalt sanieren. So verfügte Maria Theresia zur Währungssicherheit und Vereinheitlichung eine neue Münzordnung mit neuem Silbergewicht. Dieser „Convention" von 1753 traten schließlich fast alle deutschen Staaten bis auf Preußen bei. Der Taler entsprach zwei Gulden und 24

*Maria Theresia:
Stark differenzier-
tes Münzsystem*

Goldgulden.   *Taler, Silber 1763.*   *Halber Kronentaler,*   *30 Kreuzer, Silber.*
                                                       Brüssel, Silber 1763.

20 Kreuzer, Silber,   *XVII Kreuzer,*   *XV Kreuzer, Silber*   *10 Kreuzer,*
1779.   *Silber mit Kupfer*   *mit Kupfer 1745.*   *Silber 1764.*
                        1754.

VI Kreuzer,   *5 Kreuzer,*   *3 Kreuzer,*   *1 Kreuzer,*   *1 Pfennig, Kupfer*
Silber mit Kupfer   *Silber 1765.*   *Silber 1765.*   *Silber*   *(erste reine*
1747.   *1758.*   *Kupfermünze*
                                                                         Österreichs) 1759.

1 Kreuzer, Kupfer   *½ Kreuzer, Kupfer*   *¼ Kreuzer,*   *1 Heller, Kupfer*
1762.   *ohne Jahr.*   *Kupfer 1777.*   *1777.*

50 Gulden Bancozettel, Maria Theresia 1762 (Formular), erstes Papiergeld Österreichs.

Kreuzern, der Gulden 60 Kreuzern. Als Hauptmünze des täglichen Lebens fungierte das 20-Kreuzer-Stück. Dadurch war der einzelne Kreuzer nur noch eine winzige Silbermünze geworden. Um ihn handlicher zu gestalten, lag die Ausprägung in unedlem Material nahe und so wurde erstmals eine Scheidemünze offiziell aus Kupfer geprägt. Bisher diente Kupfer nur der Verschlechterung von Silbermünzen. Man begann dabei mit dem kleinsten Nominalwert und nannte gemäß der jahrhundertealten Münzordnung dieses 1/4-Kreuzer-Stück Pfennig. Es folgte der Kreuzer, die neue „Poltura" zu 1/2 Groschen oder 1,5 Kreuzern und letztlich sogar der Groschen zu 3 Kreuzern, der durch Jahrhunderte die wichtigste Silbermünze des täglichen Lebens gewesen war. Diese Ordnung galt in Österreich bis 1858, wobei die Verwendung von Silber oder Kupfer für Kleinmünzen je nach Krieg und Wirtschaftslage unterschiedlich war.

Die wirklich geniale Idee, geduldiges Papier statt kostbaren Silbers als Geldsymbol auszugeben, ließ aber nicht mehr lange auf sich warten. Nach Jahren der Vorbereitung und einigen Fehlschlägen war es 1762 unter dem Druck der Ereignisse endlich so weit. Der Siebenjährige Krieg gegen Preußen um den Besitz Schlesiens hatte mit Gesamtkosten in Höhe von 260 Millionen Gulden (Kaufkraft 2004: 8 Milliarden €) die Staatsschulden auf 300 Millionen Gulden, fast drei Viertel des Bruttosozialprodukts, explodieren lassen. Der Krieg wurde zwar zu zwei Dritteln durch Kredite finanziert, aber die mussten nun abgetragen werden.

Obwohl alleine die Tabaksteuer Einnahmen von mehr als einer Million Gulden brachten, betrugen die jährlichen Staatseinahmen mit 35 Millionen Gulden bloß etwas mehr als 10 % der Schulden. Es mussten andere Lösungen gefunden werden. Zum „Manager" der Staatsschuldentilgung ernannte Maria Theresia einen der erfolgreichsten Wirtschaftskapitäne des Landes, ihren Mann, Kaiser Franz I. Stephan von Lothringen. Insgesamt waren zehn Behörden eingerichtet, die sich mit Finanzangelegenheiten befassten. Vizekanzler von Bartenstein musste für 1748 feststellen, dass man nicht wisse, ob die Staatsschulden nun 50 oder 80 Millionen betragen. Um einen Überblick über die laufende Staatsverschuldung zu erlangen, ließ Maria Theresia die „Hofrechenkammer" als Vorläufer des Rechnungshofes gründen.

Am 15. Juni 1762 erging schließlich jene Verordnung, die den renommierten Wiener Stadt Banco mit der Emission des ersten mitteleuropäischen Papiergeldes im Wert von 12 Millionen Gulden beauftragte. Diese ersten Banknoten, „Banco-Zetteln" genannt, waren noch mit geschnitzten Holztafeln gedruckt. Die Stückelungen von 5, 10, 25, 50 und 100 Gulden weisen das Papiergeld als „Geld der Wohlhabenden" aus. Die überwiegende Mehrheit des Volkes hat kaum jemals mit Papiergeld bezahlt.

Papiergeld stellte in seinen Anfangsjahren ja eher eine „Anleihe" bei der Bevölkerung dar. So waren auch die Wiener Stadt Banco-Zettel der Jahre ab 1762 noch kein allgemein gültiges Zahlungsmittel. Ihre Verwendung war nur für bestimmte Zahlungen an den Staat angeordnet, wobei es möglich war, sich bei der Verwendung des neuen Geldes bis zu 50 % der Abgabenschuld zu ersparen. Im privaten Verkehr konnte die Bevölkerung auch auf Zahlung in Münzen bestehen. Da allerdings bestimmte Steuern nur in Papiergeld entrichtet werden durften, gelangte es doch in Umlauf. Darüber hinaus gab der Staat das Versprechen ab, die Banco-Zettel jederzeit gegen herkömmliches Metallgeld oder verzinsliche Staatsobligationen einzutauschen. Nun stellte die Bevölkerung doch dem Staat das wertvolle Silbergeld zur Verfügung.

Preise und Einkommen um 1780

1 Gulden = 20 Groschen = 60 Kreuzer

Kaufkraftvergleich 2004: 1 Gulden entspricht ca. 24 €, 1 Kreuzer ca 40 Cent

Ware	Preise	= Euro 2004
1 Ochse:	63 Gulden	1.512,00
1 kg holländischer Käse:	36 Kreuzer	14,40
1 kg Schmalz:	24 Kreuzer	9,60
1 Huhn:	21 Kreuzer	8,40
1 kg Seife:	18 Kreuzer	7,20
1 kg Schweinefleisch:	13 Kreuzer	5,20
1 kg Rindfleisch:	10 Kreuzer	4,00
1 kg Schaffleisch:	7 Kreuzer	2,80
10 Eier:	5 Kreuzer	2,00
1 Liter Wein:	4 Kreuzer	1,60
1 kg Roggenbrot:	2 Kreuzer	0,80

Monatseinkommen um 1780/1790	Gulden	= Euro 2004
Mozart (1791):	334	8.016
Spitalsdirektor:	83	1.992
Magazinsverwalter der Augarten Porzellan-Manufaktur	60	1.440
Pfarrer, Wundarzt:	33	792
Kellner:	20	480
Getreidedrescher, Mäher:	17	408
Maurer:	10	240
Hilfsarbeiter:	6,5	156
Erntehelfer (Taglöhner):	3,3	79
Dienstmädchen bei freier Kost und Wohnung	2	60

Zur Erhaltung einer Familie war ein Mindest-Monatseinkommen von 9 Gulden (entspricht 2004: 270 Euro) notwendig.

Budget 1781	in Mio Gulden	entspricht Mio. Euro
Staatsausgaben	68	1.632
Staatseinnahmen	69	1.656
Überschuss	1	24

Hinterlassenschaften von Komponisten Name (Sterbejahr)	Gulden	entspricht Euro*)
Joseph Haydn (1809)	34.000	155.000
Antonio Salieri (1825)	28.000	425.000
Ludwig van Beethoven (1827)	10.000	154.000
Wolfgang Amadeus Mozart (1791)	592	14.000
Franz Schubert (1828)	63	942

*) jeweils nach dem Umrechnungsverhältnis des Sterbejahres gerechnet.
   Quelle: Roman Sandgruber: Geld und Geldwert, in: Vom Pfennig zum Euro, Wien 2002

„ZEHN DUKATEN IN HUNDERT BÖRSEN SIND MEHR WERT ALS TAUSEND IN EINER EINZIGEN." (Kaiser Joseph II.)

Im 18. Jahrhundert begann die Industrialisierung Österreichs, die von Kaiser Franz I. Stephan besonders gefördert wurde. Er war zwar Oberhaupt des „Heiligen Römischen Reiches", hatte aber praktisch keine politische Funktion. Auf einem reichen Erbe aufbauend, widmete er sich mit großem Erfolg wirtschaftlicher Tätigkeit und schuf ein Vermögen von über 18 Millionen Gulden. Einen Teil legte er bei wechselnden Banken im Ausland, einen anderen in festverzinslichen inländischen Anleihen, einen dritten in Textil- und Keramikmanufakturen und Landgütern an, die auch als Musterbetriebe fungierten. Seine Baumwollfabriken beschäftigten mehr als 30.000 Menschen, die Spinnerei Schwechat davon alleine 7.000 Heimarbeiterinnen. Die Zentrale dieses vom Kaiser persönlich geführten „Mischkonzerns" war im „Kaiserhaus" nahe der Hofburg angesiedelt. Nach seinem Tod verwendeten Maria Theresia und Joseph II. etwa 12 Millionen Gulden zur Staatsschuldentilgung, aus weiteren 6 Millionen wurde der „Familienversorgungsfonds", also das Privatvermögen der Habsburger, gebildet. Maria Theresia wollte schließlich ihre zahlreichen Kinder finanziell versorgt sehen.

Damit war Österreich weit voraus, wurde doch der Staat, frei nach König Ludwig XIV. von Frankreich „L'etat c'est moi – Der Staat bin ich," allgemein noch als Privatvermögen des Fürsten angesehen. Die Trennung von Privatvermögen und Staatsbudget wurde zumeist erst im 19. Jahrhundert vollzogen.

Die industriellen Arbeitsverhältnisse dieser Zeit waren noch ähnlich der Leibeigenschaft gestaltet. Arbeitskräfte rekrutierten sich nicht nur aus Landflüchtigen, sondern auch aus Randgruppen, Armenhäuslern, Bettlern, Vagabunden, ehemaligen Soldaten. Neben der Eintönigkeit der schweren körperlichen Arbeit unter völlig mangelhaften Sicherheitsbedingungen war es vor allem die starke Disziplinargewalt der Fabriksherren, die zum niedrigen Prestige der Arbeiterschaft beitrug. Das unerlaubte Verlassen des Arbeitsortes konnte auch an freien Tagen verboten werden, Züchtigung und Arrest bei Widersetzlichkeiten bis zur Konfiskation des Arbeitslohnes und der Abstellung zum Militär waren möglich. Viele Arbeiten wurden aber nicht am Ort der Fabriksproduktion durchgeführt, sondern soweit möglich im „Verlagswege" an Heimarbeiter ausgelagert. In den Industriegebieten Niederösterreichs galt um 1780 ein Monatslohn von neun Gulden für den Erhalt einer Familie als ausreichend. Diesen Betrag erreichte etwa ein Maurer. Ungelernte Arbeiter, Taglöhner und Heimarbeiter kamen höchstens auf zwei bis vier Gulden Monatseinkommen. Die Mitarbeit sämtlicher Familienmitglieder, auch der Kinder, war zum Überleben daher unumgänglich. Das Lohnverhältnis von Männern zu Frauen und Kindern betrug 4:2:1. Während in England und Holland Kinder ab dem sechsten Lebensjahr in den Arbeitsprozess gezwungen wurden, versuchte Maria Theresia die industrielle Beschäftigung unter 15 Jahren „ohne Not" zu unterbinden. Allerdings wurden Kinder auch in der Landwirtschaft seit je her von klein auf zur Arbeit herangezogen.

Auf der anderen Seite bildete sich mit der Industrie auch der Stand des „Angestellten" heraus. Er musste hinreichend lesen und schreiben können. Während die Arbeiterschaft zuerst aus den städtischen Randgruppen und später aus Landflüchtigen bestand, rekrutierten sich die Angestellten aus dem städtischen Zunftbürgertum. Mit der Senkung der Kindersterblichkeit waren es nun die jüngeren Söhne der etablierten Handwerker und kleineren Händler, die der väterliche Betrieb nicht mehr ernährte, und die daher Anstellung in verwandten Branchen suchten. Ähnlich erging es den Nachkommen von Beamten, die im Staatsdienst keine Aufnahme mehr fanden. Noch 1912 waren fast 50 % der Angestellten die Söhne Selbständiger, 16 % stammten aus Beamtenfamilien aber nur 12 % der Väter waren bereits selbst Angestellte gewesen. Als Inhaber einer Vertrauensstellung wurden die Angestellten mehr als „Privatbeamte" gesehen und in manchen Branchen wie Banken und Versicherungen auch so bezeichnet. Um sie von der ebenfalls erst im Entstehen befindlichen Schicht der Arbeiter abzugrenzen und eine Bindung an den Arbeitgeber zu erzielen, differenzierte man etwa die Entlohnung. Der ungelernte Arbeiter, der nichts als seine Körperkraft zu verkaufen hatte, war jederzeit ersetzbar und erhielt nach wie vor Taglohn. Er hatte keinerlei soziale Absicherung, das Dienstverhältnis wurde von Tag zu Tag neu abgeschlossen. An arbeitsfreien Tagen oder bei Krankheit gab es keinen Lohn. Da es Urlaub in unserem Sinn nicht gab, waren die zahlreichen Feiertage zur Erholung notwendig. Viele Handwerker und Gesellen hatten zusätzlich zum Sonntag auch den Montag frei. Die Wollfärber legten blau-gefärbte Stoffe den Sonntag über in das Farbbad. Während des Trocknens am Montag hatten die Gesellen frei, weil sie „blau" gemacht hatten. Diese von den Gesellen der meisten anderen Handwerksberufe übernommene Tradition wurde im 19. Jahrhundert von den Fabrikanten heftig bekämpft und in eigenen Arbeitsordnungen verboten. Trotzdem erschienen etwa die schwer ersetzbaren Eisengießer der Wiener Neustädter Lokomotivfabrik noch 1880 regelmäßig erst am Dienstag zur Arbeit. Dafür war der Samstag seit jeher ein Arbeitstag. Schon 1771 forderte Ritter von Sonnenfels die Anzahl der Feiertage möglichst gering zu halten, damit die Erwerbsmöglichkeit der Taglöhner steige. Besser ging es Arbeitern mit Fachkenntnissen, die auch zu dieser Zeit gesucht waren. Sie erhielten zwar Wochenlohn, konnten aber in den absoluten Beträgen an die neue Gruppe der Angestellten mit Monatsgehalt anschließen.

Die Versorgung Kranker und Alter war ursprünglich eine Aufgabe der Familie und der Sippe. Das bäuerliche „Ausgedinge" für die Eltern, die den Hof an die Kinder übergeben, ist ein letzter Rest davon. Knechte und Mägde gehörten dem Hof an und erhielten dort ein mehr oder minder gutes „Gnadenbrot". Verlor jemand seine sozialen Beziehungen, war damit auch die Altersversorgung abgeschnitten. Bettelei und kirchliche Fürsorge waren dann die einzigen Überlebenschancen. Alter alleine war aber kein Grund, mit der Arbeit aufzuhören. Aufgrund der geringen Lebenserwartung starben die meisten Menschen ja noch in den leistungsfähigsten Jahren. Zumeist waren es Krankheit oder Unfälle, die jemanden aus dem Arbeitsprozess rissen.

Mit dem Wachstum der Städte ergab sich das Problem einer Altersversorgung ohne Bezug zu den bäuerlichen Strukturen. Als Selbsthilfegruppen fungierten die Handwerkerzünfte und die Gilden der Kaufleute, die für ihrer Mitglieder und deren Witwen sowie in geringerem Umfang auch für die Gesellen sorgten. Darüber hinaus waren Gesellen und Lehrbuben so wie Knechte auf die Versorgung durch den Betrieb angewiesen. Die Meister bekamen die Leistungen oft nur als Darlehen. Auch hatten sie die Chance, den Betrieb gegen eine Versorgungszusicherung, ähnlich dem Ausgedinge, an Kinder weiterzugeben. Um keine Konkurrenz aufkommen zu lassen, stand der Zugang zu bestimmten Handwerken oft nur den Kindern von Meistern offen. Damit entarteten die Zünfte zu starrköpfigen Wächtern über Monopole und trachteten jeden anderen davon auszuschließen. Bis zur Erlangung der Meisterschaft mussten Gesellen unverheiratet bleiben und unterstanden der Zucht und Ordnung des Meisters. Meisterwitwen durften Betriebe mit Hilfe eines Gesellen weiterführen. Da die Zugangsbestimmungen zu den Zünften so restriktiv geworden waren, blieb vielen Gesellen nichts anderes übrig, als Meisterwitwen zu heiraten, was für diese wiederum eine „Altersversorgung" bedeutete. Ab dem 17. Jahrhundert formierten sich die Gesellen in eigenen Vereinigungen gegen die Meister.

Als letzter Teil des sehr grobmaschigen sozialen Netzes dienten die Klöster, die ihre sprichwörtliche „Klostersuppe" an Bettler ausgaben. Das erste staatliche Fürsorgesystem entstand unter Maria Theresia für invalide Soldaten und Offiziere sowie deren Witwen. Die Bergknappen organisierten „Bruderladen", in die geringe Beträge eingezahlt wurden. Sie dienten vor allem der Unfall-, der Witwen- und Waisenversorgung in diesem so gefährlichen Beruf. Die Bruderladenordnung von 1773 war die erste allgemeine staatliche Rentenordnung, allerdings nur für Bergknappen. Sie hatten monatlich einen Kreuzer pro Gulden Lohn, also 1/60 des Einkommens, in die Kasse einzuzahlen. Aus der „Lade" wurde eine Lohnfortzahlung von fünf Kreuzern täglich im Krankheitsfalle oder die Hälfte des Einkommens im Invaliditätsfalle geleistet. An Witwenversorgung gab es 2,5 Gulden pro Monat , für jedes Kind bis etwa 10 Jahre erhielt die Witwe 40 Kreuzer pro Monat. Ältere Kinder mussten arbeiten gehen.

Schon die kleinste Papiergeld-Nominale zu 5 Gulden war also nur etwas für vermögende Leute und große Zahlungen. Im täglichen Leben gab es praktisch nur Münzgeld bis auch dieses in den Wirren der ersten Hälfte des 19. Jahrhunderts knapp und durch „Notgeldzettel" ersetzt wurde.

Die ersten Banknotenausgaben von 1762 und dann nochmals 1771 erfolgten sehr verantwortungsbewusst. Die Scheine wurden eingelöst und danach in einem eigens bei der Wiener Karlskirche errichteten Ofen öffentlich vernichtet. Aufgrund der maßvollen Einführung nahm die Bevölkerung diese „Zettel" an. Weil sie praktisch waren und ihre Ausgabemenge öffentlich festgesetzt und nicht wahllos vermehrt wurde, wiesen sie anfangs gegenüber dem Silbergeld sogar einen höheren Kurs, ein Agio von bis zu 2,5 %, aus. Für 100 Gulden Papiergeld musste man also 102,5 Gulden Münzgeld bezahlen.

25 Gulden Bancozettel, Maria Theresia 1771 (Formular), zweite Papiergeldauflage.

Um das neue Papiergeld der Bevölkerung bekannt zu machen, veröffentlichten die Behörden vor der Banknotenausgabe Abbildungen („Formulare") und Beschreibungen. Bei der ersten Ausgabe waren diese Formulare den Geldscheinen so ähnlich, dass findige Köpfe sie ausschnitten und wie echtes Geld in Umlauf brachten. Das waren zwar noch keine Fälschungen, aber die betrügerischen Phantasien entzündeten sich sofort an diesem neuen Zahlungsmittel. Spätere Banknoten wurden daher bereits mit speziellen Sicherheitsmerkmalen wie einem Prägestempel und Originalunterschriften versehen, die den Formularen fehlten. Auch wurden diese Formulare auf andersfarbigem Papier gedruckt oder kreuzweise durchgestrichen.

Damit war die Einführung von Papiergeld in Österreich im Gegensatz zu Frankreich und Schweden vorerst geglückt.

Nach einer weiteren Ausgabe in Höhe von ebenfalls 12 Millionen Gulden im Jahr 1771 erfolgte zur Rückzahlung der Kosten des Bayrischen Erbfolgekrieges, der Österreich das Innviertel eingebracht hatte, 1784 eine dritte Emission von 20 Millionen Gulden. Alle diese von Maria Theresia und ihrem Sohn Joseph II. angeordneten Papiergeldausgaben erfolgten höchst diszipliniert. Die Scheine wurden wie versprochen in Münzgeld eingelöst und danach öffentlich vernichtet. Nach wie vor war der Bevölkerung ein Guldenzettel mehr wert als eine Münze.

Parallel zur ersten Papiergeldausgabe wurden für die Kriegsfinanzierung auch verzinsliche Anleihen aufgelegt. Für die Einlösung hafteten die Stände, der hohe Adel und der Klerus der ausgebenden österreichischen Länder. Wie bei modernen Anleihen erfolgte die Rückzahlung über Coupons. Als Handelsplatz für Anleihen und Wechsel wurde 1771 die Wiener Börse in der Herrengasse gegründet. Der Aktienhandel erfolgte aber erst ab 1818.

Im Gegensatz dazu finanzierte Preußen ein Drittel seiner Kriegskosten von 140

1000 Gulden Banco-zettel, Joseph II. 1884 (Formular), dritte Papiergeldausgabe.

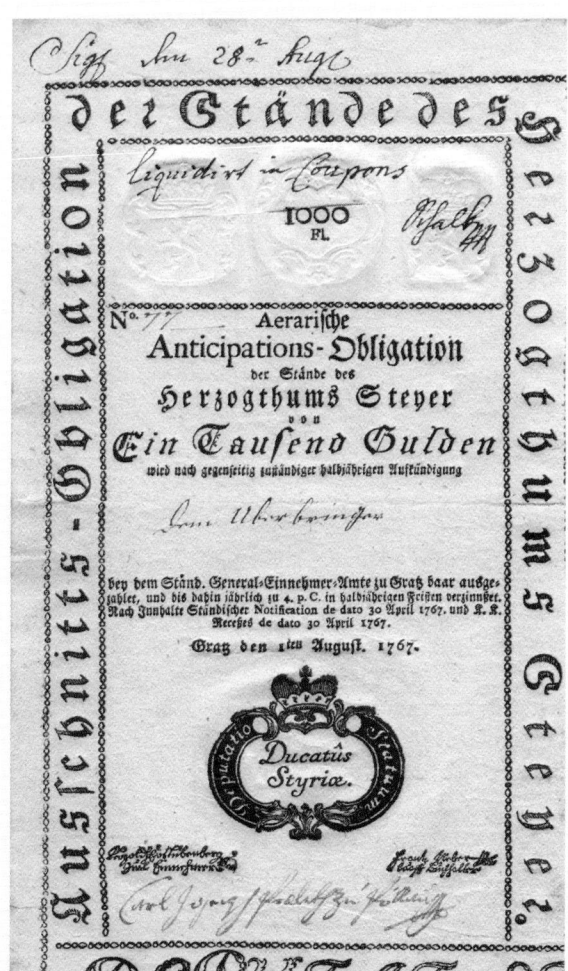

Obligation der Stände des Herzog-tums Steyer über 1.000 Gulden, 1767.

Millionen Reichstalern mit der Prägung schlechterer Münzen, wobei man auch vor der Verwendung älterer Jahreszahlen zur Täuschung nicht zurückschreckte. Die Verwendung dieser Münzen im Inland wurde von König Friedrich II. von Preußen verboten, sie dienten nur der Importfinanzierung und kamen so auch nach Österreich. Schließlich verkaufte die Handelsgesellschaft Kaiser Franz I. Stephans ja mitten im Kriege Pferdefutter an den Kriegsgegner. Auch ausländische, vor allem sächsische, Münzen wurden auf Anweisung Friedrichs mit minderem Silbergehalt nachgeprägt. Das erhöhte das Staatsvermögen und schädigte den Staat, dessen Währung das Ziel einer solchen Fälschungsaktion war. Dazu bediente sich Friedrich II. des jüdischen Finanziers Veitel Ephraim – und schürte dadurch natürlich den Antisemitismus. „Außen schön, innen schlimm, außen Friedrich, innen Ephraim", spottete der Volksmund.

Im Gegensatz zu Frankreich, dessen dekadente Dynastie die Zeichen der Zeit völlig missachtete und in Saus und Braus weiterlebte, bekannte sich Maria Theresias hoch begabter Sohn und Nachfolger Joseph II. als „erster Diener des Staates". Auch wenn er in seinem Reformeifer seiner Zeit weit voraus war und vieles wieder zurücknehmen musste, hat er doch Österreich eine Revolution wie in Frankreich, die seiner Schwester Marie Antoinette, deren Mann König Ludwig XVI. und Zehntausenden Adeligen und Bürgern den Kopf gekostet hat, erspart. Sein Ideal des Einheits-, Rechts- und Wohlfahrtsstaates konnte er nicht erfüllen. Die hochfliegenden Pläne Länder zu tauschen, um die österreichischen Gebiete kompakter zu gestalten, scheiterten. Mailand wollte er für Württemberg hergeben, Luxemburg für Salzburg und gegen den am weitesten gediehenen Plan, Belgien gegen Bayern einzutauschen, trat Preußen massiv auf den Plan. Die durch erhöhte Verwaltungstätigkeiten und einen unglücklichen letzten Türkenkrieg angespannten Staatsfinanzen wollte Joseph mit untauglichen Steuerplänen sanieren. Eine nach der Dachfläche zu bemessende Gebäudesteuer führte dazu, dass der Adel seine unbenutzten Burgen und Schlösser abdecken ließ. Binnen weniger Jahre wurde so jahrhundertealte Bausubstanz zerstört, die Steuer machte mehr Burgen zu Ruinen als die Türkenkriege.

„Ein Bankrott is' a Steuer wie jede andere.
Man muss es nur so einteilen, dass jeder gleich viel verliert."
(Kaiser Franz I., 1811)

Nach nur wenigen Jahrzehnten des Friedens stürzten die Französische Revolution und Napoleon Europa für über 20 Jahre in Krieg und Not. Österreich trug dabei als Erbe des „Heiligen Römischen Reiches" die finanzielle Hauptlast. Zwei Milliarden Gulden wurden in 15 Jahren verpulvert (Kaufkraft 2004: 50 Milliarden Euro). Dazu griffen Kaiser und Berater hemmungslos zur Druckmaschine und brachten zwischen 1796 und 1806 rund 120 Millionen Papiergulden in Umlauf. Das war die zehnfache Menge der von Maria Theresia zur Finanzierung des Siebenjährigen Krieges aufgelegten Geldsumme. Nachdem 1797 die Annahme von Papiergeld gesetzlich ange-

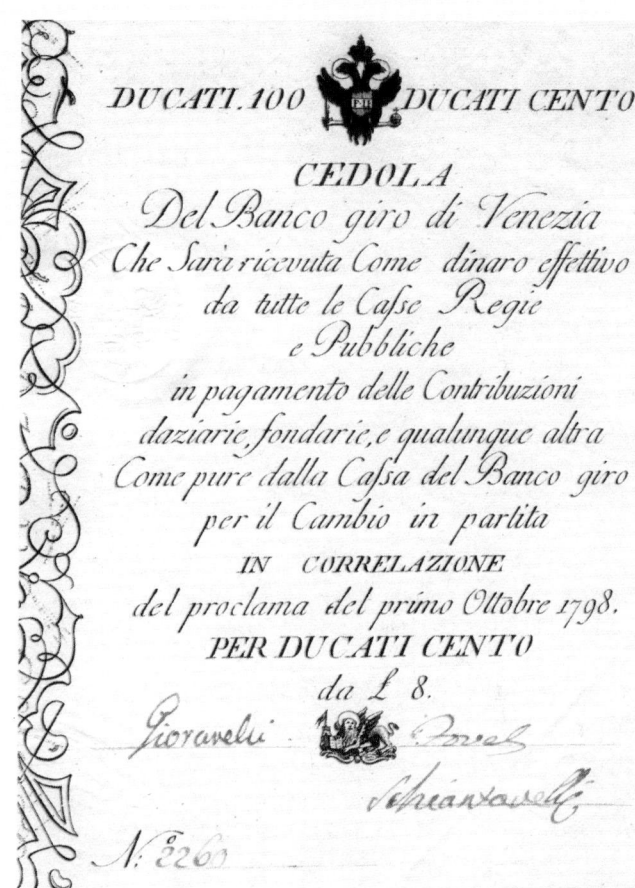

*Venedig: Anweisung auf 100
Gulden der Giro Bank,
Franz II., 1798.*

*15-Kreuzer, Kupfer
„Bancozettel-Teilungs-
münze", Franz II. 1807.*

*Wien:
Münzzettel zu
12 Kreuzern,
Notgeld 1805.*

1   Gulden Bancozettel, 1806, sechste Papiergeldausgabe.

ordnet worden war, konnte ab 1800 auch das Einlösungsversprechen in Edelmetall nicht mehr eingehalten werden. Sofort begann die Bevölkerung die guten Silber- und Goldmünzen zu horten, so dass nun auch Nominalen zu einem und zwei Gulden in Papier ausgegeben werden mussten. Da das alles nicht reichte, griff man auch wieder zur altbekannten Münzverschlechterung, die geringwertigen Silbermünzen verloren aber bald das Vertrauen der Bevölkerung. Schließlich wurden „Banco-Zettel-Teilungsmünzen" zu 15 und 30 Kreuzern aus Kupfer geprägt. Aber auch diese verschwanden aus dem täglichen Gebrauch, so dass Wien bereits 1805 „Notgeldzettel" zu 12 und 24 Kreuzern herausgeben und deren Annahme anordnen musste. 1796 war der Papiergulden aufgrund der bequemen Handhabung und des Vertrauens der Bevölkerung noch immer knapp mehr wert gewesen als der Silbergulden. Dann begann die Inflation unkontrolliert zu galoppieren. Am Höhepunkt der Inflation kostete ein Silbergulden über 83.000 Papiergulden. Um die Papiergeld-Vermehrung geheim zu halten, ließ Kaiser Franz I 1804 eine eigene Druckerei gründen, die k. k. Hof- und Staatsdruckerei, die spätere Österreichische Staatsdruckerei. Schließlich war mehr als eine Milliarde Papiergulden im Umlauf. Die französische Schriftstellerin Madame de Stael berichtete in ihren Tagebüchern von der Hinrichtung eines Geldfälschers in Wien. Noch am Weg zum Galgen rief der Mann unentwegt „Nicht ich habe betrogen, sondern der Staat". So unrecht hatte der Arme nicht. Der Staat konnte aufgrund der enormen Umlaufmengen 1811 das Einlösungsversprechen – Papier gegen

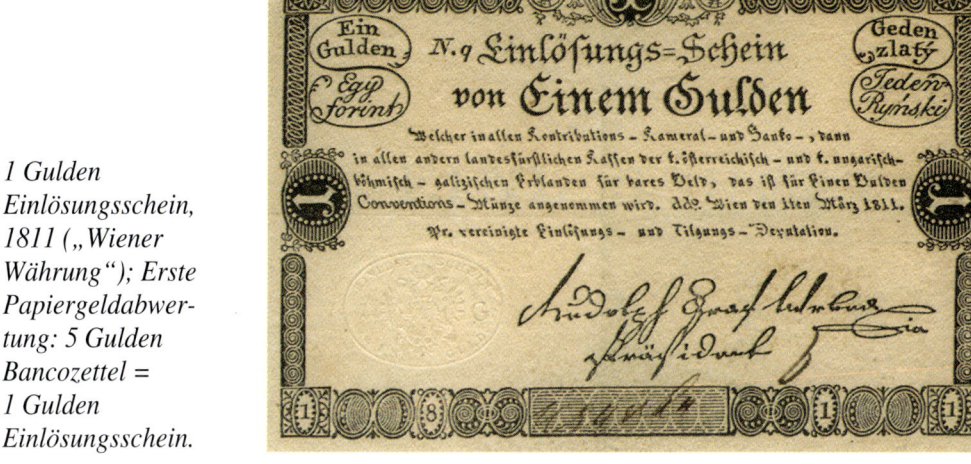

1 Gulden Einlösungsschein, 1811 („Wiener Währung"); Erste Papiergeldabwertung: 5 Gulden Bancozettel = 1 Gulden Einlösungsschein.

Silber – tatsächlich nicht mehr halten, der erste Staatsbankrott war perfekt. Kaiser Franz meinte dazu gelassen: „Was soll's. Ein Bankrott is' a Steuer wie jede andere. Man muss es nur so einteilen, dass jeder gleich viel verliert."

Die Lösung war eine kategorische Abwertung der Papierguldens und der Kupferscheidemünzen auf 1/5 ihres Nominalwertes. Sie wurden für ungültig erklärt und umgetauscht: Für 5 „alte" Gulden erhielt man einen „Einlösungsschein" über einen Gulden der neuen „Wiener Währung", 30 „alte" Kreuzer waren nur mehr 6 „neue" wert. Über tausend Millionen Papiergulden wurden eingezogen und dafür Einlösungsscheine im Wert von 208 Millionen ausgegeben. Die Bevölkerung verlor drei Viertel ihres Vermögens oder anders gesagt: die Teuerung betrug schlagartig 75 %. Vereinzelt kam es zu Streiks, wie in der Tabakfabrik in Fürstenfeld. Dort erzielten die Arbeiter tatsächlich eine fünfzigprozentige Lohnerhöhung, andernorts wurde Militär eingesetzt. Kaiser Franz I. versprach feierlich, die Geldsumme nie mehr zu erhöhen und damit die Stabilität zu sichern.

Doch der Krieg ging weiter und musste finanziert werden. Um das kaiserliche Versprechen nicht zu brechen, bediente man sich eines Tricks: die neuen Geldscheine wurden als „Schuldscheine auf zukünftige Steuern", als „Antizipationsscheine", bezeichnet. 1815 waren neben den 208 Millionen Gulden an „alten" Einlösungsscheinen schon 470 Millionen Gulden an „neuen" Antizipationsscheinen im Umlauf – mehr als dreimal so viel wie 1811 versprochen. Der Krieg gegen Napoleon ging zwar 1815 siegreich zu Ende, Österreich hatte aber die wirtschaftliche Hauptlast getragen. Neben der Verschuldung bei der eigenen Bevölkerung mussten auch Anleihen bei anderen Staaten, besonders an England, zurückgezahlt werden. Hatte Österreich in den Jahren vor den Kriegen noch einen ausgeglichenen Staatshaushalt von rund 90 Millionen Gulden jährlich, verschlang alleine die Kriegsführung von 1787 bis 1815

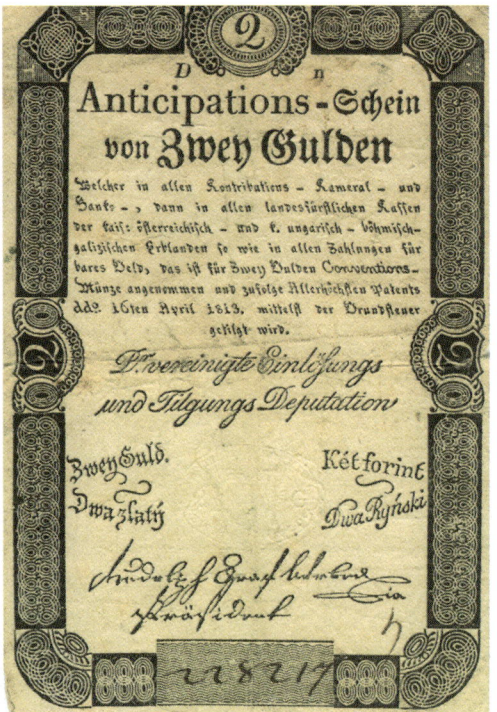

2 Gulden Anticipationsschein, 1813
(„Wiener Währung").

Bildmitte: Palais Rottal in der Singer-
straße; Sitz des „Wiener Stadtbanco",
dann der Staatsschuldenkassa,
von 1816-1825 Haus der Österreichischen
Nationalbank, heute Volksanwaltschaft.

rund 2 Milliarden Gulden. Nur eine weitere Währungsreform – praktisch ein zweiter Staatsbankrott innerhalb von fünf Jahren – konnte die Situation bereinigen. Der Preis war die Verarmung, um nicht zu sagen Verelendung eines erheblichen Teiles der österreichischen Bevölkerung. Zur dauerhaften Regulierung der Geldmenge und Wiederherstellung des Vertrauens der Bevölkerung in das Papiergeld ließ Kaiser Franz I. 1816 die „privilegierte österreichische Nationalbank" als Aktiengesellschaft gründen. Sie zog in das Gebäude des „Wiener Stadtbanco" in der Singerstraße ein, bevor sie um 1825 in die Herrengasse übersiedelte. Ihre Aktien waren die ersten, die an der Wiener Börse gehandelt wurden und auch Ludwig van Beethoven zählte zu den Aktionären. Die erste Aufgabe der Nationalbank war der Umtausch der alten Ein-löse- und Antizipationsscheine in die neuen Banknoten der nun „Conventions-münze" genannten Währung. Für 500 neue Gulden musste man 1.250 alte eintau-schen. Seit 1811 fand eine Abwertung von über 90 % statt – 125 Gulden des Jahres 1810 waren 1816 gerade noch 10 Gulden wert. Der Finanzwissenschaftler Adolph

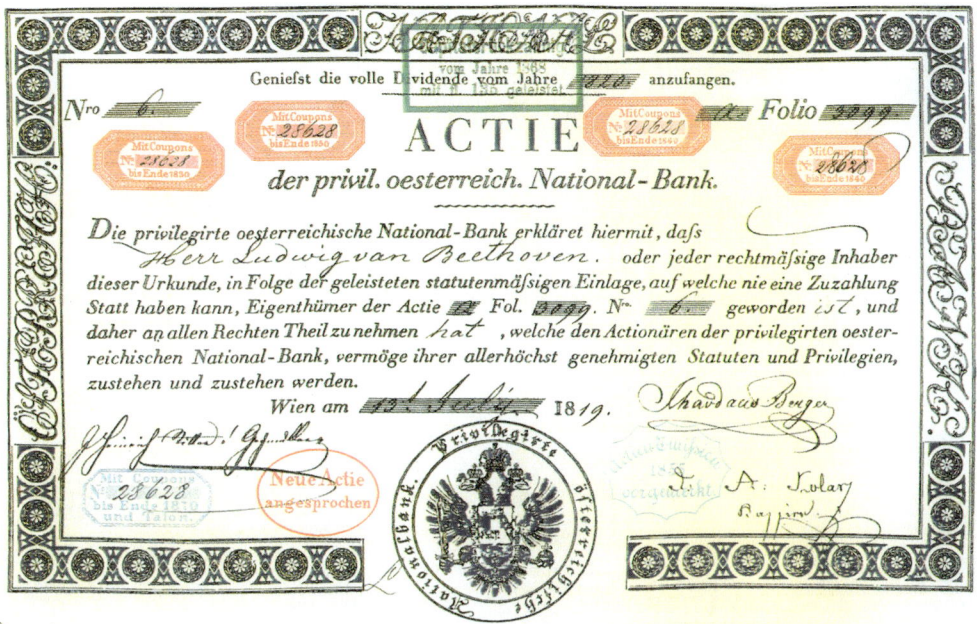

Ludwig van Beethoven: Aktie der Österreichischen Nationalbank, 1819.

500 Gulden
Österreichische
Nationalbank
„Conventions-
münze" 1816
(Formular);
Zweite Papier-
geldabwertung:
250 Gulden „Wie-
ner Währung" =
100 Gulden
„Conventions-
münze".

Wagner bezeichnete diese kaiserlichen Patente als die rechtsverletzendsten Gesetze, die je von einem zivilisierten Staat in Finanzdingen erlassen wurden. Allerdings hatte auch kein Land Europas unter den Kriegen so gelitten wie Österreich. Die beschei-dene Zurückgezogenheit des Biedermeier war auch eine Folge dieser allgemeinen Verarmung.

Inflation 1792-1815			
Jahr	Umlaufmenge Papiergeld in Millionen Gulden	Wert von100 Silbergulden in Papiergulden	Monatseinkommen Facharbeiter in Gulden
1762	12	98	12
1771	12	98	12
1784	20	98	16
1796	46	100	18
1800	74	115	25
1806	450	175	42
1811	1.061	83.300	-
1815	678	1.200	30

5 Gulden Bancozettel, 1796,
vierte Papiergeldausgabe.

1 Gulden Bancozettel, 1800,
fünfte Papiergeldausgabe.

„GELD BRAUCHT MAN, WENN MAN ES NICHT HAT; KREDIT HAT MAN, WENN MAN IHN NICHT BRAUCHT." (Sprichwort)

Die Abwertungsspirale der Napoleonischen Kriege forderte auch unter den Banken erste Opfer. Der Zusammenbruch des bedeutenden Wiener Bankhauses Geymüller im Jahr 1843 war aber auf pure Verschwendungssucht zurückzuführen. Damit war Geymüller aber in guter Gesellschaft. Auch der Bankier Moritz Baron Fries,

*5 Gulden
Conventionsmünze,
Franz I. 1825.*

*5 Gulden
Conventionsmünze,
Ferdinand I. 1833.*

einst Eigentümer des Palais Pallavicini am Wiener Josefsplatz, starb verarmt in Paris. Er war das Vorbild für Ferdinand Raimunds „Verschwender". Dass aber zu dieser Zeit auch märchenhafte Gewinne gemacht und erhalten werden konnten, bewies die Familie Rothschild. Der Name „Rothschild" leitet sich von dem roten Schild ab, das jüdische Geldwechsler an ihrer Türe anbringen mussten. Der Frankfurter Meyer Amschel Rothschild erhielt zu Beginn der Napoleonischen Kriege vom Kurfürsten von Hessen den Auftrag, das gesamte fürstliche Vermögen außer Landes zu bringen. Rothschild riet zur Geldanlage in London, die er auch glänzend durchführte. Dadurch zu Reichtum, Ansehen und Macht gelangt, betrieben seine Söhne nun die Anlage des eigenen Geldes weiter. Nathan, Leiter der Londoner Filiale des mittlerweile europaweit agierenden Bankhauses, finanzierte den Feldzug Wellingtons gegen Napoleon. Aufgrund seines ausgezeichneten Informationsnetzes erhielt er am Morgen des 20. Juni 1815 im Hafen von Folkstone als erster Nachricht vom Sieg der Engländer in der Schlacht von Waterloo. Nachdem Rothschild den Premierminister informierte, der sich aber seinen Glauben an eine Niederlage nicht ausreden ließ und die Information nicht weitergab, verkaufte Rothschild Aktien – an eigene Makler. Das Publikum, das um Rothschilds hervorragendes Informationsnetz Bescheid wusste, meinte, daraus auf eine Niederlage der Engländer schließen zu können und verkaufte. Die Preise fielen – und Rothschild kaufte, was zu bekommen war. Nach nur 24 Stunden erreichte die Nachricht vom Sieg über Napoleon nun auch offiziell London – Nathan Rothschild war über diese eine Nacht steinreich geworden. Im Jahr 1855 gründete Nathans Neffe Anselm Rothschild gemeinsam mit den Schwarzenbergs und Auerspergs die „k.k. privilegierte österreichische Credit-Anstalt für Handel und Gewerbe". Das Grundkapital bestand aus unglaublichen 60 Millionen Gulden, aufgebracht über 300.000 Aktien zu 200 Gulden. Die Bank sollte bis zu ihrer Übernahme durch die „Bank Austria" im Jahr 1997 die bedeutendste österreichische Bank werden.

Entsprachen die Großbanken den Bedürfnissen der rasant wachsenden Industrie, so verlangte das „Volkssparen" andere Strukturen. Die in Wien und Budapest konzentrierten Großbanken konnten das verstreute Kleinkapital nicht sammeln, dazu bedurfte es kleiner lokaler Institute – die Ära der Sparkassen begann. Auf Anregung Kaiser Franz' I., nach Hamburger Muster auch in Wien einen „Sparverein" für das einfache Volk zu gründen, beauftragte Finanzminister Graf Saurau den Leopoldstädter Pfarrer Johann Baptist Weber mit der Organisation. 1819 stellten 53 wohlhabende Wiener Bürger 10.000 Gulden zur Verfügung und Weber gründete den „Verein

Sparkasse aus dem Biedermeier, Silber.

Einlagebuch der „Ersten Österreichischen Spar-Casse", 19. Jahrhundert.

Hauptanstalt der „Ersten Österreichischen Spar-Casse" in Wien am Graben, erbaut 1838.

der ersten österreichischen Spar-Casse in der Leopoldstadt". Die Gründer des Jahres 1819 hätten es sich wohl nicht träumen lassen, dadurch den Grundstein für die zweit-größte Bankengruppe Österreichs des 21. Jahrhunderts gelegt zu haben.

Die Sanierung der Staatsfinanzen kostete Geld. Dafür stand theoretisch der Anteil Österreichs an den Frankreich im Wiener Kongress auferlegten Reparationszahlungen von 700 Millionen Francs zur Verfügung. Allerdings war die Leistung auf fünf Jahre aufgeteilt. In dieser Situation trat die Familie Rothschild auf den Plan und stellte die Bevorschussung der zu erwartenden Zahlungen in Aussicht. Nach guter österreichischer Manier wollte man sich die Brüder Rothschild durch eine staatliche Auszeichnung geneigt machen. Graf Stadion fasste seinen Vorschlag an den Kaiser zusammen: Geld brauchen sie nicht, Titel haben sie, Orden wären zu wenig. Also, so der Schluss, kommt nur die Erhebung in den Adelsstand in Frage. Dagegen regt sich Opposition, ein Staatsrat schlägt, auch angesichts der Tatsache, dass „die Brüder Rothschild Israeliten sind", als Würdigung die Überreichung einer goldenen Dose mit den Initialen des Kaisers vor. Doch Franz I. weiß, dass er von den Rothschilds viel Geld braucht, also stimmt er der Adelserhebung aller vier Brüder in den Frei-herrenstand zu. Die Wirkung war gewaltig und Nathan Rothschild war sich dessen wohl bewusst. Als ihm auf einem Ball der Herzog von Montmorency erschöpfend die lange Reihe seiner Ahnen aufzählte meinte Rothschild: „Sie sind also der erste Baron der Christenheit. Ich bin aber der erste jüdische Baron. Das finde ich viel in-teressanter." Tatsächlich bevorschussen die Rothschilds die Währungssanierung, wenn auch nicht im erwarteten Ausmaß.

„GELD UND GESCHMACK VERSTEHEN EINANDER ERST IN DER DRITTEN GENERATION." (Karl Schwarzer)

Bis 1848 war die Situation nun politisch stabil, was auch zu einem wirtschaftli-chen Aufschwung, zur ersten bürgerlichen „Gründerzeit", führte. Das erste Teilstück der Kaiser-Ferdinand Nordbahn wurde 1837 eröffnet. Da die Einnahmen aber nicht den Vorstellungen der Aktionäre entsprachen, musste der Staat stützend eingreifen und übernahm schließlich den weiteren Ausbau. Besser erging es der ebenfalls im Vormärz gegründeten Donaudampfschifffahrtsgesellschaft oder den großen Versi-cherungen. Das Versicherungsbedürfnis rührte aus drei Wurzeln: der Versorgung der Bergknappen und ihrer Familien in den reichen Bergbaugemeinden, der enormen Feuergefahr in den alten Städten und aus dem Seehandel. Kein Wunder, dass die Wiege der überregionalen österreichischen Versicherungen im altösterreichischen Handelshafen Triest stand. Der 1826 gegründete „Adriatico Banco di Assicurazione" wurde 1838 zur „Riunione Adriatica di Sicurtá", im Dezember 1831 konstituierte sich die „Assicurazione Generali Austro-Italiche" mit dem Triestiner Stadtwappen, Doppeladler und Hellebarde, als Firmenzeichen. Die Direktion für das italienische Geschäft in Venedig übernahm dagegen den Markuslöwen als Zeichen und sicherte

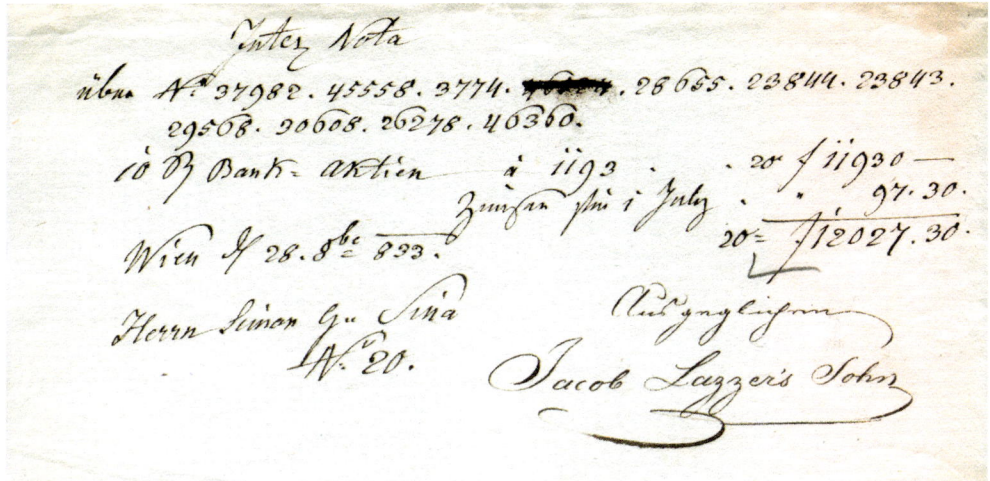

Rechnung über Aktienkauf für den Großbankier Simon. G. Sina über 11.930 Gulden zuzüglich Zinsen, Wien 28.8.1833.

Gedenkmedaille „100 Jahre Assicurazione Generali 1831-1931".

Gedenkmedaille „100 Jahre Riunione Adriatica di Sicurtá 1838-1938".

sich damit wohl das bekannteste „Logo" Europas. Im Juni 1832 stellte die Generali die erste Lebensversicherungspolizze überhaupt aus und führte damit diesen Versicherungszweig in der Monarchie ein.

Auch die Währung stabiliserte sich zusehends. Die Banknoten wurden aus Gründen der Fälschungssicherheit bereits künstlerisch gestaltet – erstmals zierten neben Ornamenten auch Bilder die Vorderseiten, die Rückseiten blieben noch leer. Als

5 Gulden Conventionsmünze, Entwurf von Peter Fendi, 1841.

„Designer" der Notenserie von 1841/42 fungierte der bekannte Biedermeier-Maler Peter Fendi. Gerade dessen Banknoten wurden in erheblichem Maße gefälscht.

Der Staat verzeichnete kein Jahr ohne Defizit und die Staatsverschuldung stieg auf über eine Milliarde Gulden. Im Jahr 1847 standen Einnahmen von rund 150 Millionen Gulden, zu zwei Dritteln aus indirekten Steuern auf Verbrauchsgüter wie Salz und Tabak, Ausgaben von mehr als 200 Millionen gegenüber. Ein Drittel ging für das Militär auf, ein Drittel in den Schuldendienst, das letzte Drittel in Verwaltung, Infrastruktur und den Hof.

Die nächste Krise ließ daher nicht lange auf sich warten. Um eine Entwicklung wie durch die Französische Revolution für alle Zeiten zu verhindern, schufen die europäischen Mächte ein Kontroll- und Regelungssystem, das jede Regung der Freiheit oder Selbstbestimmung im Keim ersticken sollte. Das Bündnissystem der „Heiligen Allianz" sorgte dafür im zwischenstaatlichen Bereich, ein ausgeklügelter Polizeistaat im Inneren. Der Konstrukteur dieses Systems, der österreichische Staatskanzler Wenzel Fürst Metternich, schuf damit für 30 Jahre geradezu eine Stimmung der „Friedhofsruhe" in Europa. Das aufstrebende Bürgertum, mit den Jahren wieder vermögend geworden, forderte liberale Freiheiten. Gemeinsam mit dem seit den Napoleonischen

Kriegen wachsenden Nationalismus ergab sich eine hochexplosive Mischung. Im Jahr 1848 entlud sich dieser lang aufgestaute Zorn in ganz Europa. Ähnlich wie in den USA mit der „Boston Tea Party" begann die österreichische Revolution mit einer Bestreikung der Tabakwaren in Mailand. Tabak brachte neben Salz die höchsten Einkünfte aus den wichtigen indirekten Steuern. Die Zentren der Revolution der Monarchie waren Mailand, Venedig, Ungarn, Wien und Prag. In diesen Ländern und Städten erlangten die Aufständischen zumindest kurzfristig die staatliche Autorität und brachten auch eigenes Geld in Umlauf. In Wien waren es nur Münzen, in Ungarn legte der Revolutionsführer Lajos Kossuth komplette Geldserien auf. Wohlhabende Bürger Venedigs deckten durch Kauf von Obligationen des Revolutions-Präsidenten Daniele Manin die Ausgabe der „Moneta Pattriotica", des Patriotengeldes, sowohl in Papier

Ungarn: 100 Forint Revolutionsgeld, Lajos Kossuth 1848.

Venedig: 100 Lire Revolutionsgeld „Moneta Patriottica" 1848.

*Venedig:
Obligation des
Revolutionsführers
Daniele Manin.*

*Venedig, 5 Lire
Revolutions-
münze
„Independenza
Italiana",
1848.*

*Mailand, 5 Lire, Revolutionsmünze 1848.
Als „Schraubmünze" ausgeführt mit
einem Bild von Feldmarschall Radetzky
und der Inschrift: RADETZKY NON
LO VUOLE (Radetzky will nicht).*

als auch Münze. Zu dieser Zeit kamen die „Schraubmünzen" aus dem Barock wieder
in Mode. Vorder- und Rückseite ließen sich auseinanderschrauben, in einem flachen
Hohlraum konnten politische Botschaften durch die feindlichen Linien, manchmal so-
gar ins Gefängnis transportiert werden. Große, aber wertlose Kupferkreuzer waren als
Versteck für Goldmünzen auf unsicheren Reisen genauso geeignet wie für erotische
Bildchen. In zu österreichischen Propagandazwecken umgearbeiteten Mailänder
Lire-Münzen waren Bilder des Siegers über die aufständischen italienischen Provin-

zen, Feldmarschall Radetzkys, verborgen. Radetzky litt bis ins hohe Alter unter einer drückenden Schuldenlast. Der Armeelieferant Pargfrieder schlug ihm einen Handel vor: gegen Übernahme der Schulden müsse Radetzky sich am „Heldenberg", einem von Pargfrieder geschaffenen österreichischen „Walhalla", beisetzen lassen. Der willigte ein und so ruhen in dem Mausoleum inmitten eines weitläufigen Areals im niederösterreichischen Wetzdorf Radetzky, Feldmarschall Wimpffen und – in einer Ritterrüstung – Pargfrieder selbst. Die Wiener meinten dazu nur „Hier liegen drei Helden zur ewigen Ruh – zwei lieferten Schlachten, der dritte die Schuh".

Ungarn, Komárom: 8 Kreuzer Notgeld 1849.

Italien,
Palmanova:
3 Lire
Notgeld
1848.

1 Gulden 1848.

Böhmen: Privates Notgeld des Johann Chr. Grunewald in Reichenberg für je einen Kreuzer Wiener Währung und Conventionsmünze, 1849.

1 Gulden 1849.

Österreich, Ungarn, Böhmen: verschiedene Notgeldscheine 1848/49.

*Die neue Pressefreiheit führt 1848 zur Gründung zahlreicher Zeitungen, so auch
„Die Presse" Anfang Juli 1848.*

In den aufständischen Festungsstädten Arad und Komárom (Ungarn) und Palmanova und Osoppo (Friaul) zog man während der Belagerung durch kaiserliche Truppen alles Münzgeld ein und gab eigenes „Belagerungsgeld" aus. Wie immer in Krisenzeiten stieg der Metallpreis, und allmählich verschwanden die kupfernen Scheidemünzen auch in anderen Gebieten der Monarchie. Gemeinden, aber auch Firmen
und Privatpersonen legten privates Notgeld aus Papier und Metall, aber auch aus
Seide, Holz, Leder, Glas und Pappe auf. Letztlich kursierten über 1.500 verschiedene
Scheine, so dass der Staat sein Geldausgabe-Privileg wieder energischer in die Hand
nehmen musste. Im Jahr 1848 wurden daher wieder neue staatliche Gulden-Scheine
ausgegeben. Dazu veröffentlichte die Nationalbank erstmals einen Ausweis über die
ausgegebene Geldmenge.

Ungarn: 10 Kreuzer-Zettel 1849, staatlicher Kleingeldersatz.

Zur Linderung des Kleingeldmangels begann die Bevölkerung die Guldenzettel zu vierteln und die Teile anstelle der 15-Kreuzer-Münzen zu verwenden. Aus der Not eine Tugend machend, gestattete die Direktion der Nationalbank diesen originellen Münzersatz. Aufgrund der mangelhaften sicherheitstechnischen Ausgestaltung wurden diese Guldenscheine sofort in großem Umfang gefälscht und mussten schon im nächsten Jahr ausgetauscht werden. Der Leiter der Banknotendruckerei, Alois Auer von Welsbach, trat zurück. Die neuen Scheine, nun wieder mit Bildern verziert, durften nicht mehr geviertelt werden. Dafür druckte man Papiergeld im Wert von 6 und 10 Kreuzern, womit zumindest die Kleingeldsituation stabilisiert werden konnte.

Preise und Einkommen 1849

1 Gulden = 20 Groschen = 60 Kreuzer
Kaufkraftvergleich 2004: 1 Gulden = ca 14 Euro, 1 Kreuzer = ca 23 Cent

Ware	Kreuzer	= Euro 2004
1 kg Kaffee	100	23
1 kg Butter	47	11
1 kg Zucker	43	10
50 kg Steinkohle	30	7
1 kg Schweinefleisch	30	7
Tageszeitung	30	7
100 gr Rauchtabak	29	6,7
1 kg Rindfleisch	22	5
10 Eier	9	2
1 kg Salz	7	1,6
1 l Milch	6	1,4
1 l Bier	6	1,4
1 l Wein	5	1,1
1 kg Roggenbrot	5	1,1
Briefporto Inland	3	0,7
1 kg Kartoffel	2	0,4

Monatseinkommen um 1849	Gulden	= Euro 2004
Statthalter von Wien	834	11.500
Bezirkshauptmann	167	2.300
Amts-Sekretär	42	583
Portier	25	350
Taglöhner	7-9	125

Budget 1848	in Mio Gulden	= Mio Euro 2004
Staatseinnahmen	160	2.240
Staatsausgaben	256	3.584
Abgang	- 96	-1.344
Banknotenumlauf	223	3.122

Quelle: Österreichisches Statistisches Zentralamt: Die Entwicklung der Verbraucherpreise von 1900 – 1996; Butschek: Statistische Reihen zur österreichischen Wirtschaftsgeschichte
Eigene Erhebungen

USA: 5 Forint und 5 Dollar, Lajos Kossuth, Exilgeld 1852.

Als die Revolutionen 1849 niedergeschlagen, die Revolutionäre hingerichtet oder geflüchtet waren, ließ Kossuth zuerst in der Türkei, dann in den USA in Englisch und Ungarisch nach dem Vorbild des US-Dollar „Forint" drucken. Die Deckung sollte, nach einer neuerlichen und erfolgreichen Revolution, zu der es aber nicht mehr kam, durch den ungarischen Staatsschatz erfolgen.

Die zwei Revolutionsjahre kosteten 133 Millionen Gulden (Kaufkraft 2004: Zwei Milliarden €). Aufgrund der mittlerweile wieder enormen Papiergeldmenge konnte der Staat das Einlösungsversprechen in Edelmetall neuerlich nicht mehr einhalten, es wurde für zehn Jahre sistiert. Das Papiergeld war zum vollwertigen – wenngleich unstabilen – Zahlungsmittel geworden. Das führte aber zur Existenz zweier Währungen mit schwankenden Wechselkursen, den Papiergulden und den silbernen Guldenmünzen der Maria-Theresianischen Münzconvention. Es gab daher auch zwei Preise, je nachdem, ob man mit Papier oder Münze zahlen wollte. Münzpreise wurden immer in „Gulden Conventi-

Doppelgulden zur Hochzeit von Kaiser Franz Josef und Elisabeth 1854.

ons Münze" angegeben, war ein Preis nur mit Gulden ausgezeichnet, meinte man die Papierwährung. Erst mit dem Verfall des Silberpreises ab 1878 verschwand der höhere Münzenkurs und die Papierwährung hatte sich endgültig durchgesetzt.

Österreich war noch immer die führende Macht im deutsche Raum. Im Jahr 1857 schloss es mit den meisten deutschen Staaten einen Münzvertrag. Ziel war die wert-

Der Gulden „Österreichische Währung" löste 1857 die „Conventionsmünze" ab: 5/10 Kreuzer, Kupfer; 1 Gulden, Silber; Doppelgulden zur Silberhochzeit von Kaiser Franz Josef und Elisabeth 1879, 5 Gulden Papiergeld 1859.

*10 Gulden
„Österreichische
Währung",
Entwurf Joseph
von Führich, 1863.*

*Österreichischer
„Vereinstaler" 1857.*

mäßige Angleichung von Dutzenden verschiedener Münzen und Werten in Deutschland. Als Einheitsmünze aller Teilnehmer galt ein eigener „Vereinstaler" mit gleichem Gewicht, aber anderen Bildern. Daneben gab es noch die jeweilige staatliche Währung, so wurde der seit 1750 gültige Conventions-Gulden Maria Theresias nun durch den Gulden „Österreichischer Währung" mit etwas verändertem Silbergewicht abgelöst. Dabei ging man gleich zum Dezimalsystem über, der Gulden war nun 100 statt 60 Kreuzer wert.

Auch das Papiergeld wurde wieder erneuert. Nach dem Biedermeier-Maler Peter Fendi beauftragte man einen weiteren prominenten Künstler mit der Gestaltung einer Banknote. Joseph von Führich schuf den 10-Gulden-Schein von 1863, mit den schönen allegorischen Darstellungen der Viehzucht, des Berg- und des Ackerbaues. Auch dieser Schein wurde in größerem Stil gefälscht, so wie später die 100-Kronen-Note des Jugendstilkünstlers Kolo Moser von 1910. An Peter Fendi erinnert eine Gasse im fünften, an Joseph von Führich im ersten und an Kolo Moser eine im 21. Wiener Gemeindebezirk.

„GOTT ERHALTE UNSERE ARMEE. ICH KANN'S NICHT."
(Finanzminister Freiherr von Bruck)

Unter dem bedeutenden Finanzminister Freiherr von Bruck wurden die letzten Reste alter Zunft- und Gewerbebindungen beseitigt. Die Handelskammern ersetzten überkommene Organisationsformen und die Gewerbeordnung von 1859 wird die liberalste bis zum Ende der 1990er Jahre. Seine höchst modern anmutenden Freihandelspläne stießen auf erbitterten Widerstand der auf Schutzzölle bedachten eigenen Industrie.

Die ständigen Kriege verhinderten eine dauerhafte Konsolidierung des Staatshaushaltes, mehr als 60 Prozent der Einnahmen wurden für die Armee ausgegeben. Finanzminister Bruck war immer wieder mit unerfüllbaren Wünschen der Armee konfrontiert, so dass er meinte: „Gott erhalte unsere Armee. Ich kann's nicht." So blieb die Ausrüstung des österreichischen Heeres hinter der europäischen Entwicklung zurück. Die geringere Feuerkraft der veralteten österreichischen Infanteriegewehre war dann auch ein Grund für den Verlust der Schlacht von Königgrätz. Die vier Kriege zwischen 1854 und 1866 kosteten 580 Millionen Gulden (Kaufkraft 2004: 5,8 Milliarden €). Um die Mobilisierungskosten im Krimkrieg von 1854, an

Steuer-Mahnung über 38 Gulden und 29 Kreuzer; 10 Neukreuzer Mahngebühr (Währungsreform 1857), Raab, 1859.

dem Österreich gar nicht teilnahm, zu decken, mussten die Staatsbahnen an die französischen Bankiers Pereire um bloß 77 Millionen Gulden verkauft werden. Der Bau hatte 94 Millionen gekostet. Der Krieg gegen Frankreich und Piemont von 1859 endete mit dem Verlust der reichen Lombardei. Im Jahr darauf beging der für Rüstung und Truppenverpflegung verantwortliche Feldmarschall Selbstmord. Die schlechte Ausrüstung der Armee war nur teilweise auf die Sparsamkeit des Finanzministers zurückzuführen, ein nicht unerheblicher Teil floss in die Taschen dieses Offiziers. Als es darum ging, Sündenböcke zu finden, wurde auch Finanzminis-

Extrablatt der Wiener Zeitung vom 4. Juli 1866 mit der Nachricht, dass bei Königgrätz eine Schlacht verloren wurde: „Der Verlust ist noch nicht zu übersehen, ist aber gewiss sehr bedeutend".

ter Bruck in die Nähe dieses Defraudanten gerückt und von Kaiser Franz Joseph sehr ungnädig entlassen. Darauf beging auch Bruck Selbstmord. Wieder einmal waren es die jüdischen Bankiers, nun die Rothschilds, die den Kaiser retteten. Die nötigen 25 Millionen Kredit hätte Österreich aus eigenem nicht mehr aufbringen können.

Vor allem aber der Krieg gegen Preußen um die Vorherrschaft in Deutschland und Italien von 1866 führte zu Krisen und einschneidenden Veränderungen. Trotz erheblicher militärischer Erfolge im Süden ging die Entscheidungsschlacht von Königgrätz gegen Preußen verloren. Venetien und große Teile Friauls fielen an das junge Königreich Italien. Zusätzlich waren noch 30 Millionen Gulden Reparationszahlungen zu leisten. Österreich gab seine führende Stellung im deutschen Raum auf und widmete sich von nun an dem Süden und Osten seines Reiches. Dieser unglückliche Krieg von 1866 wurde zum Teil nachträglich durch eine Staatsschuldverschreibung von 1868 finanziert, also praktisch „auf Kredit" geführt. Ein 16 prozentige Besteuerung der Coupon-Erlöse von staatlichen Anleihepapieren senkte nachträglich deren Rendite. Weiters wurden für 25 Millionen Staatsgüter verkauft, unter anderem das Bergwerk Eisenerz. Eine Grundstückstransaktion größten Ausmaßes schlug allerdings fehl. Auch der Wienerwald sollte durch korrupte Beamte an den Holzhändler Moritz Hirschel zur Abholzung veräußert werden. Weder die Gemeinde Wien noch der Reichsrat zeigte Interesse an der Sache, die Presse war gekauft und schwieg. Als einsamer Kämpfer trat der unbestechliche Journalist und spätere Mödlinger Bürgermeister Joseph Schöffel auf den Plan. Als es nicht gelang, ihn mit 50.000 Gulden zu bestechen, deckte man ihn mit Klagen ein. Schöffel blieb standhaft, auch als ihm zugetragen wurde, dass seine Ermordung anlässlich einer Jagd erörtert worden sei. Nach drei Jahren hatte er mit Unterstützung des „Wiener Tagblattes" den Kampf gewonnen, der Vertrag mit Hirschel wurde gelöst, der Wienerwald weitgehend unter Schutz gestellt.

Wie gefährdet die Geldwertstabilität durch den Staat selbst war, zeigen die regelmäßigen Ausgaben von Staatspapiergeld in Krisenzeiten. Am Anfang war der Staat noch bemüht, den Schein zu wahren, indem er sein Papiergeld „Cassa-Anweisungen" oder „Reichsschatzscheine" nannte. Ab 1866 ging man unter Bruch des Banknotenprivilegs der unabhängigen Nationalbank dazu über, das Geldvolumen durch die Ausgabe von zusätzlichem Papiergeld, „Staatspapiergeld" statt Banknoten, zu vermehren. Auch zwischen 1881 und 1888 ließ die „k.k. Reichs-Central-Cassa" wieder Staatsnoten neben der Nationalbank drucken. Sie zeigten zwar als Einzige in der österreichischen Papiergeldgeschichte das Bild eines Kaisers: Franz Josef I., trotzdem war das Vertrauen der Bevölkerung wieder einmal erschüttert. Dazu trug auch der schon zitierte Ausspruch des Ex-Finanzministers Philipp von Krauss bei, das österreichische Kalifornien läge in Klein-Neusiedl. In Kalifornien war gerade der Goldrausch ausgebrochen, Klein-Neusiedl war hingegen Sitz der Papierfabrik, die das Banknotenpapier herstellte.

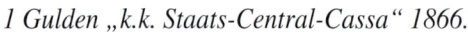

1 Gulden „k.k. Staats-Central-Cassa" 1866.

1 Gulden „k.k. Reichs-Central-Cassa 1882 mit dem Bild Kaiser Franz Josefs I.

Kriegskosten Österreichs von 1756 – 1908	in Mio Gulden	= Mio Euro 2004
Siebenjähriger Krieg 1756-1763:	260	8.000
Napoleonische Kriege 1798-1815	2.000	20.000*)
Niederschlagung der Revolution 1848/49	133	2.000
Mobilisierung Krimkrieg 1854	193	1.780
Krieg gegen Frankreich und Piemont 1859	221	2.060
Bundeskrieg gegen Dänemark 1864	16	150
Krieg gegen Preußen 1866	149	1.390
Okkupation Bosnien-Herzegowina 1878-1882 + Niederschlagung des Aufstandes von 1882	171	1.500
Annexion Bosnien-Herzegowinas 1908	88	770
Gesamt	**3.231**	**37.650**

*) Kaufkraftvergleich aufgrund der galoppierenden Inflation dieser Zeit nur grob schätzbar
   Quelle: Walter Wagner in: Die Habsburgermonarchie 1848-1918, Band V

Unter diesen auch finanziell katastrophalen Umständen musste endlich mit Ungarn eine Lösung gefunden werden. Nach der kurzen staatlichen Selbständigkeit während der Revolution von 1848/49 drängte es vehement auf nationale Selbständigkeit. Die Kompromisslösung war die Zerteilung des bisherigen einheitlichen Staates in zwei Teile, Österreich (mit dem korrekten, aber unförmigen Namen „Die im Reichsrat vertretenen Königreiche und Länder") und Ungarn. Diese beiden selbständigen Staaten waren nur durch den gemeinsamen Monarchen und die wichtigsten Ministerien – Außen-, Finanz- und Kriegsministerium, die nicht dem Ministerpräsidenten sondern dem Monarchen direkt unterstanden – vereint. Daneben bestanden zwei voneinander unabhängige Parlamente und Regierungen. Die Zuständigkeiten waren entweder „k.u.k." für „kaiserlich und königlich", wenn sie beide Staaten betrafen, sie waren „k.k." für „kaiserlich-königlich", wenn es nur „die im Reichsrat vertretenen Königreiche und Länder" wie z. B. das Kaiserreich Österreich oder das Königreich Böhmen, oder „k.u.", wenn es nur das Königreich Ungarn betraf. Es gab also zum Beispiel ein „k.u.k. Ministerium des Äußeren" in Wien, aber je ein „k.k." und „k.u." Unterrichtsministerium in Wien und Budapest. Völlig verwirrend war es auf dem Gebiet der Landesverteidigung. Neben der gemeinsamen „k.u.k. Armee", die dem „k.u.k. Kriegsminister" unterstand, gab es für beide Landesteile je eine Landesarmee, die „k.k. Landwehr" für den österreichischen Teil und die „k.u. Honvéd" für Ungarn. Natürlich mit jeweiligen Ministerien. Da die Emission von Geld eine Angelegenheit der Nationalbank war, blieb die Währungseinheit erhalten. Allerdings wurden neue Geldscheine ab 1880 mit einer deutschsprachigen und einer ungarischen Seite gedruckt. Das führte zu Protesten in Böhmen und Triest, wo man auch tschechische und italienische Wertangaben verlangte, wie sie auf den Banco-Zetteln von 1806 ja schon vorhanden gewesen waren, und überstempelte oder überklebte die Scheine. Da Ungarn sich als praktisch selbständigen Staat empfand, wuchs auch die Forderung nach einer eigenen ungarischen Nationalbank und einer eigenen Währung. Die beabsichtigte Trennung scheiterte an den erforderlichen Mitteln zur Dotation der Währungsdeckung und an der Weigerung des Königs von Ungarn, der ja auch Kaiser von Österreich war, einem eigenen ungarischen Institut zuzustimmen. Die dadurch ausgelöste Regierungskrise wurde schließlich 1878 durch einen Kompromiss beendet. Die Nationalbank wurde zu einer neuen „Oesterreichisch-ungarischen Bank" umgewandelt, deren Führung paritätisch zu besetzen war und die Filialen in Wien und Budapest hatte. Die Bank überdauerte die Monarchie und wurde erst im Zuge der Erfüllung der Friedensverträge 1923 zugunsten von Nationalbanken in den Nachfolgestaaten liquidiert.

Ab der Währungsreform 1892 hießen die Geldsorten Krone und Heller für Österreich und Korona und Filler für Ungarn. Die Rückseiten der Münzen zeigten für die Heller den habsburgischen Doppeladler und für die Kronen die österreichische Kaiserkrone, für ungarische Filler und Korona die ungarische Stephanskrone.

Die verlorenen Kriege führten zum Niedergang des absolutistischen Regimes des jungen Kaisers Franz Josef. Die neue Freiheit wurde auch wirtschaftlich voll genützt.

100 Gulden Nationalbank 1880, deutschsprachige Seite.

Gulden Nationalbank 1880, ungarischsprachige Seite.

In dieser zweiten Gründerzeit entwickelte sich die Industrialisierung Österreichs, nach außen durch die Eisenbahnbauten und den Ringstraßen-Bauboom in Wien machtvoll demonstriert. Auf den Abriss der engen und jahrhundertealten Stadtmauer schrieb Johann Strauß seine „Demolierer-Polka". Da sich viele Vermögen in jüdischen Händen befanden, hob Kaiser Franz Josef sogar das jahrhundertelang geltende Verbot auf, wonach Juden keinen Grund und Boden kaufen durften. Es hätte sonst

Zeichen wirtschaftlichen Aufschwungs: Cassa-Schein über 1.000 Gulden zugunsten Graf Széchény, 1872; Cassa-Scheine waren Bestätigungen über verzinste Guthaben, die wie Schecks weitergegeben werden konnten.

zu wenige potenzielle Käufer für die maßlos teuren Grundstücke an der neuen Wiener Pracht-straße gegeben. An die rasch reich gewordenen geschäftstüchtigen Fami-lien mit großem Kapital-vermögen erinnern die Namen der Palais an der Ringstraße: Eskeles, Rothschild, Wertheim, Todesco, Schey, Epstein, Königswarter, Gomperz, Dreher, und nicht zuletzt Drasche – der „Ziegelba-

Wien, Ringstraße gegenüber der Oper: „Heinrichshof" des Industriellen Heinrich von Drasche.

ron" vom Wienerberg. Sein gewaltiges Palais, der „Heinrichshof" gegenüber der Oper, wurde im 2. Weltkrieg zerstört. Natürlich entstanden in Wien auch Bank-paläste im Geschmack der Zeit. Die Creditanstalt residierte am Hof, genau gegen-über dem Kriegsministerium. Als dieses in das neue Gebäude am Stubenring über-siedelte, zog die Länderbank an den Standort. Sie war 1880 unter Schirmherrschaft des Finanzministers mit französischem und kirchlichem Kapital zur Brechung des

Wien, Am Hof: Zentrale der „Creditanstalt für Handel und Gewerbe"

Wien, Am Hof: Hauptanstalt der „Centralbank der deutschen Sparkassen".

Wien, Ringstraße Ecke Schottengasse: Zentrale des „Wiener Bankvereins".

Industriefinanzierungs-Monopols der rothschildschen Creditanstalt gegründet worden. Bereits 1881 finanzierte sie den Aufbau des ersten österreichischen Stahlkonzerns Alpine-Montan AG in Leoben-Donawitz. „Am Hof" war wegen der Nähe zur Österreichisch-ungarischen Bank die „Bankenmeile" Wiens, an der Frontseite des Platzes lag noch die große Hauptanstalt der „Centralbank der deutschen Sparkassen". Das moderne Haus des Wiener Bankvereins Ecke Ringstraße/ Schottengasse diente ab 1935 als Zentrale der vereinigten Creditanstalt-Bankverein. Die später ebenfalls mit der Creditanstalt fusionierte Bodencreditanstalt hatte ihre Zentrale in der Löwelstraße. Das „Palais Ferstel" auf der Freyung wurde um 1,897.600 Gulden für die Österreichische Nationalbank errichtet, die 1859 einzog. Neun Jahre später eröffnete das für die österreichische Kulturwelt so wichtige Cafe Central. Bis 1872 war auch die Börse hier untergebracht, bevor sie in das neue Haus am Schottenring zog. Der ehemalige große Börsesaal dient heute als nobler Veranstaltungsort. Die Nationalbank zog 1925 in das neue Haus auf dem Areal der demolierten Alser-Kaserne an der Alserstraße. Das Cafe Central schloss 1947, das ganze Haus verfiel und war vom Abbruch bedroht, bis das Baujuwel zu Beginn der Achtzigerjahre doch renoviert wurde. Das neue „Central" eröffnete 1986 wieder, nur die Dichter im Publikum sind bunten Touristenmengen gewichen.

Wien, Löwelstraße: Zentrale der „Bodenkreditanstalt".

Wien, Herrengasse, „Palais Ferstel": Von 1859 an Sitz der Börse bis 1872 und der „Österreichischen Nationalbank" bis 1925.

*Ab 1872
neue Börse
am Schottenring
in Wien.*

„GLÜCKLICH IST, WER VERGISST, WAS DOCH NICHT ZU ÄNDERN IST."
(Textzeile aus „Die Fledermaus", Johann Strauss, 1874)

Die überhitzte und zunehmend auf Spekulationen beruhende Konjunktur brach 1873 in einem von Amerika ausgehenden großen Börsenkrach zusammen. Begleitet wurde dieser Zusammenbruch in Österreich von einer Cholera-Epidemie mit mehr als 400.000 Toten. All das führte zu einem völligen Misslingen der „Ersten Wiener Weltausstellung" im selben Jahr, die Besucher blieben aus. Das schöne Zentralgebäude des Ausstellungsareals im Prater, die Rotunde, eine Eisenkonstruktion wie der Eiffelturm oder das Palmenhaus in Schönbrunn, brannte 1937 völlig aus. Heute befindet sich an der Stelle das Südportal des Messegeländes. Johann Strauß, der die „Fledermaus" für die Weltausstellung komponiert hatte, fasste das Motto dieser Zeit

Wien, Prater: Die „Rotunde", Zentralgebäude für die Weltausstellung 1873.

*Der Börsenkrach
1873 inspirierte
so manchen
Komponisten.*

in eine seiner bekanntesten Operettenarien: „Glücklich ist, wer vergisst, was doch
nicht zu ändern ist". Erzherzog Ludwig Viktor, jüngster Bruder Kaiser Franz Josefs,
wird den Verlust von 200.000 Gulden wohl vergessen haben können. Feldzeugmeis-
ter Ludwig Freiherr von Gablenz, Namensgeber der Gablenzgasse in Wien und er-
folgreicher Armeekommandant im Bundeskrieg gegen Dänemark 1864, konnte es
nicht und beging wie viele andere auch Selbstmord.

Nicht ganz so dramatisch erging es dem Handels-Gesellen Julius Meinl, der aus
dem böhmischen Kraslice um 1860 nach Wien gekommen war und hier ein kleines
Lebensmittelgeschäft eröffnete. Die Sparwelle nach dem Börsenkrach brachte auch
sein Geschäft in Schwierigkeiten und 1876 in Konkurs. Doch der bereits Zweiund-

*Der Meinl-Mohr, jahrzehnte-
lang Symbol des gehobenen
Konsums.*

fünfzigjährige gab nicht auf. Er stürzte sich mit Feue-
reifer auf das Problem der Kaffeeröstung. Kaffee
wurde damals roh verkauft, die Röstung in gussei-
sernen Pfannen auf dem Herd in den Haushalten oder
Gastronomiebetrieben selbst vorgenommen. Das Ergebnis war je nach Geschick der Hausmädchen und
Köchinnen sehr unterschiedlich und meist wenig zu-
friedenstellend. Meinl gelang nicht nur die Entwicklung einer geeigneten Röstmaschine, er experimen-
tierte auch mit der Zusammenstellung verschiedener
Kaffeesorten. Damit wurde er schlagartig zur ersten
Adresse für Kaffee in Wien, nicht nur die privaten
Haushalte, vor allem auch die gehobene Gastrono-
mie deckte sich mit Meinl Kaffee ein. Sein Sohn Julius II. expandierte in der gesamten Monarchie,
wurde der größte Kaffee- und Teeimporteur Österreich-Ungarns, hatte Firmensitze auch in Hamburg
und London. Sein „Maltin-Cacao" wurde in der
österreichisch-ungarischen Armee anstele der bisherigen Einbrennsuppe als Abend-
essen ausgegeben. Während des Ersten Weltkrieges gab es eine Meinlsche Friedens-
initiative, die auf den hervorragenden internationalen Kontakten des Handelshauses
besonders nach England beruhten. Die Firma Julius Meinl überlebte den Zusammenbruch der Monarchie, die Zwischenkriegszeit und den Zweiten Weltkrieg.
Während des Wirtschaftswunders der Aufbaujahre war der „Meinl-Mohr" das Synonym für gehobene Feinkostwaren, er expandierte nach Nord-Italien und ab dem
Fall des Eisernen Vorhangs wieder in die Länder der ehemaligen österreichisch-ungarischen Monarchie. Ab Mitte der Neunzigerjahre verlor Meinl zusehends Terrain
an den Billa-Konzern und schrieb schließlich operative Verluste. 1998 endete diese
österreichische Erfolgsgeschichte mit dem Verkauf der Meinl-Filialen an den deutschen Rewe-Konzern, mittlerweile auch Eigentümer von Billa. Aus kartellrechtli-
chen Gründen mussten die Standorte aber aufgeteilt werden. Der liebenswürdige
„Meinl-Mohr", jahrzehntelang das österreichische Markenzeichen für feine Lebensmittel, überlebte nur in einem einzigen Geschäft in der Wiener Innenstadt.

Die Erfolgsgeschichten einzelner Unternehmer dürfen aber nicht über das allgemeine Elend der Industriearbeiter dieser zweiten „Gründerzeit" hinwegtäuschen. Der
hemmungslose Liberalismus betrachtete den Menschen als Produktionsmittel, der
bei geringsten Investitionen ein Maximum an Ertrag zu gewährleisten hatte. Von
1857 bis 1910 hat sich die Einwohnerzahl der Monarchie auf 51 Millionen fast ver-
doppelt, die Wiens auf über 2 Millionen mehr als verdreifacht. Mit der Senkung der
Sterblichkeitsraten zogen die von den Höfen nicht mehr ernährten jüngeren Kinder
in Massen in die Städte, Arbeitskraft war billig und in keiner Weise geschützt. Die
Hungerlöhne reichten nicht einmal, wenn die gesamte Familie, auch die Kinder, im

Fabriks-Ersatzgeld der Tabak-werke, Wert „ganze" und „halbe Tagesarbeit", 19. Jahrhundert. Die Marken für Frauenarbeit waren um ein Drittel kleiner als die für Männerarbeit.

Zahlmarke der Firma Metallwerke Krupp in Berndorf zum Einkauf in der werkseigenen „Consum-Anstalt", Wert „1", um 1900.

Zahlmarke der Škodawerke in Pilsen, Wert „15", um 1900.

Zahlmarke der Kronenbrot-werke in Wien, um 1900.

Betrieb arbeitete. Es war die Zeit der elenden Zinskasernen in den Vorstädten, in denen sich in den berühmten Zimmer-Küche-Kabinett-Wohnungen zehn und mehr Menschen drängten und in Schichten „wohnten". Bettgeher hießen die Untermieter, die nicht einmal das Recht auf ein eigenes Bett besaßen. Um die Abhängigkeit der Arbeitskräfte noch zu erhöhen, zahlten viele Unternehmer den Lohn mit eigenen „Marken" aus statt in staatlichem Geld. Für dieses Fabriksgeld erhielt man Waren nur im werkseigenen Läden und Kantinen. Die Arbeiter waren auf Gedeih und Verderb ausgeliefert. Die politische Stimmung in der Arbeiterschaft schwankte zwischen Anarchie und gemäßigtem Sozialismus. Die zunehmende Radikalisierung wurde zwar blutig unterdrückt, aber 1885 erließ Kaiser Franz Josef doch eine erste Arbeiterordnung, die unter anderem den Arbeitstag auf 11 Stunden beschränkte. Dagegen bildeten sich ab der zweiten Hälfte des 19. Jahrhunderts Selbsthilfevereine, die in der Gründung von Gewerkschaften, Consumvereinen zur Versorgung mit günstigen Lebensmitteln und der Sozialdemokratischen Partei 1888 ihren Höhepunkt fanden.

Doch wieder zurück in das Jahr 1873. Nun sah sich der bisher in Wirtschaftsdingen so liberale Staat genötigt, stützend einzugreifen. Über 80 Millionen Gulden mussten für Darlehenskassen und als Subvention der Eisenbahnen bereitgestellt werden. 1873 gab es in Wien 72 Aktienbanken. 1879 waren es nur noch 14, darunter später so berühmte Gesellschaften wie die Creditanstalt der Rothschilds, der Wiener Bankverein oder die Boden-Credit-Anstalt, die Bank, der Kaiser Franz Josef seine private Vermögensverwaltung anvertraute und die nun selbst einen Kredit der Nationalbank über 20 Millionen Gulden benötigte. Es folgten aber gleich wieder Neugründungen. In England war bereits 1861 das weitverzweigte Netz der Postämter in den Dienst des Bankgeschäftes für eine breite Bevölkerungsschicht gestellt worden. Österreichische Versuche misslangen zuerst, bis mit dem gebürtigen Hessen Georg Coch ein ausgewiesener Fachmann 1882 die Gründung übernahm. Die Postämter als

Einlagebuch des k.k. Postsparkassen-Amtes, 19. Jahrhundert.

Sparkasse der kleinen Leute, über die Hälfte der Kunden waren Kinder, erfreuten sich schnell großer Beliebtheit. Die Gründung war gelungen und mit jedem neuen Sparer wuchs der Verlust. Die Einlagen waren im Schnitt so niedrig, dass die Verwaltung jeglichen Gewinn aus der Veranlagung aufzehrte. Bereits ein halbes Jahr nach der Eröffnung musste Coch einen Rettungsplan ersinnen. Obwohl dem Institut ausnahmslos der Sparverkehr, also die Verwaltung und Veranlagung von Einlagen erlaubt war, organisierte Coch auch den bargeldlosen Zahlungsverkehr zwischen Konten der Postsparkasse. Das einfache System rechnete sich vor allem für Handelsunternehmen. Vertreter mit Inkasso konnten täglich bei jedem Postamt einzahlen und wenige Tage später waren die Summen dem „Postbüchel" des Unternehmens gutgeschrieben. Damit gelang es, die zum Überleben notwendige breitere Klientel anzusprechen. Genauso konnte mit einer schriftlichen Anweisung des Kontoinhabers jedermann binnen weniger Tage bei jedem Postamt Geld beheben. Die 4.000 Postämter der Monarchie ermöglichten mit einem Schlag einen bargeldlosen Zahlungsverkehr im gesamten Staatsgebiet. Das von Coch selbst ersonnene „Erlagschein-System" erwies sich als perfekt und besteht seiner Idee nach noch heute. Wurden im Jahr der Einführung 1883 gerade 1000 Einzahlungen mittels Zahlschein getätigt, so waren es 1910 über 40 Millionen. Allerdings war die Postsparkasse als Amt dem Handelsministerium eingegliedert, ein Umstand, den Coch nicht zur Kenntnis nehmen wollte. Seine Erfolge und die Schwäche des Handelsministers machten ihn so selbstherrlich, dass er nach dem Sturz des Ministers bereits 1886 abberufen und mittels Polizeigewalt aus seinem Direktionsbüro entfernt wurde. Den liberalen Eigentümern der Großbanken mag Georg Ritter von Coch als polemischer und wohl auch antisemitischer Vertreter der „kleinen Leute" in der Art des späteren Bürgermeisters Lueger ein Dorn im Auge gewesen sein.

Für die Wirtschaftsentwicklung waren die Banken nicht nur wegen ihrer Kreditvolumina, sondern auch als Garanten des Wechselgeschäftes immens wichtig.

Der Neubau des Postsparkassenamtes in Wien war eines der revolutionärsten Gebäude des Architekten Otto Wagner. Es durfte daher nicht direkt an der Ringstraße errichtet werden. Der solcherart davor entstandene Platz wurde nach dem Postsparkassengründer Georg Coch benannt.

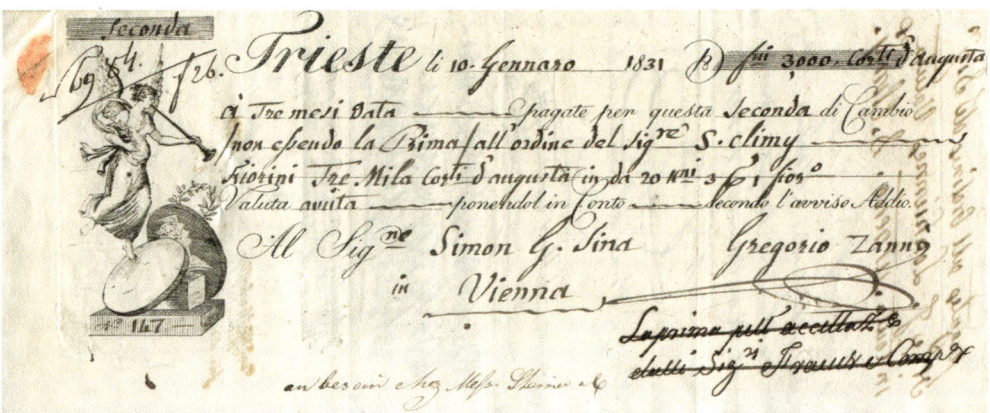

Wechselformular, unterzeichnet vom Großbankier Baron Simon G. Sina, Triest 1831.

Schulden unter Kaufleuten wurden einfach mittels grafisch oft sehr anspruchsvollen Wechselformularen dokumentiert. Wer einen Wechsel unterschrieben hatte, konnte seine Schuld nicht mehr leugnen. Diese Formulare waren mittels einfachem Vermerk auf der Rückseite (Indossament – vom italienischen „in dosso" – am

Rücken) übertragbar. Solange der Schuldner nicht als insolvent bekannt war, wurden sie von Banken gegen Gebühr eingelöst, um dann dem Wechselaussteller am Fälligkeitstag zur Zahlung präsentiert zu werden. Solche Wechsel sind auch wegen der dokumentierten Personen und wirtschaftlichen Beziehungen sehr interessant.

Der Rückschlag konnte überwunden werden, nicht zuletzt durch den boomenden Eisenbahnbau. Bis 1854 war der Großteil des österreichischen Eisenbahnnetzes in staatlichem Besitz, aber das Bauvolumen beispielsweise der Südbahn betrug bloß 76 Kilometer pro Jahr. Seit 1836 ritterten die größten Bankiers der Zeit, die Rothschilds, Johann v. Sina, einer der Gründer der Nationalbank, Daniel Eskeles und die französischen Gebrüder Péreire mit ihrer Credit Mobilier um die Finanzierungen und die Konzessionen zum Betrieb der österreichischen Eisenbahnen. Schließlich musste das Netz wegen der Finanznöte des Staates doch privatisiert werden und nun erst begann der großflächige Ausbau, finanziert über Aktiengesellschaften. Für die 4.000 aufgelegten Aktien meldeten sich über 27.000 Kaufwillige. Die Südbahn über den Semmering und Laibach nach Triest wurde 1854 fertiggestellt, die „Kaiserin Elisabeth Westbahn" bis Salzburg und weiter nach München 1860, die „Kaiser Franz Josef Bahn" Richtung Norden 1870. Daneben galt es, unzählige Linien in allen Provinzen des weitläufigen Reiches zu bauen. So wurde Rothschild zum reichsten Bürger Österreich-Ungarns mit einem geschätzten Jahreseinkommen für 1910 von knapp 26 Millionen Kronen, das entspricht etwa der heutigen Kaufkraft von 112 Millionen Euro. An zweiter Stelle stand der Bankier Taussig mit „nur" noch knapp 5 Millionen Kronen (21 Millionen Euro), die Industriellen und Großgrundbesitzer Gutmann, Springer, Schöller, Drasche-Wartinberg und die Brauereibesitzer Dreher und Mautner-Markhof folgten auf den Plätzen. Auch der Eigentümer der „Neuen Freien Presse", Moritz Benedikt, gehörte mit einem Jahreseinkommen von 1,75 Millionen Kronen (Kaufkraft 2004: 7,5 Millionen Euro) zu den Reichsten des Landes. Schon damals ließ sich mit einer Zeitung ein Vermögen verdienen. „Schlusslicht" der Liste der 15 reichsten Österreicher war der Industrielle Böhler mit knapp 1,5 Millionen Kronen (6,3 Millionen Euro). Die Einkommenssteuer betrug ganze 5 %. Von den adeligen Großgrundbesitzern, den Esterhazys, Batthanys, Schwarzenbergs und Liechtensteins schien keiner an der Einkommensspitze auf.

Andererseits verdiente ein durchschnittlicher Arbeiter 30 bis 40 Gulden im Monat. Bei Mieten von 25 Gulden war es kein Wunder, dass jeder noch so kleine Raum untervermietet war. Wien hatte 1910 zwei Millionen Einwohner, davon hatten rund 75.000 nicht einmal die Mittel, sich ein eigenes Zimmer leisten zu können. Sie teilten sich als „Bettgeher" die Schlafstätten im Schichtbetrieb.

Der über die Börse finanzierte Eisenbahnbau war Konjunkturmotor des 19. Jahrhunderts.

Preise und Einkommen um 1880

1 Gulden = 100 Kreuzer. Kaufkraftvergleich 2004: 1 Gulden = ca 8,8 Euro.

Ware	Kreuzer/Gulden	= Euro 2004
1 Semmel	2 Kreuzer	18 Cent
Briefporto Inland	3 Kreuzer	35 Cent
1 Ei	3 Kreuzer	26 Cent
1 l Bier	5 Kreuzer	44 Cent
1/4 l Wein	8 Kreuzer	70 Cent
Tramwayfahrschein Wien	13 Kreuzer	1,14 Euro
1 l Milch	14 Kreuzer	1,23 Euro
1 kg Brot	15 Kreuzer	1,32 Euro
25 Gramm Rauchtabak	16 Kreuzer	1,40 Euro
1 kg Mehl	25 Kreuzer	2,2 Euro
1 kg Rindfleisch	62 Kreuzer	5,50 Euro
1 kg Butter	1,13 Gulden	10,00 Euro
Monatsmiete		
kleine Stadtwohnung	22 Gulden	194 Euro
kleine Vorstadtwohnung	14 Gulden	123 Euro
Monatliche Ausgaben einer dreiköpfigen Arbeiterfamilie für Wohnung/ Nahrung/Heizung	50-80 Gulden	440-704 Euro

Monatseinkommen um 1880	Gulden	= Euro 2004
Magistratsdirektor Wien	485	4.268
Altgedienter Jurist	120	1.056
Hausdiener	50	440
Facharbeiter Spinnerei	40	352
Feuerwehrmann	36	317
Facharbeiterin Spinnerei	25	220
Lehrling Spinnerei	15	132

Budget 1880	In Mio Gulden	= Mio Euro 2004
Staatseinnahmen	422	3.710
Staatsausgaben	432	3.800
Abgang	- 10	- 90
Banknotenumlauf	329	2.900

Quelle: Österreichisches Statistisches Zentralamt: Die Entwicklung der Verbraucherpreise von 1900 – 1996
Butschek: Statistische Reihen zur österreichischen Wirtschaftsgeschichte, Eigene Erhebungen

Versicherungspolizzen der Ersten Österreichischen Allgemeine-Unfall-Versicherungs-Gesell-schaft in Wien und der k.k. priv. Assicurazioni Generali in Triest, Anfang 20. Jahrhundert.

Die speziellen Gefahren der Eisenbahn und überhaupt der Maschinenarbeit im industriellen Zeitalter führten zu einem Änderungsbedarf des Haftungsrechtes nach Unfällen. Es war kein Wunder, dass sich daraus bald wieder ein Versicherungsbedürfnis entwickelte, dem nun spezielle Unfallversicherer entsprachen. So wurden 1881 als Tochter der Generali Triest in Wien die „Erste Österreichische Allgemeine Unfallversicherungs-Gesellschaft" gegründet. Im Jahr 1890 folgte die „Internationale Unfall Versicherungs-Actien Gesellschaft" die 1921 in „Internationale Unfall- und Schadenversicherungsgesellschaft" umbenannt wurde. Darüber hinaus führte Österreich bereits 1888 eine staatliche Unfall- und Krankenversicherung der Arbeiter ein.

Vom Gulden zur Krone, vom Silber zum Gold

Gold war für Europa immer das begehrteste, weil eben das seltenste Edelmetall. Anders war es etwa im Ägypten der Pharaonen, dort war Silber seltener und daher wertvoller als Gold. Trotzdem setzten die meisten europäischen Staaten auf Silberwährungen, Silber war einfach leichter greifbar. Nach der Einführung des Papiergeldes ging es dabei nicht mehr um das Münzmaterial, sondern um das Metall für die Währungsdeckung. In der Mitte des Jahrhunderts bescherten reiche Funde in Australien und Kalifornien, Großbritannien und den USA Gold in großer Menge. Damit verfiel der Goldpreis, bisher gehortete Goldmünzen kamen in Umlauf, dafür wurden Silbermünzen selten. Aufgrund dieser Relationen setzten immer mehr Staaten auf Gold als Währungsdeckung. Frankreich musste als Folge des verlorenen Krieges von 1871 fünf Milliarden Goldfrancs an das Deutsche Reich zahlen, was dort die Einführung des Goldstandards erleichterte. Je mehr Staaten auf Gold umstiegen, desto mehr frei werdendes Silber aus den Währungsdeckungen kam auf den Markt, was den Silberpreis dramatisch sinken ließ. 1892 hatte Silber 60 % seines Wertes von 1873 gegenüber dem Gold eingebüßt. Dadurch schwand auch der Wert der österreichischen Silber-Währung gegenüber den bereits auf Gold umgestellten ausländischen Währungen. Importe wurden immer schwerer finanzierbar, was sich im weitgehend agrarischen Österreich besonders negativ auswirkte. Letztlich sank der „innere" Wert des Silberguldens sogar unter den Nominalwert des Papierguldens, oder anders gesagt: das Silber, aus dem die Guldenmünze bestand, war „keinen Gulden wert". Eine ähnliche Entwicklung gab es ja auch bei den Silbermünzen der 2. Republik, den so gerne gesammelten 25ern, 50ern, 100ern und 500ern.

Endlich ging auch Österreich-Ungarn 1892 als vorletzter europäischer Staat vor Russland zur Golddeckung über. Als äußeres Zeichen wurde eine neue Währung eingeführt – die Krone löste den Gulden nach rund 400 Jahren ab. Der Umrechnungskurs betrug einfacherweise 1 Gulden = 2 Kronen, die Krone wurde in 100 Heller unterteilt. Die Münzen zu 1, 2 und 5 Kronen waren weiter aus Silber, Goldmünzen gab es zum Nennwert von 10, 20 und 100 Kronen. Bis 1900, für ganze acht Jahre, galten

*Kronenwährung von 1892 – 1924:
von links nach rechts
1, 2 und 10 Heller;*

*20 Heller,
1 und 2 Kronen
(Silber);*

*5 Kronen (Silber),
10 und 20 Kronen
(Gold).*

*100 Kronen 1902,
Übergang vom
Historismus zum
Jugendstil, die
Rückseite ist
ungarisch, die
Wertbezeichnun-
gen stehen am
unteren Rand der
Banknote in vier
weiteren
Sprachen der
Monarchie.*

Kronenzeitung ab 1900, das Monatsabonnement um 1 Krone.

Gulden und Krone nebeneinander, bei der Euro-Einführung waren es bloß zwei Monate gewesen. Gerechnet hat die Bevölkerung aber bis 1938 in den alten Gulden. Im selben Jahr – 1900 – kam auch eine neue, bewusst ganz einfach gehaltene Zeitung auf den Wiener Markt, und weil das Monatsabonnement nur eine Krone kostete, nannte der Herausgeber sie schlicht „Kronen Zeitung". Als einer der beiden Gründer, Leopold Lipschitz, von seinen Redakteuren auf das geringe Niveau des ökonomisch schon recht erfolgreichen Massenblattes angesprochen wurde, brachte er es auf den Punkt: „Ich sag Euch was, meine Herren: san ma gscheit, bleib ma blöd".

Die außenpolitische Situation vor dem Ersten Weltkrieg war für Österreich-Ungarn durch zahlreiche Krisen auf dem Balkan geprägt, die zu mehreren Kriegen führten. Auch wenn die Donaumonarchie nicht direkt involviert war, wurden doch die Rüstungsanstrengungen erhöht. Einmal waren es 65 Millionen Kronen für die Anschaffung neuer Haubitzen, ein anderes Mal ein ähnlich hoher Betrag für die staatsrechtliche Einverleibung der bisher bloß okkupierten ehemals türkischen Provinz Bosnien-Herzegowina. Insgesamt kosteten die zusätzlichen militärischen Aktionen am Balkan ohne Kriegsteilnahme 220 Millionen Kronen, die zur Hälfte durch eine Anleihe in den USA aufgebracht wurden. Die Schwierigkeiten der finanziellen Bedeckung solcher „Großmachtallüren" kosteten einen Finanzminister das Amt, einen anderen das Leben.

Österreich sparte. Erstmals seit langer Zeit gab es 1885 kein Defizit mehr und in den knapp dreißig Jahren bis zum Ausbruch des Ersten Weltkrieges sollten die Ausgaben die Einnahmen nur noch viermal übersteigen. Dafür blieb der Staat in Industrialisierung, Wirtschaft und Rüstung hinter den anderen europäischen Mächten zurück. Generalstabschef Conrad von Hötzendorf, Verfechter eines Präventivkrieges gegen Serbien und Italien, meinte angesichts der dauernden Finanznöte nur ver-

Die Muskete, November 1910.

Die neue Rüstung.

(Zeichnung von Fritz Schönpflug.)

Exzellenz Schönaich: »Wissen S', Frau Austria, es is' halt alles aufs Wachsen berechnet.«

ächtlich: „Österreich kann überhaupt nur zwei Monate Krieg führen, dann sind wir fertig." Von 1914–1918 sollten es immerhin 51 Monate werden.

Aber auch die Bevölkerung sparte und Gewerbetreibende brauchten Kredit. Neben der „Ersten österreichischen Sparkasse" waren verschiedene selbständige Institute in den Bezirken Wiens entstanden. Um im Wettbewerb mit der übermächtigen „Ersten" besser bestehen zu können, sollte eine „zentrale Sparkasse" unter der Förderung des Wiener Bürgermeisters Lueger und mit Haftung der Stadt diese Kassen auffangen und zusammenführen. Sie nahm 1907 im alten Wiener Rathaus in der Wipplingerstraße ihren Betrieb auf. Bereits im ersten Jahr konnte man 30.000 Konten und Spareinlagen von 14,7 Millionen Gulden verzeichnen. Als Geldinstitut des „roten Wien" hatte die „Z" ab 1918 eine besondere Stellung inne. Unter den sozialistischen Regierungen nach Kreisky und mit besonderem strategischem Kalkül stieg

Das „Alte Rathaus" in Wien, Wipplingerstraße. Hier nahm die „Zentralsparkasse der Gemeinde Wien" 1907 den Schalterbetrieb auf.

sie zur führenden Bank Österreichs und unter die 35 größten Banken Europas auf.

War die „Zentralsparkasse" ganz auf den Mittelstand, die Gewerbetreibenden und Kleinbürger Wiens ausgerichtet, so sorgte sich Friedrich Wilhelm Raiffeisen in Deutschland um die wirtschaftlichen Probleme der Landbevölkerung. Die genossenschaftliche Idee wurde aber erst mit einiger Verzögerung auch in Österreich übernommen. Der Gründung der ersten Raiffeisenkasse 1886 in der Wachau folgten rund 3.000 weitere bis zur Jahrhundertwende. Erst die Raiffeisenkassen ermöglichten die Gründung von Lagerhäusern, Einkaufs- und Verwertungsgenossenschaften und bilden so das Rückgrat der Organisation. Die örtlichen Raiffeisenkassen haben sich bis heute trotz Schaffung einer „Raiffeisenzentralbank" einen hohen Grad an Selbständigkeit bewahrt.

Was Friedrich Wilhelm Raiffeisen für die Bauern, war der ebenfalls in

Die stabilen und schönen Sparkassen der „Z" zierte auf der Rückseite der Rathausmann.

Deutschland wirkende Richter Hermann Schulze für den mittelständischen Handel und das Gewerbe. 1850 gründete er in Delitzsch seine erste Kreditgenossenschaft für Schuhmacher und Tischler, danach entstanden auch in Österreich Ein- und Verkaufsgenossenschaften als nicht gewinnorientierte Selbsthilfeorganisationen. Sie brauchten als Rückhalt ebenfalls einen eigenen Spar- und Kreditapparat, den sie in der Organisation der „Volksbanken" fanden.

Bei der Papiergeldgestaltung lösten nun Jugendstil-Entwürfe die als veraltet empfundenen Frauen- und Männergestalten ab. Während auf den Silber- und Goldmünzen traditionellerweise der Kopf des Kaisers dargestellt wurde, gab es nur auf einigen wenigen „Staatsnoten" das Konterfei Franz Josefs. Kaiserin Elisabeth kam über-

100 Kronen 1910, Jugendstilentwurf von Kolo Moser, die Banknote musste wegen zahlreicher Fälschungen bereits 1912 ersetzt werden.

100 Kronen 1912, Jugendstilentwurf von Josef Pfeifer; ersetzte die Banknote von Kolo Moser.

1000 Kronen 1902, Jugendstilentwurf von Joseph Urban und Heinrich Lefler, bedeutenden Künstlern des Wiener „Hagenbundes".

haupt nur auf den Guldenstücken zum Gedenken an die Vermählung und die Silber-hochzeit des Kaiserpaares zu Münzehren. Die Bilder auf den Banknoten zeigten hin-gegen anonyme, idealisierte Figuren und Gesichter. Damit sollte die Unabhängigkeit der Nationalbank vom Staat demonstriert werden. Ab der Jahrhundertwende herr-schten Frauenbildnisse vor, die auch Auskunft über das Schönheitsideal der Zeit ge-ben. Kolo Moser, einer der großen Künstler des Wiener Jugendstils, Zeitgenosse Jo-sef Hoffmanns und Gustav Klimts, entwarf die 100-Kronen-Note von 1910, die aber wegen zahlreicher Fälschungen bereits 1912 aus dem Verkehr gezogen werden musste.

In diese Zeit fiel auch die Tätigkeit von Österreichs wissenschaftlich bedeutends-tem Finanzminister. Eugen von Böhm-Bawerk war mit Carl von Menger und Fried-rich von Wieser ein Begründer der „Österreichischen Schule der Nationalökonomie". Als hoher Beamter im Finanzministerium entwickelte er die progressive Einkom-menssteuer, die 1896 eingeführt wurde. Nach zwei kurzen Episoden wurde er 1900-1904 zum dritten Mal Finanzminister. Böhm-Bawerk war ein Hüter ausgeglichener Budgets, trotzdem konnte eine Reihe großer Bauvorhaben wie die Tauernbahn oder der Ausbau des Hafens Triest finanziert werden. Für den geplanten Donau-Oder Ka-nal fehlten allerdings die Mittel. Sein Bild war auf der letzten 100-Schilling Banknote zu sehen (siehe Seite 349).

Preise- und Einkommen 1910
1 Krone = 100 Heller
Kaufkraftvergleich 2004: 1 Krone= ca. 4 Euro, 1 Heller = ca. 4 Cent

Ware	Heller/Krone	= Euro 2004
1 Semmel	1 Heller	4 Cent
1 Zigarette Dames	6 Heller	24 Cent
1 Ei	8 Heller	32 Cent
Briefporto Inland	10 Heller	40 Cent
1 Zigarre Virginier	11 Heller	44 Cent
Tageszeitung	12 Heller	48 Cent
1/4 l Wein	18 Heller	72 Cent
1 l Bier	26 Heller	1,04 Euro
1 l Milch	26 Heller	1,04 Euro
Tramwayfahrschein Wien	30 Heller	80 Cent
1 kg Brot	31 Heller	1,24 Euro
25 Gramm Rauchtabak	35 Heller	1,40 Euro
1 kg Mehl	41 Heller	1,64 Euro
1 kg Rindfleisch	1,70 Kronen	6,80 Euro
Einfaches Hotelzimmer pro Tag	2 Kronen	8 Euro
Schuhe	12 Kronen	48 Euro
Wohnung, 50 m², Vorort	27 Kronen	108 Euro
Herrenanzug	30 Kronen	120 Euro
Damenwintermantel	36 Kronen	144 Euro
Logensitz in der Oper	50 Kronen	200 Euro
Puch-Tourenrad	320 Kronen	1.280 Euro
Kraftfahrzeug	12.000 Kronen	48.000 Euro
Benzin pro 100 km	4,5 Kronen	18 Euro
Kfz-Versicherung pro Monat	30 Kronen	120 Euro

Einkommen pro Monat	Kronen	= Euro 2004
Schneiderin	35	140
Arbeiterin	40	160
Durchschnittliches Volkseinkommen/ Kopf	66	264
Amtsdiener	75	300
Arbeiter	96	384
Lehrer	140	560
Mittlerer Beamter	125	500

Einkommen pro Monat	Kronen	= Euro 2004
Handelsangestellter	150	600
Taxilenker	175	700
Facharbeiter im Akkord	180	720
Hofrat	1.233	4.932
Ministerpräsident (Kanzler)	4.333	17.332

Quelle: Österreichisches Statistisches Zentralamt: Die Entwicklung der Verbraucherpreise von 1900 – 1996

Budget 1910	in Mio Kronen	= Mio Euro
Staatseinnahmen	2.894	12.155
Staatsausgaben	2.902	12.188
Abgang	- 8	-33
Banknotenumlauf	2.380	9.520

Quelle: Butschek: Statistische Reihen zur österreichischen Wirtschaftsgeschichte

Bericht von einer Teuerungsrevolte am 17. September 1911, die Presse meldete einen Toten und über hundert Verletzte. Demonstrationen gegen Preissteigerungen von Lebensmitteln und Mieten waren nicht selten und wurden regelmäßig durch Militär niedergeschlagen.

„Sicher müssen sie sein, schön können sie sein." (Willibald Kranister)
– von Fälschungen und Verwechslungen

Zahlreiche Fälschungen aus der Antike bezeugen, dass das Fälschen von Geld von Anbeginn an üblich war. Ganze Fälscherwerkstätten wurden ausgegraben. Neben den staatlichen Münzverschlechterungen – seit den Römern ein legales und gerne verwendetes Mittel zur Budgetsanierung – gab es jede Menge „privater" Nachprägungen aus minderwertigem Metall oder überhaupt Phantasiemünzen. Münzpächter nützten ihre Stellung oft skrupellos aus. Das Volk hatte zu Beginn einer neuen Münzausgabe ja kaum die Möglichkeit, den Wert des neuen Geldes zu prüfen, auch wenn Münz- und Goldwaagen zur Ausrüstung jedes Händlers gehörten. Bis die Annahme der minderen Taler dann schließlich verweigert wurde, war der Münzpächter schon steinreich und über alle Berge, wie der bekannte Balthasar Zwirner. Darauf stand zwar während des ganzen Mittelalters die Todesstrafe durch Enthaupten oder Sieden in kochendem Öl, aber die Versuchung war einfach zu groß. Bereits auf den chinesischen Geldscheinen im 14. Jahrhundert wird Fälschern mit der Todesstrafe durch Enthaupten gedroht. Die französischen Assignaten von 1793 tragen den Aufdruck „La loi punit de mort le contrefacteur. La nation recompense le denonciateur – Das Gesetz bestraft den Fälscher mit dem Tode, die Nation belohnt den Denunzianten". In Österreich wurde die Todesstrafe auf Geldfälschung 1803 im Zuge der krisenhaften Inflationsentwicklung eingeführt und galt schon wegen des Verstoßes gegen das herrschaftliche Geldausgaberecht als todeswürdiges Majestätsverbrechen. Wer mit fremdem Geld zahlte, war schon verdächtig – erinnern wir uns an Richard Löwenherz. Für den Fernhandel gab es Münzbücher mit detaillierten Darstellungen der in den verschiedenen Ländern

An Rand abgeschabte Tetradrachme Alexander des Großen, um 330 v. Chr.

Strafsatz auf den französischen Assignaten der Revolutionszeit: „Das Gesetz bestraft den Fälscher mit dem Tode – die Nation belohnt den Denunzianten."

La loi punit de mort le contrefacteur
La nation récompense le dénonciateur

Nachricht.

Von der Römisch-Kaiserlich-Königlichen Majestät N.
Oe. Regierung wegen: wird dem Publico anmit bekannt
gemacht;

Wasgestalten zwey von einer der Anno 1761. von
einem sicheren Ricci zu Pözleinstorf gemachten Composi-
tion fast ähnlichen Materie verfertigte falsche Churbayeri-
sche Thaler de Anno 1754. & 1765. wovon ein Stück
nicht mehr dann gegen 53. kr. betraget, in Vorschein gekommen seyn.

Welches dem Publico mit Anschließung eines hiebey
unten beygefügten derley Abdrucks zu dem Ende erinneret
wird, damit selbes von Annehmung dieser unächten Münze, und andurch zugehenden Schaden sich zu hüten wissen
möge. Wien den 3ten Februarii 1770.

Maria Theresia 1770: Warnung vor gefälschten Kurbayrischen Talern.

gebräuchlichen Münzen, deren Größe und Gewicht. Die meisten antiken Münzen haben ihre ursprünglich runde Form verloren, vom Rand her wurde das Edelmetall ab-
geschabt, abgefeilt und abgeschnitten. Ein Perlrand auf der Münzoberfläche sollte
dies verhindern, aber erst nach der Gestaltung des Münzrandes durch eingeprägte Inschriften oder Muster konnte diese Form des Münzbetruges verhindert werden. Die
hohe Präzision der Randschrift des Maria-Theresien-Talers war ein Grund für seine
Beliebtheit im Orient – er galt als fälschungssicher.

Die große Zeit der Fälscher brach aber mit der Einführung des Papiergeldes an.

*Die Sicherheitsmerkmale
auf dem 100-Dukaten Zettel
Venedigs:
Kalligraphischer Rand
links, Blindprägestempel in
der oberen Hälfte (siehe
Vergrößerung oben), hand-
schriftliche Unterschrift und
Nummerierung. Das
Wasserzeichen ist auf dem
Foto nicht erkennbar.*

Die ersten Banknoten wurden im einfachen Buchdruck mit erhabenen, aus Holztafeln geschnitzten Lettern hergestellt und waren daher kinderleicht nachzumachen. Als „Sicherheitsmerkmale" dienten Blindprägestempel, die kalligraphische Ausschmückung, handschriftliche Nummerierung und Unterschriften. Wasserzeichen wurden erst ab 1784 eingesetzt.

Durch eine Vielzahl von Verbesserungen konnte die Sicherheit der Banknoten in den folgenden Jahren gesteigert werden, trotzdem war man den Fälschern, wenn überhaupt, gerade nur einen Schritt voraus. Durch den „Doppeldruck" wurden Vorder- und Hinterseite so exakt bedruckt, dass einzelne Druckteile wirklich deckungsgleich und daher als „Durchsichtornament" gestaltet werden konnten.

Der aufwendige und komplizierte Druck einer Vielzahl verschlungener Linien nach mathematischen Regeln, den „Guillochen", wurde durch die Erfindungen des

Guillochen-Muster erstmals auf dem 1-Gulden Einlösungsschein von 1811 (links), weiterentwickelt auf dem 10-Gulden Schein von 1834 (Mitte) und mit Perfektion auf dem 100-Schilling Schein von 1960 „Johann Strauß Sohn" (rechts).

Österreichers Jakob Degen von 1810 an bis heute Sicherheits-Bestandteil des Banknotendruckes. Die dafür notwendigen komplizierten Maschinen waren für Fälscher nicht erschwinglich.

Das Tiefdruckverfahren – eine amerikanische Erfindung – erzeugte eine hochpräzise und schwer zu fälschende Druckqualität. Die Bildvorlagen werden in Kupfer- oder Stahlplatten eingraviert (Kupfer- oder Stahlstich), die Vertiefungen mit Farbe gefüllt und auf dem Papier abgedruckt. In Österreich wurden die Banknoten ab 1841 im neuen Druckverfahren hergestellt statt im leicht zu fälschenden Buch-

Wappen des 100 Guldenscheines von 1806 im Hoch- oder Buchdruckverfahren.

Kopf und Rahmen der „Austria" auf dem 10-Guldenschein Peter Fendis von 1841 im neuen Tiefdruck.

druck. Die Herstellung so eines Kupferstiches, etwa für die Schillingnoten der 2. Republik, konnte bis zu einem Jahr dauern.

Farbfasern im Banknotenpapier des 1-Guldenscheines von 1888.

Die Papierqualität wurde laufend verbessert, wobei nicht nur die Strapazierfähigkeit, sondern auch die Fälschungssicherheit im Vordergrund stand. Bis heute ist das „richtige" Papier das für Fälscher am schwierigsten zu lösende Problem. In den USA wurden erstmals bunte Fasern in die Papiermasse eingestreut, eine Methode, die Österreich für den Ein-Gulden-Schein von 1888 übernahm. Bei der Fälschungsaktion der Nationalsozialisten gegen das englische Pfund bereitete die Nachahmung des Papiers die größten Schwierigkeiten. Und auch die fast perfekten Fälschungen mit modernen Farbkopiergeräten sind zuerst am falschen Papier erkennbar.

Wasserzeichen, ursprünglich als Signatur des jeweiligen Papiermachers eingesetzt, wurden zum fixen Bestandteil der Banknoten. Beim Abheben der feuchten Papiermasse, dem „Schöpfen", werden Gitter mit reliefartigen Verzierungen verwendet. An den erhabenen Stellen dieses Schöpfsiebes konnte sich weniger Papiermasse ansetzen, so dass diese Stellen dann durchsichtiger waren.

Aber auch die Fälscher nützten Erfindungen. Bereits mit den ersten Fotoapparaten wurden ab Mitte des 19. Jahrhunderts Fälschungen hergestellt. So wie moderne Banknoten mit Sicherheitsmerkmalen gegen Fotokopieren geschützt sind, stattete man ab 1857 die österreichischen Noten mit einem feinen Linienmuster aus, das in Fotografien der damaligen Zeit nicht abgebildet werden konnte. In den USA entwickelte man ab 1861 für die Rückseite des US-Dollars eine eigene grüne Farbe, die damals „fotografiersicher" war. Das Grün blieb und führte zum bis heute gültigen Spitznamen „Greenback".

Nach dem amerikanischen Bürgerkrieg gab es so viele gefälschte Dollarnoten, dass die Regierung 1865 eine eigene Behörde gründete, um den Fälschern das Handwerk zu legen. Dieser „Secret Service" ist noch heute einer der Geheimdienste der

USA: fotografiersichere grüne Rückseite des Dollars aus dem 19. Jahrhundert „Greenback".

USA. Aber noch immer ist der Dollar die am meisten gefälschte Währung der Welt. Bei ihren Banknoten zeigen die Amerikaner eine seltsame „Beständigkeit", die den Fälschern das Handwerk sehr erleichtert: Die Scheine sehen einander sehr ähnlich, sind alle gleich groß, die Bilder werden über Jahrzehnte beibehalten und es gibt kein Wasserzeichen. Dafür ist der Dollar auf sehr hochwertigem Papier gedruckt. Die Probleme der Papierbeschaffung umgingen geschickte Fälscher, indem sie die Originalnoten soweit bleichten, dass sie auf das Originalpapier höhere Nominalen drucken konnten. Das funktionierte gut, da ja alle Dollarnoten die gleiche Größe haben. Alles zusammen mag ein Grund für den Siegeszug des bargeldlosen Zahlungsverkehrs und der Kreditkarten in den USA gewesen sein.

„Soviel Nacktes... als dies immer nur mit der Schicklichkeit verträglich ist" auf dem 10-Guldenschein 1847.

Und dann gab es noch Franz von Salzmann, Oberbuchhalter der Nationalbank mit bemerkenswertem psychologischem Einfühlungsvermögen. Er machte bereits 1830 den Vorschlag, dass auf den Banknoten „so viel Nackendes vorwalten soll, als das nur immer mit der Schicklichkeit verträglich ist". Dadurch werde sich das Banknotenbild „in der Erinnerung auch des einfachen Mannes tief genug einprägen, um ihm jede Abweichung der treuen Ähnlichkeit sogleich auffallend zu machen". Und so bevölkerten im prüdesten Jahrhundert durchaus wohlgestaltete und leicht bekleidete Frauengestalten die Geldscheine.

Leider konnte sich die fälschungssicherste Währung nicht weltweit behaupten. Die zarte Porzellanschale der Kauri-Schnecken konnte nicht täuschend nachgemacht werden, hingegen ersetzten frühe Geldfälscher den wertvollen Kern des mexikanischen Kakaobohnen-Geldes durch Tonkügelchen.

Bis in die Umbruchsjahre nach dem Ersten Weltkrieg war auch die österreichische Währung vermehrt Fälscherangriffen ausgesetzt. Von der absichtlichen Vortäuschung von Formularen als Banknoten der frühesten Scheine und dem Geldfälscher Napoleon war schon die Rede. Da auf die „echte" Fälschung durch Druck die Todesstrafe stand, wurden die Banknoten auch sorgfältig abgezeichnet – dafür gab es nur einige Jahre Kerker. Einer der begabtesten österreichischen Fälscher der Biedermeierzeit stammte aus dem niederen Adel. Das vermögende Ehepaar von Bohr ließ sich um 1815 in Wien nieder und kaufte das Schloss Kottingbrunn. In verschiedenen Geschäften tätig, verspekulierte sich Bohr und ging 1839 in Konkurs. Fünf Jahre später hatte er sich wirtschaftlich erholt, und in Wien tauchten Fälschungen der schönen 10 und 100 Guldenscheine nach den Entwürfen von Peter Fendi auf. Ganz ähnlich wie heutzutage konzentrierten sich die Ermittler auf jene Personen, die die

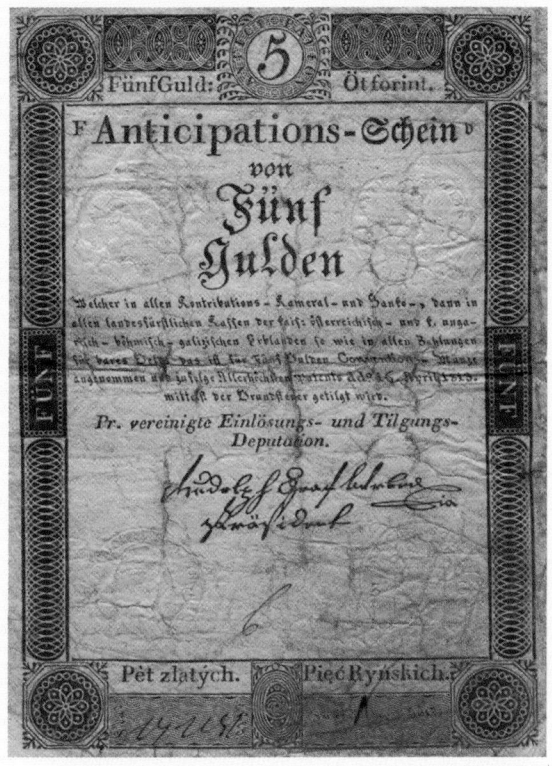

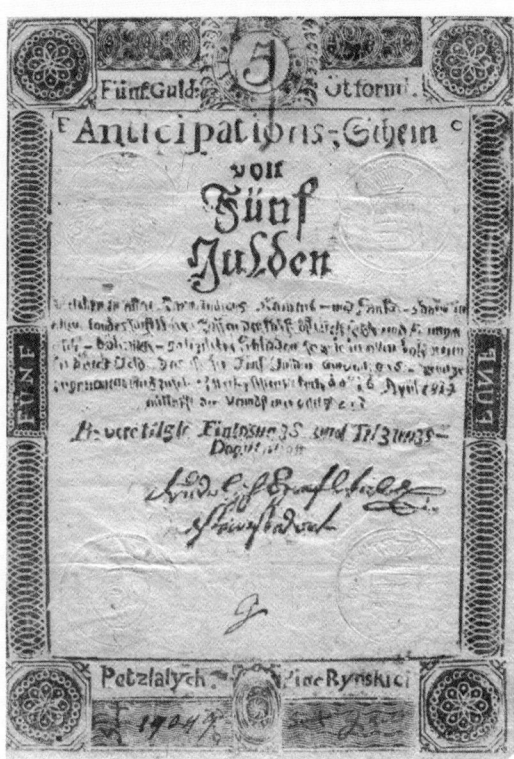

Original 5 Gulden Anticipationsschein 1813.   *Nachgezeichnete Fälschung.*

Original 10 Gulden 1841
Entwurf Peter Fendi.

Vorzeichnung
für Fälschung.

Nachgezeichnete Meister-
fälschung des Peter von Bohr.

Originaler 20 Kronenschein
1900 mit Stempel „echt".

Scheine in Umlauf gebracht hatten. Frau von Bohr kaufte eine Uhr mit einer Blüte. Bei einer überraschenden Hausdurchsuchung fanden die Kriminalbeamten zwar passendes Werkzeug, aber nicht die als Beweis notwendigen Druckplatten. Bohr und seine Frau wurden festgenommen, während er leugnete, gestand seine Frau und bei einer neuerlichen Hausdurchsuchung konnte ein wahres „Blütenlager" aufgedeckt werden. Der bereits über siebzigjährige Peter von Bohr gestand nun, schon seit Jahren Banknoten und Aktien gefälscht zu haben. Wegen der hervorragenden Qualität wurden bis dahin aber keine dieser Fälschungen entdeckt. Bohr und seine Frau wurden 1845 zum Tode verurteilt, dann aber zu lebenslänglicher Kerkerstrafe begnadigt.

Wegen der besonders einfachen und daher fälschungsanfälligen Ausführung der Banknoten des Jahres 1848 musste sogar der Direktor der Druckerei, Aloys Auer von Welsbach, der Vater des Erfinders der Glühlampe, zurücktreten. Wie schon bei den

Ihretwegen musste der Direktor der Druckerei zurücktreten:
Links: Original des schlichten 1 Guldens 1848
Rechts: nachgezeichnete Fälschung des 2-Guldenscheins.

Nachgezeichnete Fälschung
10 Gulden 1851.

Beschlagnahmebestätigung über 24 Stück Fälschungen
dieser Banknote, gefunden bei Matias Krekkity alias
Polyak am 19.8.1857

Fendi-Entwürfen zeigten die österreichischen Fälscher zumeist Geschmack. Die von bedeutenden Künstlern gestalteten Banknoten wurden besonders gerne gefälscht, wie der Zehn-Gulden-Schein von Joseph von Führich aus 1863 oder die schöne Jugendstil-Banknote zu 100 Kronen von Kolo Moser. Sie musste deshalb bereits 1912,

Echtheits-
bestätigung auf
der unbedruckten
Rückseite der
gerne gefälschten
10-Guldennote
1863 Joseph
von Führichs
(Vorderseite siehe
Seite 118).

Gefälschter Stempel „Deutschösterreich" auf 50 Kronen 1914 mit Vermerk: „Note echt, Stempel falsch".

zwei Jahre nach ihrer Einführung, wieder aus dem Verkehr gezogen werden. Dabei zeigten auch die Direktoren der Notenbank Mut: Kolo Moser war um 1900 in der konservativen Gesellschaft mindestens genauso umstritten wie ein Hermann Nitsch heutzutage.

Gleich nach dem Ersten Weltkrieg, als die österreichisch-ungarischen Kronen in allen Nachfolgestaaten abgestempelt werden mussten, kam es noch zu größeren Stempel-Fälschungen, um die – an sich echten – Scheine nicht ungültig werden lassen zu müssen. Eine Statistik aus 1927 beweist, dass österreichisches Geld von Fälschern nicht mehr bevorzugt wurde. Gegenüber 2.506 Fälschungen deutscher Reichsmark, wurden nur 19 Fälschungen österreichischer Schillinge entdeckt. Allerdings war der Schilling eine so starke Währung, dass nicht nur Banknoten, sondern auch Münzen gefälscht wurden. Trotzdem, das Geld eines Kleinstaates mag zwar lokale Fälscher animieren, für große Aktionen wählt man lieber Geld, das in großen Mengen überall auf der Welt im Umlauf ist.

Eine besonders kuriose Geschichte ereignete sich 1925, als zwei „Geschäftsleute" Möchtegern-Fälschern einfache medizinische Inhalationsapparate als Fälschungsmaschinen für Dollars verkauften.

Auch das Papiergeld Österreichs nach dem Zweiten Weltkrieg wurde kaum mehr gefälscht. Einerseits hatte Österreich einen weltweit hervorragenden Sicherheitsstandard, andererseits war der Absatzmarkt einfach zu klein.

Neben der Fälschungssicherheit mussten die Banknoten natürlich auch besonders strapazierfähig sein. Dazu wird modernes Banknotenpapier aus Baumwollfasern hergestellt, die für die Fabrikation von Unterwäsche zu kurz sind. Trotzdem wurden die Schilling-Scheine im Durchschnitt nach drei Jahren aus dem Verkehr gezogen – der 50-Schilling-Schein als am meisten verwendeter schon nach 18 Monaten, der Tausender erst nach sechs Jahren. Ob den neuen Euro-Scheinen auch ein so langes Durchschnittsleben beschieden sein wird, ist noch ungewiss. Sicher ist aber, dass der Euro bei Fälschern sehr beliebt ist. Je größer der Verbreitungsraum einer Währung, desto leichter sind Blüten abzusetzen und desto schwieriger kann der Weg zum Ursprung verfolgt werden. Im 2. Halbjahr 2004 wurden knapp 300.000 gefälschte Euroscheine sichergestellt. In Österreich wurden unter 500 Millionen überprüfter Geldscheine 7.700 Fälschungen erkannt. Dabei führen die 100 und 50 Euronote klar vor dem Zweihunderter. Gab es am Anfang viele eher primitive Kopien, sind nun hochwertige Druckfälschungen im Vormarsch, ihre Heimat liegt in Ost- und Südosteuropa.

100 Schilling 1945;
oben Fälschung, unten Original.

Fälschungssicher war die österreichische Währung, aber es kam zu ungewollten Verwechslungen. 1934 wurden im Ständestaat Österreich neue Münzsorten eingeführt. 50 Groschen und Schilling waren aus dem selben Material, in der Größe nur geringfügig verschieden und die Wappenseite war völlig gleich. Bei eiligem Wechsel oder schlechtem Licht kam es leicht zu Irrtümern – weswegen das 50 Groschen-

Verwechslungsgefahr „Nacht-
schilling": links Vorder- und
Rückseite des 50 Groschen
Stückes, rechts der Schilling-
münze.

Verwechslungsgefahr mit Euro-Münzen: von rechts
oben im Uhrzeigersinn: 1 Real, Brasilien; 100 Forint,
Ungarn; 20 Bath, Thailand; 20 Shillings, Kenia.

*Die Werbezettel im Geld-Design waren dem 1000
und 1-Guldenschein der Jahre 1880/81 nachempfunden.*

*Kaum Verwechslungsgefahr:
Werbezettel für Franzbrannt-
wein im Design der
1000-Kronennote, 1914 (unten).*

Verwechslungsge-
fahr: Die kommuni-
stische Volksopposi-
tion brachte 1953
einen Flugzettel in
Umlauf, dessen Vor-
derseite dem 100-
Schilling-Schein
täuschend echt
nachgemacht war.
Oben: Flugzettel,
unten: Original.

stück vom Volksmund bald als „Nachtschilling" bezeichnet und 1935 ausgetauscht wurde. Die 1.000-Schilling-Note Viktor Kaplan von 1961 war in der Größe vom Hunderter mit Johann Strauß kaum zu unterscheiden, so dass sie schnell gegen einen größeren Schein mit gleichem Bild ausgetauscht wurde. Und statt des Zwei-Euro-Stückes kann man am Wiener Flohmarkt schon eine kenianische 20 Shilling oder eine türkische 1-Lira Münze als Wechselgeld erhalten.

Aufgrund ihres hohen Erkennungswertes wurden Geldscheine immer wieder als Muster für Werbezettel verwendet – wobei die Grenze zwischen bloßem Werbegag und gefährlicher Ähnlichkeit schwer zu ziehen ist. Den Werbezettel für Löwen-franzbranntwein aus 1914, dem 1.000 Kronenschein von 1902 nachempfunden, wird wohl niemand verwechselt haben. Der Flugzettel der kommunistischen Volksopposition aus dem Wahlkampf 1951 wurde hingegen tatsächlich mit den 100-Schilling-Scheinen verwechselt, obwohl er statt des Frauenkopfes Karikaturen der Koalitions-partner Leopold Figl (ÖVP) und Adolf Schärf (SPÖ) aufwies. Die russische Besat-zungsmacht verhinderte das Verbot dieses Flugzettels.

Kaum war der Euro ausgegeben, dienten Scherznoten schon als Träger erotischer Botschaften. Tatsächlich sollen ja dem Hundert-Euro-Schein täuschend ähnliche „Erotik-Dreihunderter" schon als Zahlungsmittel angenommen und daher in Deutschland verboten worden sein.

8 KURIER SAMSTAG, 19. JULI 2003

DEUTSCHLAND

Barzahlung mit 300-Euro-Schein

Mit einem plumpen Trick hat ein Unbekannter in Straubing in Bayern eine Verkäuferin übertölpelt. Er bezahlte ein Getränk mit einem „300-Euro-Schein", den es als Banknote nicht gibt, und ließ sich 299 echte Euro herausgeben. Auf dem grünlichen „300er" seien laut Polizeiangaben nackte Frauen abgebildet gewesen.

Diese 300-Euro Scherznote mit versteckten erotischen Motiven wurde hin und wieder tatsächlich als echt angesehen und ist nun in Deutschland verboten.

GELDFÄLSCHUNG ALS FORTSETZUNG DER POLITIK MIT ANDEREN MITTELN

Geldfälschung als politisches Mittel ist schon aus dem Altertum bekannt, Polykrates von Samos zahlte das Lösegeld für seinen Sohn an Sparta mit vergoldeten Kupfermünzen. Königin Elizabeth I. von England beglückte die Iren 1601 mit wertlosen Pfund-Prägungen und während des nordamerikanischen Freiheitskrieges produzierten die Münzpräger im englischen Heimatland eigens schlechtes Geld für die Kolonie. Dafür stellten die Niederländer im 17. Jahrhundert in ihrem Freiheitskampf gegen die spanischen Besatzer eifrig falsche spanische Goldmünzen her. König Friedrich II. von Preußen brachte minderwertige Nachprägungen sächsischer Münzen in Umlauf, um damit den Verbündeten Österreichs zu schaden und seine Importe zu fi-

Guldenzettel
1800:
links Original,
rechts: napoleoni-
sche Fälschung
mit echten Platten
auf blau schim-
merndes Papier
gedruckt.

nanzieren. England ließ während der Französischen Revolution massenhaft französische Assignaten fälschen und auf den Kontinent bringen. Für die rasende Entwertung dieser Frühform des Papiergeldes sorgten aber die französischen Revolutionspolitiker selbst.

Dem größten Geldfälscher des 19. Jahrhunderts konnte man nichts anhaben: 1805 besetzte Napoleon Wien, ließ die Stadtmauern bei der Hofburg sprengen, worauf danach der Volks- und Burggarten angelegt wurden. Er ließ auch die Druckplatten der österreichischen Gulden kopieren. In Frankreich und Mailand wurden 200 Millionen Gulden mit diesen wie echten Platten gedruckt – allerdings auf anderem, blassblauem bis grünlichem Papier. Erst nach der Hochzeit mit der Tochter Kaiser Franz I., Marie Louise, stellte Napoleon die Platten und Nachdrucke seinem Schwiegervater großmütig wieder zurück. Diese Hochzeit mit dem „Erzfeind" wurde von Staatskanzler Metternich als äußerster Ausweg in einer Existenzkrise Österreichs geplant: „Besser es geht eine Erzherzogin zum Teufel als die ganze Monarchie", wie der scharfzüngige Fürst von Ligne meinte.

Ein besonderes Geldfälscherzentrum der Zwischenkriegszeit war Ungarn. Die kommunistische Räteregierung unter Belá Kun fälschte 1918 aus ökonomischen Gründen österreichische Kronen-Noten sowie deren rumänische Abstempelungen

Ungarn: Nachdruck der 25-Kronen-note ohne Zustimmung der Österreichisch-ungarischen Bank durch die Regierung Béla Kun.

und neue tschechische Kronen. Fürst Ludwig Windischgrätz organisierte 1925 mit Wissen höchster politischer Kreise und mit Unterstützung Deutschlands im Keller des Militärgeographischen Instituts in Budapest die Fälschung von 35 Millionen französischer Francs. Dabei ging es auch um Rache – Frankreich zeigte sich nach dem Ersten Weltkrieg im Friedensvertrag von Trianon gegenüber Ungarn besonders unnachgiebig. Frankreich seinerseits brachte ab 1923 im besetzten deutschen Rheinland gefälschte Reichsmark in Umlauf. Ebenfalls im Rheinland, aber auch in Berlin und Frankfurt/Main stellten russische Exilanten unter wohlwollendem Schutz rechter Politiker Fälschungen sowjetischer Tscherwonez her. Auch im Zweiten Weltkrieg griff England wieder zur „Fälschungswaffe" und ließ bereits 1939 Textil- und Lebensmittelbezugsmarken über Deutschland abwerfen. Die Aktion zeigte kaum Wirkung, animierte aber Deutschland zurückzuschlagen.

Ende 1939 lief die größte Geldfälschungsaktion aller Zeiten unter dem späteren Decknamen „Unternehmen Bernhard" an. Fast neun Millionen Banknoten zwischen fünf und 50 Pfund wurden im KZ Sachsenhausen von Häftlingen technisch perfekt hergestellt. Dabei bildete nicht der Druck das Problem, die englischen Banknoten waren noch im veralteten und leicht zu fälschenden Buchdruck hergestellt. Auch der Zifferncode der Nummerierung konnte geknackt werden. Die meisten Schwierigkeiten bereiteten das Wasserzeichen und die Gestaltung der Britannia-Figur in der linken oberen Ecke, vor allem aber die Erzielung der Papierqualität. Es dauerte ziemlich lange, bis man das Rohmaterial, gebrauchte und gereinigte türkische Leinenhadern, erforscht hatte. Über die Schweiz wurden einige Falsifikate der Bank of England zur Überprüfung vorgelegt und von dort kam die Bestätigung, dass die Scheine echt seien! Nun wurden die besten Noten über eine eigene Vertriebsorganisation für den Ankauf von Gold, Devisen und Waffen in Umlauf gebracht und auch für die Finanzierung von Kommandounternehmen und die Bezahlung von Spionen verwendet. So war die spek-

Unternehmen Bernhard: Fälschung englischer Pfundnoten im KZ Sachsenhausen 1939-1945, 5 Pfund Schein aus dem österreichischen Toplitzsee.

takuläre Befreiung Mussolinis aus seinem Gefängnis am Gran Sasso 1943 durch den SS-Mann Skorzeny komplett mit gefälschten Pfundnoten finanziert. Einer der wichtigsten deutschen Spione, Elyesa Bazna, Deckname Cicero, der Butler beim britischen Botschafter in der Türkei gewesen war, erhielt seinen Lohn im Wert von 6 Millionen Reichsmark in gefälschten Pfunden. Als nach dem Krieg die Fälschungen offenbar wurden, klagte Cicero die Bundesrepublik Deutschland auf richtige Zahlung, die Klage wurde abgewiesen. Weniger gut gelungene Fälschungen sollten über England abgeworfen werden. Nach Aufstellungen des Häftlings Oskar Stein wurden im KZ Sachsenhausen rund neun Millionen Banknoten in den Werten zu 5, 10, 20 und 50 Pfund gefälscht. Der Gesamtwert betrug rund 135 Millionen Pfund Sterling, genau so viel, wie die „Bank of England" an Goldvorräten hatte. Von „bester Qualität", die jeder Prüfung standhielt, erzeugte man rund 700.000 Stück mit einem Wert von rund zehn Millionen Pfund. Diese wurden aktiv zum Einkauf verwendet. Zu Kriegsende versenkte ein Sonderkommando die noch vorhandenen Banknoten im steirischen Toplitzsee, wo ein Teil im August 1959 in einer aufsehenerregenden Tauchaktion geborgen werden konnten. Seitdem hören die Spekulationen über die Nazischätze im Toplitzsee nicht auf.

Die Fälscherwerkstatt im KZ Sachsenhausen stellte auch jugoslawisches Partisanengeld und englische Propaganda-Briefmarken her. Eine ähnliche Aktion gegen den US-Dollar kam wegen des Kriegsendes nicht mehr zustande. Die Druckplatten verschwanden allerdings aus Sachsenhausen, und als in den späten 40er Jahren exzel-

Pfundnoten aus dem KZ Sachsenhausen: Die Fälschungen waren nur an wenigen Details zu erkennen: Links Original: Der Anfangsstrich des Wortes „Promise" beginnt genau neben der Blattspitze des Ornaments. Rechts Fälschung: Der Strich beginnt unter der Blattspitze.

lente Dollarfälschungen auftauchten, war die Sowjetunion als Urheber bald festgemacht. In den USA schlug unabhängig davon der Schriftsteller John Steinbeck Präsident Roosevelt vor, über Deutschland gefälschte Reichsmark abzuwerfen. Als sich Finanzminister Henry Morgenthau dagegen aussprach, nahm der Präsident von der Idee Abstand. Japan sorgte im letzten Kriegsjahr für eine Überflutung Thailands mit Falschgeld. Die US-Soldaten wunderten sich, dass die Mädchen gerne Dollars und Waren aller Art für ihre Liebesdienste annahmen, aber niemals einheimisches Bargeld. Die besten Dollarfälschungen, ab 1989 als „Super-Dollars" bekannt, kamen von den hochmodernen Druckmaschinen des Iran, die noch der Schah geordert hatte, aber Khomeini gegen den Erzfeind USA einsetzen ließ.

Dass Geldscheine auch noch vor wenigen Jahren zur Verstimmung zwischen Nachbarn führen konnten, zeigten die ersten Banknoten Sloweniens. Auf den Tolar-Scheinen von 1990-1992 war der Kärntner Fürstenstuhl abgebildet (siehe Bild links). Dieser römische Säulenstumpf diente von 1286 bis 1414 der Inthronisation der Kärntner Herzöge und wird in Klagenfurt aufbewahrt. Im 7. Jahrhundert gab es tatsächlich ein slawisches Fürstentum mit dem Kärntner Zollfeld als Zentrum, es ging aber ab dem 9. Jahrhundert in der unter bairischen Grafen errichteten Grenzmark Kärnten auf. Eine historische Verbindung des slawischen Karantanien mit dem Stein ist nicht herstellbar. Die Abbildung von jenseits der Staatsgrenze gelegenen Objekten auf Geldscheinen ist wohl diplomatisch unklug, einen Anschlag auf die Kärntner Integrität konnte man daraus aber auch nicht wirklich ableiten.

„Honi soit qui mal y pense – verachtet sei, wer Schlechtes dabei denkt." –

(Devise des englischen Hosenbandordens, 1348)

Der Aufstieg der angelsächsischen Welt.

Als unter dem Begriff Münzfuß die Standards festgelegt wurden, aus welcher Menge Metall wie viele Münzen zu prägen sind, wurden die Gewichtseinheiten zu Währungsbegriffen. So war sowohl die Deutsche Mark als auch das Englische Pfund ursprünglich eine Gewichtseinheit. Ausgehend vom karolingischen Währungssystem war es das Gewicht von 240 silbernen Pfennigen, englisch Pennies. Mit „einem Pfund" meinte man also ein Pfund Penny-Münzen. Erst 1489 wurde tatsächlich eine Goldmünze im Wert von 240 Pennies und damit „ein Pfund" geprägt – der Sovereign. Ihm folgten der Unite und Guinee, geprägt aus dem Gold Guineas. Als eigene Währungsbezeichnung tritt Pfund aber erst mit den ersten englischen Banknoten auf. Als im 15. und 16. Jahrhundert die Pfennige und Pennies zu kupfernen Scheidemünzen absanken, prägte auch England größere Silbernominalen. Dem Silbertaler entsprach die Crown, dem Silberkreuzer der Shilling. Die Zusatzbezeichnung Sterling leitet sich von der alten Bezeichnung „Esterlinge" für die Kaufleute ab, die ihre Waren, auch das Silber, aus dem Osten, dem „east", brachten.

Der unaufhaltsame Niedergang der spanischen Kolonialmacht wurde vom genauso unaufhaltsamen Aufstieg Englands zur Kolonial- und Weltmacht begleitet. Sichtbares Zeichen dafür war der Untergang der spanischen Invasionsflotte 1588 im Ärmelkanal. Erst dadurch konnte England die Übermacht auf den Meeren erlangen und sein Kolonialreich in Nordamerika, Indien und Afrika aufbauen. Ab dem 18. Jahrhundert begann der Höhenflug des englischen Pfund Sterling. Gestützt auf die immensen Einnahmen aus den Kolonien, den Seehandel, manchmal auch durch schlichte Piraterie und die beginnende Industrialisierung übernahm das Pfund unangefochten die Funktion einer Weltwährung.

Großbritannien überstand die Napoleonischen Kriege, an denen Österreich beinahe zugrunde gegangen war, als Kreditgeber der antifranzösischen Allianz problemlos und war der eigentliche Kriegsgewinner. Im 19. Jahrhundert widmete sich die Insel für hundert Jahre dem Ausbau ihrer Kolonialmacht und entzog sich weitgehend den stetigen innereuropäischen Kriegen.

Trotzdem war der Weg zum einheitlichen Papiergeld gar nicht einfach. Zwar stand mit der 1694 gegründeten Bank of England schon sehr früh eine Zentralbank zur Verfügung, daneben gab es aber zahlreiche Privatbanken, die Banknoten herausgeben durften. Dieses Geld hatte allerdings nur regionalen Charakter, da 1833 die Noten der Bank of England zum alleinigen gesetzlichen Zahlungsmittel erklärt wor-

*Schottland: Formell sind England und Schottland eigene Staaten unter einem Königshaus
und einer Regierung. Beim Geld und Fußball wird diese Fiktion lebendig.*

den waren. Alleinig – nicht wirklich zutreffend: Auch die Royal Bank of Scotland
gibt noch immer Banknoten aus. Nach der Peel'schen Bankakte von 1844, Vorbild
zahlreicher späterer Notenbankstatuten, erhielt die Bank of England die Kontrolle
über den gesamten Banknotenumlauf. Es durften zwar keine neuen Konzessionen
mehr vergeben werden, aber es existierten noch 300 Emissionsbanken. Erst 1921 verlor das Haus Fox, Fowler & Co als letzte Privatbank dieses Recht.

Großbritannien war nicht nur der erste Finanzplatz der Welt, über seine Börse
wurde der Aufbau Nordamerikas finanziert, es war auch der wichtigste Industriepro-
duzent. Die enormen Weiten Amerikas forderten für ihre Erschließung neue Ver-
kehrsmittel. Nur die Eisenbahn konnte diese Aufgabe bewältigen, und England war
führender Hersteller von Schienen, Lokomotiven und Waggons. Auch Russland er-
schloss seine Landmassen mit englischen Verkehrsprodukten, die Finanzierung erfolgte allerdings über Frankreich.
Dazu kam eine stabile Regierung unter der langlebigen Königin Victoria, für Großbritannien war es das „Goldene Jahrhundert".

*Großbritannien:
Halfcrown, Silber,
Königin Victoria, 1890.*

Der Erste Weltkrieg erschütterte die wirtschaftliche
Stellung Englands nachhaltig. Großbritannien war vom
größten Gläubigerland der Erde auf einmal zum Schuldner
der USA geworden. Die Vormachtstellung des Englischen
Pfund konnte nur durch weitere amerikanische Kredite aufrechterhalten werden, bis 1931 die erste Abwertung des
Pfund seit über 200 Jahren erfolgte. War die Zwischen-

Großbritannien: Pfundnote, 1929, zwei Jahre später erfolgte die erste Währungsabwertung seit 200 Jahren.

kriegszeit noch von einem verzweifelten Ringen der britischen Regierung gekennzeichnet, die Vormachtstellung des Pfund wiederherzustellen, zerschlug sich diese Hoffnung mit dem Zweiten Weltkrieg für immer. England hatte zwar den Krieg gewonnen, aber die wirtschaftiche Vormachtstellung verloren. Zu Kriegsende war es eines der am höchsten verschuldeten Länder der Welt. Aufgrund der bemerkenswerten Entscheidung der Siegermächte, die Fehler der Vergangenheit nicht zu wiederholen, sondern die Verlierer wirtschaftlich aufzubauen und politisch in das westliche System zu integrieren, konnte es sich nicht einmal über Reparationszahlungen refinanzieren. Dazu kamen die Selbständigkeitsbewegungen in den Kolonien, die zum raschen Auseinanderbrechen des Weltreiches führten. Die Position der Weltwährung übernahm ab nun der Dollar.

„IN GOD WE TRUST!"
(Wir vertrauen auf Gott – Inschrift auf der Ein-Dollar-Note)
DER US-DOLLAR: WELTWÄHRUNG AUF ABRUF?

Von der Entdeckung Amerikas an galten die Währungen der Kolonialmächte Spanien, Frankreich und England auch in der Neuen Welt. Als 1545 in Peru die reichsten Silbervorkommen der damaligen Welt entdeckt wurden, schiffte man das rohe Edelmetall noch nach Spanien, um es hier auszuprägen, und die dort benötigten Münzen wieder über den Atlantik zu schaffen. Erst Philipp II., ließ eine Münzstätte vor Ort einrichten. Die spanischen Dolares wurden nun im Mutterland und in den Kolonien geprägt und beherrschten bald die halbe Welt bis zu den englischen Stützpunkten in Asien. Als Maßnahme gegen die monetaristische Macht der Spanier ließ Königin Elizabeth I. aus dem durch englische Piraten aufgebrachten Silber ab 1600 Münzen mit dem gleichen Gewicht schlagen und in Anlehnung an das Spanische Dollar nennen. Mit den englischen Auswanderern kamen diese Dollars in die neuen Kolonien nach Nordamerika. In den spanischen Provinzen Kalifornien, Texas und Florida waren Dolares ja schon länger im Umlauf.

Viel wichtiger für die frühen Siedler war aber der Tausch mit der Urbevölkerung. Diese wussten mit den Metallscheiben nichts anzufangen. Viel lieber hätten sie jene aus Obsidian oder Stein fabrizierten Speer- und Pfeilspitzen angeboten be-

Nordamerika: Speerspitzen aus Obsidian oder Stein waren ein bevorzugtes Tauschgut der Ureinwohner.

Nordamerika: Tabak – die bedeutendste Währung der ersten Siedlerstaaten im 17. und 18. Jahrhundert.

*Nordamerika:
1 Dollar
„Colonial Bill" der
englischen
Kolonie Maryland
1770, lautend auf
„four shillings and
six pence sterling
per dollar".*

kommen, die ihnen als Geld dienten. Die Dezimierung der ersten „Pilgrim fathers" war unter anderem auch darauf zurückzuführen, dass sie mit den durchaus friedlichen Indianern einfach nicht ins Geschäft kommen konnten. Schließlich erkannte der Siedlerführer John Rolfe, der um des lieben Friedens willen die Häuptlingstochter Pocahontas geheiratet hatte, dass er sich die Samen jener Pflanze beschaffen musste, deren Blätter die Indianer so gerne rauchten. Der spanische Tabak gedieh im Klima Virginias so unglaublich gut, dass er im 17. Jahrhundert zum wichtigsten Geld der englischen Kolonien, in Maryland 1732 sogar zum gesetzlichen Zahlungsmittel erklärt wurde. So kostete eines der 152 jungen und unverdorbenen Mädchen, die 1621 für die Kolonisten aus England gebracht wurden, stattliche 150 Gewichtspfund Tabak. Wie sehr Tabak mit Geld identifiziert wurde und noch im-

mer wird, sieht man nicht nur an der Bedeutung als Schwarzmarktwährung im Europa nach dem Zweiten Weltkrieg. Auch Lagerhausquittungen über Vorräte an Tabak oder Getreide wurden wie Geld an Zahlungsstatt weitergegeben und akzeptiert. Dagegen richteten sich zahlreiche wirtschaftliche Knebelungsgesetze des Mutterlandes, wie das Verbot der eigenen Münzprägung oder der Ausgabe solcher Quittungsscheine. Mit seinem Papiergeld-Experiment von 1690 verstieß auch Massachusetts gegen das Kolonialrecht, Pennsylvania folgte 1723. England verbot 1751 die weitere Ausgabe von Papiergeld, trotzdem brachte Maryland um 1770 Dollar-Scheine mit dem Umrechnungswert von 4 shillings 6 pence englischer Währung pro Dollar in Umlauf. Diese „Colonial Bills of Credit" verloren rasch an Wert. Schließlich wurde der wirtschaftliche Druck

*USA: 8 Dollars „Continental
Currency", Philadelphia 1776,
lautend auf „spanish milled dollars".*

Englands auf die Kolonien so stark, dass eine Gruppe Aufständischer, als Indianer verkleidet, englische Teeschiffe im Bostoner Hafen stürmte. Die Boston Tea Party von 1773 war der Startschuss für jene Revolution, die schließlich im Unabhängigkeitskrieg gegen England mündete.

Um diesen langwierigen und verlustreichen Krieg finanzieren zu können, griff auch der aufständische „Continental Congress" 1775 zum Papiergeld-Trick: dem Druck von einfach gestalteten und bald massenhaft gefälschten „Continental Currency" Scheinen, lautend auf „spanish milled dollars". Damit war der spanische Taler, der Dolaro, im Wert der alten 8-Reales-Münze praktisch zur amerikanischen Währung geworden. Bereits sechs Jahre später musste man für einen Silberdollar über 1.000 Papierdollar zahlen. In den USA hat sich die Redewendung „not worth a Continental" für etwas vollkommen Wertloses bis heute erhalten. Was blieb, ist der Name: Mit dem Coinage Act von 1792 wurde der Dollar als offizielles Zahlungs-

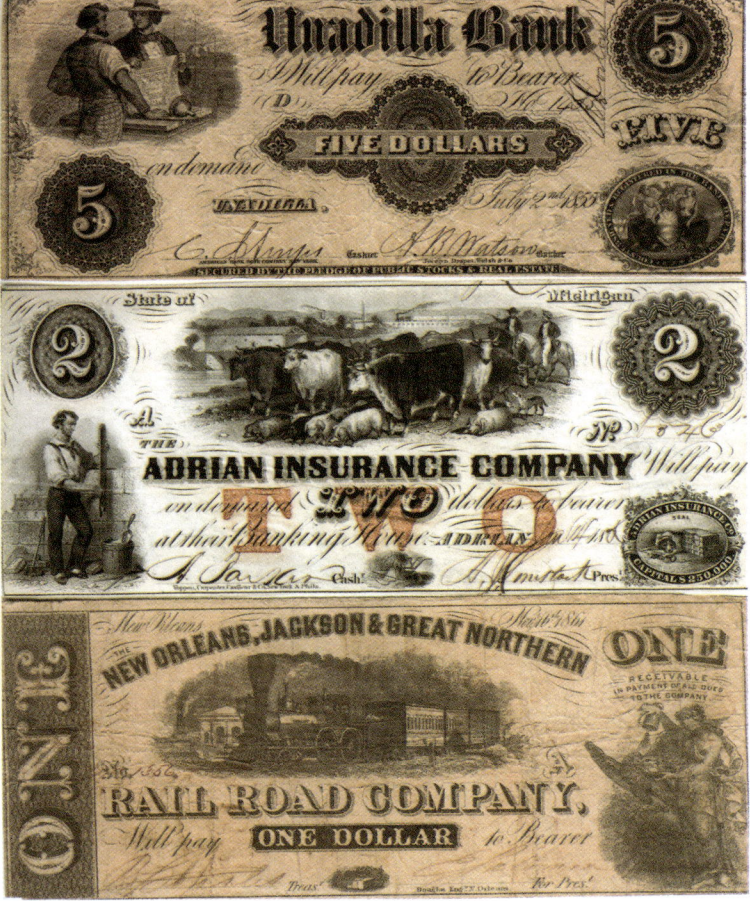

USA: „Wildcat" Dollars: Banken, Versicherungen und Firmen durften bis 1863 nach eigenem Gutdünken Geld ausgeben.

*USA, Florida:
Auch die Bundes-
staaten gaben
eigenes Geld aus.*

*Sogar der ungari-
sche Revolutions-
führer Lajos
Kossuth legte im
Exil Dollarnoten
des „Hungarian
Fund" auf.*

mittel mit fester Gold- und Silberparität eingeführt. Analog der spanischen Münzordnung zu 8, 4 und 2 Reales wurde auch der Dollar halbiert und geviertelt. Die
Scheidemünzen heißen bis heute „Halfdollar" und „Quarterdollar".

Bereits von 1781 an gaben privilegierte Banken aber auch Versicherungen und
Firmen selbst Papiergeld aus, das unterschiedlichste Motive in zumeist hoher Druckqualität zeigte. Oft genug handelte es sich um Institute von höchst zweifelhafter Bo-
nität und kurzer Existenz. Solche „wildcat"-Banken, sprichwörtlich an Orten angesiedelt, wo es mehr wilde Katzen als Menschen gab, emittierten letztlich circa 30.000
verschiedene Banknoten. Beim Zusammenbruch einer dieser Banken wurde festge-
stellt, dass einer Umlaufsumme von 648.000 Papierdollar nur 86 Silberdollar als
Deckung gegenüberstanden. Um das Durcheinander zu komplementieren, finanzierten sich auch einzelne Bundesstaaten ab 1861 durch Herausgabe von Staatspapiergeld. Allen alten Dollarnoten war aber gemeinsam, dass sie anspruchsvolle Motive
in vorzüglicher Druckqualität aufwiesen.

Um 1792 gründeten jene 24 Makler, die regelmäßig unter einem Baum an der
Stadtmauer Manhattans zusammengekommen waren, um Staatspapiere zu kaufen
und zu verkaufen, einen Verein. Das war die Geburtsstunde der bedeutendsten Börse
der Welt, der New York Stock Exchange, und der Baum stand dort, wo heute das Gebäude Wallstreet Nr. 68 steht.

Stock Exchange and Wall Street, New York.

USA, New York: Die Wallstreet folgt dem Verlauf der ehemaligen Stadtmauer Manhattens, an Stelle des Börsegebäudes stand der Baum, bei dem sich die Broker des Jahres 1792 trafen.

Neben den Spaniern im Süden und den Engländern waren auch die Franzosen Kolonialherren am nordamerikanischen Kontinent. Von Kanada, Quebec, ist es noch bekannt, aber auch New Orleans heißt nach dem Herzog von Orleans, Lousiana und St. Louis nach König Ludwig IX. dem Heiligen von Frankreich. Ähnlich wie das britische Australien wurden auch die französischen Kolonien vorzugsweise mit Strafgefangenen besiedelt. Die Dollar-Noten mussten daher zweisprachig gedruckt werden – „Ten Dollars" stand auf der englischen, „Dix Dollars" auf der französischen Seite des 10-Dollar-Scheines. Danach bekam gleich die ganze Region ihren Spitznamen „Dixieland" und so heißt heute noch die Musik von dort.

Die USA wurden nicht nur durch Eroberungen begründet, sondern auch durch riesige Landkäufe. Manhattan hatte man noch 1626 um Waren im Gegenwert von 24 Dollar erworben, für Lousiana musste man an Frankreich 1803 schon 25,4 Millionen Dollar zahlen, für Alaska an Russland 7,2 Millionen. Nach dem spanisch-amerikanischen Krieg von 1848 musste Spanien Kalifornien, Arizona, Newmexiko, Nevada, Utha, Teile Colorados und Wyomings sowie Florida gegen eine Entschädigung von 15 Millionen Dollar abtreten. Den Delawaren nahm man 1803 ganze 800.000 Hektar Land für läppische 1.000 Dollar ab, den Sioux zahlte die Regierung für die zehnfache Landfläche gerade 50.000 Dollar.

Die Spaltung des Landes während des Bürgerkrieges 1861-1865 verkomplizierte die Situation weiter. Nun gab es neben den Bank-Ausgaben noch Geldscheine der Uni-

USA, Lousiana: 10 Dollar – Dix Dollar: Die zweisprachige Banknote gab einem Landstrich und der Musik ihren Namen: Dixieland.

ted States und der Confederate States. Dies alles leistete Fälschungen Vorschub, daher wurden die Scheine sukzessive vereinheitlicht und vor allem die unzähligen Bank-Emissionen verhindert. Dem ausgeprägten privatwirtschaftlichen Denken der Amerikaner gemäß verblieb die Banknotenemission bei einigen ausgewählten Privatbanken. Die Zentralbank der USA, die Federal Reserve Bank, wurde erst 1913 gegründet.

USA: Im Bürgerkrieg war das Chaos perfekt – auch die Confederate States gaben Geld aus.

USA: 1-Dollarnoten. Oben 1928, Mitte 1957, unten 1999; mehr als ein dreiviertel Jahrhundert kaum verändert.

In ihrer Geldgestaltung sind die Amerikaner bemerkenswert konservativ. Die Vorderseite trägt die Bilder amerikanischer Politiker oder Militärs und ist schwarz gedruckt, die Rückseiten sind einheitlich grün, der Dollar heißt im Volksmund ja auch „greenback". Fälscher hatten es leicht, da die Dollarnoten alle gleich groß sind, und nur selten geändert wurden. Der Schein zu 1 $ mit George Washington wurde etwa seit 1923 kaum mehr verändert. Allerdings wird eine neue Auflage bestimmter Dollar-Werte wegen höherer Fälschungssicherheit bereits bunter gedruckt. Alle Noten ab dieser Vereinheitlichung von 1861 sind heute noch gültig!

USA: höhere Dollarnominale zum ersten Mal bunt: Oben 50 Dollar 2001, unten 50 Dollar 2004.

Mittlerweile waren die USA zur größten Industrienation aufgestiegen, wobei der Eisenbahnbau ein verlässlicher Konjunkturmotor war – allerdings weitgehend über Großbritannien finanziert. So blieb das junge Amerika bis zum Ersten Weltkrieg auch die größte Schuldnernation der Welt. Als einziger großer und wirtschaftlich potenter Staat nahmen die USA nicht schon zu Beginn am Weltkrieg teil. Obwohl nach außen hin neutral, öffneten sich sofort die Handelskanäle nach Frankreich und Großbritannien, Länder, denen man weniger aus der Kolonial- als mehr aus der Aufbauzeit engstens verbunden war. Kriegswichtiges Material um Milliarden Dollar wurde auf Kredit geliefert. Die Engländer verkauften ihre Beteiligungen und Anlagen in den USA und legten Kriegsanleihen auf. Das brachte 5 Milliarden Dollar. Als Rumänien und Russland zusammenbrachen und mit einem möglichen Sieg der Mittelmächte Deutschland und Österreich-Ungarn auch alle Kredite in Gefahr waren, entschloss Amerika sich zum Kriegseintritt. Präsident Wilson gab nach dem Krieg unumwunden zu, dass es hauptsächlich die Angst um die Kredite und weniger der deutsche U-Boot-Krieg war, der die USA zum Eintritt bewog. Allein in dem einen Jahr von Oktober 1917 bis Kriegsende brachten die USA nochmals 9,5 Milliarden Dollar zur Kriegsfinanzierung auf. In der Folge wurden die USA zum Weltgläubiger und größten Agrarexportland. Allerdings gelang es nicht, die enorm gesteigerte Kriegsproduktion geordnet in eine Friedenswirtschaft überzuführen. Die seit 1914 über-

USA: Konjunkturmotor Eisenbahn, Aktie aus 1857.

heizte amerikanische Konjunktur brach 1929 zusammen und riss buchstäblich die ganze Weltwirtschaft mit sich. Die Staatsschulden Amerikas wuchsen innerhalb von acht Jahren um mehr als 100 % von 20 Milliarden Dollar auf 42 Milliarden Dollar. Somit kostete die Weltwirtschaftskrise die USA mehr als der Erste Weltkrieg.

An Stelle des englischen Pfunds war der Dollar bereits zu Kriegsende wegen des Zusammenbruches und der Verarmung ganz Europas die Leitwährung der Welt geworden. Offiziell übernahm der Dollar diese Funktion aber erst im Jahr 1944, als er dazu von der UNO auf der Konferenz von Bretton Woods erklärt wurde und die USA die wirtschaftliche Führung der Welt übernahmen. Die Währungen der westlichen Länder sollten in festen Wechselkursen zueinander stehen. Bei Tendenzen zur Auf- oder Abwertung mussten die Notenbanken der Mitgliedsstaaten entsprechend eigene oder fremde Währung an- oder verkaufen, um den Wechselkurs der gefährdeten Währung wieder zu stabilisieren. Der Internationale Währungsfonds und die Weltbank gaben langfristige Kredite zum Aufbau der zerstörten Volkswirtschaften in Europa, die USA garantierten den jederzeitigen Umtausch von Dollars in Gold aus dem sagenhaften Depot von Fort Knox. Erst der Vietnamkrieg, den die USA natürlich auch durch die Notenpresse finanzierten, führte zu einer solchen Flut an Dollar-Scheinen, dass dieses Eintausch-Versprechen aufgegeben werden musste. Irgendwie erinnert das an Kaiser Franz I. und die Napoleonischen Kriege. Der Wert des Dollars verfiel zusehends und die Notenbanken der Partnerstaaten sahen sich bald nicht mehr in der Lage, den Dollar durch massive Aufkäufe zu stützen. Das Abkommen von Bretton Woods „starb" als ein letztes Opfer des Krieges in Vietnam. Die USA verloren damit auch ihre

Dollarähnlicher Propagandazettel nach dem Anschlag auf das World Trade Center in New York 2001 mit dem Bild Präsident George Bush'. Darunter das Geld der Staaten, die von den USA der Unterstützung des Terrors geziehen werden. Von links nach rechts: Libyen, Iran, Irak, Afghanistan, Syrien.

Rolle als Hüter der stabilsten Währung zunehmend an die Bundesrepublik Deutschland.

Noch heute wird fast die Hälfte des Welthandels in US-Dollar abgerechnet, obwohl „nur" 20 Prozent der Weltexporte aus den USA stammen – 30 Prozent des Welthandels werden also ohne Beteiligung der USA in Dollar abgewickelt, allen voran natürlich die Erdölkäufe. Als überregionale wirtschaftliche Konkurrenten aus Europa sollten sich aber bald die Währungen des klugen europäischen Kriegsgewinners Schweiz und des doppelten Kriegsverlierers Deutschland entwickeln. Nach der Euro-Einführung schien es zuerst, als ob sich die europäische Einheitswährung gegenüber dem Dollar als recht schwach erweisen werde. Anhaltende Budgetdefizite und die chronisch passive Leistungsbilanz der USA ließen den Euro aber ab 2002 zu einem wahren Höhenflug ansetzen.

Kursentwicklung des Euro zum Dollar (Wert des Euro in US-Dollar):

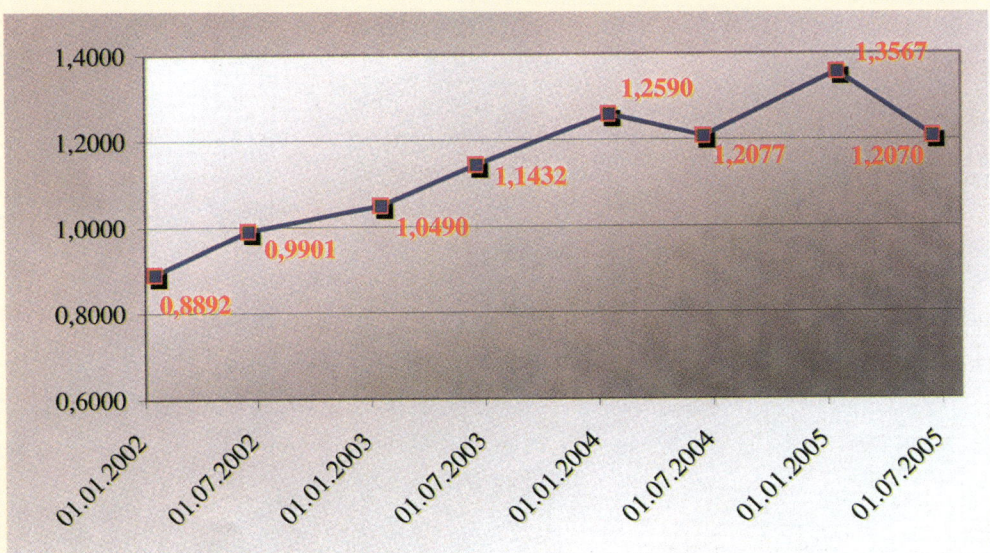

Bei seiner Einführung am 1. 1. 2002 lag der Eurokurs mit rund 0,9 $ knapp unter der ange-peilten Parität zum Dollar. Bis Anfang 2005 vertrauten die Anleger der europäischen Wirt-schaft sichtlich mehr als der US-amerikanischen. Der Euro stieg in seinem Wert gegenüber dem Dollar um mehr als ein Drittel. Was den Urlauber und Importeur freute, erschwerte die Exporte in die Dollar-Region. Der steigende Eurokurs kompensierte auch Ölpreissteigerun-gen, da Erdöl ja international in Dollar abgerechnet wird. Die seit Jahresbeginn 2005 massiv steigenden Ölpreise ließen aber auch die Öl-Verrechnungswährung Dollar wieder erstarken. Der Eurokurs liegt aber im Sommer 2005 nach wie vor erheblich über dem bei seiner Ein-führung anvisierten gleichen Umtauschverhältnis zum Dollar.

„Zu Weihnachten sind wir wieder daheim!"
(Volksmeinung bei Kriegsausbruch)

Apokalypse 1: Der Erste Weltkrieg 1914-1918

Nach dem Attentat, dem der österreichische Erzherzog-Thronfolger Franz Ferdinand und seine Frau im Frühsommer 1914 in Sarajewo zum Opfer fielen, eröffnete die Kriegserklärung Österreich-Ungarns an Serbien vom 28. Juli 1914 einen Krieg bisher ungeahnten Ausmaßes. Obwohl man in Österreich schon länger die Idee eines Präventionskrieges gegen Italien erwog, gab es keine finanzpolitischen Vorkehrungen. Noch im Juli 1914 glaubte man allgemein, dass die Soldaten „zu Weihnachten wieder zu Hause" sein werden. Bis auch die Kriegsgefangenen wieder zu Hause waren, sollte es Weihnachten 1919 werden.

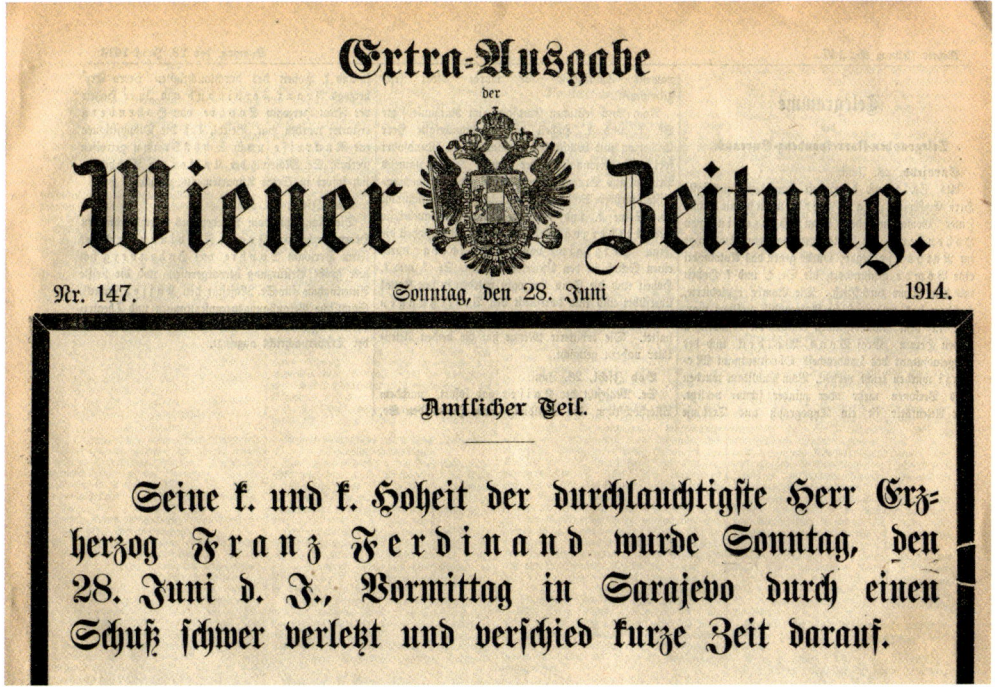

Die Ermordung des österreichischen Thronfolgerpaares in Sarajevo am 28. Juni 1914 war der unmittelbare Anlass für den Ersten Weltkrieg.

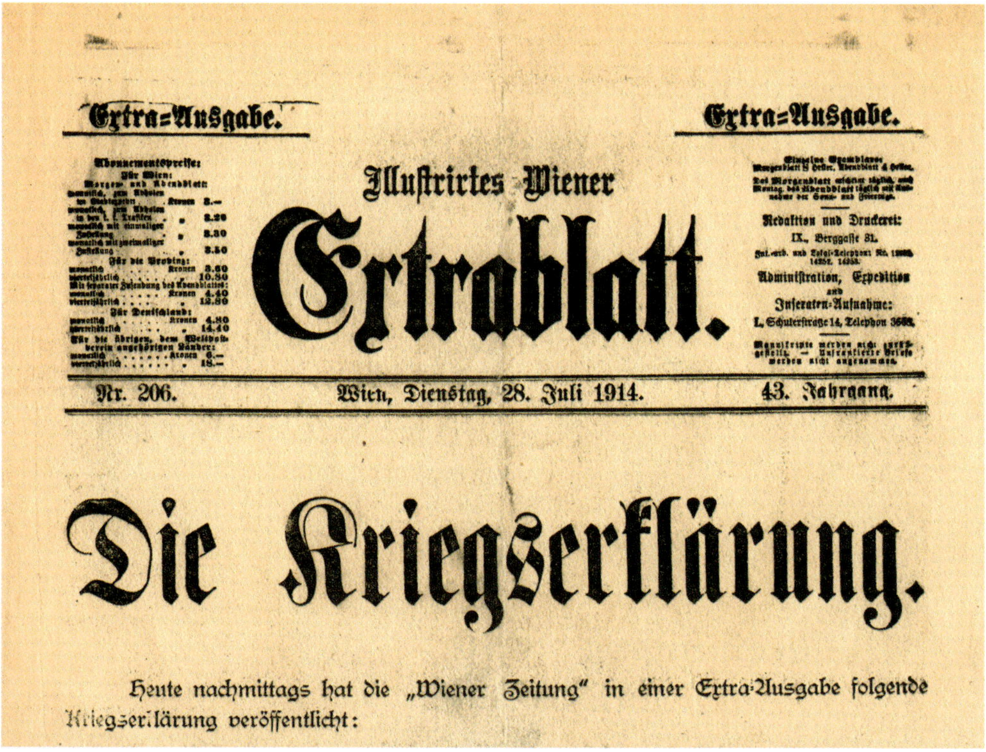

Extra-Ausgabe. Extra-Ausgabe.

Illustrirtes Wiener

Extrablatt.

Redaktion und Druckerei: IX., Berggasse 31.

Administration, Expedition und Inseraten-Aufnahme: I., Schulerstraße 14, Telephon 3688.

Nr. 206. Wien, Dienstag, 28. Juli 1914. 43. Jahrgang.

Die Kriegserklärung.

Heute nachmittags hat die „Wiener Zeitung“ in einer Extra-Ausgabe folgende Kriegserklärung veröffentlicht:

Ein Monat danach begann mit der österreichischen Kriegserklärung an Serbien der Erste Weltkrieg.

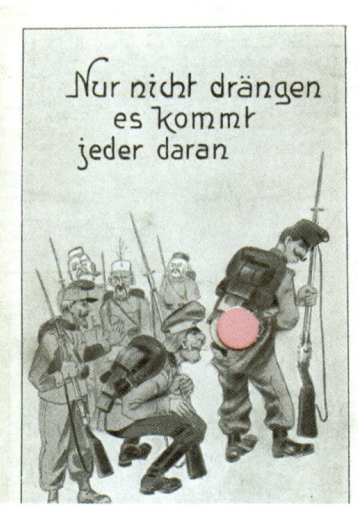

Wie finanziert man einen Weltkrieg?

Die geschätzten unmittelbaren Kriegskosten für Österreich-Ungarn betrugen 90 Milliarden Kronen, das waren 180 % des Bruttoinlandsproduktes (Kaufkraft 2004: 383 Milliarden Euro). Eine Ausgabe von Staatsanleihen im Ausland wie noch sechs Jahre zuvor für die Annexion Bosnien-Herzegowinas war durch die Verwicklung der halben Welt und den enormen Finanzbedarf aller kriegführenden Staaten kaum möglich. Generelle Steuererhöhungen wollte man wegen ihrer demoralisierenden Wirkung auf die Bevölkerung vermeiden. Eine zaghafte Kriegsgewinnsteuer auf industrielle Einkommen war gut gemeint, brachte aber nur geringe Erträge. Also mussten die sechs Finanzminister in den Jahren 1914 – 1918 andere Finanzquellen erschließen.

Gold fürs Vaterland!

Schwere Opfer heischt der uns aufgezwungene Kampf.

Sie zu bringen, ist Pflicht eines Jeden.

Begeistert tun es die Einen im Felde: Eisern ist ihr Wille zum Sieg.

Ihnen gleich wollen es halten auch wir Anderen daheim.

Entsagen, helfen, schaffen ohne Unterlaß, sei uns Allen ein heiliges Gebot.

Gedenken wir des Feindeswortes, mehren wir die goldenen Kugeln, die den großen Kampf entscheiden sollen.

Vergessen wir auch nicht unserer Helden, sorgen wir für sie und ihre Teueren.

Nachschau halten wollen wir in Schrank und Lade, und, was dort ungenützt an Gold ruht, fürs Vaterland hingeben.

Ringe, Ketten, Armbänder, Broschen, Uhren, Ohrringe, Knöpfe, Nadeln, Anhänger, Dosen, Medaillen, Münzen, Orden, Goldgeld, Goldsorten, Bruchgold usw. — Gold aller Art ist willkommen.

Dank sei Allen, die, von patriotischem Opfersinn geleitet, zu dem Hilfswerk beisteuern, das sich zur Aufgabe gesetzt, das entbehrliche Gold der Allgemeinheit nutzbar zu machen.

Wien, im Kriegsjahre 1916.

„Gold gab ich für Eisen",
Reichssammlung von entbehrlichem Gold.

Ein geringer Teil der Kriegskosten wurde durch Spenden aufgebracht.

    Einen geringen Teil konnte man durch die Spendenwilligkeit der Bevölkerung abdecken. Zuerst wurden unter dem Motto „Gold gab ich für Eisen" Wertobjekte wie Eheringe, Gold- und Silbergeschirr und Ähnliches gegen eisernen „Ersatz" ge-

Statt der schönen Silbermünzen legte man Banknoten zu 1 und 2 Kronen auf.

Die Hellermünzen aus Nickel (links) wurden durch solche aus Eisen (rechts) ersetzt.

tauscht. Je länger der Krieg dauerte, desto schwieriger wurde die Rohstoffbeschaffung an sich, sodass die Sammelaktionen weniger Finanzierungscharakter als mehr die Aufbringung nicht mehr erhältlicher Materialien zum Ziel hatten. Das Silber der Kronenstücke wurde wertvoller als die Nominale, folgerichtig verschwanden die Münzen in Laden, Kassetten und Strümpfen und mussten durch neue Banknoten zu ein

Mitbürger!

Kein Misstrauen in die Banknoten!
Heraus mit Kronen und Nickel!

Wer sein Hartgeld in dieser ernsten
Zeit dem Verkehre vorenthält
oder entzieht, schädigt die ganze
Volkswirtschaft!
Häuft keine Kronen an und gebt
sie wie sonst in den Verkehr!

Wien, am 4. August 1914.

Der Bürgermeister:
Dr. Richard Weiskirchner.

Verlag des Magistrates   Druck von Paul Gerin, Wien

Silber und Buntmetalle wurden knapp, die Bevölkerung hortete Münzen.

1 Krone Notgeld,
Czernowitz 1914.

und zwei Kronen ersetzt werden. Nachdem auch die Scheidemünzen wegen ihres Buntmetallgehaltes verschwunden waren, wurden sie wie schon 1848 durch Viertelung der kleinen Kronenscheine und durch Eisenmünzen ersetzt. Sogar die wurden in einigen Landstrichen knapp und mussten ihrerseits in den Städten Galiziens und der Bukowina, in Böhmen und Mähren und in Ungarn zeitweise durch Notgeld aus Papier ersetzt werden. Gleich nach Kriegsbeginn gab auch die Stadt Czernowitz Notgeld aus. Nach der Einnahme durch die Russen ließ der von der Besatzungsmacht eingesetzte Bürgermeister die Noten in einer Militärdruckerei weiter herstellen, allerdings mit dem russischen statt des österreichischen Doppeladlers. Bevor das Geld in Umlauf gebracht werden konnte, eroberten die Österreicher Czernowitz zurück und ließen die Noten einstampfen.

Mit Spenden und der Einziehung von Metallmünzen alleine kann man keinen Weltkrieg finanzieren, also griff man ohne Bedenken zu den Instrumenten, die aus allen Krisenzeiten wohl bekannt waren: Inlandsanleihe und Geldmengenvergrößerung. Der ersten Kriegsanleihe vom 9. November 1914, innerhalb einer Woche bereits überzeichnet, folgten 24 weitere – sieben in Österreich, 17 in Ungarn. Damit vereinnahmte der Staat direkt die Ersparnisse der Bevölkerung. Die Zeichner dieser Anleihen, zumeist aus dem Mittelstand, waren die größten Verlierer des Krieges. Zahlreiche Familien verarmten, als durch die galoppierenden Inflation der 20er Jahre diese Papiere wertlos geworden waren. Sogar die Leistungen von Lebensversicherungen wurden in Kriegsanleihen ausbezahlt. Daneben legten auch Organisationen wie das Rote Kreuz Obligationen auf, die Stadt Wien brachte im Hungerjahr 1917 noch eine Kommunalanleihe zur Verbesserung der Verkehrsanlagen und zum Bau einer Untergrundbahn auf den Markt. Die Kriegsanleihen brachten 35 Milliarden Kronen in Österreich und 18 in Ungarn, zusammen also 53 Milliarden Kronen – etwa 3/5 der Kriegskosten. Mit zunehmender Kriegsdauer ließ die Ertragskraft der Kriegsanleihen nach. Die Ver-

7. Kriegsanleihe, graphische Gestaltung durch Carl Otto Czeschka, Mitarbeiter der Wiener Werkstätte, Mitglied der Klimt-Gruppe und Lehrer Oskar Kokoschkas.

schuldung des Staates bei den Großbanken fiel dagegen mit rund 1,5 Milliarden Kronen geradezu gering aus. Daher überstanden die Banken den Krieg selbst ziemlich unbeschadet, erst der Zerfall der Monarchie, die Unfähigkeit, sich auf die damit verbundene Veränderung des wirtschaftlichen Umfeldes einzustellen und die rasende Nachkriegsinflation erschütterten den Finanzsektor in seinen Grundfesten.

Auch Deutschland finanzierte 97 Milliarden Mark, rund 60 % der Kriegskosten von 164 Milliarden Mark, durch neun Kriegsanleihen, weitere 57 Milliarden über Geldmengenausweitung und die restlichen 10 Milliarden durch zusätzliche Abgaben und Steuererhöhungen. Bei einem Durchschnittskurs von 100 Mark = 118 Kronen für die Jahre 1914-1918 ergibt das vergleichbare Kriegskosten von 195 Milliarden Kronen, mehr als doppelt so viel, als Österreich-Ungarn aufbringen musste.

Die Statuten der „Oesterreichisch-ungarische Bank" waren bereits am 4. August 1914 außer Kraft gesetzt worden. Nun konnte sich der Staat, ohne für zusätzliche Deckungen zu sorgen, bei der Nationalbank verschulden wie er wollte. Aus den Goldreserven wurden 1,3 Milliarden Kronen entnommen, waren vor dem Krieg noch 75 Prozent des Banknotenumlaufs durch Gold gedeckt, waren es zu Kriegsende läppische 0,9 Prozent. Nachdem die Goldreserven ausgeschöpft waren und die Anleihen immer weniger einbrachten, griff die Regierung immer öfter zur Banknotenpresse. Das Geldvolumen erhöhte sich von 1914 bis 1918 um mehr als das Zehnfache, waren 1914 rund 3 Milliarden Kronen im Umlauf, so steigerte sich die Summe bis 1918 auf 42 Milliarden. Nach einem „moderaten" Preisanstieg von 70 % im Jahr 1914 verdoppelten sich die Preise jährlich. Insgesamt stiegen die Preise in den vier Kriegsjahren um das Dreizehnfache. Während die Inflation bei den Alliierten zwischen 200 und 360 % betrug, musste man in Österreich für eine Ware, die im Jahr 1914 hundert Kronen kostete, zu Kriegsende 1.300 Kronen zahlen. Nur Russland

10.000 Kronen 1918.
Die Inflation betrug ab 1915 rund 100 % pro Jahr.

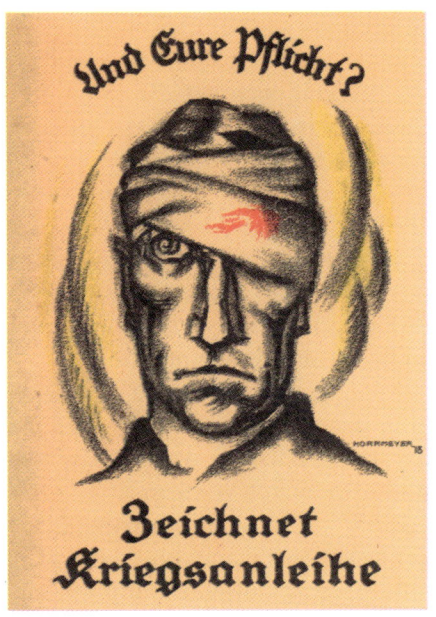

wies eine noch höhere Geldentwertung auf. Um den Zahlungsverkehr aufrechtzuerhalten, war es 1918 notwendig, eine Banknote zu 10.000 Kronen aufzulegen.

Im Jahr 1915 betrug der staatliche Unterhaltsbeitrag für eine Soldatenfrau mit zwei Kindern 95 Kronen pro Monat. Die Witwe eines Unteroffiziers mit zwei Kindern erhielt eine Pension von 45,50 Kronen, ein Gefreiter, der zwei Gliedmaßen verloren hatte oder auf beiden Augen erblindet war, eine Invalidenrente von 32 Kronen.

Nachdem Verwundete zum Alltag gehörten, setzte man sie auch in der Kriegsanleihewerbung ein.

Budget 1913 (letztes Friedensbudget)		
	in Mio. Kronen	= Mio. Euro 2004
Staatseinnahmen	3.486	14.641
Staatsausgaben	3.460	14.532
Überschuss	+26	+109
Banknotenumlauf	2.500	10.500

Quelle: Butschek: Statistische Reihen zur österreichischen Wirtschaftsgeschichte

Kosten des Ersten Weltkriegs	in Mio Kronen	= Mio Euro 2004
Österreich-Ungarn	90.000	383.000*)
Deutschland (165.000 Mio. Mark**):	195.000	830.000*)

*) Kaufkraftvergleich aufgrund der galoppierenden Inflation dieser Zeit nur grob schätzbar
**) Durchschnittlicher Wechselkurs 1914-1918: 100 Mark = 118 Kronen
Quellen: Walter Wagner in: Die Habsburgermonarchie 1848-1918, Band V;
          Sprenger: Das Geld der Deutschen

Preisvergleich	Frieden 1914	Krieg 1915	Schwarzmarkt 1918	
Ware	in Kronen	in Kronen	in Kronen	in % des Friedens-Preises
Tageszeitung	0,12	0,12	-	
1 l Milch	0,30	0,40	6,00	2.000 %
1 kg Brot	0,32	0,64	6,40	2.000 %
1 kg Mehl	0,44	0,80	25,00	5.682 %
1 kg Zucker	0,84	0,94	20,00	2.381 %
1 kg Schweineschmalz	1,90	5,00	60,00	3.158 %
1 kg Rindfleisch	1,95	4,00	30,00	1.538 %
1 kg Butter	3,20	4,80	120,00	3.750 %

Quelle: Österreichisches Statistisches Zentralamt: Die Entwicklung der Verbraucherpreise von 1900 – 1996

„WENN WIR DEM VOLKE NICHT ZU ESSEN GEBEN KÖNNEN, KRIEGEN WIR IN ÖSTERREICH NICHT NUR DIE REVOLUTION, SONDERN DEN BOLSCHEWISMUS."
(Ernährungsminister Generalmajor Landwehr an Kaiser Karl, 1918)

Zu Kriegsbeginn schöpfte man noch aus dem Vollen. Geld, Rohstoffe und Lebensmittel waren ausreichend vorhanden. Das Militär kaufte ohne besondere Qualitätskontrollen zu stark überhöhten Preisen ein, um in der Bevölkerung keine Unruhe hervorzurufen. Langsam begann die Blockade der Seewege durch die englische und italienische Flotte zu greifen. Gleichzeitig ließ der Abgang der Männer an die Front und die Beschlagnahme von Zugtieren die landwirtschaftliche Produktion um 50 % sinken.

Um Devisen für die dringenden Käufe im Ausland zu reservieren, wurde die Ausfuhr verboten und die staatliche Bewirtschaftung eingeführt. Mit Kriegsbeginn trachtete das Armeeoberkommando die Kontrolle über den gesamten zivilen Sektor zu erlangen. Die Versuche, Ministerpräsidenten Graf Stürgkh durch einen dem Militär willfährigen Politiker zu ersetzen, scheiterten an Kaiser Franz Joseph. Die Frontgebiete wurden jedoch auch in ihren zivilen Belangen der Militärverwaltung unterstellt. Bereits im September 1914 forderte Deutschland von Österreich-Ungarn die Einrichtung einer Kriegswirtschaftsverwaltung nach deutschem Muster und machte die weitere Lieferung von Rohstoffen von einer entsprechenden Umsetzung abhängig. Der Bergbau und die unmittelbar kriegswichtige Schwer- und Rüstungsindustrie sowie die Transportgesellschaften wurden direkt dem Militär unterstellt.

Patriotische Sparkassen: Dragoner, Infanterist, die Kaiser Wilhelm II. und Franz Josef I.

Die industrielle Rückständigkeit Österreich-Ungarns machte sich nun besonders bemerkbar. Der Großteil der Kriegsgüterproduktion erfolgte in kleinen und mittleren Betrieben, die schwierig zu steuern waren. Zur Bedienung kriegswichtiger Betriebe mit unverzinsten Krediten wurde schon im September 1914 eine Kriegsdarlehens-

Kriegsdarlehenskassen stellten kriegswichtigen Betrieben unverzinste Kredite zur Verfügung und gaben Kassenscheine aus, die nur von staatlichen Stellen angenommen werden mussten.

kasse gegründet. Sie gab eigene Kassenscheine aus, die von allen staatlichen Stellen angenommen werden mussten. Da für Private keine Annahmeverpflichtung bestand, stellten sie kein Geld im eigentlichen Sinn dar, wurden aber zwischen Geschäftspartnern sehr wohl an Zahlungsstatt weitergegeben und akzeptiert.

Das Kriegsleistungsgesetz ermöglichte einerseits die Inanspruchnahme ziviler Arbeitskräfte, die Beschlagnahme privaten Eigentums und die Betriebspflicht wichtiger Fabriken und unterstellte andererseits die Arbeitnehmer militärischer Aufsicht und Disziplin, die etwa auch das Verbot von Gasthausbesuchen nach acht Uhr abends umfasste. Mancherorts sind Beschwerden über besonders rüde Behandlung der Arbeiter durch die Militärverwaltung überliefert. Langsam stellte sich die gesamte Wirtschaft auf Kriegsbetrieb um. Die Arbeitszeit wurde auf bis zu zwölf Stunden verlängert, für eingerückte Männer wurden Jugendliche und Frauen eingestellt. Allerdings gab es gegen Frauenarbeit große Widerstände, da Frauen den strengen Bestimmungen des Kriegsleistungsgesetzes nicht unterlagen, wegen häuslicher Pflichten oder zur Erntezeit als „unzuverlässig" galten und ab 1917 in den Hungerdemonstrationen besonders radikal auftraten. Einen geordneten Einsatz von Frauen wie in Großbritannien oder den USA gab es nicht. Andererseits mussten 15.000 Betriebe des zivilen Sektors wegen des Ausfalls der Exporte, der geänderten Inlandsnachfrage und mangels geeigneter Arbeitskräfte sperren, so dass es zu Kriegsbeginn zu einer Freisetzung von mehr als 200.000 Arbeitskräften kam. Aufgrund der hohen Verluste an den Fronten wurden die Arbeitslosen aber bald selbst zu Rekruten oder ersetzten die Einberufenen in Fabriken und der Landwirtschaft.

Für andere wichtige Wirtschaftsbereiche richteten die Regierungen Österreichs und Ungarns insgesamt 91 Wirtschaftszentralen ein, die vor allem die Rohstoffaufbringung und -verteilung sicherzustellen hatten. Die Bedürfnisse der Armee waren jedenfalls bevorzugt zu befriedigen. Im Gegensatz zu Deutschland waren diese Zentralen privatwirtschaftlich als Gesellschaften mit beschränkter Haftung organisiert und gewährten dem Kriegsministerium ein bloßes Vetorecht. Tatsächlich erlangte aber das Militär die Oberhoheit. Zentralen wurden unter anderem eingerichtet für Bunteisenmetalle, Baumwolle und Wolle, Häute und Leder, Leinen, Hanf, Flachs, Petroleum und Gummi, Holz, Kaffee, Öle und Fette, Knochen, Zucker, Gemüse, Obst, Vieh und Fleisch. War die Aufgabe der Zentralen im ersten Kriegsjahr noch der Rohstoffimport, verlagerte sich durch die immer lückenloser werdende Blockade die Tätigkeit zunehmend auf das Inland.

Der Import- und Produktionsrückgang konnte durch eine noch so umfassende Sammlungstätigkeit im Hinterland und Substitution durch minderwertige Ersatzstoffe nicht annähernd wettgemacht werden. Ab 1917 erreichte die Versorgungskrise ein besorgniserregendes Ausmaß. Beschlagnahmungen traten an Stelle der Spendenaufrufe.

Wie Deutschland war auch Österreich-Ungarn auf dem Weg zu einer Militärdiktatur. Während in Deutschland die Generalität aber tatsächlich die Hegemonie über die Politik erlangen konnte, verhinderte Kaiser Karl dies in Österreich-Ungarn. Die

Österreich-Ungarn: Werbung für Metallsammlung 1916.

wesentlichen Schritte dazu waren die Verlegung des Armeeoberkommandos aus dem böhmischen Teschen nach Baden bei Wien und damit in die unmittelbare Nähe des Hofes, die Übernahme des Oberkommandos durch den Kaiser selbst und schließlich die Absetzung Conrad von Hötzendorfs als Generalstabschef.

Während die Lebensmittelversorgung in Ungarn relativ stabil blieb, verschlechterte sich die Lage im industrialisierten österreichischen Teil der Monarchie zusehends. Ungarn pochte auf seine wirtschaftliche Selbständigkeit, die sich ja auch in einem von Österreich getrennten Aufbau der Kriegswirtschaftsorganisation äußerte.

Ab 1915 wurden die Grundnahrungsmittel staatlich bewirtschaftet.

Unter dem Hinweis, die Armee zum überwiegenden Teil ernähren zu müssen, sperrte man sich gegen Exporte nach Österreich. Darunter litt besonders Wien, dessen Lebensmittelversorgung im Frieden hauptsächlich aus Ungarn gekommen war. Auf das rasche Ansteigen der Lebensmittelpreise reagierte der Staat mit Höchstpreisverordnungen und der Bewirtschaftung der Grundnahrungsmittel. Wucher und Schleichhandel waren jedoch an der Tagesordnung, Karl Kraus war mit seinem monumentalen Theaterstück „Die letzten Tage der Menschheit" der unbestechliche Chronist immer dramatischer werdender Zustände. Ab 1915 kam es zur Bewirtschaftung von Mehl und Brot, 1916 von Zucker, Milch, Kaffee und Fett, 1917 von Erdäpfeln und Marmelade, 1918 von Fleisch. Der über Lebensmittelkarten zugeteilte Nährwert betrug zu Beginn 1.300 Kalorien, zu Kriegsende unglaubliche 830 Kalorien. Ersatz-stoffe sollten den Hunger bekämpfen, soweit sie ohne unmittelbare Gesundheits-schäden genießbar waren. „Kriegsbrot" wurde zuerst mit Mais-, Kastanien- und Kar-toffelmehl gestreckt, später mit Eicheln, Sägemehl und Birkenrinden, Kriegsmarme-lade aus Rüben hergestellt.

Im ersten richtigen Hungerjahr 1917 nahmen die sozialen Unruhen beträchtlich zu. Demonstrationen wurden zum Teil mit Waffengewalt niedergeschlagen. Angesichts dieser Entwicklung gelang es nach drei Jahren Krieg endlich einen gemeinsamen Ernährungsausschuss für Österreich und Ungarn einzurichten, der unmittelbar dem Kaiser unterstand. Bis dahin musste der Lebensmittelausgleich zwischen dem Über-schussproduzenten Ungarn und dem hungernden Österreich in zähen bilateralen Ver-handlungen vereinbart werden. Wegen der schlechten Ernährungssituation führte man in den Rüstungsbetrieben 1917 den Acht-Stunden-Arbeitstag ein, musste diese Maßnahme aber wegen Protesten der Privatindustrie wieder zurücknehmen. Auf-grund der „körperlichen und geistigen Ermüdung", wie es hieß, verringerte sich die durchschnittliche Eisenproduktion pro Arbeiter von 308 Tonnen im Jahr 1913 auf 225 Tonnen 1917. Statt Tabak gab es eine Buchenlaub-Mischung, Anzüge wurden aus Papier gefertigt, Schuhe aus Holz. In den Hausfrauen-Zeitungen las man Anleitungen für sparsame Kochrezepte und die Verwendung von Ersatzstoffen. Universitätspro-fessoren erklärten, wie man Hei-zung spart. Aber was nützte das, wenn man 1917 sowieso erst ab dem 15. Oktober heizen durfte – und da nur ein Drittel der Woh-nung. Zur Vermeidung einer ent-sprechenden Preissteigerung bei den Mieten, die unweigerlich ei-nen bedeutenden Teil der städti-schen Bevölkerung obdachlos ge-macht hätte, führte Kaiser Karl 1917 den Mieterschutz und den Friedenskronenzins ein. Bis vor wenigen Jahren galt diese Miet-zinsordnung noch für Wohnungen, die seitdem in der selben Familie weitergegeben worden waren.

Am 26. April 1918 war Wien ohne Brotgetreide, eine Hungerka-tastrophe bahnte sich an. Der Ernährungsminister ließ daraufhin kurzerhand Mais, der auf deut-schen Donauschiffen von Rumä-

Anleitung zum Energiesparen beim Heizen und Kochen.

nien zum Verbündeten gebracht hätte werden sollen, beschlagnahmen. Die Tat rettete Wien buchstäblich vor dem Verhungern. Ab Mitte Juni konnte der Staat seine Bevölkerung nicht mehr ernähren. Am 14. Juni 1918 betrug die Getreidereserve Österreichs nur noch 430 Waggons, die Brotration musste nochmals gekürzt werden. Statt 380 Gramm Mehl wie noch 1914 standen pro Person gerade 80 Gramm zur Verfügung. Auch der Friedensschluss mit der Ukraine, euphorisch „Brotfriede" genannt, brachte keine Entspannung, da es der Ukraine gelang, die Verhandlungen zu verschleppen und Transportkapazitäten kaum noch vorhanden waren.

Im Herbst 1918 reichte die Zuteilung über Lebensmittelkarten nicht mehr zum Überleben: 830 Kalorien pro Person und Tag. Für den Winter wurden zahlreiche öffentliche Wärmestuben des „Kaiser Karl Wohl-

Anleitungen zum sparsamen Kochen.

Unverbindliche Anfrage
betreffend die Errichtung von Kriegsküchen.
An die Wiener Haushaltungsvorstände!

Kriegsküche XVIII. Schulgasse 38

Anmelde-Bescheinigung Post № 641

Name		SMEJKAL Marie
Charakter, Beruf	der angemeldeten Partei	Hausbesitzerin
Wohnort		XVIII. Kreuzgasse 49

Zahl der angemeldeten Personen: 2   Tag der Anmeldung: 9. IV.

Wien, am 11. April 1918   Der Bezirksvorsteher:

Große Teile der Wiener Bevölkerung konnten sich ab 1917 nicht mehr selbst ernähren. Öffentliche Kriegsküchen sollten das Überleben sichern und für sparsamsten Umgang mit Lebensmitteln sorgen.

Sogar auf die Rückseite von Straßenbahnfahrscheinen druckte man Kriegsrezepte.

Österreichisches Besatzungsgeld
für Venetien und Montenegro.

fahrtswerk Schutz vor Winterkälte" eingerichtet, da es dem Großteil der Wiener Bevölkerung nicht mehr möglich war, die Wohnungen zu heizen. Kein Wunder, dass
Krankheiten wie die „Spanische Grippe" verheerend unter der Bevölkerung wüteten.
Ihr fielen auch später so berühmte Künstler wie Egon Schiele oder Otto Wagner zum
Opfer. Wien war mit mehr als zwei Millionen Einwohnern besonders betroffen. Budapest litt als Hauptstadt des Agrarlandes Ungarn kaum Mangel, die anderen alle-
samt wesentlich kleineren Städte der Monarchie konnten von der umliegenden Landwirtschaft doch besser versorgt werden.

Das Überleben gelang nur durch Ausnützung jeder freien Fläche zum individuel-
len Anbau von Gemüse. Die Kleingärten, die nach der Idee des Leipziger Arztes und
Jugenderziehers Daniel Moritz Gottlieb Schreber angelegt worden waren, alle Parks
der Stadt und sogar der größte Exerzierplatz auf der Schmelz wurden parzelliert als
winzige Anbauflächen verwendet. In öffentlichen Ausspeisungen erhielten täglich
150.000 Wiener eine dünne Steckrübensuppe. Bis zum Jahreswechsel 1918/1919
verhungerten in Deutschland und Österreich-Ungarn zwei Millionen Menschen.

BESATZUNGSGELD IM 1. WELTKRIEG

Nach überaus verlustreichen Schlachten wurden zwischen 1915 und 1918 Serbien, Montenegro und Teile Venetiens von Österreich besetzt. Um in diesen Gebieten Kontrolle über die Geldwirtschaft zu erlangen, stempelte man die einheimischen

Banknoten ab, wie in Serbien und zuerst in Montenegro, oder gab eigenes Besatzungsgeld aus, wie ab 1917 in Montenegro und Venetien. Notgeld ist nur aus den besetzten italienischen Gemeinden Udine und Buia bekannt. An der Ostfront hingegen führte der russische Kriegsminister Kerenski 1917 eigene Rubelscheine für die von russischen Truppen besetzten Gebiete Ostungarns ein.

Auch das Deutsche Reich bediente sich in den von seinem Militär besetzten Gebieten eines eigenen Besatzungsgeldes. Die „Darlehenskasse der Ostbank für Handel und Gewerbe" mit Sitz in Posen gab in Russisch-Polen zweisprachige Rubelscheine aus. Nach Einrichtung eines deutsch besetzten Pufferstaates „General-Gouvernement Warschau" wurden die Rubel durch polnische Mark ersetzt. Für Rumänien stellte die „Banca Generala" mit Sitz in Berlin Lei zur Verfügung.

STRANDGUT DES KRIEGES: GEFANGENE, FLÜCHTLINGE, INTERNIERTE

Schon ab 1915 mussten auf dem Gebiet der österreichisch-ungarischen Monarchie Lager für rund zwei Millionen Kriegsgefangene, internierte verdächtige Zivilisten aus den Grenzgebieten und 760.000 Flüchtlinge eingerichtet werden. Das erste wurde in Grödig bei Salzburg errichtet. Manchmal erreichten die Lager die Größe einer Stadt mit 40.000 und mehr Insassen wie Katzenau und Kleinmünchen bei Linz. Zu Kriegsende gab es 54 Lager in Österreich-Ungarn. Kriegsgefangene, ausgenommen Offiziere, konnten gemäß der Haager Landkriegsordnung von 1907 zu Arbeiten herangezogen werden. Ihnen war dafür aber auch ein Sold auszuzahlen. Je nach Dienstgrad waren das für Offiziere täglich vier bis zehn Kronen, für Mannschaften, Chargen und Unteroffiziere sechs Heller bis vier Kronen. Barmittel, die Soldaten bei ihrer Gefangennahme mit sich trugen, wurden abgenommen und gegen einen bestimmten Kurs in Kronen eingetauscht. So erhielt etwa ein russischer Offizier für seine 1.000 Rubel genau 1.600 Kronen, ein italienischer Soldat für fünf Lire vier Kronen. Nach dem Krieg war es umgekehrt – die „erbeuteten" Südtiroler und Triestiner erhielten für zehn Kronen ganze vier Lire. Andererseits sollten Kriegsgefangene aber gar nicht über offizielle Zahlungsmittel verfügen, denn das hätte die Flucht erleichtern können. Die Lösung, eigenes Lagergeld aufzulegen, wurde bereits im Siebenjährigen Krieg zwischen Österreich und Preußen von beiden Seiten praktiziert. Es unterschied sich vollkommen von der Landeswährung und war nur in den internen Lagereinrichtungen gültig. Bereits für zukünftige Sammler gestaltete man das Geld manchmal künstlerisch sehr anspruchsvoll. Für den Umtausch größerer Geldbeträge, die etwa Offiziere bei sich trugen, gab es auch höhere Nominalen bis zu 100 Kronen. Es wurde aber auch Hartgeld ausgegeben, zum Teil sogar gelocht wie die chinesischen Käsch-Münzen, um es aufgefädelt und ohne Taschen tragen zu können. Bei der Freilassung sollten die Inhaftierten dann das Lagergeld in echte Kronen umtauschen können. Auch in Deutschland und Italien gab es eigenes Lagergeld.

*Kriegsgefangenen
Lagergeld.*

*Das erste Kriegs-
gefangenenlager in
Österreich: Grödig
bei Salzburg.*

*Kriegsgefange-
nenpost aus
Ufa/Russland
nach Wolfsberg/
Kärnten,
Juni 1915.*

„WENN DIE MONARCHIE SCHON UNTERGEHEN SOLL,
SO SOLL SIE WENIGSTENS ANSTÄNDIG ZU GRUNDE GEHEN."
(Kaiser Franz Joseph, 1914)

Von den acht Millionen österreichisch-ungarischen Soldaten waren bis November 1918 eine Million auf den Schlachtfeldern gefallen, 480.000 in Gefangenschaft gestorben, 1,9 Millionen verwundet und 1,7 Millionen in Kriegsgefangenschaft geraten. Nicht zu erfassen ist die Zahl derjenigen, die ein Leben lang an kriegsbedingten Krankheiten litten oder frühzeitig daran starben. Auf die Bevölkerung in

*Lapidare Auskunft
des Vermissten-
suchdienstes des
Roten Kreuzes:
„bisher keine
Nachricht
eingelangt",
September 1914.*

Eine Million österreichischungarische Soldaten fiel auf den Schlachtfeldern.

den heutigen Grenzen Österreichs bezogen bedeutet dies 190.000 Gefallene, 60.000 tote Zivilisten, 90.000 Kriegswitwen, 270.000 Halbwaisen und 230.000 Invalide.

Der Höhepunkt der Zerrüttung wurde aber erst nach dem Krieg erreicht.

VON DER VISION „DONAUSTAAT" ZU DEN STAATEN AN DER DONAU

Im Oktober 1918 stand das Volk im Aufruhr gegen den Hunger. Die Abgeordneten der einzelnen nationalen Gebiete der Monarchie traten erstmals seit Kriegsbeginn in Wien, Budapest, Prag, Laibach und Zagreb zusammen und riefen eigene Staaten aus. Sie beorderten ihre Soldaten zurück von der Front, um den Besitzstand gegenüber den Nachbarn, mit denen sie gestern noch in einem gemeinsamen Staat gelebt hatten, zu sichern. Nach 1.563 Tagen und dem Scheitern der letzten verzweifelten Offensiven in Italien ging der Weltkrieg mit dem Waffenstillstand von Villa Giusti am 3. November 1918 zu Ende. Rettungsversuche nützten nichts. Weder die Idee, aus der österreichisch-ungarischen Monarchie einen Bundesstaat ähnlich wie die USA zu machen noch die Vorstellung, die slawischen Völker in die Selbständigkeit zu entlassen und Österreich und Ungarn in einer Art „Donaustaat" verbunden zu halten, hatte Aussicht auf Erfolg. Für so einen zukünftigen Donaustaat wurden sogar die Banknoten schon gedruckt, aber nur die Bilder und Werte, nicht die Texte. Man wusste ja nicht einmal, welche Sprachen in diesem Visions-Staat hätten gesprochen

Die halbfertigen Banknoten-Papiere des fiktiven „Donaustaates" fanden für die österreichische Lotterie Verwendung.

werden sollen. Die wertlosen Papiere einer wertlos gewordenen Staatsidee fanden als Lose der österreichischen Klassenlotterie Verwendung. Am 11. November 1918 rief die provisorische österreichische Nationalversammlung die Republik Deutschösterreich aus. Nach 640 Jahren Herrschaft seiner Familie verzichtete Kaiser Karl auf seinen Anteil an den Staatsgeschäften, ging zuerst ins Schweizer Exil und nach zwei erfolglosen Restaurationsversuchen in Ungarn in die Verbannung nach Madeira, wo er am 1. April 1922 noch nicht 35jährig starb.

CHRONOLOGIE DES UNTERGANGES 1918–1919:

16. Juni: Am Piave scheitert die letzte Offensive der k.u.k Armee gegen Italien.

8. August: Alliierte Truppen durchbrechen die deutsche Westfront.
14. September: Kaiser Karl erlässt ohne Absprache mit dem deutschen Kaiser eine von den Alliierten abgelehnte „Friedensnote an Alle".
26. September: Tschechische und slowakische Exilanten proklamieren als „Tschechoslowakischer Nationalrat" in Paris den Staat Tschechoslowakei. Edvard Beneš wird zum Staatspräsidenten, Tomas Masaryk zum Ministerpräsidenten erklärt. Bulgarien ersucht um Waffenstillstand.
29. September: Generalfeldmarschall Hindenburg verlangt von Kaiser Wilhelm II. die Aufnahme sofortiger Friedensverhandlungen, die Westfront ist nicht mehr zu halten. Waffenstillstand mit Bulgarien.
3. Oktober: König Ferdinand von Bulgarien dankt zugunsten seines Sohnes ab.
4. Oktober: Deutschland und Österreich-Ungarn geben ein Friedensangebot auf Basis der „14 Punkte" des USA-Präsidenten Wilson ab.

6. Oktober:	Südslawen (Kroaten und Slowenen) bilden einen eigenen Nationalrat in Agram/ Zagreb.
16. Oktober:	Manifest Kaiser Karls zur Umwandlung Österreich-Ungarns in einen Bundesstaat.

17. Oktober:	Eigener slowenischer Nationalrat in Laibach konstituiert; fordert Südslawischen Staat unter Einschluss Kärntens.
18. Oktober:	Präsident Wilson lehnt das Friedensangebot ab.
21. Oktober:	Die deutschsprachigen Abgeordneten des zuletzt 1911 gewählten österreichischen Reichsrates erklären sich zur „Provisorischen Nationalversammlung Deutschösterreichs". Als Präsidium fungieren die Parteiobmänner Dr. Dinghofer für die deutschnationalen, Jodok Fink für die Christlichsozialen und Karl Seitz für die Sozialdemokraten und der Präsident des alten Reichsrates Dr. Waldner.

Das Präsidium erlässt eine „Proklamation an das deutschöster-reichische Volk", wonach Deutschösterreich alle deutschsprachigen Gebiete der Monarchie umfassen solle. Die zukünftige Staatsform wird nicht erwähnt.

22. Oktober: Rücktritt der kaiserlichen Regierung unter Ministerpräsident Hussarek.

24. Oktober: Italien eröffnet Offensive gegen österreichisch-ungarische Piave-Front.

26. Oktober: Kaiser Karl löst das Bündnis mit Deutschland.

27. Oktober: Friedensersuchen Österreich-Ungarns an die USA; letzte kaiserliche Regierung unter Heinrich Lammasch gebildet; Friedensersuchen der Türkei.

29. Oktober: Der Nationalrat in Agram/ Zagreb ruft eigenen südslawischen Staat aus, darauf ruft die ungarische Regierung ihre Truppen von der Südwestfront zurück, um die Einheit Ungarns zu sichern. Teilweise Räumung der Front. Deutschsprachige Abgeordnete Südböhmens konstituieren einen „Südböhmischen Nationalrat" und erklären den Beitritt zu Deutschösterreich.

30. Oktober: Provisorische Nationalversammlung Deutschösterreichs nimmt die von Karl Renner ausgearbeitete Verfassung an und wählt einen Staatsrat unter Dinghofer für die Deutschnationalen, Hauser für die Christlichsozialen und Seitz für die Sozialdemokraten. Deutschösterreich wird zum Teil der deutschen Republik erklärt.

31. Oktober: Staatsrat ernennt erste deutschösterreichische Regierung unter Staatskanzler Dr. Karl Renner. Heinrich Lammasch übergibt als letzter kaiserlicher Ministerpräsident die Regierungsgewalt an Karl Renner. Regierung erklärt als Staatsfarben „Rot-weiß-rot" statt

„Schwarz-Gelb“. Ungarische Regierung unter Graf Karolyi verkündet Trennung von Habsburg, Ungarn bleibt aber Königreich.

1. November: Österreichischer Staatsrat beschließt Gründung einer „Volkswehr“ aus Freiwilligen.

2. November: Serbische Truppen besetzen Laibach; Italiener Triest und Trient.

3. November: Waffenstillstand zwischen Österreich und den Alliierten vereinbart.

4. November: Italienische Truppen fühlen sich erst nach 24 Stunden zur Einhaltung des Waffenstillstandes verpflichtet. Binnen dieser strittigen 24 Stunden erfolgt die Gefangennahme hunderttausender österreichisch-ungarischer Soldaten. Revolte der deutschen Marine in Kiel.

5. November: Bayrische Truppen besetzen vorübergehend Teile Tirols und Salzburgs.

7. November:	Italiener besetzen Bozen, Vormarsch zum Brenner. Revolution in München, Flucht des bayrischen Königs.
9. November:	Provisorische Nationalversammlung Österreichs ordnet Demobilisierung der Armee an. Abdankung Kaiser Wilhelms des II. von Deutschland bekanntgegeben.
10. November:	Kaiser Wilhelm flüchtet nach Holland.
11. November:	Kaiser Karl verzichtet auf seinen Anteil an den Regierungsgeschäften. Deutschland unterzeichnet Waffenstillstand mit Alliierten. Bayrische Truppen ziehen sich aus Tirol und Salzburg zurück. Gründung der Republik Polen unter Marschall Pilsudski mit Anschluss Galiziens. Rumänische Truppen marschieren in der Bukowina ein.
12. November:	Vormittags letzte Sitzung des kaiserlichen Reichsrates, Vertagung „auf unbestimmte Zeit". Nachmittags Sitzung der provisorischen Nationalversammlung, nimmt „Gesetz über die Staats- und Regierungsform Deutschösterreichs" einstimmig an, damit Gründung der Republik Deutschösterreich.

14. November:	Ausrufung der Tschechoslowakischen Republik in Prag, Wahl Masaryks zum Präsidenten.
16. November:	Revolution in Ungarn, Ausrufung der Volksrepublik unter Graf Karolyi.
20. November:	Italienische Truppen besetzen Innsbruck.
28. November:	Die Bukowina schließt sich an Rumänien an.
29. November:	Tschechisches Militär besetzt Grenzgebiete zu Österreich und verhindert damit de facto einen Anschluss der deutschsprachigen Gebiete Böhmens und Mährens.
1. Dezember:	Zusammenschluss des südslawischen Staates der Kroaten, Slowenen, Bosnier und Herzegowiner mit Serbien und Montenegro zum „Staat der Serben, Kroaten und Slowenen, nach der Bezeichnung der Völker in der Landessprache Srbija, Hrvatska, Slovenija „SHS-Staat" genannt.

24. März 1919: Kaiser Karl muss Österreich verlassen, Exil in der Schweiz.

10. September 1919: Unterzeichnung des Friedensvertrages von St. Germain nahe
Paris. Damit werden die heutigen Grenzen Österreichs mit Ausnahme Kärntens und des Burgenlandes fixiert.

Das „Neuigkeits-Welt-Blatt" stellte das zukünftige Deutschösterreich im Mai 1919 nach Plänen der Siegermächte noch ohne das Burgenland und mit einer nach Norden verschobenen Südgrenze auf der Linie Hermagor-Villach-Klagenfurt dar. Dafür wurde aber das Gebiet von Marburg/Maribor nach Norden und Osten noch Österreich zugerechnet.

„Der Rest ist Österreich"

(Georges Clemenceau, französischer Ministerpräsident).

Der am 10. September 1919 im Pariser Vorort St. Germain unterzeichnete Friedensvertrag fixierte die Ende 1918 erfolgte Auflösung der Donaumonarchie und insbesonders der österreichischen Staatshälfte. Böhmen und Mähren wurden inklusive der deutschsprachigen Gebiete zu Kernländern der neuen Tschechoslowakei. Galizien ging an die neue Republik Polen, die Bukowina an Rumänien. Die Untersteiermark und Krain schlossen sich unter dem Namen Slowenien genauso an den Siegerstaat Serbien an wie Bosnien und Herzegowina. Triest und der schmale Streifen von Monfalcone bis Tarvis, das Trentino, und – besonders bitter – ganz Südtirol bis zum Brenner waren der Lohn Italiens für den Kriegseintritt 1915. Ungarn war ja bereits seit 1867 ein selbständiger Staat, wurde aber im Friedensvertrag von Trianon radikal beschnitten. Die Slowakei ging an die neue tschechische Republik, Siebenbürgen an Rumänien, Kroatien an den neuen SHS-Staat unter Führung Serbiens und

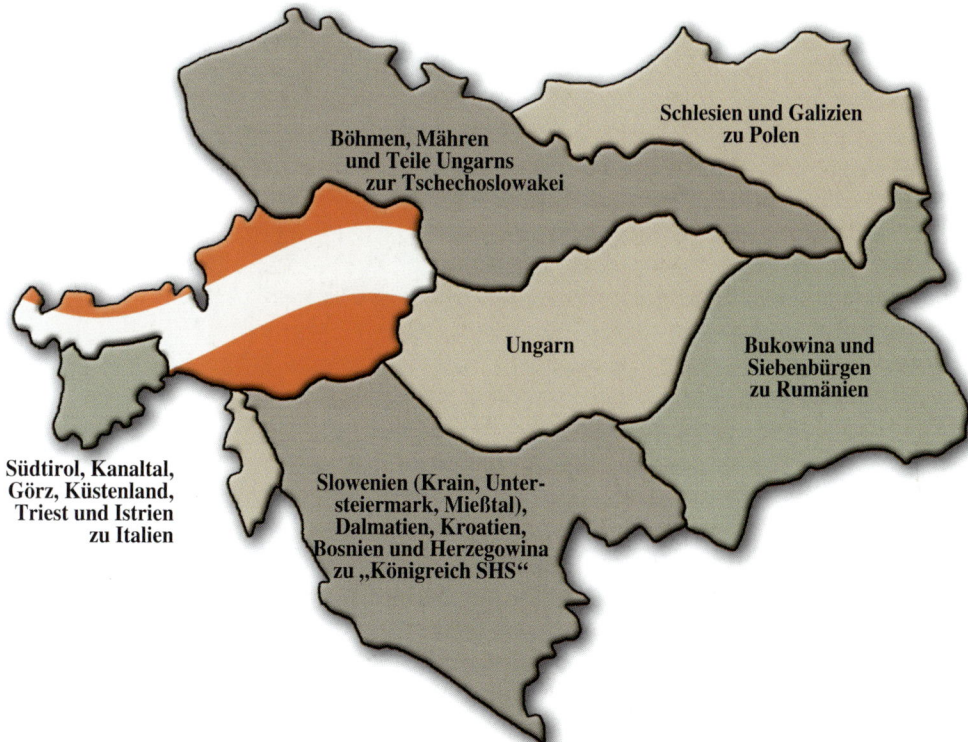

Oktober/ November 1918: Das Reich zerbricht.

*Der Sozial-
demokrat
Karl Seitz
war einer der
Präsidenten
der Proviso-
rischen
National-
versammlung
und danach
Bürger-
meister
von Wien.
Das Bild
stellt Seitz
als Lehrer
dar, der sei-
nen Schülern
ihr klein ge-
wordenes
Heimatland
erklärt.*

das deutschsprachige Westungarn mit Ausnahme des Ödenburger Gebietes als Burgenland an Österreich. Schon im Dezember 1918 hatten deutschsprachige Ungarn die
„Republik Heinzenland" in Mattersburg ausgerufen, wofür sich ungarische Nationa-
listen mit der Proklamation des „Leithabantes" um Oberwart revanchierten. Schließlich musste Ungarn sich doch den Bestimmungen des Friedensvertrages von Trianon
entsprechend 1921 aus Deutschwestungarn zurückziehen. Im Gegenzug hatte Österreich eine Volksabstimmung in Ödenburg und weiteren acht Landgemeinden zu

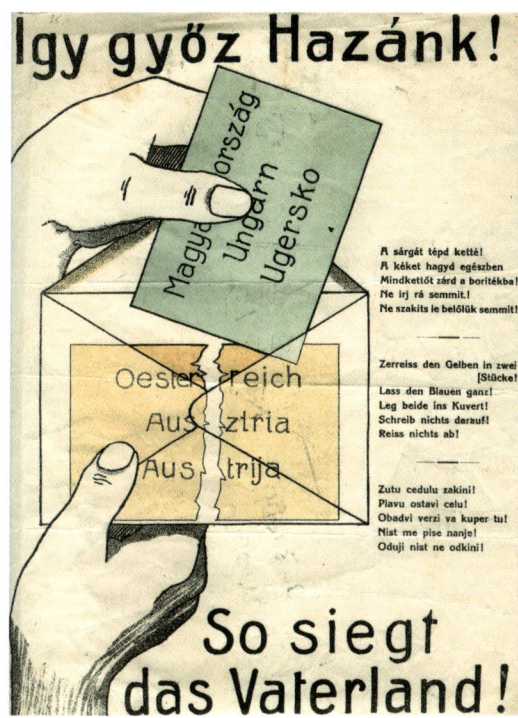

Ödenburger Abstimmung 1921: Österreichische und ungarische Propaganda.

akzeptieren, die aufgrund der massiven Verschiebung abstimmungsberechtigten Militärs in die Gegend zugunsten Ungarns ausfiel.

Jugoslawische Truppen hatten gegen militärischen Widerstand der Bevölkerung das südliche Kärnten besetzt. In einer Volksabstimmung von 1920 entschied sich die Mehrheit in den umstrittenen Gebieten für einen Verbleib bei Österreich. Nur in diesem kleinen Teil der Konkursmasse Österreich-Ungarn wurde die idealistische Forderung des amerikanischen Präsidenten Woodrow Wilson vom „Selbstbestimmungsrecht der Völker", einer seiner berühmten 14 Punkte, Wirklichkeit. Die Wünsche der Südtiroler, der Deutschsprachigen in Böh-

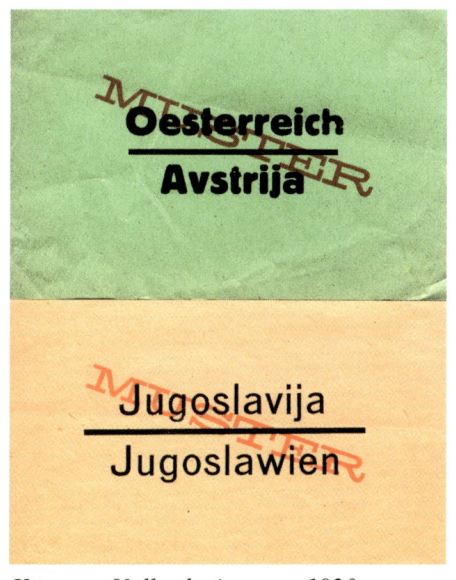

Kärntner Volksabstimmung 1920: Österreichischer und jugoslawischer Stimmzettel.

men, Mähren und Ödenburg, aber auch der Ungarn in der Slowakei und in den an Rumänien und das neue Jugoslawien abzutretenden Gebieten wurden nicht einmal ignoriert. Nachdem alles aufgeteilt war, befand der französische Ministerpräsident Georges Clemenceau: „L'Autriche, c'est ce qui reste – Österreich, das ist der Rest." Damit erreichte unser Land die Größe, die es etwa vor 1526 hatte, als die Habsburger sich anschickten, infolge ihrer genialen Heiratspolitik Böhmen, Mähren und Ungarn zu erben. Die Bevölkerung dieser neuen Republik Deutschösterreich zerfiel politisch in drei Gruppen: die katholisch-konservativ-monarchistische, die Österreich erhalten wollte; die deutsch-nationale, die Österreich aus nationalen Gründen an Deutschland anschließen wollte, und die Sozialdemokraten, die ihre Zukunft in einem sozialistisch regierten Deutschland sahen.

Die Vorarlberger entschieden sich 1919 zu 80 Prozent für einen Anschluss an die Schweiz. Allerdings lehnte diese nach dem Hinweis der Wiener Regierung, die Schweiz müsse dann auch den auf Vorarlberg entfallenden Anteil an den Kriegsschulden Österreichs übernehmen, dankend ab und Vorarlberg erhielt den Spottnamen „Kanton übrig". Auch Liechtenstein löste die zweihundertjährige enge Bindung an Österreich und wandte sich der Schweiz zu. Tirol erwog die Gründung eines eigenen Freistaates, als sich Italien aber bezüglich der Annexion Südtirols unerbittlich zeigte, blieb es doch bei Österreich. Schließlich führte die Tiroler Landesregierung 1921 eine Volksabstimmung über den Anschluss an Deutschland durch – 144.342 Menschen votierten für Deutschland, ganze 1.794 für Österreich. Auch in Salzburg entschieden sich 99 Prozent der Bevölkerung gegen Österreich. Für die Finanzierung dieser Volksabstimmung ließ die Landesregierung eigenes Geld drucken, es aber dann doch nicht ausgeben. Eine weitere Volksabstimmung in der Steiermark wurde untersagt, und letztlich verboten die Siegermächte, vor allem Frankreich, kategorisch jede Anschlussbewegung. Deutschland als Kriegsverlierer sollte nicht durch einen

Notgeldschein zur Finanzierung der Volksabstimmung in Salzburg 1921, nicht ausgegeben.

Ehemalige Tafel am Salzburger Rathaus zur Erinnerung an die Volksabstimmung 1921.

Gebietsgewinn belohnt werden. Das „Deutsch" musste aus dem Staatsnamen „Republik Deutsch-Österreich" gestrichen werden. Der „Staat, den keiner wollte" (Hellmut Andics) war geboren.

FÜNFZIG MILLIONEN MENSCHEN UND ZWEIUNDVIERZIG MILLIARDEN KRONEN SUCHEN EINE HEIMAT

Manche österreichischen Politiker hofften um die Jahreswende 1918/1919 noch auf die Möglichkeit, einige der Nachfolgestaaten der Monarchie in einer Art „Donauföderation" unabhängiger Staaten mit gemeinsamer Währung und Wien als „übernationalem Zentrum" zusammenfassen zu können. Aber die Tschechen hatten ja schon längst ihre Exilbewegungen, die von den USA aus auf die Zerschlagung der Monarchie und Gründung eigener Nationalstaaten hingearbeitet hatten. Auch Ungarn wollte seinen eigenen nationalen Weg gehen, Kroatien sich hingegen vom Jahrhunderte langen Joch Ungarns trennen und gemeinsam mit Slowenien und Dalmatien einen eigenen Staat gründen, zu dem es aber wiederum aus Angst vor einer italienischen Annexion nicht kam. So suchte man Schutz beim anderen siegreichen Nachbarn: Serbien.

Entgegen diesen Zentrifugalkräften hoffte die „Oesterreichisch-ungarische Bank", die Währungsunion zumindest zwischen Österreich, Ungarn und der Tschechoslowakei aufrechterhalten zu können. Immerhin verfügte sie ja über ein funktionierendes Filialnetz und die einzige Banknotendruckerei der Monarchie stand in Wien. Es war aber nur eine Frage der Zeit, bis der Nationalismus über alle wirtschaftlichen Gründe siegte und die Nachfolgestaaten auch eigene Währungen unter der Aufsicht eigener Nationalbanken einführen wollten. Dabei standen sie vor einem großen Problem: Durch die Kriegsinflation gab es Unmengen österreichisch-ungarischer Kronen-

Z. $\frac{1784}{VI}$ 18.

Aufruf
zur pünktlichen Steuer- und Gebührenzahlung.

Mit Bezug auf die Kundgebung des deutschösterreichischen Staatsrates vom 14. November 1918, betreffend die unbedingte Notwendigkeit der ungestörten fortlaufenden Steuerzahlung, wird die Bevölkerung der deutschen Steiermark im Hinblicke auf die großen Anforderungen, die gerade in der jetzigen und der nächsten Zeit an die Finanzen Deutschösterreichs gestellt werden, auf ihre vaterländische Pflicht zur ungesäumten und pünktlichen Entrichtung aller fälligen Steuern, Gebühren und anderen öffentlichen Abgaben aufmerksam gemacht.

Ist die Steuerschuldigkeit für das laufende Jahr noch nicht vorgeschrieben, so ist die Zahlung nach der Vorschreibung des Vorjahres zu leisten.

Alle Leistungen werden einzig und allein den Bedürfnissen des deutschösterreichischen Staates zugeführt, die sich vervielfacht haben, wenn auch nur Ausgaben gemacht werden, die unvermeidlich sind.

Deshalb soll niemand Zwangsmittel abwarten, sondern frei, rasch und pünktlich seine Verpflichtungen dem Vaterlande gegenüber erfüllen.

Finanz-Landesdirektion
Graz, am 22. November 1918.

Auch der junge Staat braucht Geld: Aufforderung zur Steuerzahlung vom November 1918.

Noten in den jeweiligen Gebieten. Da unmittelbar nach Kriegsende in den Nachfolgestaaten keine Banknotendruckereien eingerichtet waren, konnte man die alte Währung auch nicht sofort außer Kraft setzen. Um nun ein spekulatives Verschieben dieser rund 42 Milliarden Kronen zwischen den Staaten zu verhindern, ging als erstes das neue Jugoslawien zu Jahresbeginn 1919 daran, die alten österreichisch-ungarischen Geldscheine zu erfassen. Dazu stempelten Finanz-, Gemeinde- und Zollämter 4,8 Milliarden umlaufender Kronen. Als im Staatvertrag von St. Germain die Kennzeichnung aller Kronenscheine angeordnet wurde, erklärte Jugoslawien die erste Abstempelung für ungültig und die Scheine für verfallen. Allerdings nahm Rumänien noch alle Kronennoten an und so konnte die Bevölkerung doch einen Teil ret-

Währungstrennung: In den Nachfolgestaaten wurden die österreichisch-ungarischen Kronenscheine durch Markierung zu nationalem Geld gemacht. Unmarkierte Noten wurden für wertlos erklärt.

ten. Ab November 1919 verfügte die Regierung eine neue Markierung, diesmal mit aufzuklebenden Marken. Gleichzeitig fixierte man den Umtauschkurs von vier Kronen für einen Dinar. Nachdem dieser Kurs auf die Dinarscheine aufgedruckt worden war, zogen die jugoslawischen Behörden bis zum Frühjahr 1920 die Kronenscheine endgültig aus dem Verkehr.

Die Tschechoslowakei hatte keine eigene Währung, doch die österreichischen Hoffnungen auf einen bleibenden Verbund zerschlugen sich rasch. Ab Februar 1919 mussten auch hier alle höheren Krone-Werte markiert werden, wobei gleich eine Vermögensabgabe eingehoben wurde. Die „Oesterreichisch-ungarische Bank" wurde im März zugunsten eines „Bankamtes des tschechoslowakischen Finanzministeriums" ihrer Aufgabe als Notenbank enthoben und gleich darauf die Tschechoslowakische Krone als neue Währung eingeführt. Abgestempelte österreichisch-ungarische Kronen blieben aber weiterhin gültig. Die Edelmetalldeckung erfolgte zu einem Teil auch durch 45 Millionen Goldkronen aus den Beständen der „Oesterreichisch-ungarischen Bank".

In Galizien konnte die „Oesterreichisch-ungarische Bank" bis April 1919 ungehindert arbeiten, bis der polnische Ministerrat die Beschlagnahme des Vermögens der Filialen anordnete und der „Polnischen Landesdarlehensbank" übergab. Dem nur ganz kurzfristig gültigen Zloty folgte die Polnische Mark/Marek als Währung. Polen war so wie Österreich, Deutschland und Ungarn das Opfer einer Hyperinflation. Im Zuge der Stabilisierung 1924 wurde wieder der Zloty eingeführt.

Italien riegelte die besetzten Landesteile ab und tauschte die Kronenbestände sofort gegen Lire ein. Das verordnete Eintauschverhältnis von vier Lire für zehn Kronen war derart ungünstig, dass später doch eine Kurskorrektur auf sechs Lire erfolgte. Schwieriger war der Umtausch des Münzgeldes, da die österreichischen Heller ja erst zu Centesimi umgeprägt werden mussten. Daher akzeptierten die Besatzer einen Kurs 1:1, für hundert Kronen in Scheinen bekam man nur vierzig Lire, für hundert Kronen in Heller-Münzen aber hundert Lire. Das führte zu regem Münzschmuggel von Nord- nach Südtirol und einer Kleingeldknappheit in Westösterreich.

Der nationalistische italienische Dichter Gabriele d'Annunzio besetzt die Hafenstadt Rijeka/ Fiume 1919 mit einer Gruppe von Freischärlern. Im Vertrag von Rapallo wurde sie 1920 zum Freistaat und musste ihre Geldangelegenheiten daher selbst regeln. Die Stadtregierung stempelte also österreichische Banknoten mit „Città di Fiume".

Im ehemals deutsch besetzten Rumänien war die Vorkriegswährung durch Lei der Banca Generala in Berlin ersetzt worden. Daneben kursierten russische Rubel und infolge der erheblichen Gebietsabtretungen Ungarns und der Bukowina auch österreichisch-ungarische Kronen. Nachdem die rumänische Nationalbank wieder eigene Lei auszugeben begonnen hatte, wurde der Kurs gegenüber der Krone mit 2 Kronen zu 1 Lei festgesetzt. Rumänien nahm alle Kronen, gestempelt oder ungestempelt, aus allen Nachfolgestaaten an, bis es im August 1920 selbst zur Abstempelung überging. Dabei wurden 40 % des Wertes einbehalten und in Forderungen gegen den Staatsschatz umgetauscht. Als diese Forderungen eingelöst wurden, kam es zu rascher Inflation und statt 2 Kronen musste man nur noch 30 Heller für einen Lei zahlen.

In Ungarn konnte die „Oesterreichisch-ungarische Bank" ursprünglich ihren Geschäften weiter nachgehen, bis im März die kommunistische Räteregierung Belá Kuns die Macht übernahm. Da die Banknotenbestände der Budapester Filiale gering gewesen waren, ließ die Revolutionsregierung im Frühjahr 1919 kurzerhand vier Milliarden Kronen mit den in der Filiale aufgefundenen Druckplatten der 25- und 200-Kronen-Scheine nachdrucken. Kleinere Scheine wurden fotomechanisch ver-

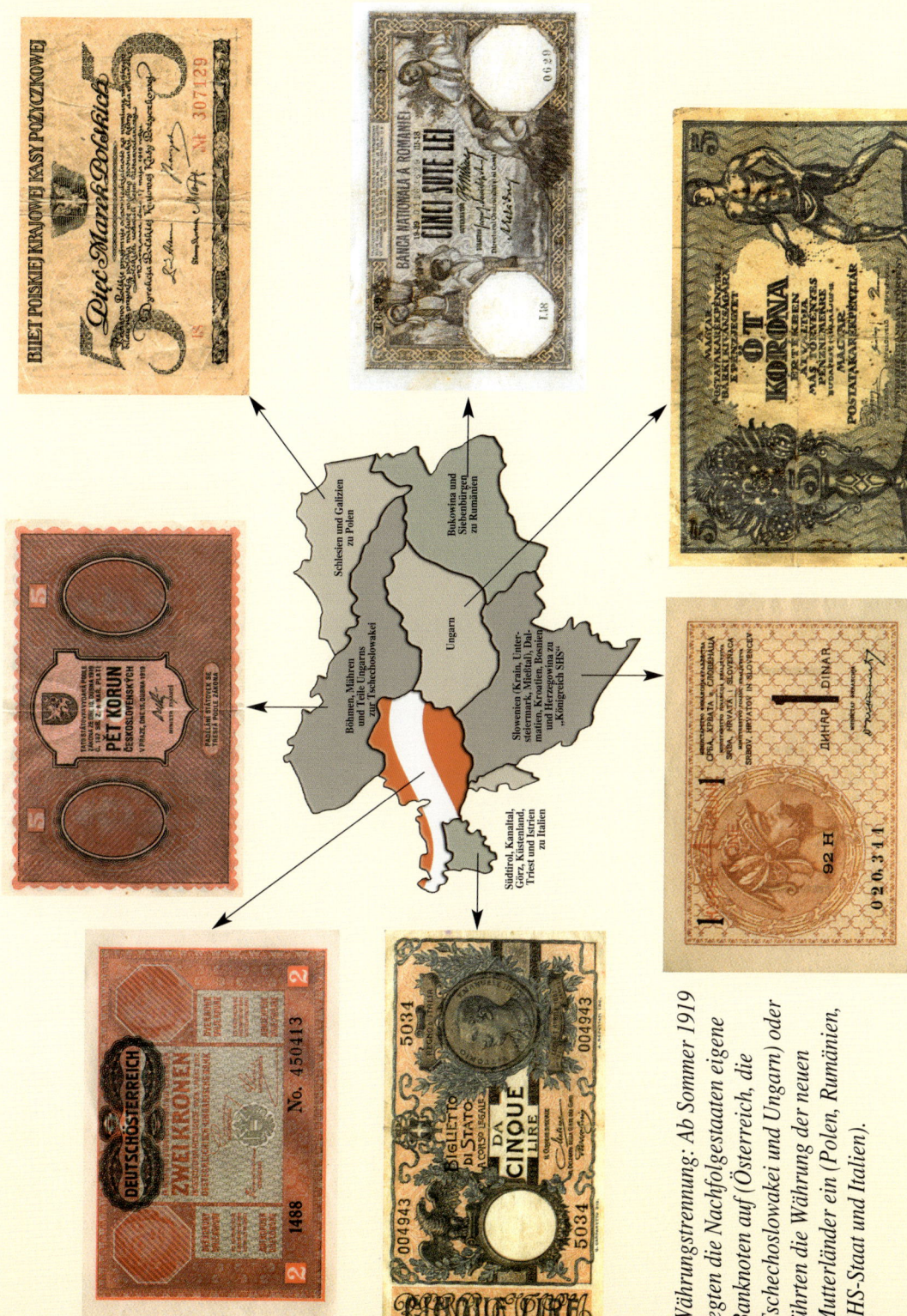

Währungstrennung: Ab Sommer 1919 legten die Nachfolgestaaten eigene Banknoten auf (Österreich, die Tschechoslowakei und Ungarn) oder führten die Währung der neuen Mutterländer ein (Polen, Rumänien, SHS-Staat und Italien).

vielfältigt. Rechtlich gesehen war dies Betrug und Geldfälschung, da die „Oester-reichisch-ungarische Bank" nach wie vor für die illegal vergrößerte Geldmenge garantieren musste. Parallel dazu wurde die Ungarische Postsparkasse ermächtigt neue Kronen-Noten auszugeben. Nach dem Ende der Herrschaft Belá Kuns kursierten zwar die nachgedruckten Scheine weiterhin, aber die alten Banknoten wurden abgestempelt, wobei gleich eine Vermögensabgabe von 50 % eingehoben wurde. Die völlige Trennung von der österreichischen Währung erfolgte mit der Gründung einer ungarischen Notenbank im August 1921. Auch Ungarn blieb weiter bei der alten Währungsbezeichnung und wurde Opfer einer rasenden Inflation, die sogar ärger war als die österreichische. Die Stabilisierung gelang wie in Österreich 1924 und nun erfolgte der Ersatz der Korona durch den Pengö. Eine Million Korona, die höchste in Ungarn ausgegebene Nominale, war nun 80 Pengö wert. Die Einführung des Forint erfolgte erst 1946.

Nachdem zu Jahresbeginn 1919 die Nachfolgestaaten ihre Bestände an Kronen zu markieren anfingen, musste auch Österreich die alten Geldscheine einziehen. Die Gefahr, dass nun alle unmarkiert gebliebenen Banknoten nach Österreich fließen würden, war einfach zu groß. Von Februar bis März 1919 wurden rund fünf Milliarden alte Kronen der Nominalen zwischen 10 und 10.000 Kronen gegen solche mit dem roten Aufdruck „Deutschösterreich" ausgetauscht. Spätere Neuausgaben der kleinen Noten zu einer und zwei Kronen trugen einen grünen Aufdruck. Aus Misstrauen und zwecks Spekulation brachte aber die Bevölkerung nicht alle Noten zum Umtausch, da etwa in Zürich Anfang 1919 die ungestempelten Noten aus unerfindlichen Gründen höher notierten als die gestempelten. Da aber die Umtauschaktionen abgeschlossen waren, und ungestempelte Noten nirgends mehr als Zahlungsmittel angenommen wurden, waren sie völlig wertlos. Nun wurden in großem Stil die eher einfach gehaltenen ungarischen und österreichischen Überdrucke auf den 100, 1.000 und 10.000 Kronen-Noten gefälscht. Um der dadurch entstehenden großen Unsicherheit zu begegnen, musste nun die Echtheit der Stempel mit Zusatzstempeln bestätigt werden. Scheine mit unechten Stempeln wurden markiert und durch Lochung entwertet. Um dieses Chaos doch einigermaßen zu ordnen, gab die „Oesterreichisch-ungarische Bank" im Dezember 1919 neue 100, 1.000 und 10.000 Kronen-Scheine aus, wobei auf dem 100-Kronen-Schein statt der ungarischen Seite auf beide Seiten der deutsche Text gedruckt wurde. Für die Werte zu 1.000 und 10.000 Kronen wurden die Rückseiten völlig neu gestaltet. Zu Kriegsende war auch die Banknotendruckerei nicht mehr in der Lage, den inflationsbedingten Anforderungen zu genügen. Nachdem mangels Bargeld fallweise auch Schecks nicht mehr eingelöst werden konnten, gingen einige Gemeinden wieder zur Herausgabe von Notgeld über. Parallel dazu gab es in einzelnen Gebieten der ehemaligen Monarchie wieder Münzgeldmangel. Vor allem in Böhmen, aber auch in verschiedenen Orten zwischen Temesvar und Bozen mussten vermehrt Notgeld-Zettel ausgegeben werden, was die neuen Machthaber in den Nachfolgestaaten als Eingriff in das Geldmonopol bald untersagten. In Österreich akzeptierte das Finanzministerium diese Notmaßnahme und empfahl den Ländern,

*Nach der Abstempelung wurden Stempel gefälscht, um die Noten nicht verfallen zu lassen.
Oben: Österreichischer 1.000 Kronenschein mit Zusatzstempel „ECHT". Unten: Ungarischer 1.000 Kronenschein mit Zusatzstempel: „…als unecht befunden".*

Gemeinden und sogar Wirtschaftsbetrieben bis hin zu Gaststätten und Trafiken Notgeld auszugeben. Die Notgeldscheine hatten zwar Merkmale des Papiergeldes wie Emissionsdatum und Unterschriften, trotzdem unterschieden sie sich in Größe und Aufmachung deutlich von regulärem Geld. In den meisten Fällen war auch ein Ablaufdatum angegeben, bis zu dem eine Umwechslung in staatliches Geld garantiert wurde. In Kärnten wollte die Landesregierung regelrechte Geldscheine im Wert von 10, 20 und 100 Kronen auflegen. Das wurde aber als zu sehr gegen das Banknotenprivileg der Nationalbank verstoßend von der Regierung untersagt. Stellenweise verwendete man auch Briefmarken als Kleingeldersatz. Da sie sich sehr schnell abnützten, steckte man sie in Schutzhüllen aus Blech und Zellophan. Am Höhepunkt des Notgeldrummels, im Jahr 1920, zählte man in Österreich rund 1.300 verschiedene

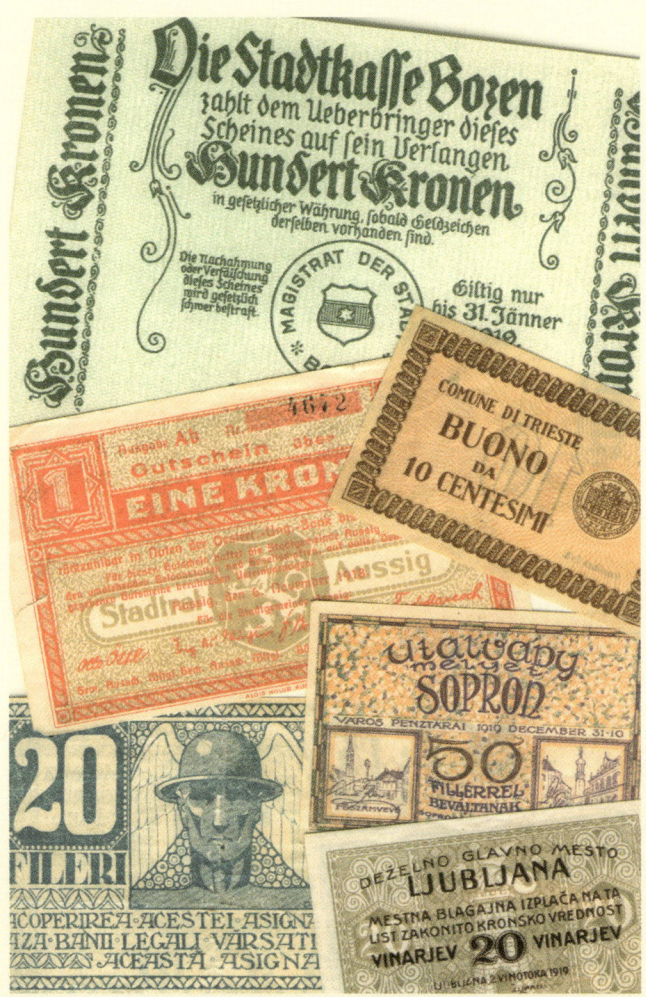

Nach Kriegsende waren Münzen wieder Mangelware, verschiedene Gemeinden zwischen Siebenbürgen und Südtirol mussten wieder Notgeld ausgeben.

Firmennotgeld : 10 Kronen Werksgeld Eisenerz 1919.

Briefmarkengeld: Briefmarken in Blechkapseln mit Werbeaufschriften geschützt durch Zellophanplättchen als Kleingeldersatz 1919.

Notgeldherausgeber, vorwiegend Gemeinden, aber auch die Länder selbst oder wiederum Firmen und private Betriebe. Dabei war nicht mehr bloß der Metallgeldmangel die Ursache. Die künstlerisch und lokalhistorisch interessanten, manchmal auch sehr witzigen Scheine wurden von Anfang an gesammelt und für Sammler gedruckt. Dabei schreckte man auch vor Holz, Stoff oder Leder als Papierersatz oder der absichtlichen Anfertigung von Fehldrucken und zahlreichen Varianten nicht zurück.

Die drastischen Bestimmungen des im September 1919 unterzeichneten Friedensvertrages von St. Germain ordneten nun auch die Liquidierung der „Oesterreichisch-ungarischen Bank" und die endgültige Verteilung aller Kompetenzen auf die jeweiligen Nachfolgestaaten an. Der Traum, in Form der Bank doch noch eine Art Währungsunion mit den Kernländern der ehemaligen Monarchie zustandebringen zu können, war damit ausgeträumt. Allerdings gab es keinerlei Vorschläge, wie die Aufgaben der Bank bezüglich der Nachfolgestaaten überzuleiten wären. So trat der kuriose Umstand ein, dass die „Oesterreichisch-ungarische Bank" als Institut eines Staates, den es nicht mehr gab, einfach auch für die Nachfolgestaaten weiter amtierte, bis diese eigene Zentralbanken eingerichtet hatten. Die Aufgaben während dieser Übergangsmonate waren trostlos. Soweit die Nachfolgestaaten noch die alten Kronenscheine verwendeten, diente die Bank nur noch als Bestellstelle für Banknoten, von denen man angesichts der Inflation immer mehr benötigte. Die Deckung der jeweiligen Geldumlaufsumme sollte natürlich in den einzelnen Staaten selbst vorgenommen werden. Dazu mussten die letzten Goldreserven nach einem bestimmten Schlüssel auf alle Gebiete der ehemaligen Monarchie aufgeteilt und den jeweiligen Regierungen übergeben werden. Um diese Operationen durchzuführen,

Österreichisches Notgeld: Links oben „Kärntner Geld", daneben Notgeld des „Antisemiten-bundes". Mitte links: Juxschein der „Nationalbank Eferding", daneben: Notgeld eines Gast-wirts- und Fleischhauerehepaares, unten links: Notgeld der „Noricumwerke Graz", daneben: Notgeld der Gemeinde Hadersfeld, auf Sperrholzplättchen gedruckt.

Mit Übergang von der „Oester-reichisch-Ungari-schen Bank" zur „Österreichischen Nationalbank" verließ das Institut das von Ferstel er-richtete Gebäude in der Herren-gasse und zog im März 1925 in ei-nen Neubau an der Alserstraße ein.

blieb die „Oesterreichisch-Ungarische Bank" unter Leitung ausländischer Liquida-toren als letzte gemeinsame Institution noch bis 1923 bestehen. Daneben setzte die Regierung ab Jänner 1920 eine „Österreichische Geschäftsführung" der „Oester-reichisch-Ungarischen Bank" ein, die ausschließlich die österreichischen Interessen zu wahren und den Übergang zu einer neuen Nationalbank der Republik Österreich

Noch immer alte Kronennoten, aber mit neuem Aufdruck: Nach dem Verbot des Namens „Deutschösterreich" nunmehr „Ausgegeben nach dem 4. Oktober 1920".

sicherzustellen hatte. Aufgrund des allgemeinen Mangels war in den ersten Nachkriegsjahren auch in Österreich nicht an die Ausgabe neuer Banknoten zu denken.
Ab Oktober 1920 mussten aufgrund einer Anweisung der Siegermächte alle frisch
ausgegebenen Noten statt des nun verbotenen Staatsnamens „Deutschösterreich" den
Stempel „Ausgegeben nach dem 4. Oktober 1920" tragen. Schließlich gab die gerade
in Gründung befindliche Nationalbank ab 1922 neue Kronen-Scheine aus, die in der
grafischen Gestaltung den alten ähnlich, aber viel kleiner waren (siehe Abbildung
Seite 231). Angesichts der Inflation musste auch an Papier gespart werden. Das Papiergeld der österreichisch-ungarischen Monarchie wurde nun endgültig eingezogen,
nur die Münzen behielten ihre Zahlungskraft.

„HÄTT' ICH NICHT GESCHREBERT, WER WEISS, OB ICH NOCH LEBERT."
(Volksreim über die Bedeutung der Klein- oder „Schrebergärten" für die
Basisversorgung)

Die Jahre knapp nach dem Ersten Weltkrieg brachten mehr Elend für die Bevölkerung als die unmittelbare Kriegszeit selbst. Das Land war vollkommen ausgesogen, die privaten Ersparnisse durch Kriegsanleihen zum Großteil vernichtet. Besonders hart traf es Wien, das als Hauptstadt eines 50 Millionen-Reiches die gesamte
zentrale Verwaltung, aber auch viele Hauptsitze der über die ganze Monarchie verstreuten Industriebetriebe, Banken- und Versicherungsgesellschaften beherbergte.
Das alles zerbrach nun. Übrig blieb ein gewaltig überdimensionierter Verwaltungs-
apparat mit etwa 260.000 Beamten. Wien war tatsächlich zum „Wasserkopf" der
kleinen Republik geworden. Dazu kamen noch rund 100.000 Flüchtlinge, vor allem
aus dem Osten der Monarchie. Im Umbruchsjahr 1919 hatte Österreich 6,3 Millionen Einwohner, davon 355.000 Arbeitslose. Durch eine kurze Konjunkturerholung
konnte die Zahl 1921 auf 28.000 gesenkt werden, stieg aber 1922 schon wieder auf
103.000 an. Die Bewirtschaftung der dringendsten Waren des täglichen Bedarfes
musste weiter aufrechterhalten werden. Lebensmittel- und Konsumartikel-Karten
gehörten bis 1922 zum Alltag der verarmten Bevölkerung. 1914 gab es 800 Schrebergärten in Wien – 1922 waren es 80.000, die alle dem Anbau von Lebensmitteln
dienten. Der Spruch der Kleingärtner: „Hätt' ich nicht geschrebert, wer weiß, ob ich
noch lebert'", war bittere Realität. Zu den betroffensten Gruppen gehörten die
Beamten, die über Nacht nicht mehr gebraucht wurden und kaum die Möglichkeit
hatten, in andere Berufe auszuweichen. Sie konnten nicht entlassen werden, ihre
Löhne wurden aber während der immer schärferen Inflation nur unterdurchschnitt-
lich erhöht, sie selbst dadurch zu Almosenempfängern, an die von ihren Dienststel-
len Lebensmittelrationen zum Überleben abgegeben werden mussten. Das Jahr 1919
war wohl eines der verzweifeltsten in der 1000jährigen österreichischen Geschichte.
Und Wien war die am schlechtesten versorgte Stadt Europas. 135.000 registrierte
Arbeitslose gab es allein in der Hauptstadt, bei damals noch 2,2 Millionen Einwoh-

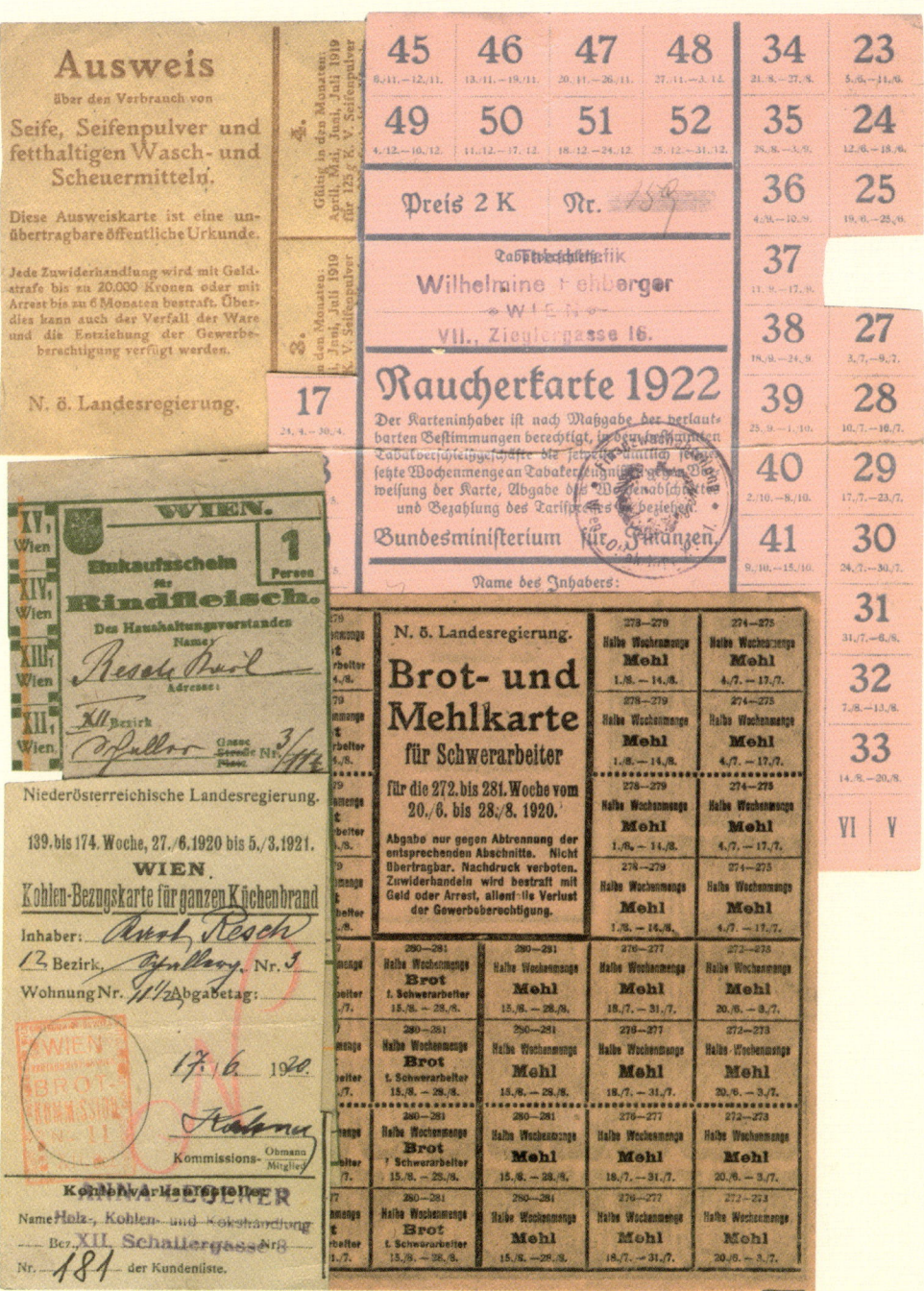

Die staatliche Lebensmittelbewirtschaftung musste noch bis 1922 aufrechterhalten werden.

Wegen des katastrophalen Brennstoffmangels im Winter 1919 holzten die Wiener weite Flächen des Wienerwaldes ab.

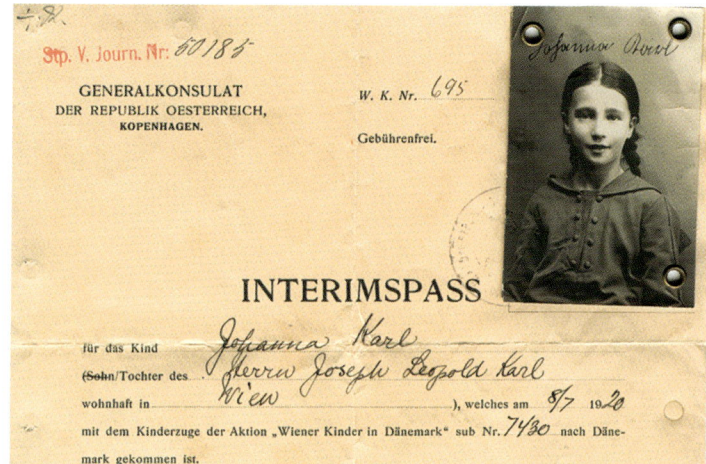

Einige Staaten Europas nahmen Wiener Kinder zur Erholung auf.

nern. Statt der notwendigen 200 Waggons Kohle pro Tag, die Wien im Winter täglich zum Heizen benötigte, kamen nicht einmal 20 aus den Förderrevieren an. Einige wenige Helfer gab es in dieser höchsten Not – die Schweiz mit raschen Lebensmittelspenden, Argentinien, damals ein wohlhabender Staat der neuen Welt mit einer 5-Millionen-Peso-Spende, sowie Holland, Schweden und Dänemark, die Wiener Kinder zur Erholung aufnahmen. Der Schweizer-Garten, die Argentinierstraße, Hollandstraße, der Schwedenplatz und die Dänenstraße sollen die Wiener noch heute daran erinnern.

Eine besondere Rolle spielten die USA. Gemäß Kongressbeschluss konnten Kredite nur an die Alliierten vergeben werden, die Besiegten mussten zahlen. Eine Anfrage Österreichs an den Leiter der interalliierten Nahrungsmittelkommission, Herbert C. Hoover, den späteren 31. Präsidenten der USA, beantwortete dieser zu-

Amerikanische Lebensmittelspenden kamen wegen bürokratischer Hürden erst später nach Österreich.

erst mit „there is food enough for Austria, you have to arrange the finance". Schließlich konnte doch ein Weg gefunden werden. England, Frankreich und Italien stellten Österreich 30 Millionen Dollar zur Verfügung, die sie wiederum von den USA refundiert erhielten. Damit konnten die Lebensmittelrationen endlich erhöht werden. Insgesamt bezog Österreich bis Ende 1920 an die 120 Millionen Dollar Lebensmittelkredite. Natürlich geschah dies nicht aus rein humanitären Beweggründen. Einerseits sahen die westlichen Alliierten das Umsichgreifen des Bolschewismus, wenn auch nur in Form kurzlebiger „Volksrepubliken" in Bayern und Ungarn als besondere Gefahr an, andererseits hatte die amerikanische Regierung ihren Farmern schon große Mengen an Lebensmitteln zu Fixpreisen für die weitere Kriegsführung abgekauft, die nun in den USA nicht mehr benötigt wurden.

Die Lebensmittelkredite betrugen 120 Millionen Dollar, die staatlichen Stützungen für die verarmte Bevölkerung aber 66 Milliarden Kronen. Die Differenz wurde wieder über die Notenpresse finanziert.

Natürlich konnte man in dieser Notzeit noch nicht daran denken, alle Symbole der Monarchie zu beseitigen. Wenn auch so mancher steinerne Doppeladler von den Fassaden, so manches Kaiserdenkmal aus den Parks und so mancher Straßenname von

den Hauswänden verschwand, die Briefmarken mit dem Portrait Kaiser Karls wurden mit „Deutschösterreich" überstempelt und weiter verwendet, bevor ab 1920 neue mit dem republikanischen Adler aufgelegt wurden.

„DIE EISERNE ZEIT" (Gasthaus am Wiener Naschmarkt)

Um das erwartete Defizit für 1919 in Höhe von zwei Milliarden Kronen zu bedecken, legte der erste Finanzminister der Republik, Otto Steinwender, schon ab dem 1.12.1918 eine Anleihe auf, die allerdings weit hinter den Erwartungen zurückblieb. Auf Steinwender folgte nach wenigen Monaten der Grazer Universitätsprofessor Josef Schumpeter, neben Böhm-Bawerk sicher der bedeutendste Nationalökonom in Österreichs Finanzverwaltung. Seine Einschätzung, dass sich ein Hund eher einen Wurstvorrat anlege, als eine Regierung einen Budgetüberschuss, bleibt wohl ewig gültig. Als österreichischer Patriot opponierte er massiv gegen den von den Sozialdemokraten bevorzugten Anschluss an Deutschland, präsentierte Vorschläge zu einer Vermögensabgabe und Luxussteuer, konnte sich aber nicht durchsetzen. Nach bloß sieben Monaten trat die Regierung und mit ihr Schumpeter zurück. Im Jahr 1921 nahm er eine Berufung in den Vorstand der Biedermann-Bank an. Als diese 1926 zusammenbrach, hatte Schumpeter persönlich für einen Berg von Schulden zu haften.

Aktie Bieder-mannbank, Unterschrift links: Schumpeter.

Schließlich folgte er als Professor dem Ruf nach Bonn und 1932 nach Harvard, wo er seine bedeutenden finanztheoretischen Werke verfasste und 1950 verstarb.

Es war den Politikern der unmittelbaren Nachkriegszeit bewusst, dass ein Überleben nur mit ausländischen Krediten möglich sein konnte. Doch Österreich wurde in den Friedensverträgen neben Ungarn als alleiniger Rechtsnachfolger der Monarchie zur Verantwortung gezogen. Vor allem die drohende Haftung für Reparationszahlungen an die Siegermächte verhinderte Auslandskredite, da nicht genügend Sicherheiten zur Verfügung standen.

Aufgrund der großen Not wurden von Österreich keine Reparations-Zahlungen eingefordert.

Trotzdem wurden in der unmittelbaren Nachkriegszeit von der sozialistischen Regierung Renner Sozialgesetze beschlossen, die Österreich, zumindest auf dem Papier, als den besten Sozialstaat der Welt erscheinen ließen. Der Mieterschutz blieb unangetastet bestehen, Frauen- und Jugendarbeit wurden beschränkt, Arbeiterkammern gegründet. Daneben waren noch immer umfangreiche Stützungen der Lebensmittelpreise notwendig. Um dies alles zu finanzieren, griff die Regierung natürlich wieder zur Notenpresse. Der Goldschatz war im Krieg angegriffen, der Rest unter den Nachfolgestaaten verteilt worden. Das Bekanntwerden der Friedensbedingungen führte zu einem Absturz der Krone im Außenkurs, die Inflation im Land betrug nun schon monatlich fast 100 Prozent. Skrupellose Schieber kauften mit ausländischem Geld billig die letzten Ressourcen des Landes und den letzten Besitz des durch Kriegsanleihen und Geldentwertung verelendeten Bürgertums. Der Ausverkauf begann.

Österreich gehörte wie Deutschland, aber auch Ungarn und Polen, zu den Ländern, deren Währungen nach dem Krieg völlig zusammenbrachen. Der Zerfall des Wirtschaftsgefüges der Monarchie, schlechte Ernten und allgemeine Ressourcenknappheit, die zu Ausfällen in der Industrieproduktion führte, eine Regierung, die zur Budgetfinanzierung die Banknotenmenge exorbitant steigerte und daneben den Vorteil der Reduktion der Staatschulden genoss – das waren die Ursachen der österreichischen Hyperinflation.

Anders als im kommunistischen Russland, wo die Inflation einer Idee Lenins gemäß eingesetzt wurde, um das Besitzbürgertum gezielt zu ruinieren, ging es in Österreich aber schlicht ums Überleben. In unglaublichem Tempo steigerte sich die Entwertung des Geldes. Anfang 1920 waren 12 Milliarden Kronen im Umlauf, im August bereits über eine Billion, die hundertfache Menge. Die inoffiziellen Volksabstimmungen im Westen Österreichs mit der klaren Präferenz für einen Anschluss an Deutschland irritierten die Siegermächte, die daraufhin jede Kreditgewährung

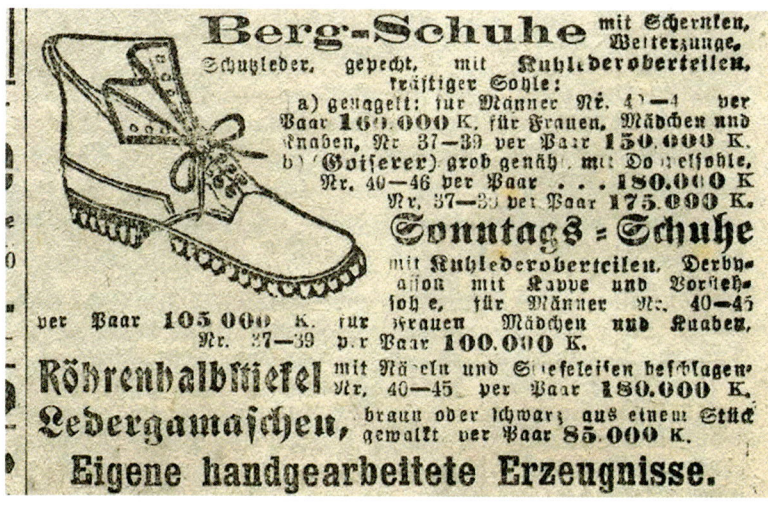

Zeitungsanzeige 1923: 1 Paar Sonntagsschuhe 100.000 Kronen.

einstellten. Die Verbraucherpreise verdoppelten sich jeden Monat, im Sommer 1922 erreichten sie die 14.000fache Höhe der Vorkriegszeit. Im Jahr 1914 erhielt man für 10 Papierkronen tatsächlich 10 Goldkronen, 1922 kosteten sie rund 170.000 Papierkronen. Ein Kilo Schweineschmalz, das 1914 noch 2 Kronen gekostet hatte, bekam

Neue Kronenscheine ab 1922.

man nun nicht unter 15.000 Kronen. Die Industriearbeiter konnten über ihre Gewerkschaften wenigstens ein Indexlohnsystem durchsetzen und verdienten so 1924 real um etwa 6 Prozent mehr als 1913 – was aber auch nur dem Existenzminimum entsprach. Beamte, Angestellte und alle Bezieher fixer Einkommen wie Renten, Mieten und Pensionen verarmten hingegen rasant. Sie verdienten 1924 um rund 33 Prozent weniger als 1913. Das führte zu einer Nivellierung der Einkommen an der Grenze zum Existenzminimum, die allgemeine Verelendung war der sichtbarste Ausdruck des endgültigen Zusammenbruches der alten Ordnung. Nicht umsonst hieß im Volksmund die Zeit vor dem Ersten Weltkrieg die „Backhendl-Zeit", die Zeit danach aber die „Eiserne Zeit", woran heute noch ein Gasthausname am Wie-

Die höchste österreichische Nominale: 500.000 Kronen.

In Vorbereitung: 1 Million Kronen (Nach Währungsreform: 100 Schilling).

ner Naschmarkt erinnert. Überleben konnten viele großbürgerliche und adelige Familien dank des von 1917 bis in die 1990er Jahre geltenden Mieterschutzes. In den großen herrschaftlichen Altbauwohnungen wurden Zimmer um zwei Millionen Kronen pro Monat untervermietet, zahlen musste der Hauptmieter für die gesamte Wohnung aber nur den Friedenszins von rund 1.000 Kronen. Es kam zu Hungerdemonstrationen, Plünderungen und Toten, die Salzburger Festspiele 1921 wurden nach dem „Jedermann" abgesagt, da die Gäste nicht mehr verpflegt werden konnten. Tirol, Salzburg und Oberösterreich wiesen alle Fremden aus – die Lebensmittel reichten nicht.

Entsprechend hohe Nominalen mussten ab 1922 aufgelegt werden. Scheine zu 5.000, 50.000, 100.000 und 500.000 Kronen wurden gedruckt, Banknoten zu einer Million und zehn Millionen Kronen waren in Vorbereitung. Die Geldscheine mit den niedrigen Nominalen verkamen zu „Speisezetteln", da sich die Hausfrauen auf den leeren Rückseiten lieber den Einkauf notierten – für den Ein- oder Zwei-Kronen-Schein bekam man wirklich nichts mehr. Die Scheidemünzen trugen bald die Werte 100, 200 und 1.000 Kronen. 1924 war Papiergeld für 9 Billionen Kronen im Umlauf. Da die Einnahmen des Staates nur zwischen einem Drittel und der Hälfte der Ausgaben lagen, musste der Rest über Anleihen und die Banknotenpresse finanziert wer-

Sozialdemokratische Feindbilder: Hausherr und Nachtlokale.

Christlichsoziale Feindbilder: Der Wiener Stadtrat Hugo Breitner und die hohe Besteuerung besser Verdienender. Die Führungsriege der Sozialdemokraten ist als Ungeziefer dargestellt.

den. Dabei verdiente er auch noch kräftig. Die Verschuldung in festverzinslichen Papieren – hauptsächlich Kriegsanleihen bei der eigenen Bevölkerung – konnte schnell und billig getilgt werden. Für die Kreditgeber, die Inhaber der Papiere, wurden sie wertlos. Bereits 1920 war die Staatsschuld aus Kriegsanleihen von der höchsten Passiva-Position hinter die Beamtengehälter und die Lebensmittelzuschüsse an die dritte Stelle gerutscht.

Daneben gedieh auch noch eine dünne Schicht skrupelloser Inflationshaie – Nachkriegsgewinnler der übelsten Sorte. Auto, Nachtlokal und Cabaret wurden zu ihren Statussymbolen. Die „wilden 20er" waren nur etwas für die verschwindend kleine Schicht der Neureichen.

Eine Ausnahme in diesem Spekulationskarussell stellte die Wiener Stadtverwaltung dar. Dem so genialen wie umstrittenen Finanzstadtrat Hugo Breitner, ehemals subalterner Angestellter der Länderbank, gelang inmitten der größten wirtschaftlichen Depression ein ausgeglichenes Stadtbudget. Da in Wien fast ein Drittel der österreichischen Bevölkerung wohnte und die Versorgungslage 1918/1919 besonders katastrophal war, stimmte die Regierung einem für die Hauptstadt sehr vorteilhaften Finanzausgleich zu. Wien erhielt etwa die Hälfte der Bundesmittel. Die Besteuerung der Wohlhabenden war außerordentlich hoch, was den Klassenkampf in Wien allerdings verschärfte. Heimwehrführer Starhemberg verstieg sich in einer

Rede sogar zu der Äußerung, dass „der Sieg erst errungen" sein werde, „wenn des Asiaten (=Breitners) Kopf in den Sand" rolle. Die christlichsozial dominierte Bundesregierung schreckte vor derart drastischen Steuern immer wieder zurück, aber Breitner brachte in Wien die Mittel auf, um von 1923 bis 1933 die Errichtung von rund 65.000 kommunalen Wohnungen finanzieren zu können. Sie boten den bisher unter erbärmlichen Umständen hausenden Arbeiterfamilien einen Komfort, den vor dem Krieg auch so manche großbürgerliche Familie noch nicht gekannt hatte. Fließendes Wasser und Toilette in der Wohnung, Gas und Stromanschluss, ein eigenes Vorzimmer wurde zum Standard der neuerrichteten Wohnungen. Allerdings gab es keine Badezimmer, der Hygiene diente ein dichtes Netz von öffentlichen Wannen- und Brausebädern, den „Tröpferlbädern". Auch wenn die Gemeindewohnungen im Schnitt nur 40 m^2 groß waren, sie waren eine Pionierleistung, die weit über Österreichs Grenzen hinaus bestaunt und kopiert wurden.

Preise und Einkommen 1914–1944

	Kronen	Kronen	Kronen	Kronen	Kronen	10.000 Kronen = 1 Schilling	Schilling	Reichs mark
Preise	**1914**	**1/1919 amtlicher Preis**	**1/1919 Schwarz-markt**	**1/1921**	**1/1923**	**1/1925**	**1937**	**1944**
Tageszeitung	0,12			2,00	1.000	3.300 = 0,33	0,32	0,10
1 kg Kohle	0,04			4,00	965	1.000 = 0,10	0,11	0,05
Tramway-fahrschein Wien	0,20			5,00	1.500	2.000 = 0.20	0,35	0,25
1 Ei	0,07	1,00	5,00	17,00	1.900	2.600 = 0,26	0,16	0,13
1 l Bier	0,29	2,40	–	8,40	3.400	7.600 = 0,76	0,98	0,70
1 kg Brot	0,32	1,24	9,50	4,76	5.268	6.600 = 0,66	0,62	0,33
1 kg Mehl	0,44	2,76	30,00	11,20	6.910	9.000 = 0,90	0,68	0,45
1 kg Zucker	0,84	2,72	30,00	96,00	9.525	9.000 = 0,90	1,32	0,76
1 kg Rindfleisch	1,95	8,20	100,00	102,00	18.600	35.000 = 3,50	2,80	1,90
1 kg Kaffee	4,50			328,00	53.500	89.000 = 8,90	12,80	-
Herrenanzug	45,00		10.000,00	777.000		1,250.000 = 125,00	125,00	-
Damenkostüm	70,00		13.000,00	1.000.000		1,700.000 = 170,00	170,00	-
Radio*)						50.000 = 50,00	50,00	35,00
Radiogebühr, monatlich						20.000 = 2,00		2,00

*) 1925: Detektorapparat; 1944: billigster Volksempfänger DKE 38

Kennzahlen	Kronen				Schilling	
	1914	**1918**	**1921**	**1924**	**1925**	**1937**
Preisindex	100	1.120	16.905	1.378.900	100*)	101
Banknotenumlauf in Mio.	5.000	35.000	1.000.000	8.400.000	890*)	944

*) Umstellung auf Schilling 10.000 Kronen = 1 Schilling

Monatseinkommen			Kronen	10.000 Kronen = 1 Schilling		Reichsmark
	1914	**1/1921**	**1/1923**	**1/1925**	**1937**	**1944**
Arbeitslosenunterstützung			420.000	660.000 = 66	60	66
Arbeiter	99	3.200	-	1.600.000 = 160	160	216
Facharbeiter	136	3.900	1.540.000	2.280.000 = 228	228	285
Angestellter	144	-	-	1.800.000 = 180	180	256
Werkmeister	-	-	-	3.290.000 = 329		
Leitender Angestellter	-	-	-	4.710.000 = 471		

Budget	in Millionen Kronen			in Mio. Schilling	
	1913	**1921**	**1923**	**1925**	**1937**
Staatseinnahmen	3.486	78.063	9.040.000	1.487	1.383
Staatsausgaben	3.460	218.763	10.620.000	1.411	1.454
Abgang/Überschuss	+26	-140.726	-1.580.000	+76	-72

Quelle: Österreichisches Statistisches Zentralamt Hrsg.: Die Entwicklung der Verbraucherpreise von 1900 – 1996
Butschek: Statistische Reihen zur österreichischen Wirtschaftsgeschichte
Eigene Erhebungen

Während die Tschechoslowakei ihre Währung in dieser Zeit stabil halten konnte, verfiel auch Ungarn, aber vor allem Deutschland in eine geradezu wahnwitzige Inflation. Ab 19. 1. 1922 drehte sich das Karussell schwindelerregend. Banknoten zu 10.000 Mark, 50.000 Mark, im Februar 1923 bereits zu einer Million Mark, und dann ohne Halten weiter: im September eine Milliarde Mark, im November 1923 der erste Schein zu einer Billion Mark – und im Februar 1924 unvorstellbare 100 Billionen Mark auf einem Geldschein, ausgeschrieben 100.000.000.000.000 Mark! Es gab Münzen mit Nominalen von 10.000 Mark und mehr. Die Banknotendruckereien gaben längst jede künstlerische und fälschungssichere Ambition auf und druckten auf billigem Papier, was nur möglich war. Auch Länder und Gemeinden wurden ermächtigt, eigenes Geld aufzulegen.

Höhepunkt der Inflation in Deutschland 1923: 10 Billionen = 10.000 Milliarden Mark.

Fälscher waren keine große Gefahr. Bis sie die Fälschung fertig hatten, war das Geld nichts mehr wert. Und zur Sicherheit sahen die Banknoten von Monat zu Monat völlig anders aus. Nachdem der US-Dollar zwischenzeitlich schon auf über 11 Billionen Mark gestiegen war, konnte der Kurs im Dezember 1923 bei 4,2 Billionen Mark stabilisiert werden. Zu Beginn des Jahres 1924 griff auch die deutsche Währungssanierung, die Inflationsscheine wurden eingezogen und zum Kurs „eine Billion alte Mark = eine neue Rentenmark" umgetauscht. Damit stand der Kurs des US-Dollars nun bei 4,2 neuen Rentenmark.

DER „PRÄLAT OHNE MILDE" SANIERT ÖSTERREICH

Am 31. Mai 1922 übernahm Prälat Ignaz Seipel, der Obmann der Christlichsozialen Partei, die Regierung. Die Inflation war auf ihrem Höhepunkt, eine Goldkrone kostete 17.000 Papierkronen, für einen US-Dollar zahlte man 84.000 Kronen. Seipel, unterstützt von seinem fähigen Finanzminister Viktor Kienböck, setzte alles auf eine Karte. Nacheinander verhandelte er mit den Regierungen der Nachbarn in Prag, Berlin und Verona. Um ein Näherrücken an Deutschland und Italien zu verhindern, intervenierte schließlich die Tschechoslowakei zugunsten Österreichs beim Völkerbund in Genf. Und der Völkerbund, Vorläufer der UNO, reagierte diesmal. In den drei Genfer Protokollen vom Oktober 1922 sagte er eine Anleihe über 650 Millionen Goldkronen mit 10-prozentiger Verzinsung zu. Der Kredit war allerdings mit harten Bedingungen verbunden: Kontrolle der Finanzpolitik durch einen Völkerbund-Kommissär, Verpfändung der Zölle und der Tabaksteuer, ausgeglichenes Budget,

Die Völkerbund-Anleihe von 1922 ermöglichte die Sanierung der Staatsfinanzen.

Anschlussverbot an Deutschland, budgetäre Sondervollmachten der Regierung am Parlament vorbei. Damit gab Österreich einen Teil seiner wirtschaftlichen Selbständigkeit in die Hände des Völkerbundes. Aber schon allein die Ankündigung des genehmigten Kredites ließ die Inflation stoppen. Der Kurs des US-Dollars ging auf 71.000 Kronen zurück, jener der Goldkrone von 17.000 auf 14.000 Papierkronen. Als Zeichen der Stärke prägte man 1923 erstmals seit 1914 wieder Goldmünzen von 20 und 100 Kronen, die im Rau- und Feingewicht den Goldmünzen der Monarchie entsprachen. Die Trendwende war geschafft, die rasende Inflation besiegt. Allerdings mussten zur Budgetsanierung 100.000 Beamte entlassen werden und auch die Exporte stagnierten in Folge der erstarkenden Inlandswährung. Binnen einem Jahr verdoppelte sich die Arbeitslosenzahl auf 212.000. Sofort begann auch eine neue Ära privater Spekulationen. Über 80 neue Banken entstanden, darunter auch ausgesprochene „Winkel-Institute", die so schnell verschwanden, wie sie gegründet worden waren. Besonders berüchtigt war der Triestiner Spekulant Camillo Castiglioni mit seiner „Allgemeinen Depositenbank". Nachdem französische Truppen in das deutsche Ruhrgebiet einmarschiert waren, spekulierte er 1923/24 wild auf fallende Franc – allein die USA stützten die französische Währung und rissen Castiglioni damit 1924 in den Abgrund. Die Transaktionen waren auf ein kompliziertes gegenseitiges Kreditnetz der Banken gestützt, so dass neben den windigen Spekulationsbanken auch angesehene Institute in den Strudel gerissen wurden. Dabei machte der Finanzminister eine ausgesprochen schlechte Figur. Um zwei erst während der Spekulationszeit unter Beteiligung namhafter Politiker entstandene Bundesländerbanken zu retten, fusionierte Finanzminister Ahrer sie mit der renommierten „Centralbank der deutschen Sparkassen". Die Centralbank fungierte als Hauptinstitut der ländlichen Sparkassen in den deutschsprachigen

Aktie der „Allgemeinen Depositen Bank" des Betrügers Camillo Castiglioni (oben) und des Sanierungsfalles „Centralbank der Deutschen Sparkassen" (unten).

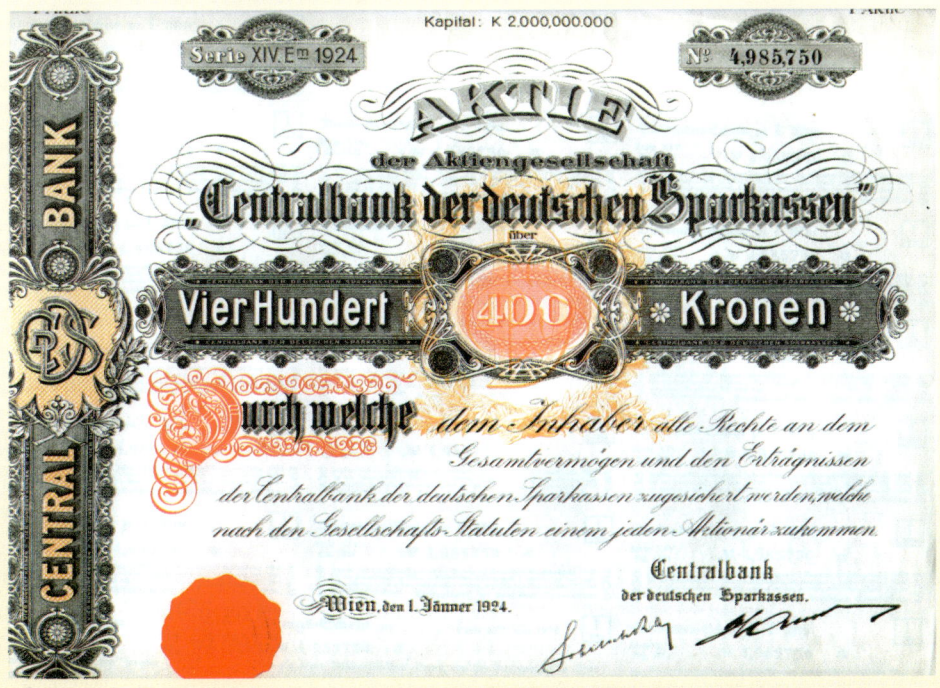

Gebieten der Monarchie und verwaltete vor allem Spareinlagen der landwirtschaftlichen Bevölkerung. Sie hatte schon durch die Trennung von den deutsch-böhmischen Gebieten schwer gelitten, die Aufnahme der beiden maroden Banken konnte sie nicht mehr verkraften und musste von Ahrers Nachfolger 1926 mit 63 Millionen Schilling saniert werden. Noch stümperhafter ging Ahrer die Lösung der Postsparkassenkrise an. Dieses staatliche Institut hatte dem Kriegsgewinnler und Spekulanten Siegmund Bosel Kredite in Höhe von 3,6 Millionen Dollar eingeräumt, die dieser ebenfalls für Franc-Spekulationen einsetzte und nun nicht mehr bedienen konnte. Statt dessen schlug Bosel der Postsparkasse die Übernahme von Anteilen an einer fragwürdigen Schweizer Bank in Höhe von 11,3 Millionen Dollar vor, seine Schulden würden vom Kaufpreis abgezogen werden. Trotz massiver Warnungen ging Ahrer auf den Vorschlag ein, der sich als Luftgeschäft erwies. Der Minister trat zurück und wanderte nach Kuba aus, aber das Geld war verspekuliert. Auch eine so honorige Persönlichkeit wie der ehemalige Finanzminister Josef Schumpeter zählte ja als Vorstand der Biedermannbank zu den Verantwortlichen innerhalb des Spekulationskarussells. Castiglioni und Bosel hielten sich sogar eine eigene Presse. Der Redakteur Imre Bekessy, durch Erpressung in Budapest zu Geld gelangt, musste nach Wien flüchten und gründete hier einige Zeitungen, wovon besonders „Die Stunde" berüchtigt war. Bekessy setzte die Zeitung bedenkenlos als Verleumdungs- und Erpressungsinstrument ein. Dadurch genoss er den Schutz wichtiger Politiker aller Couleurs. Nur Karl Kraus wies in seiner „Fackel" unbeirrt auf die Verbrechen Bekessys hin, bis dieser doch in Untersuchungen gezogen wurde, und 1925 zurück nach Ungarn flüchtete.

SCHILLING STATT KRONE

Als äußeres Zeichen der geplanten Sanierung, aber auch zur Beseitigung letzter „monarchistischer Relikte" führte nun auch Österreich eine neue Währung ein. Um den Namen gab es einige Diskussionen, schließlich sollte jede Erinnerung an die Währungen der Monarchie vermieden werden. Der Nationalrat entschied sich letztlich für den altdeutschen Schilling, der nicht nur seit Karl dem Großen eine Recheneinheit, sondern in England und seinen Kolonien, aber auch in Norddeutschland und sogar in Schweden immer wieder auf Münzen und Banknoten aufschien. Karl Kraus, der streitbare Herausgeber der Zeitschrift „Die Fackel" ätzte, dass angesichts der österreichischen Zustände als neue Währung wohl der „Neanderthaler" angemessener wäre. Schwieriger war die Namensuche für die Scheidemünze. Zuerst meinte man wieder im Norden fündig zu werden – der Stüber, ein holländisch-nordwestdeutscher Münzenname, sollte es werden. War es die mediale Assoziation mit dem Nasenstüber oder wieder Karl Kraus, der heftig gegen diesen Namen polemisierte – knapp vor Gesetzesbeschluss wurde statt dessen doch noch der alte deutsch-böhmische Groschen vorgeschlagen. Vielleicht war es den republikanischen Finanzbeamten nicht bewusst, dass Maria Theresia schon um 1760 in Schlesien und Prag

Kupfermünzen prägen ließ, die
Schilling und Gröschel hießen.

Im Dezember 1923 wurde die
Ausprägung neuer Münzen gesetzlich geregelt, wobei vor allem die
Banknoten bis 5.000 Kronen durch
Geldstücke aus unedlem Material
zu ersetzen waren. Dabei kam der
Name Schilling zum ersten Mal offiziell vor. Auch Silbermünzen zum
Nennwert von 5.000, 10.000 und
20.000 Kronen sollten als Halbschilling, Schilling und Doppel-
schilling geprägt und bezeichnet
werden. Im Schillingrechnungsge-
setz vom 20. Dezember 1924 war
dann bloß noch bestimmt, dass
10.000 Kronen gleich einem Schilling sind. In die alte 10.000 Kronen-
Note wurde daher folgerichtig der
Zusatz „Ein Schilling" einge-
druckt. Am 26. März 1925 gab die
Nationalbank die erste reine Schil-

Währungsreform 1924/1925:
100 Kronen = 1 Groschen; 200 Kronen =
2 Groschen; 1.000 Kronen = 10 Groschen;
5.000 Kronen = 1 Halbschilling;
10.000 Kronen = 1 Schilling.

ling-Banknote aus, einen Hunderter, gedruckt in das Klischee des nicht mehr aufgelegten 1-Million-Kronen-Scheines. Das entsprach auch dem Umrechnungskurs von
10.000 Kronen in einen Schilling. Die 100-Kronen-Münze entsprach nun einem Groschen, die silberne Schillingmünze löste den 10.000-Kronen/ 1-Schilling-Schein am
31. 12. 1926 ab. Die letzten Kronen-Scheine verloren im März 1929 ihre Gültigkeit.

An Münzen prägte man neben dem Schilling aus Silber zuerst nur 1, 2 und 10 Groschen und den „Halbschilling", die Bezeichnung „50 Groschen" gab es noch nicht.
Dieser erste Silberschilling war so reich an Edelmetall, dass er sofort von der Bevölkerung gehortet wurde und bereits 1925 eine „leichtere" Münze aufgelegt werden
musste. Dazu kamen ab 1926 Goldmünzen zu 25 und 100 Schilling. Aus Anlass des
100.Todestages von Franz Schubert wurde 1928 eine erste Gedenkmünze zu 2 Schilling geprägt, der Beginn einer Serie mit den Bildern weiterer berühmter Österreicher
wie Billroth, Walther von der Vogelweide, Mozart, Haydn, Seipel, Dollfuß, Lueger,
Prinz Eugen und der Karlskirche in Wien für Johann Bernhard Fischer von Erlach.
An Banknoten gab es die Nominalen zu 5, 10, 20, 50, 100 und 1.000 Schilling – wobei der 1.000-Schilling-Schein des Jahres 1930 die Kaufkraft von 10 Millionen Kronen aus 1924 oder 2.450 € des Jahres 2004 hatte.

Doch die Erfüllung der Völkerbund-Vorgabe eines ausgeglichenen Budgets – oder
moderner: eines Null-Defizits – erforderte eine eiserne Sparpolitik. Entgegen der

*10.000 Kronen =
1 Schilling; die Banknoten
wurden bereits 1926 nach
Ausgabe der silbernen
Schillingmünze eingezogen.*

*100 Schilling 1925, ersetzte die Banknote zu 1 Million Kronen, die nicht mehr ausgegeben
wurde.*

Die Völkerbundanleihe machte es möglich:
Erstmals seit 1914 wieder österreichische Goldmünzen.

Silbermünzenserie zu
2 Schilling ab 1928,
Franz Schubert.

1000 Schilling 1925, entspricht einer Kaufkraft von 2.450 € im Jahr 2004.

Lehre vom „deficit spending" des Briten John M. Keynes, der in schlechten Zeiten eine Verschuldung des Staates zur Ankurbelung der Konjunktur empfahl, wurden staatliche Ausgaben auf ein absolutes Minimum begrenzt und damit die Arbeitslosigkeit und Not weiter gesteigert. Für 96.000 entlassene Beamte betrug die Arbeitslosenunterstützung ganze sieben Schilling pro Woche. Nach dem Ablauf von wenigen Wochen war der Arbeitslose ausgesteuert und erhielt keinerlei staatliche Unterstützung mehr. Prälat Seipel bekam bei den oppositionellen Sozialdemokraten bald den Ruf des „Prälaten ohne Milde".

GEWALT, WELTWIRTSCHAFTSKRISE, ARBEITSLOSIGKEIT, BÜRGERKRIEG UND EIN GEWINNER: HITLER.

Schon längst hatte die Gewalt ihren Platz in der täglichen politischen Auseinandersetzung gefunden. Bewaffnete Privatarmeen politischer Parteien und Gruppierungen wie der sozialdemokratische Republikanische Schutzbund oder die Frontkämpfervereinigung, die Heimwehren und Heimatschutzverbände der Rechten standen einander unversöhnlich gegenüber.

Prälat Seipel wurde 1924 Opfer eines Attentates, das er schwer verletzt überlebte.

Bei einer Konfrontation im burgenländischen Schattendorf erschossen Angehörige der rechten Frontkämpfervereinigung 1927 einen unbeteiligten alten Mann und ein Kind. Die Täter wurden trotz Schuldeingeständnis von einem Geschworenengericht wegen Notstandes freigesprochen. Darauf brandmarkten die Arbeiterzeitung und andere Medien dieses Schandurteil. Aus einer spontanen Demonstration in Wien entwickelte sich ein wildes Gefecht zwischen Demonstranten und Polizei. Am Ende des Tages gab es 90 Tote und einen völlig ausgebrannten Justizpalast. Während die Rechten den Chefredakteur der Arbeiterzeitung Friedrich Austerlitz als Volksverhetzer und die Demonstranten als Mordbrenner darstellten, waren Polizeipräsident Johannes Schober und die Justiz für die Linke Arbeitermörder. Zum regelrechten Bürgerkrieg sollte es aber erst 1934 unter Kanzler Dollfuß kommen.

Die „goldenen Zwanzigerjahre" waren nur für eine kleine Schicht wirklich golden – eine Ähnlichkeit mit dem Russland der Neunzigerjahre drängt sich auf. Allerdings gelang bis 1930 tatsächlich ein zögernder Aufschwung. Ursachen waren eine gewisse Erholung der Landwirtschaft, die erste „Goldene Zeit" des Tourismus und in Wien die großen kommunalen Bauvorhaben. In der Stadt waren zwar noch immer mehr Pferde als Automobile registriert, aber immerhin schon doppelt so viele Motorräder.

Chefredakteur Friedrich Austerlitz brandmarkte in der Arbeiterzeitung das Urteil im „Schattendorf-Prozess", 15. Juli 1927.

Die rechte Propaganda warf Austerlitz Volksverhetzung vor und machte ihn für die Toten verantwortlich.

„Das Kleine Blatt" war eine volkstümlich gehaltene Zeitung der Sozialdemokratischen Partei und prangerte den Polizeieinsatz gegen die Demonstranten vor dem Justizpalast an.

Die Christlichsoziale Partei stellte die Demonstranten vom Juli 1927 als Mordbrenner dar.

Und dann erfasste die Weltwirtschaftskrise Österreich. Ursache war das Zusammenbrechen eines internationalen, kaum durchschaubaren Kreditsystems, das den enormen Wirtschaftsaufschwung in den USA in Schwung hielt. Die Aktienkäufe in den USA waren mit 11 Milliarden Dollar Schulden weltweit finanziert. Etwa ein Drittel stammte aus Europa, da hier die Zinsen niedriger waren.

Als die Zinsen rascher stiegen als die Kurse, mussten die ersten Spekulanten verkaufen, um ihre Kredite bedienen zu können. Das setzte am 24. Oktober 1929 eine panikartige Verkaufshysterie an der New Yorker Börse in Gang, der nicht nur Privatpersonen, sondern auch Banken, Versicherungen und Industriebetriebe folgten. Die Kurse fielen ins Bodenlose. Nach 20 Monaten Kurssturz waren 74 Milliarden US-Dollar für die Wertpapierinhaber verloren. Das betraf natürlich auch Anleger in Europa und Österreich. Der spätere britische Premierminister Winston Churchill soll sein Vermögen genauso wie Tausende Kleinanleger verloren haben, er konnte sich seinen Unterhalt bis zum Beginn seiner weiteren politischen Karriere aber durch Schreiben von Artikeln und Büchern verdienen.

Hierzulande wurde die Situation noch durch die explosive politische Stimmung – „schwarze" Heimwehren gegen „roten" Schutzbund – gesteigert. Der Kurs des Schillings im Ausland sank, im Inland wurde er eisern stabil gehalten. Konnte man in Wien 100 Schweizer Franken offiziell nur in 130 Schilling umtauschen, so bekam man in Zürich oder auf dem Wiener Schwarzmarkt für die 100 Franken fast 190 Schilling. Die Spekulation war einfach: in Wien Schweizer Franken zu kaufen und in Zürich gegen Schilling umzutauschen brachte eine Rendite von 46 % an einem Tag. Eine Situation, die uns aus den Ostblockstaaten bis 1990 gut bekannt ist. Die Folge war ein Ansturm der Spekulanten auf die Devisenreserven der Nationalbank und der Sparer auf ihre Bankkonten. Das brachte nun die bisher als seriös eingeschätzten, aber in Wahr-

Der Schweizer Franken war bereits in der Zwischenkriegszeit eine begehrte Hartwährung.

Die Creditanstalt
für Handel und
Gewerbe musste
die hochverschul-
deten Großbanken
Wiener Bankverein und Bodencreditanstalt aufnehmen. Die daraus gebildete Creditanstalt-
Bankverein war ebenfalls bald ein Sanierungsfall.

Hauptanstalt der durch Fusionen entstandenen neuen Großbank „Creditanstalt-Bankverein"
im Haus des „Wiener Bankvereins" Ecke Schottenring/Schottengasse.

heit genauso spekulativ agierenden Großbanken in zusätzliche Schwierigkeiten. Diese österreichischen Banken hatten die Umstellung von einem Reich mit 52 Millionen Einwohnern zum Kleinstaat nicht vollzogen. Aktienkurse wurden künstlich hochgehalten, überzogene Dividenden ausgeschüttet. Um die Stellung eines wichtigen Kreditgebers gerade in den Nachfolgestaaten zu erhalten, wurden große Summen in riskante Auslandsprojekte gesteckt, obwohl als Basis nur mehr die desolate Wirtschaft des klein gewordenen Österreich vorhanden war. Zudem gab es noch aus der Monarchie zu viele verschiedene Banken. Anders als in unserer Zeit erfolgte der Konzentrationsprozess aber zumeist als Folge von Zusammenbrüchen und gerade noch verhinderten Konkursen. Als erste war die Boden-Credit-Anstalt bankrott, jene Bank, die seit jeher das Privatvermögen der Habsburger verwaltet hatte und daher den allerbesten Ruf genoss. Mitte der Zwanzigerjahre musste sie eine feindliche Spekulation Bosels abwehren, dann die zahlungsunfähige Unionbank, ein Jahr später die Verkehrsbank aufnehmen. Beide Institute brachten beträchtliche Industriebeteiligungen ein, womit die Boden-Credit-Anstalt zum Eigentümer von 150 Industriebetrieben, darunter solch wichtigen wie die Steyr-Werke, wurde. Dieser zwar mit Abstand größte, aber in sich völlig ungeordnete österreichische Industriekonzern belastete mit seinen Kreditwünschen die Bank außerordentlich. Präsident Dr. Rudolf Sieghart, schon unter Kaiser Franz Josef Gouverneur dieser größten österreichischen Traditionsbank, schätzte aufgrund bedenkenlosen persönlichen Ehrgeizes die Möglichkeiten der Gesellschaft völlig falsch ein und führte entgegen allen Warnungen ein zwar nicht problemfreies, aber grundsätzlich prosperierendes Unternehmen in den Ruin. Nachdem durch den Zusammenbruch der US-Finanzwelt ein großer Dollar-Kredit aufgekündigt worden war und die Nationalbank eine weitere Refinanzierung verweigert hatte, musste das Management der Bank der Regierung die Zahlungsunfähigkeit eingestehen. Ein Konkurs der Boden-Credit-Anstalt hätte wegen ihrer Industriebeteiligungen wohl die gesamte Volkswirtschaft mit sich gerissen, die Folgen wären unabsehbar gewesen. So griff Bundeskanzler Schober persönlich ein, besuchte den gerade in Mürzsteg auf Jagd weilenden Präsidenten der Creditanstalt, Louis de Rothschild, und setzte ihm „nicht eine Pistole, sondern ein Maschinengewehr an die Brust", wie ein Zeitzeuge es ausdrückte. Rothschild akzeptierte aus politischem Zwang, nicht aus wirtschaftlichen Überlegungen, die von Schober verlangte Übernahme der trotz einer staatlichen Stützung von 55 Millionen Schilling hoffnungslos überschuldeten Boden-Credit-Anstalt. Er legte dadurch den Grundstein für das Debakel seiner eigenen Bank nur zwei Jahre später. Schon 1931 musste die Creditanstalt, das mittlerweile größte österreichische Bankinstitut, Verluste von 140 Millionen Schilling eingestehen. Der junge Karl Farkas witzelte im Wiener Stadttheater: „Leute mit Plattfüßen sind jetzt die glücklichsten. Sie sind die einzigen, die ihre Einlagen herausnehmen können." In einer enormen Rettungsaktion übernahm die Nationalbank Wechsel der Creditanstalt in Höhe von mittlerweile mehr als 571 Millionen Schilling, fast 30 % der jährlichen Staatseinnahmen. Die Staatsschuld schnellte von 93 auf 663 Millionen hinauf, wofür auf dem ausländischen Anleihemarkt wieder Kreditgeber gesucht werden mussten.

Dadurch wurde ein Kreditvolumen blockiert, das für die so notwendigen arbeitspolitischen Maßnahmen fehlte. Eine zur gleichen Zeit geplante Zollunion mit Deutschland war abzusagen, da Frankreich die Kreditaktion sonst boykottiert hätte. Das Eigentum an der Creditanstalt ging von der Familie Rothschild auf die Republik Österreich über. In einem weiteren Schritt wurde die Creditanstalt 1934 mit dem Wiener Bankverein fusioniert. Als Creditanstalt-Bankverein – CA-BV – war sie bis zur Übernahme durch die Bank Austria im Jahr 1997 trotz aller Turbulenzen das unbestrittene Flaggschiff der österreichischen Bankenszene. Die Bank war gerettet, die Staatsfinanzen waren ruiniert, das gesamte Bankendesaster kostete die Republik innerhalb von kaum 10 Jahren 1,5 Milliarden Schilling, etwa drei Viertel der Einnahmen eines Jahres, die

Die von Bundeskanzler Schober erzwungene Rettung der „Bodencreditanstalt" durch die „Creditanstalt" der Rothschilds aus Sicht des Karikaturisten.

Der „Boden" begann der Boden zu wanken,
Dem Bundeskanzler war Rettung zu danken.

Von nun an gehörten die Steyr-Werke bis zum 1998 erfolgten Verkauf an die Magna Holding AG zum CA-BV Konzern.

nicht produktiv investiert werden konnten und dadurch das Heer der Arbeitslosen weiter vergrößerten (Kaufkraft 2004: 3,7 Milliarden Euro). Natürlich ergriff die Krise auch die Industrie und die Versicherungen. Ende 1934 waren rund 545.000 Personen, etwa 20 Prozent der unselbständig Erwerbstätigen, arbeitslos. Nach dem plötzlichen Tod des Generaldirektors der Phönix-Lebensversicherung, eines der wenigen multinationalen Unternehmen Österreichs, zerplatzte 1936 das Imperium des größten österreichischen Versicherungskonzerns wie eine Seifenblase. Der Generaldirektor Dr. Berliner, ein persönlich bescheidener, aber von höchstem Ehrgeiz Getriebener, hatte über Jahre die Reserven des Unternehmens ausgeräumt und dadurch mit aggressivsten Dumping-Prämien ein rasantes Wachstum finanziert – allerdings ohne Rückstellungen für zukünftige Leistungen. Binnen weniger Jahre schuf er so einen auch international respektablen Versicherungskonzern. Am Ende betrug der

Phönix Lebensversicherung 1921: Polizze (links) und Sparkasse (unten).

Verlust mit 250 Millionen Schilling fast ein Fünftel der staatlichen Einnahmen des Jahres 1936. Der Leiter der Versicherungsaufsicht im Innenministerium sowie der Gouverneur der Postsparkasse und ehemalige Finanzminister Karl Buresch begingen Selbstmord. Den Preis zahlte wiederum der Steuerzahler. Noch nach 1945 deckte die Republik Österreich Schulden der Phönix-Versicherung ab. Berthold Brechts Ausspruch, der Einbruch in eine Bank sei nichts im Vergleich mit der Gründung einer Bank,

hat in der Wirtschaftsgeschichte der ersten Republik wohl eine gewisse Berechtigung.

Kein Wunder, dass einige Gemeinden das Vertrauen in die Geld- und Wirtschaftskompetenz der Regierung verloren und eigene Wege gingen. In Wörgl in Tirol waren allein 1.500 Menschen arbeitslos. Daraufhin setzte der sozialdemokratische

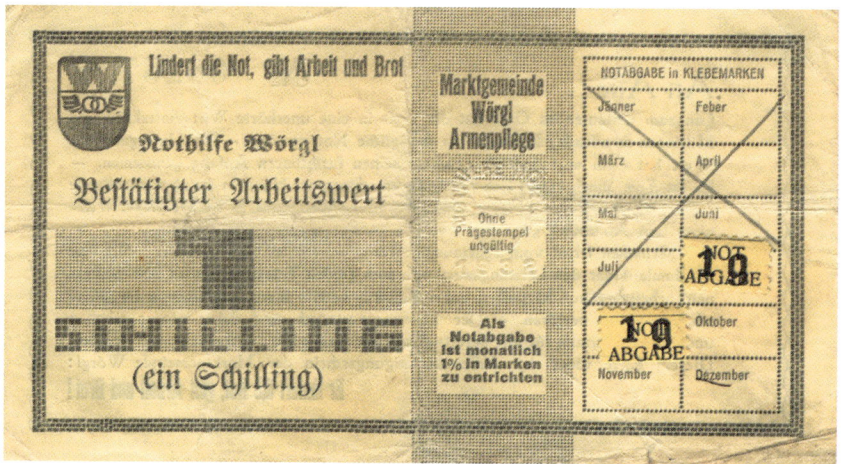

Schwundgeld von Wörgl und Wattens, 1932.

Bürgermeister eine Geldtheorie in die Praxis um, die in krassem Gegensatz zur eisernen Sparpolitik der Regierung stand – die Theorie des Schwundgeldes von Silvio Gesell. In Krisenzeiten horten die Menschen Geld und entziehen sich so dem Konsumkreislauf. Das führt zu einer Verstärkung der Krise durch sinkende Nachfrage, dadurch sinkende Produktion und letztlich Arbeitslosigkeit. Diese Spirale kann durch eine Negativverzinsung von nicht verbrauchtem Geld gestoppt werden – dem Schwundgeld. Anstelle der offiziellen Banknoten wurden als Entlohnung eigene Gemeindegeldscheine, sogenannte Arbeitsbestätigungen, im Wert von ein, fünf und zehn Schilling ausgegeben. Für jeden nicht verbrauchten Schein musste man monatlich eine Wertmarke von einem Prozent kaufen, sonst wurde der ganze Geldschein ungül-

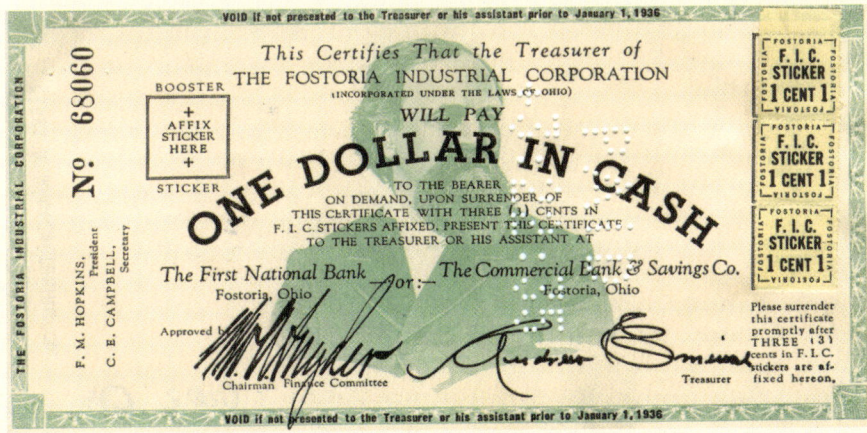

Das Experiment aus Wörgl wurde unter anderem in Berlin, Gera und in den USA in Fostoria/Ohio kopiert.

Anfang 1932 gab es bereits 600.000 Arbeitslose. Die „Lausanner Anleihe" wurde für den Bau von Alpenstraßen eingesetzt. Alleine die 48 km lange Großglockner-Hochalpenstraße kostete mit 25 Mio. Schilling (Kaufkraft 2004: 63 Mio. €) fast 10 % der Anleihesumme.

tig. Auf einen Schein von 1 Schilling musste also monatlich eine Marke für 1 Groschen geklebt werden – das entsprach einem Strafzins für Sparen von 12 Prozent jährlich. Die Einnahmen der Verzinsung flossen in den Armenfonds. Tatsächlich konnten diese Gemeinden einen kurzfristigen Aufschwung verzeichnen. Bald darauf wurde Schwundgeld auch in anderen Gemeinden Tirols, in einigen Städten Deutschlands und sogar der USA eingeführt. Als Eingriff in die staatliche Geldhoheit wurde das Experiment in Österreich aber bald verboten.

Mittlerweile hatte Dr. Engelbert Dollfuß die Regierung übernommen. Wollte die Regierung den sozialen Frieden einigermaßen aufrechterhalten, musste sie ein Investitionsprogramm erstellen. Die Staatseinnahmen waren dafür zu gering, ohne Verschuldung war dies nicht möglich. Den leichten, aber aus den Zwanzigerjahren als so gefährlich bekannten Weg zur Banknotenpresse verstellte der Völkerbund-Kommissär. Eine neuerliche Völkerbundanleihe, diesmal über 308 Millionen Schilling, sollte ab 1933 Beschäftigungsmaßnahmen finanzieren. Damit war auch die erste offizielle Abwertung des Schillings um rund 28 Prozent verbunden. Im Inland änderte sich kaum etwas, aber die Relation zu ausländischen Währungen war nun realistischer geworden. Durch diese „Lausanner Anleihe" von 1932 wurde der Bau der Großglockner-Hochalpenstraße, der Wiener Höhenstraße, wobei der Einsatz von Baumaschinen zugunsten der arbeitsintensiven Handarbeit verboten worden war, der Reichsbrücke, der Kärntner Plöckenstraße, der Iselsberg-, Hochtannberg- und Packstraße ermöglicht. Die Bautätigkeit konzentrierte sich seltsamerweise auf Passstraßen, die für die Wirtschaft keine große Bedeutung hatten. Der Historiker Roman Sandgruber ortet darin eine gewisse Kompensation des Verlustes der berühmten Bergstraßen Südtirols durch die Dolomiten und über das Stilfserjoch, aber es mögen auch militärische Überlegungen eine Rolle gespielt haben. Zwar begann man auch mit den Planungen für das Kraftwerk Kaprun und der Elektrifizierung eines Teiles der Eisenbahnstrecke – das meiste Geld wurde aber in einmalige Arbeitsbeschaffungsprojekte ohne weiteren wirtschaftlichen Nutzen wie eben den Bergstraßenbau investiert.

Ab der Machtergreifung Hitlers in Deutschland setzte auch in Österreich eine immer dreistere NS-Propaganda ein. Nach einer Reihe von Attentaten und Sprengstoffanschlägen wurden die NSDAP und der Steirische Heimatschutz verboten. Als Antwort auf die Verfolgung illegaler Nationalsozialisten sowie NS-Propaganda durch die Regierung Dollfuß führte Hitler die 1000-Mark-Sperre ein. Jeder deutsche Staatsbürger, der nach oder durch Österreich reisen wollte, musste bei der Behörde seines Heimatortes 1000 Mark bezahlen. Die Übernachtungen der bereits damals am stärksten vertretenen deutschen Touristen gingen dadurch um fast 90 Prozent zurück. Damit hatte Hitler den Lebensnerv der gerade erblühenden Fremdenverkehrswirtschaft getroffen.

Nach Errichtung des autoritären Ständestaates durch Bundeskanzler Dollfuß wurden 1934 neue Münzen mit neuen Insignien geprägt. Dabei ersetzte man die silbernen 50-Groschen- und 1-Schilling-Stücke gleich durch billigere Kupfer-Nickel-Legierungen. Auf der Rückseite des 5-Groschen Stückes prangte das Kruckenkreuz, auf den 50 Groschen und dem Schilling der neue Doppeladler Österreichs. Wie in einem vorigen Kapitel schon erwähnt, geriet das 50-Groschen-Stück nur geringfügig kleiner als der Schilling. Die Rückseiten waren ansonsten völlig gleich, was zu den bereits erwähnten Verwechslungen führte. Bereits nach einem Jahr wurde das Stück ausgetauscht. Erstmals gab es auch eine silberne 5-Schilling-Münze, dem katholisch ausgerichteten Staat entsprechend mit der Magna Mater Austriae, dem Gnadenbild von Mariazell, auf der Vorderseite. Für 50 Groschen bekam man immerhin 10 Zigaretten, 1 kg Schwarzbrot, 3 Eier oder 15 dag Extrawurst. Ein Arbeiter verdiente bei 44 Wochenstunden 225 Schilling im Monat – wenn er Arbeit hatte. Die Arbeitslosenunterstützung betrug rund 50 Schilling im Monat, wobei 1 Schilling des Jahres 1930 an Kaufkraft etwa 2,45 Euro entspricht.

Der Gipfel innenpolitischer Gewalt wurde wie schon erwähnt im Jahr 1934 erreicht. Zur Durchsetzung des autoritären Ständestaates Bundeskanzler Dollfuß' führ-

Sozialdemokratische Arbeiterpartei Österreichs

Sektion **IV**, Graz

AUFRUF!

Genossinnen und Genossen,
Arbeiter und Angestellte,
Arbeitslose und Jugendliche,
Schutzbündler und
Wehrsportler, **Jungfront**
heraus zur

Antifaschistischen Kundgebung des 4. Bezirkes

am Dienstag, den 23. August 1932, um
halb 8 Uhr abends im Afritschgarten,
Gabelsbergerstraße (Zugang Keplerstraße)

Es reden: **Willy Scholz** und **Elly Peisser**

Genossinnen und Genossen! Der 4. Bezirk
muß ein roter Bezirk bleiben. In diesem
Arbeiterviertel haben die Nazi nichts zu
suchen. Daher alle heraus zur Ablehnung
des Hakenkreuzes.

Wir brauchen keinen Hitler!

Die Bezirksleitung der Sektion IV

WEITERGEBEN! **WEITERSAGEN!**

Verl. u. verantw.: Anton Grießauer, Graz, Johann-Resel-Gasse 14. „Typographia", Graz

Obwohl sonst bitter verfeindet, waren sich Sozialdemokraten und Vaterländische Front in ihrem Kampf gegen den Nationalsozialismus einig. Sie waren gleichermaßen Zielscheibe der Propaganda der NSDAP.

Die Österreichische Jugend fordert:

Verbot aller Naziorganisationen!

Nazi-Orden sind fehl am Platz in Österreich!

Bist Du noch immer bei der NSDAP?

Bundeskanzler Dollfuß versuchte, einen „Führerkult" um seine Person zu entwickeln. Wegen seiner geringen Körpergröße und den machtpolitischen Ambitionen hieß er im Volksmund „Millimetternich".

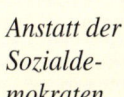

Nach Hitlers Macht-
ergreifung in
Deutschland nahm
die illegale Propa-
ganda der NSDAP auch in Österreich stetig zu.

Anstatt der
Sozialde-
mokraten
übernahmen die Nazis den 1. Mai als Feiertag.

Propaganda mün-
dete bald in Terror.
Die NSDAP wurde
verboten, ihre Ge-
folgsleute im An-
haltelager Wöllers-
dorf inhaftiert.

Silberne 5 Schilling-Münze 1935 mit dem
Gnadenbild von Mariazell. Rückseite:
Doppeladler des Ständestaates Österreich.

Groschenmünzen
und alte Kronen-
scheine wurden zu
Propagandamitteln
umfunktioniert.

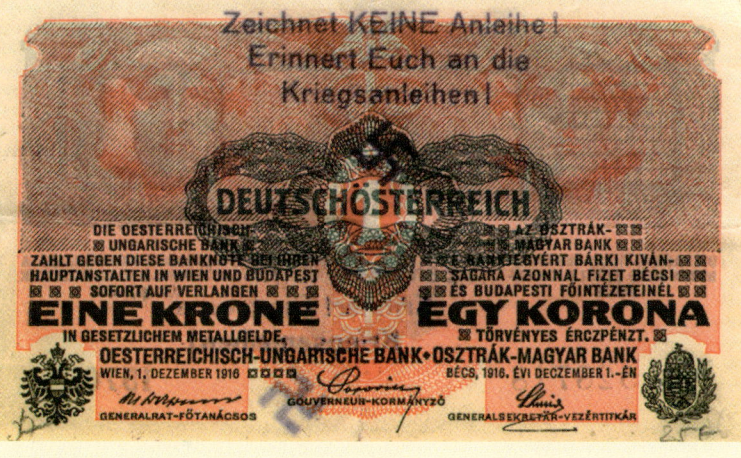

Die Ereignisse des Februar 1934 wurden in der ausländischen Presse eingehender kommentiert als in der österreichischen.

ten die Polizei und Heimwehren Aktionen gegen die Sozialdemokraten durch. Bei einer polizeilichen Durchsuchung des Linzer Parteiheimes auf Waffen wehrte sich der Schutzbund, es kam zum Feuergefecht, der Aufstand griff auf die Industriestädte Oberösterreichs, der Steiermark, Tirols, Niederösterreichs und natürlich auf Wien über. Das erstmals in Parteikämpfen eingesetzte Bundesheer beschoss den festungsartigen Karl-Marx-Hof in Döbling vom Fußballplatz der „Vienna" aus mit Artillerie. Die sozialdemokratische Partei wurde aufgelöst, der Wiener Bürgermeister Seitz abgesetzt. Nach drei Tagen, am 15. Februar, war der Bürgerkrieg zu Ende. Die Zahlen der Toten divergieren – offiziell 314, nach Schätzungen der Sozialdemokraten 1200. Neun Anführer der Sozialdemokraten wurden hingerichtet.

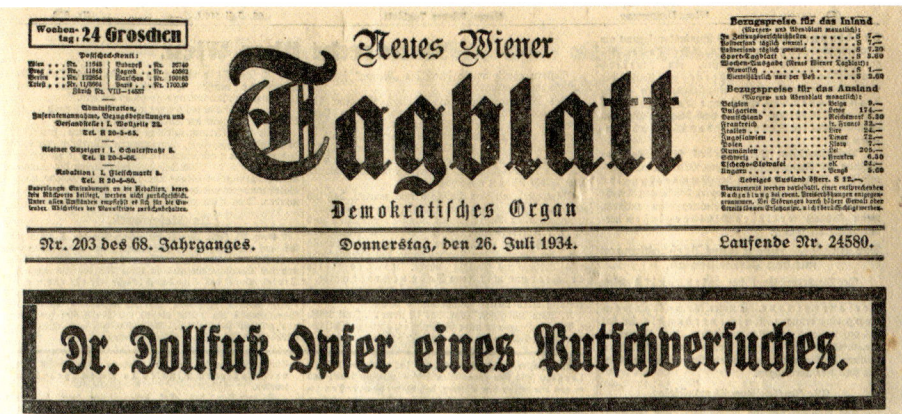

Die Nationalsozialisten wollten Österreich durch Terroranschläge destabilisieren.

Dollfuß versuchte Österreich als zweiten deutschen Staat neben Deutschland zu platzieren. Dass er in seinem Kampf gegen Hitler bedenkenlos selbst diktatorische Maßnahmen anwandte, die Selbstausschaltung des Parlaments sofort zum Anlass für die Gründung seines autoritären Ständestaates nahm, die scheinbar unüberbrückbaren Differenzen zur Sozialdemokratie in einem kurzen, aber verlustreichen Bürgerkrieg kulminieren ließ, das alles befleckt sein Bild in der Geschichte. Für die einen war er ein Arbeitermörder, für die anderen ein Volksverräter, für dritte der Retter des Vaterlandes. Am 25. Juni 1934 wurde er bei einem dilettantischen Putschversuch der Nationalsozialisten im Bundeskanzleramt ermordet.

Im Juli 1936 erfolgte eine erste Annäherung an das immer übermächtiger werdende Deutsche Reich. In diesem

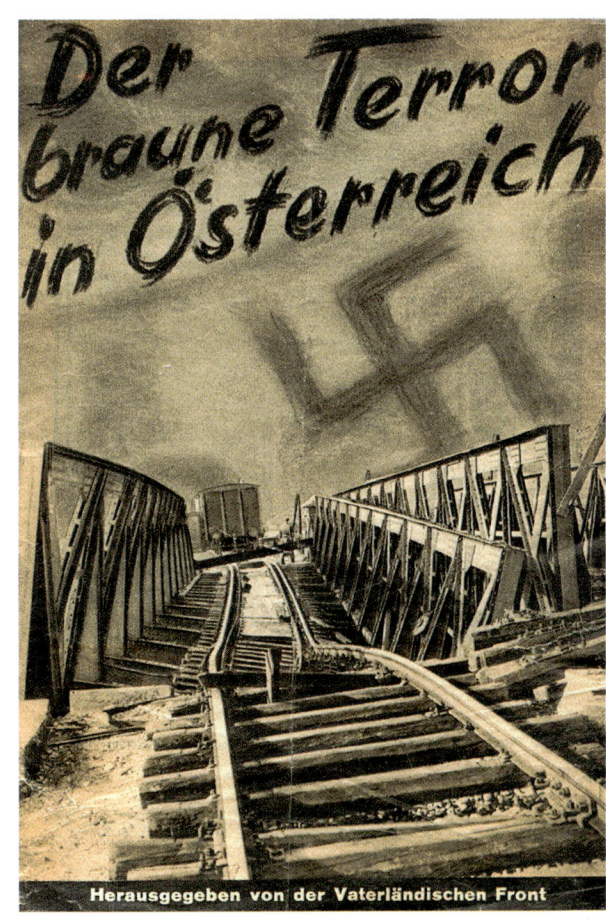

„Juliabkommen" anerkannte der große Nachbar zwar die volle Souveränität Österreichs und stellte fest, sich nicht in innere Angelegenheiten einmischen zu wollen, allerdings nahm Bundeskanzler Schuschnigg dafür zwei Vertrauensleute der Nationalen in die Regierung auf. Im Gegenzug hob Deutschland die Tausend-Mark-Sperre auf. In seiner Außenpolitik bemühte sich Schuschnigg verzweifelt um Garantien der Unabhängigkeit Österreichs, innenpolitisch suchte er die Entspannung des Verhältnisses zu den Nationalsozialisten. Persönlich hielt Schuschnigg auch die Wiedererrichtung der Monarchie für möglich, was auf heftige Reaktionen in Deutschland stieß. Hitler ließ einen Einmarschplan erarbeiten, der bezeichnenderweise den Decknamen „Unternehmen Otto", nach dem Sohn des letzten Kaisers, trug. Die wirtschaftlichen Probleme Österreichs blieben auch unter Dollfuß' Nachfolger im wesentlichen ungelöst, aber der Schilling hatte sich stabilisiert und sollte – auf Kosten der Arbeitslosen und der dahindümpelnden Wirtschaft – eine der härtesten Währungen Europas bis 1938 bleiben. Damals wurde der Begriff Alpendollar geprägt. Die Unterstützung für durchschnittlich 260.000 Arbeitslose betrug jährlich 210 Millionen Schilling. Auch alle weiteren internationalen Kreditansuchen Österreichs stießen, nicht zuletzt wegen deutscher Machenschaften, auf taube Ohren.

Sowohl die Hartwährungspolitik der Regierung Schuschnigg als auch die Unentschlossenheit der Westmächte trieben die Menschen den Nazis geradezu in die Arme. So gesehen war Österreich durch eine verfehlte internationale und nationale Wirtschaftspolitik wirklich zum ersten Opfer des nationalsozialistischen Wahnsinns geworden.

Ausgesteuerte Arbeitslose waren von den Gemeinden zu erhalten. Sie bekamen anstatt regulärem Geld oft nur Bezugsmarken.

Die Beseitigung der Arbeitslosigkeit war das Hauptver-
sprechen der Nazis.

CHRONOLOGIE DES UNTERGANGES 1938

5. November 1937: Hitler legt im engen Kreis seine Pläne für eine Angliederung Österreichs und der Tschechoslowakei dar. Die Pläne werden dem österreichischen Geheimdienst bekannt, das Militär unter Generalstabschef Alfred Jansa verstärkt die Planung zur Abwehr eines Angriffes Deutschlands.

4. Februar 1938: Deutscher Botschafter in Wien, Franz von Papen, abberufen.

5. Februar: Papen schlägt Hitler vor, Kanzler Schuschnigg zu einer Besprechung einzuladen.

7. Februar: Schuschnigg nimmt die Einladung an.

12. Februar: Schuschnigg auf Besuch bei Hitler am Obersalzberg.

Hitler droht offen mit Einmarsch. Im „Berchtesgadener Abkommen" verpflichtet sich Österreich, das Verbot der nationalsozialistischen Betätigung aufzuheben. Der Nationalsozialist Seßy-Inquart soll Innenminister, Generalstabschef Jansa entlassen werden.

15. Februar: Regierungsumbildung nach dem Wunsch Hitlers: Seyß-Inquart wird Innenminister, Jansa tritt in den Ruhestand. Illegale Nationalsozialisten werden begnadigt.

16. Februar: Inhalt des Berchtesgadener Abkommens wird öffentlich und erzeugt zunehmend Unruhe unter der Bevölkerung.

17. Februar: Otto von Habsburg bietet Schuschnigg in einem Brief die Übernahme der Regierung als parteiunabhängiger Kanzler an. Schuschnigg erwägt Rücktritt.

20. Februar: Die Friedenspolitik des englischen Premierministers Chamberlain verhindert einen gemeinsamen Vorstoß Frankreichs und Englands zugunsten der Unabhängigkeit Österreichs bei Hitler. Der englische Außenminister Eden tritt deswegen zurück.

23. Februar: Die nunmehr legale NSDAP nimmt ihre politische Tätigkeit unter einem Landesleiter für Österreich und je einem Gauleiter für die einzelnen Bundesländer auf.

24. Februar: Schuschnigg bekräftigt in einer Rede den unbedingten Willen zur Unabhängigkeit.

27. Februar: Massendemonstrationen zugunsten der Nationalsozialisten in Graz

2. März: Schuschnigg ersucht Mussolini um ein Treffen, dieser ist erst nach Besprechung mit Hitler dazu bereit. Schuschnigg lehnt Otto von Habsburgs Angebot wegen der damit verbundenen Kriegsgefahr ab.

3. März: Arbeiterführer erklären sich zur Zusammenarbeit mit der Regierung gegen Hitler bereit.

9. März: Schuschnigg kündigt eine Volksabstimmung über die Zukunft Österreichs für den 13. März an.

Werbezettel für die von der österreichischen Regierung am 13.3.1938 geplante Volksabstimmung. Viel zu spät suchte Schuschnigg den Schulterschluss mit den Arbeitern.

10. März: Hitler gibt Befehl zur Vorbereitung des Einmarsches in Österreich gemäß dem Plan „Unternehmen Otto", informiert Mussolini.
11. März: Regierung von den Einmarschplänen informiert, das Bundesheer wird mobilisiert. Hitler verlangt in einem Brief die Absage der Volksab-

stimmung. Die nationalsozialistischen Minister in der österreichischen Regierung schließen sich sofort an und verlangen ihrerseits ultimativ die Absage der Volksabstimmung unter Drohung des Rücktrittes. Schuschnigg sagt die Volksabstimmung am Nachmittag ab und erfüllt damit Hitlers Wunsch. Hitler befiehlt Einsatzbereitschaft der vorgesehenen Truppen für den Einmarsch nach Österreich ab 12. März.

SA und SS übernehmen den „Ordnerdienst" in zahlreichen Gemeinden. England und Frankreich lassen das Außenministerium wissen, nicht militärisch eingreifen zu wollen, Italien gibt keine Stellungnahme ab. Militärischer Widerstand ist angesichts der völligen Isolation sinnlos, die Truppen werden demobilisiert und für den Fall des

Widerstand: Aufkleber mit den letzten Radio-Worten Schuschniggs.

deutschen Einmarsches ihr Rückzug angeordnet. Der deutsche Militärattache übergibt Bundespräsident Miklas ein Ultimatum, wonach er Schuschnigg als Kanzler zu entlassen und Seyß-Inquart einzusetzen habe. Miklas zögert. Am Abend tritt Schuschnigg zurück und hält eine bewegende Abschiedsrede über den Rundfunk, sie endet mit den Worten „Gott schütze Österreich". Bundespräsident Miklas verweigert weiterhin die Beauftragung Seyß-Inquarts. Am Abend erhält Hitler die Nachricht von der Zustimmung Mussolinis zum Einmarsch. Um Mitternacht bestellt Miklas Seyß-Inquart doch zum Bundeskanzler.

Die Morgenausgaben der Zeitungen meldeten den Rücktritt der Regierung Schuschnigg, tatsächlich hatten deutsche Truppen schon die österreichische Grenze überschritten.

12. März: Bereits um fünf Uhr treffen die Leiter der deutschen Polizei, Heinrich Himmler und Reinhard Heydrich, in Wien ein und übernehmen noch vor dem Einmarsch regulärer Truppen die Führung der österreichischen Sicherheitswache. Unmittelbar danach beginnen die Säuberungen, die Listen mit den Namen jener österreichischen Persönlichkeiten, die sofort in das KZ Dachau zu überstellen sind, wurden schon mitgebracht.

Mit der Ankunft Himmlers und Heydrichs begann der Staatsterror.

„Reichspost", „Wiener Zeitung", „Journal" beschlagnahmt

Die heutigen Morgenausgaben der „Reichspost", der bisher amtlichen „Wiener Zeitung" und des „Neuen Wiener Journals" wurden beschlagnahmt.

Zernatto und Stockinger abgereist

Die früheren Minister Guido Zernatto und Fritz Stockinger sind in die Tschechoslowakei abgereist.

Im Laufe der Nacht wurden von der SS. gemeinsam mit Organen der Kriminalpolizei und der Sicherheitswache zahlreiche Funktionäre verschiedener ehemals vaterländischer Organisationen festgenommen. Sie bleiben vorläufig in Schutzhaft.

Massenabwanderung von Juden

In den gestrigen Abendstunden wurden auf dem Ostbahnhof sowie auf offener Strecke in Kagran die mit Juden überfüllten, in die Oststaaten abgehenden Züge sowohl von Polizeibeamten als auch von SA.-Abteilungen angehalten und durchsucht. Bei den durchwegs jüdischen Passagieren wurden erhebliche Mengen von Devisen und Valuten beschlagnahmt.

Bereits am 12. März meldeten die schon gleichgeschalteten „Wiener Neuesten Nachrichten" die Beschlagnahme von Zeitungen, die Verhaftung politischer Funktionäre und die Beraubung flüchtender Juden.

Um halb sechs Uhr in der Früh überschreitet ein sechs Mann starker Spähtrupp die Grenzbrücke über den Inn bei Passau. Bundespräsident Miklas vereidigt noch am Vormittag die neue Regierung, am Nachmittag trifft Hitler in seinem Geburtsort Braunau am Inn ein.

13. März: Auf Antrag Seyß-Inquarts nimmt der Ministerrat das erst in der Nacht zuvor ausgearbeitete „Bundesverfassungsgesetz über die Wiedervereinigung Österreichs mit dem Deutschen Reich" an. Hitler hält seine erste große Rede in Linz und verkündet den Anschluss Österreichs. Er setzt den 10. April als Datum einer Volksabstimmung über den Anschluss Österreichs fest. Bundespräsident Miklas verweigert die Unterzeichnung des „Anschlussgesetzes" und tritt zurück. Damit hat Österreich aufgehört als Staat zu existieren.

Die Verhaftung österreichischer Politiker beginnt. Der junge Sozialdemokrat Bruno Kreisky und der vorletzte österreichische Finanzminister Ludwig Draxler, Vertrauter des Heimwehrführers Starhemberg und nach 1945 Anwalt der Familie Habsburg-Lothringen, teilen Zelle und Hemden im Wiener Landesgericht.

14. März: Hitler in Wien. Triumphaler Auftritt am Heldenplatz vor der Hofburg.

1. April: Erster Transport österreichischer Politiker in das KZ Dachau, darunter sind Christlichsoziale wie Leopold Figl und Alfons Gorbach, Sozialdemokraten wie Franz Olah und Robert Danneberg, Monarchisten wie der schon nach vier Monaten ermordete Hans Karl Freiherr Zeßner von Spitzenberg und Kommunisten wie Viktor Matejka. Der spätere Gewerkschaftsbundpräsident und Innenminister Franz Olah und der Sohn des Erzherzog-Thronfolgers Franz Ferdinand, Max von Hohenberg, sind gemeinsam zum Latrinendienst eingeteilt.

„Wollt ihr Kanonen statt Butter?"

(Reichsmarschall Hermann Göring, 1936)

Apokalypse 2: Das „Dritte Reich" 1938 – 1945

Im März 1938 marschierten deutsche Truppen kampflos in Österreich ein. Die Fakten waren geschaffen, trotzdem wollte Hitler sich von einer „Volksabstimmung" bestätigen lassen. Alle Gegner waren bereits verhaftet oder mundtot gemacht worden, die Abstimmungszettel mit dem großen zentralen Kreis für „Ja" und dem kleinen für „Nein" sagten das Ergebnis schon voraus. Wer dagegen stimmte, hatte mit schwersten Folgen zu rechnen. Der Obmann des Vorarlberger Bauernbundes und erste Landeshauptmann Vorarlbergs nach dem Krieg, Ulrich Ilg, wurde aller Ämter ent-

Werbezettel für die Volksabstimmung Hitlers vom 10.4.1938.

hoben und tauchte auf einer Alm unter, weil er an der Abstimmung nicht teilnahm. Damit endete die seit der Belehnung der Babenberger mit der Mark an der Donau durch Kaiser Otto I um 960 tatsächlich fast tausendjährige staatliche Existenz. Es mag paradox sein, aber für Deutschland war die so schwach erscheinende österreichische Wirtschaft ein wesentlicher Grund, sich das Land einzuverleiben. Unterbeschäftigte, aber arbeitshungrige und gut ausgebildete Arbeitskräfte, Bodenschätze, Wasserkraft, Holzreichtum, hohe Goldreserven, strategisch das Tor in den Südosten – alles, was man für Kriegsvorbereitungen brauchte, war vorhanden. Sofort nach dem Anschluss wurden 78 Tonnen Feingold im Wert von über 470 Millionen Schilling und rund 60 Millionen Schilling Bargeld aus den Kellern der Nationalbank nach Berlin gebracht. Zu diesem Zeitpunkt betrugen die Reserven der deutschen Reichsbank nur noch 116 Millionen Schilling. Der massiv unter Druck gesetzten jüdischen Bevölkerung wurden zusätzlich noch 13 Tonnen Gold abgepresst. Die deutschen Besatzer hatten sich durch den Anschluss an Gold, Devisen, Forderungen und Auslandskonten schlagartig um rund 2,4 Milliarden Schilling bereichert (Kaufkraft 2004: fast sechs Milliarden €) . Dem standen Investitionen von 750 Millionen Schilling in zumeist kriegswirtschaftlich wichtigen Bereichen gegenüber. Beispiele sind etwa die Hermann Göring-Werke in Linz, die spätere VOEST, oder der Beginn des Ausbaues des Kraftwerkes Kaprun zur Stromversorgung der deutschen Industrie. Dem vielzitierten Straßenbau, hauptsächlich die Strecke München-Linz zur engeren Anbindung der oberösterreichischen Schwer- und damit Kriegsindustrie an das Reich, kamen 225 Millionen Schilling zugute, etwa 10 Prozent des geraubten Staatsvermögens.

Neben den wirtschaftlichen Gründen war Österreich auch als Flanke für die Besetzung des rohstoffreichen Böhmen und Mähren sowie als Ausgangspunkt für einen Vorstoß auf den Balkan von strategischer Bedeutung.

Die Jugendarbeitslosigkeit verschwand schlagartig durch die Einführung eines sechsmonatigen Arbeitsdienstes und anschließender zwei Jahre allgemeiner Wehrpflicht. Hunderttausend Arbeitslose wurden in das „Altreich" zwangsverpflichtet. Durch die Flucht rassisch und politisch Verfolgter wurden nochmals einige zehntausend oft hochqualifizierte Arbeitsplätze frei. Aufgrund der Kriegsvorbereitungen sank die Arbeitslosenquote von 32 Prozent oder rund 400.000 Arbeitslosen des Jahres 1937 auf 3,2 Prozent im Jahr 1938. Im zynischsten Sinn des Wortes war die Beschäftigungspolitik des Dritten Reiches eine „todsichere" und alles andere als eine „ordentliche". Das Vorgehen der Besatzer nach dem Anschluss war einer Kolonialmacht nicht unähnlich. Der Vertrauensmann in der Regierung Schuschnigg, Artur Seyß-Inquart, wurde abgeschoben, die Eingliederung Österreichs in das Deutsche Reich übernahm der Saarländer Josef Bürckel als Gauleiter und der Jagdfliegerheld des Ersten Weltkrieges, Hermann Göring, als Reichswirtschaftsminister. Nach dem politischen Anschluss ging es um die Übernahme der österreichischen Rohstoffgewinnung, Industrie, Kraftwerke und Transportunternehmen. Nicht nur die billige österreichische Butter reizte die neuen Landsleute aus dem Norden, 83 Prozent der Metall- und Maschinenindustrie, 61 Prozent der Versicherungswirtschaft, 56 Prozent

Die Terrorzentrale: Das Hotel Metropole am Franz Josefs Kai in Wien, seit 1938 Zentrale der Geheimen Staatspolizei, Gefängnis Bundeskanzler Schuschniggs von 1938-1941, 1945 zerbombt.

Aktie der Österreichischen Kraftwerke AG, umbenannt auf Kraftwerke Oberdonau AG, 1940.

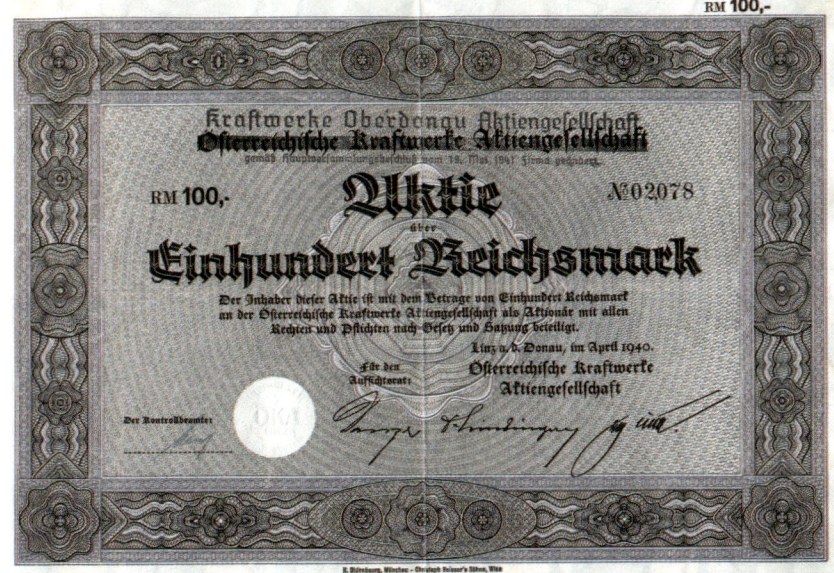

der Bauindustrie und 50 Prozent der Erdölindustrie kamen in deutsche Hände. Alles in allem war die Besetzung Österreichs ein hervorragendes Geschäft gewesen. Zuerst übernahm der Staat die Anteile, die von den Großbanken gehalten wurden, das waren zum Beispiel Steyr-Daimler-Puch, die DDSG, die Floridsdorfer Lokomotivenfabrik, die Simmeringer Waggonfabrik und die Linzer Schiffswerft. Die Beteiligungen der Creditanstalt an der chemischen Industrie wurden der „IG Farben AG" übergeben und

Im Zuge der Kriegsvorbereitungen wurde Österreich rasch zu einem Standort deutscher Schwerindustrie (oben und folgende Seite).

in der „Donau-Chemie AG" zusammengefasst. Ein geringerer Teil war bereits in deutschem Besitz, so gehörten etwa die Alpine-Montan Werke bereits zum Konzern des Industriellen Hugo Stinnes. In Deutschland arbeitete das nationalsozialistische Regime zwar eng mit der Privatindustrie zusammen, gleichzeitig versuchte man riesige Staatskonzerne aufzubauen, um von den Industriellen unabhängig zu werden. In der Schwerindustrie waren dies etwa die „Reichswerke Hermann Göring". Soweit möglich, wurden alle Stahlwerke, endlich auch die Alpine-Montan, dem Göring-Konzern angegliedert. Der oberösterreichische Raum war von Hitler als neues Zentrum der Schwerindustrie neben dem Ruhrgebiet vorgesehen. Als Standort für ein völlig neues Fertigungswerk bestimmte er seine Lieblingsstadt Linz. Dem Spatenstich für die spätere VÖST folgten noch die Linzer Stickstoffwerke, der Ausbau der „Donau Chemie", die Zellulose-Fabrikation in Lenzing oder die Aluminiumproduktion in Ranshofen. Alle diese Betriebe wurden raschest auf Kriegsproduktion umgestellt. Die erste Industrialisierungswelle des NS-Staates fand entlang der Donau als wichtigstem Transportweg statt. Die DDSG waren schon übernommen worden, eine Autobahn von München nach Linz in Planung. Es passte in das technokratische Kalkül der neuen Machthaber, auch die grauenhafteste Stätte industriellen Mordes in Österreich, das Konzentrationslager Mauthausen, an dieser Transportlinie anzusiedeln.

Der Österreicher Ferdinand Porsche konstruierte nicht nur den „Tiger" Panzer, der in den Nibelungenwerken in St. Valentin gefertigt wurde, sondern noch zu Friedenszeiten den „Kraft-durch-Freude" Wagen. Nach einer Idee Hitlers sollte eine kostengünstige Kleinwagenproduktion die systematische Motorisierung der Bevölkerung ermöglichen. Das Auto dürfte höchstens 1.000 Reichsmark kosten, der „typischen" Familie mit zwei Erwachsenen und drei Kindern Platz bieten und eine Höchstgeschwindigkeit von 100 km/h ermöglichen. Was beim Radio durch den „Volksemp-

6 Reichspfennig	Illustrierte	40 Heller	für die tschechoslov. Republik

Kronen Zeitung

Fürs deutsche Volk!

39. Jahrgang   Verlag G. Davis & Co.   Folge 13.764

Bezugspreis per Post monatlich: Inland . . . . . . RM 1.70 Tschechosl. Republik . . . . Kč 11.—	Wien, Samstag, den 14. Mai 1938	Schriftleitung und Verwaltung: Wien, 9. Bezirk, Pramergasse Nr. 26 Fernruf A-13-5-35

Ein Festtag für Linz:

Der erste Spatenstich für eines der größten Industriewerke Europas.

Wichtige Verfügungen der Preisüberwachungsstelle.

Generalfeldmarschall Göring gibt das Zeichen zum Beginn der Arbeit.

Auch die Idee des „Volkswagen" wurde der Kriegsproduktion geopfert.

fänger", dessen billigste Ausführung 35 Reichsmark kostete, flächendeckend gelang, gestaltete sich beim Auto doch schwieriger. Nach der Fertigstellung von 30 Vorzeigeexemplaren vertröstete man die Auto-Besteller auf die Friedenszeit, veruntreute das bereits darauf angesparte Geld und baute die in Produktion befindlichen Wagen zu militärischen Kübel- und Schwimmwagen um.

Die Erdölförderung im nördlichen Niederösterreich wurde zur drittgrößten in ganz Europa ausgebaut, die Förderleistung von 33.000 Tonnen 1937 auf 1,2 Millionen Tonnen 1944 gesteigert. Daneben bot Österreich noch praktisch unerschöpfliche Reserven an Wasserkraft. Das Kraftwerk Kaprun wurde zwar schon vor 1938 geplant und erst nach 1945 fertiggestellt, aber der Spatenstich erfolgte einmal mehr durch Hermann Göring bereits im Mai 1938. In den Kriegsjahren arbeiteten Tausende Zwangsarbeiter und KZ-Häftlinge an den Talsperren. Alle diese neuen Werke zielten auf die Versorgung ganz Deutschlands und waren für Österreich alleine viel zu groß, was die Ordnung der Industriestruktur nach 1945 besonders schwierig machen sollte.

Der Industriestandort Österreich fand während des Krieges in den Augen der nationalsozialistischen Planer besonderes Augenmerk, lag er doch außerhalb der Reichweite feindlicher Bomber. Das sollte sich erst ändern, als die Amerikaner in Süditalien Fuß gefasst hatten und nun auch den „Reichsluftschutzkeller" Österreich erreichten. Der Raum Wiener Neustadt war ein Zentrum der Flugzeugindustrie, der damit verbundene Fliegerhorst Schwechat – Spatenstich von Hermann Göring – als Erprobungsflughafen für Heinkel-Bomber und Jagdflugzeuge geplant, wurde erst nach dem Krieg zum Zivilflughafen ausgebaut. Als die amerikanischen Bomber kamen, verlegte man die Flugzeugproduktion in die Seegrotte nach Hinterbrühl. Wie-

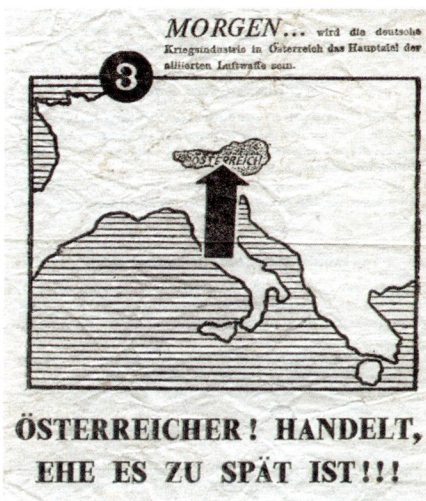

Flugblatt 1944 mit der Androhung alliierter Luftangriffe auf Österreich.

ner Neustadt erlangte die traurige Berühmtheit nach Dresden die am meisten zerstörte Stadt des Deutschen Reiches gewesen zu sein.

Ab 1942 stellte die deutsche Industrie komplett auf Kriegsbedarf um. Konsumgüter wurden qualitativ immer schlechter und waren bald nur noch über Bezugsscheine erhältlich. Intensive Propagandakampagnen forderten zum sparsamsten Umgang mit allen Gütern auf. Die Gestalt des durch unbedachte Verschwendung die Volkswirtschaft schädigenden „Kohlenklaus" blieb sogar noch in der Zweiten Republik, etwa als „Rentenklau", erhalten. Wie dreißig Jahre zuvor wurden kriegswichtige Rohstoffe auch der Zivilbevölkerung mehr oder minder freiwillig abgenommen und es musste auf Lebensmittelbewirtschaftung umgestellt werden.

Ab 1942 wurde die gesamte Wirtschaft auf Kriegsproduktion umgestellt.

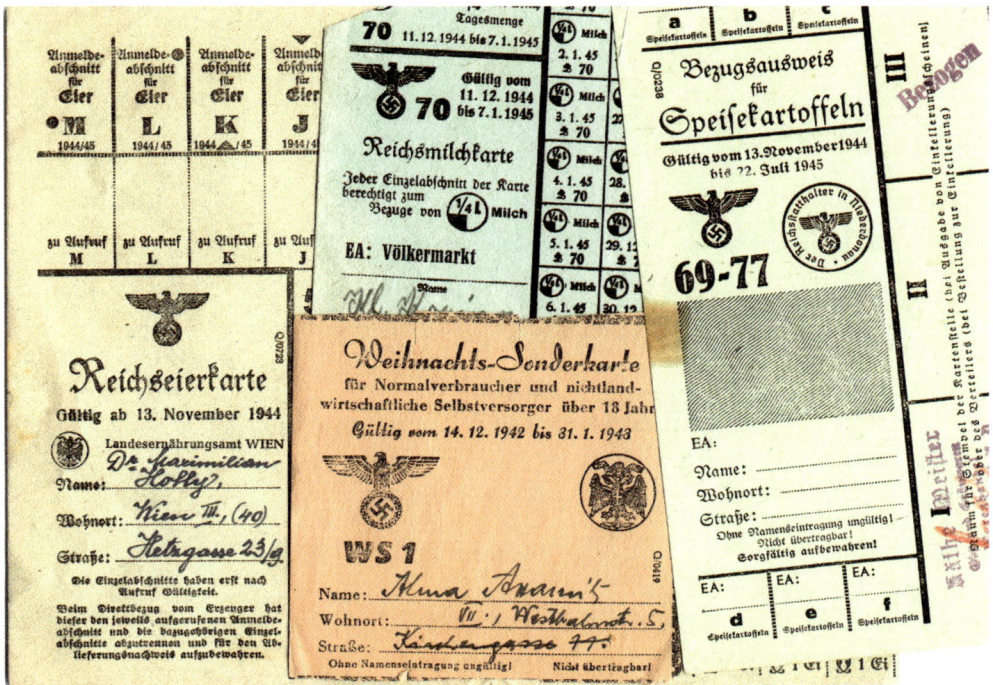

Die Lebensmittelbewirtschaftung im 2. Weltkrieg funktionierte besser als 25 Jahre zuvor.

Wie schon im Ersten Weltkrieg machte sich mit der Fortdauer des Krieges der Arbeitskräftemangel drückend bemerkbar. Das totalitäre Regime ersetzte die in den österreichischen Betrieben fehlenden Männer durch fast eine Viertelmillion Frauen und 200.000 versklavte Zwangsarbeiter aus dem Osten. Weitere 380.000 waren in der Landwirtschaft eingeteilt. Die reguläre Arbeitszeit wurde auf 72 Stunden pro Woche ausgeweitet, für Zwangsarbeiter und KZ-Häftlinge gab es keine Beschränkungen.

RECHTS ODER LINKS – NICHT IMMER EINE FRAGE DER POLITIK

Der Anschluss an Deutschland führte zu einer Vereinheitlichung der meisten Rechtsnormen, viele davon wurden auch nach 1945 beibehalten. So auch die Verkehrsregelung. Ob in einem Land Links- oder Rechtsverkehr herrschte, hing vielleicht mit der Verwendung verschiedener Pferdewagen-Typen zusammen, letztlich machte der zunehmende Verkehr in Städten und vor allem auf Brücken die eine oder andere Regelung notwendig. Die Pilgerströme auf der Engelsbrücke in Rom wurden schon um 1300 im Sinne des Linksverkehrs eingeteilt. Genauso entschied im 18. Jahrhundert der

Londoner Magistrat für eine Verkehrsregelung auf der London Bridge, eine Anordnung, die um 1830 auf ganz Großbritannien ausgedehnt wurde. In den deutschen Staaten und in Österreich herrschte Linksverkehr, in Frankreich Rechtsverkehr. Alle von Napoleon eroberten Staaten mussten nun auf Rechts umstellen. Während Deutschland bei dieser Ordnung blieb, kehrte ganz Österreich nach 1815 wieder zum Linksverkehr zurück. Ganz Österreich? Nein, Vorarlberg und Tirol blieben beim Rechtsverkehr, sodass von 1815 an zwei Fahrordnungen galten, die allerdings 1915 wieder einheitlich auf Linksverkehr umgestellt wurden. Nach dem Ersten Weltkrieg kehrte Vorarlberg aufgrund seiner engen Beziehungen zu Deutschland und der Schweiz 1921 aber wieder zum Rechtsverkehr zurück. Schließlich fiel auch in Österreich die Entscheidung für den Rechtsverkehr, Tirol wollte ihn sofort, Wien möglichst spät einführen. Daraus erwuchs eine typisch österreichische Lösung: Ab 2. April 1930 galt westlich von Lend im Salzachtal der Rechtsverkehr, östlich der Linksverkehr – damals führte durch das Salzachtal die einzige durchgehende Straßenverbindung zwischen Ost- und Westösterreich. Am 1. Dezember 1932 sollte ganz Österreich folgen, aber nur Kärnten und Osttirol stellten um, der Rest blieb bei links. Nach dem Anschluss an Deutschland kam es vermehrt zu Unfällen reichsdeutscher Autolenker in Ostösterreich. Daher mussten alle Länder bis auf Niederösterreich und Wien bereits am 1. Juli 1938 auf Rechtsverkehr umstellen, im September folgte Niederösterreich und am 3. Oktober als letztes Bundesland Wien. So manche Eisenbahnlinie fährt aber heute noch links und die Wiener Stadtbahn wurde bis zum Umbau der Trasse zur U-Bahn 1976 links geführt.

Volksgenossen!

In der Nacht vom 18. auf den 19. September 1938, um Mitternacht, wird auch in Niederdonau der Straßenverkehr vom Links- auf den Rechtsverkehr umgestellt.

Zur klaglosen Durchführung dieser Maßnahme ist höchste Sorgfalt aller Verkehrsteilnehmer erforderlich.

Kraftfahrer!   Radfahrer!

Haltet Euch streng an die Grundregeln des Straßenverkehrs! Fahrt rechts! Weicht rechts aus! Überholt links! Beim Einbiegen nach rechts führt einen engen, nach links einen weiten Bogen aus!

Ankündigung der Änderung der Straßenverkehrsordnung für Niederösterreich im September 1938.

SIEBEN JAHRE „TAUSENDJÄHRIGES REICH": REICHSMARK STATT SCHILLING

Umrechnungstabelle

Schilling und Groschen in Mark und Pfennig:

1 g	=	0.66 Pf.	1 S	=	–.66 M.
2 g	=	1.33 Pf.	2 S	=	1.33 M.
3 g	=	2 Pf.	3 S	=	2.– M.
4 g	=	2.66 Pf.	4 S	=	2.66 M.
5 g	=	3.33 Pf.	5 S	=	3.33 M.
6 g	=	4 Pf.	6 S	=	4.– M.
7 g	=	4.66 Pf.	7 S	=	4.66 M.
8 g	=	5.33 Pf.	8 S	=	5.33 M.
9 g	=	6 Pf.	9 S	=	6.– M.
10 g	=	6.66 Pf.	10 S	=	6.66 M.
20 g	=	13.3 Pf.	20 S	=	13.33 M.
30 g	=	20 Pf.	30 S	=	20.– M.
40 g	=	26.6 Pf.	40 S	=	26.66 M.
50 g	=	33.3 Pf.	50 S	=	33.33 M.
60 g	=	40 Pf.	60 S	=	40.– M.
70 g	=	46.6 Pf.	70 S	=	46 66 M.
80 g	=	53.3 Pf.	80 S	=	53.33 M.
90 g	=	60 Pf.	90 S	=	60.– M.
100 g	= 1 S =	66.6 Pf.	100 S	=	66.66 M.

Mark und Pfennig in Schilling und Groschen:

1 Pf.	=	1.5 g	1 M.	=	1.50 S
2 Pf.	=	3 g	2 M.	=	3.– S
3 Pf.	=	4.5 g	3 M.	=	4.50 S
4 Pf.	=	6 g	4 M.	=	6.– S
5 Pf.	=	7.5 g	5 M.	=	7.50 S
6 Pf.	=	9 g	6 M.	=	9.– S
7 Pf.	=	10.5 g	7 M.	=	10.50 S
8 Pf.	=	12 g	8 M.	=	12.– S
9 Pf.	=	13.5 g	9 M.	=	13.50 S
10 Pf.	=	15 g	10 M.	=	15.– S
20 Pf.	=	30 g	20 M.	=	30.– S
30 Pf.	=	45 g	30 M.	=	45.– S
40 Pf.	=	60 g	40 M.	=	60.– S
50 Pf.	=	75 g	50 M.	=	75.– S
60 Pf.	=	90 g	60 M.	=	90.– S
70 Pf.	=	1.05 S	70 M.	=	105.– S
80 Pf.	=	1.20 S	80 M.	=	120.– S
90 Pf.	=	1.35 S	90 M.	=	135.– S
100 Pf.	= 1 M. =	1.50 S	100 M.	=	150.– S

Umrechnungstabelle 1938: 1 Schilling = 1,5 Reichsmark.

Die nun „Ostmärker" genannten Österreicher erhielten auch wieder eine neue Währung. Der Schilling konnte bis 25. Mai 1938 in Reichsmark eingetauscht werden, die Münzen zu 100 und 200 Kronen sowie 1 und 2 Groschen blieben sogar bis 1942 in Umlauf. Das Eintauschverhältnis schien mit 1,5 Reichsmark für 1 Schilling im ersten Augenblick großzügig, doch der Schilling hatte tatsächlich eine Kaufkraft von mehr als 2 Reichsmark. Da auch die Preise im selben Verhältnis umgerechnet wurden, lagen sie niedriger als in Deutschland, und Österreich war damit zur Billig-Provinz geworden. Deutsche Käufer stürmten die Geschäfte, kauften, was nicht niet- und nagelfest war, und trieben die Preise in die Höhe. Ein Verhalten, das wenig Sympathie erzeugt. Ähnlich verhielten sich ja die Österreicher in der Tschechischen Republik und in Ungarn Anfang der neunziger Jahre.

Die letzte österreichische Banknote – ein Hundert-Schilling-Schein – war zwar schon gedruckt, konnte aber nicht mehr ausgegeben werden und wurde eingestampft. Die Deutsche Reichsbank verwendete das Klischee für eine 20-Reichsmark-Note. Das alpenländische Mädchen mit dem Edelweiß traf einfach den Geschmack der Zeit. Kaum war Österreich wieder selbständig, brachte es 1947 auf Basis desselben Entwurfes den ersten neuen Hundert-Schilling-Schein der Zweiten Republik in Umlauf. Allerdings blickte das Mädchen nun nicht mehr ganz so verbissen heroisch wie 1938. Auch Reichsmark-Münzen wurden in Wien geprägt. Aber das Münzzeichen A, das Hunderte Jahre für das Wiener Münzamt stand, bezeichnete nun Berlin, für Wien musste ein B reichen.

Neben der offiziellen Währung Reichsmark gab es eine Reihe von Geldsorten, die unterschiedlich verwendet wurden. So erlangten im Inland auch Wertscheine des Winterhilfswerks Geldcharakter. Die Wehrmacht verfügte über eigene Verrech-

Oben: Die 100-Schilling-Banknote konnte wegen des Anschlusses an Deutschland nicht mehr ausgegeben werde, ihr Klischee wurde aber für einen neuen 20-Reichsmark-Schein verwendet (Mitte). 1945 griff die Bundesregierung auf den Vorkriegsentwurf zurück, nur das Mädchen blickte nicht mehr so heroisch (unten).

*Die Hauptmünzstätte
war Berlin, Wien nur
noch Provinz.*

*Spendenscheine des Winterhilfs-
werks galten als Zahlungsmittel
für bestimmte öffentliche
Leistungen.*

*Verrechnungs-
scheine der Wehr-
macht wurden für
die Bezahlung
von Bahntrans-
porten und ähnli-
che Leistungen
verwendet.*

*Behelfszahlungsmittel für die Wehr-
macht in besetzten Gebieten.*

Deutschsprachige Kar-
bowanez für die Ukraine.

Allgemeines Zahlungs-
mittel für die besetzten
Gebiete: Reichsmark der
Reichskreditkassen.

Zweisprachige Kronen
des Protektorates Böh-
men und Mähren.

Kriegsgefangenen
Lagergeld.

Kantinengeld der SS im Konzen-
trationslager Buchenwald.

Konzentrationslager-Geld Theresienstadt (Mitte und unten).

Ghetto Litzmannstadt/ Lodz: Besatzungsgeld.

Staatliches Notgeld von 1945: Photomechanischer Nachdruck des Originals (oben) auf Lebensmittelkarton (rechts).

*Notgeld der
Gauselbstver-
waltung
Kärnten,
April 1945.*

nungsscheine. In einigen deutsch besetzten Gebieten wie dem Reichsgouvernement
Polen, dem Protektorat Böhmen und Mähren oder deutschen Satellitenstaaten wie der
Ukraine wurde eigenes, oft sogar zweisprachiges Geld ausgegeben. Daneben legten
andere von Deutschland abhängige Staaten wie die Slowakei oder Kroatien kurzfristig eigene Banknoten auf. Zur allgemeinen Verwendung in besetzten Gebieten waren eigene Reichsmark der Reichskreditkasse in Umlauf. Und natürlich gab es auch
wieder Lagergeld. Aufgrund der chaotischen Erfahrungen mit der Lagergeld-Vielfalt
des Ersten Weltkriegs allerdings nur eine einheitliche Serie für Kriegsgefangene. In
den Konzentrationslagern (KZ) verfügte nur die SS über eigenes Kantinengeld. Im
Ghetto Litzmannstadt/ Lodz und dem KZ Theresienstadt in Böhmen gab es spezielles Häftlingsgeld. Theresienstadt war als Muster- und Vorzeigelager für Besucher
neutraler Staaten konzipiert und es gelang tatsächlich, naive Delegationen aus Schweden oder der Schweiz über die wahren Zustände zu täuschen. Dazu gab man den inhaftierten Juden für ihr konfisziertes Bargeld Quittungsscheine lautend auf Kronen
mit einem Bild Mose und der Unterschrift des Ältesten des Judenrates.

Als 1945 alles in Scherben fiel, reichte es nicht einmal mehr für Banknotenpapier.
In Graz und Salzburg kam es zu einer quasi staatlichen Geldfälschung. Ganz offiziell wurden ab März Reichsmark-Scheine der Not gehorchend, fotomechanisch auf
bröseligem Lebensmittelkarten-Papier hergestellt. Da die Scheine abfotografiert waren, trugen sie alle die selbe Nummer. Ordentliche Geldfälscher hätten sich für so eine
Arbeit geschämt, trotzdem wurden sie durch eine groß aufgedruckte Strafdrohung ge-
warnt. In Kärnten legte die Gauselbstverwaltung noch im April 1945 einen 50-Reichs-
mark-Notgeldschein auf, allerdings schon ohne das früher unvermeidliche Hakenkreuz. Dabei gab es für Reichsmark allein schon lange keine Waren mehr zu kaufen,
die wurden nur im Verbund mit Bezugskarten abgegeben und der Schwarzmarkt
kannte schon seine eigenen Währungen.

„DER NEUE WEG DER BILDUNG GEHT VON HUMANITÄT DURCH NATIONALITÄT ZUR BESTIALITÄT."
(Franz Grillparzer, österreichischer Dichter, 1849)

Für das heutige Österreich bedeuteten die sieben Jahre des Zweiten Weltkrieges
– 247.000 Gefallene
– 120.000 Österreicher, davon 65.459 Juden, durch das Regime ermordet
– 30.000 tote Zivilisten, davon 25.000 durch Luftangriffe
– 120.000 österreichische Juden vertrieben
– mehr als 100.000 Österreicher in Konzentrationslagern inhaftiert
– 370.000 Witwen und Waisen
– 170.000 Invalide
– 500.000 Kriegsgefangene, davon die Hälfte in Russland

Ab Frühjahr 1945 setzte eine Völkerwanderung durch und nach Österreich ein
– 1,2 Millionen deutsche Soldaten, die in Österreich kapitulierten
– 1 Million alliierte Besatzungssoldaten
– 500.000 durchziehende Angehörige von diversen Fremdarmeen
– 320.000 in Österreich angesiedelte Flüchtlinge aus dem Norden und Osten
– 230.000 durchziehende Flüchtlinge
– 200.000 Reichsdeutsche, die in Österreich arbeiteten
– 590.000 Zwangsdeportierte, befreite KZ-Häftlinge, ehemalige Kriegsgefangene

Kuvert aus dem Konzentrationslager Dachau.

hart und schwer traf uns die erschütternde Nachricht, daß unser innigstgeliebter, unvergeßlicher Sohn, Bruder und Neffe

Gefr. Franz Sima

am 27. August 1944, im Alter von 20 Jahren, in Rumänien den Heldentod fand.

Die heil. Seelenmesse wird am Samstag, den 2. Dezember 1944, $\frac{1}{2}$9 Uhr vorm., in der Lourdeskapelle der Pfarrkirche St. Anton v. Padua, Wien, X. Antonsplaß, gelesen.

In tiefster Trauer:

Jaroslav und Anna Sima, Eltern
Grete Sima, Schwester
und sämtliche Verwandten.

*Wenn Liebe könnte Wunder tun
Und Tränen Tote wecken,
Dann würde dich, du edles Herz,
Nicht fremde Erde decken.*

Wien, im November 1944
X/75, Weldengasse 2 a 3

Einer von 247.000 gefallenen Österreichern.

Nach Moskau.

СОЮЗ ОБЩЕСТВ КРАСНОГО КРЕСТА
и КРАСНОГО ПОЛУМЕСЯЦА
СССР

Почтовая карточка военнопленному
Carte postale au prisonnier de guerre

Бесплатно
Franc de port

Кому (Destinataire) _____

Куда (Adresse) **СССР Москва красный крест и/я**
(страна, город, улица, № дома, округ, село, деревня)

Отправитель (Expéditeur)
Фамилия и имя отправителя
Nom de l'expéditeur _____

Почтовый адрес отправителя _____
Adresse de l'expéditeur _____

Prière d'écrire sur carte postale, autrement ces lettres ne seront pas remises au destinataire.
Lettre au verso.

Kriegsgefangenen-Korrespondenzkarte über das Rote Kreuz.

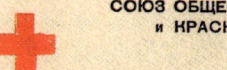

Armschleife zur Kennzeichnung eines jüdischen Arbeiters in einer Ghetto-Werkstätte. Mit Stempel der SS.

In Trümmern lagen:
– 10 Prozent aller Wohnungen,
– ein Drittel des Eisenbahnnetzes,
– 700 Brücken – darunter alle Donaubrücken.
– 70 % der Industrie Niederösterreichs.

Allein in Wien waren 86.000 Wohnungen in 21.000 Häusern zerstört, weitere 100.000 Wohnungen unbewohnbar. In Wiener Neustadt fielen 80 Prozent der Häuser den Bomben zum Opfer, es war nach Dresden die am meisten zerstörte Stadt des Deutschen Reiches.

Die materiellen Zerstörungen durch den Krieg beliefen sich nach heutiger Kaufkraft auf etwa 57 Milliarden Euro.

Wien, Albertina vor 1938.

Wien, Albertina nach 1945.

Seit 1943 befand sich Österreich in Reichweite der alliierten Flugzeuge. Diese brachten nicht nur Bomben, sondern auch Flugzettel mit der Aufforderung, Widerstand gegen Hitler zu leisten.

Daß wir aus ihr doch noch herauskamen, war nicht der Einsicht und Barmherzigkeit unserer Feinde,

nicht dem Völkerbund und keinem Churchill oder Roosevelt, sondern

allein dem Führer und dem Nationalsozialismus zu verdanken!

Daß wir aber heute, nachdem wir uns mühsam wieder ein ordentliches und erträgliches Leben aufgebaut hatten, in diesen Kampf um Sein oder Nichtsein gegen die alten Hasser und Neider von einst verwickelt worden sind, **ist nur auf unsere Schwäche und Leichtgläubigkeit im Jahre 1918 zurückzuführen!** Woran wir es damals fehlen ließen, haben wir heute doppelt wettzumachen. Woran unsere Feinde es damals nach den heutigen Erklärungen ihrer Hetzjuden haben angeblich fehlen lassen, wollen sie jetzt ebenfalls wettmachen:

Heute erklärt der Jude Morgenthau, es wären unser 40 Millionen zu viel auf der Welt!

Davon reden sie in ihren Flugblättern an uns nicht!

Aber es lohnt sich, daß wir es dafür um so lauter tun,

und es lohnt sich, dafür zu kämpfen, daß sie das nicht wahrmachen können,

was sie diesmal mit uns vorhaben!

Es lohnt sich wahrhaftig!

Denn: auch unsere Zeit wird wieder kommen!

Q/0723

Das NS-Regime reagierte darauf mit Terror gegen die Zivilbevölkerung und einer fanatischen „Durchhalte"-Kampagne.

Österreich: Vom „Hungerstaat" zur „Insel der Seligen" (Papst Paul VI.)

CHRONOLOGIE DER WIEDERGEBURT 1945:

1. 11. 1943: Moskauer Deklaration: Die Außenminister der USA, Großbritanniens und Russlands verkünden, ein freies und unabhängiges Österreich wiedererrichten zu wollen.
4.-11. 2. 1945 Konferenz von Jalta. Die Alliierten einigen sich auf militärische Besetzung von Deutschland und Österreich.
12. 3. Schwerster Luftangriff auf Wien, Zerstörung vieler Häuser und Kulturdenkmäler der Innenstadt.

29. 3. Sowjetische Truppen überschreiten die österreichische Grenze im Bezirk Oberpullendorf/ Burgenland.
2. 4. Wien wird von deutscher Besatzung zum Verteidigungsbereich erklärt.
7. 4.-13. 4. Schlacht um Wien
14. 4. Gründung der Sozialistischen Partei Österreichs (SPÖ)
17. 4. Gründung der Österreichischen Volkspartei (ÖVP)
23. 4. Einigung österreichischer Politiker aller Parteien über die Zusammensetzung der zukünftigen Regierung.
27. 4. Von Oberösterreich nach Westen wird immer noch gekämpft. Provisorische Regierung unter Karl Renner von sowjetischen Besatzungskommandanten Marschall Tolbuchin genehmigt. Regierung gibt in der ersten Sitzung Proklamation über die Selbständigkeit Österreichs und Unabhängigkeitserklärung ab.
Damit ist die Wiederherstellung Österreichs vollzogen.
28. 4. Erste Regierungserklärung an das österreichische Volk. Amerikaner mar-

28. 4. Erste Regierungserklärung an das österreichische Volk. Amerikaner marschieren in Tirol ein.

schieren in Tirol ein. Hitler befiehlt Stellungsbezug in der „Alpenfestung" Österreich. Deutsche Truppen in Italien kapitulieren.

30. 4. Hitler begeht Selbstmord. Amerikaner rücken in Oberösterreich ein.

1. 5.: Mit dem Bundesverfassungs-Überleitungsgesetz wird die verfassungsrechtliche Lage vor 1933 wiederhergestellt.

7. 5. Bedingungslose Kapitulation des Deutschen Reiches

14. 5. Der Fluss Enns wird Grenze zwischen sowjetischer und amerikanischer Zone.

9. 7. Besatzungsmächte beschließen Aufteilung Österreichs in Besatzungszonen:
UDSSR: Burgenland, Niederösterreich, Oberösterreich nördlich der Donau
USA: Oberösterreich südlich der Donau, Salzburg
GB: Steiermark, Kärnten, Ost-Tirol
F: Nord-Tirol, Vorarlberg

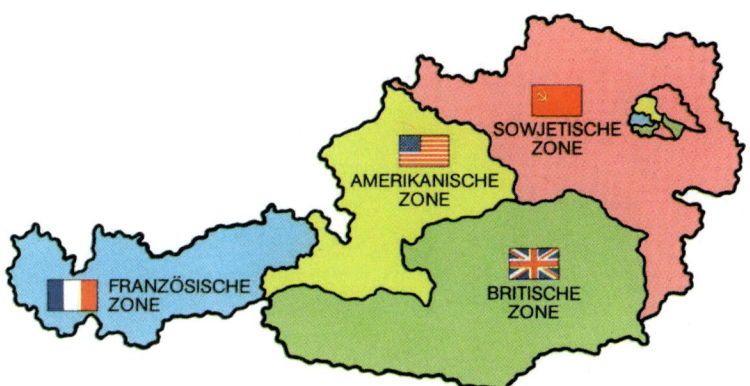

*Die Besatzungs-
zonen 1945 – 1955.*

Wien: Aufteilung der Bezirke nach den Stadtgrenzen vor 1938:

1. Bezirk – gemeinsame Verwaltung aller vier Besatzungsmächte
UDSSR: 2., 4., 10., 20., 21., 22.Bezirk
USA: 7., 8., 9., 17., 18., 19. Bezirk
GB: 3., 5., 11., 12., 13. Bezirk
F: 6., 14., 15., 16. Bezirk

Der heutige 23. Wiener Bezirk kam erst nach dem Anschluss zu Wien und wurde daher der niederösterreichischen Besatzungszone zugeschlagen. Repräsentiert wurden diese Besatzungszonen durch die gemischte Militärpolizei der Besatzer in Wien – „Die Vier im Jeep" kamen sogar zu Kinoehren.

24-26. 9. Erste Länderkonferenz in Wien: erstmals Kontakt aller von den Besatzungstruppen eingesetzter Landesregierungen und der provisorischen Staatsregierung.

25. 11. Erste Nationalrats-, Landtags- und Gemeinderatswahlen.

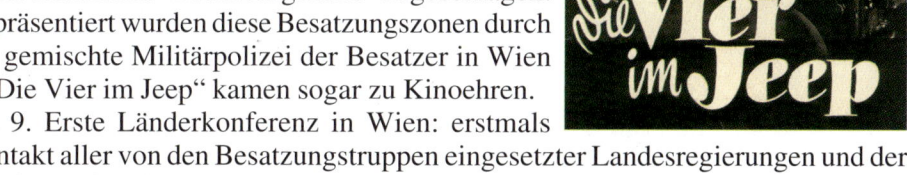

Pressemeldung vom 26. November 1945 über das Ergebnis der ersten freien Wahlen.

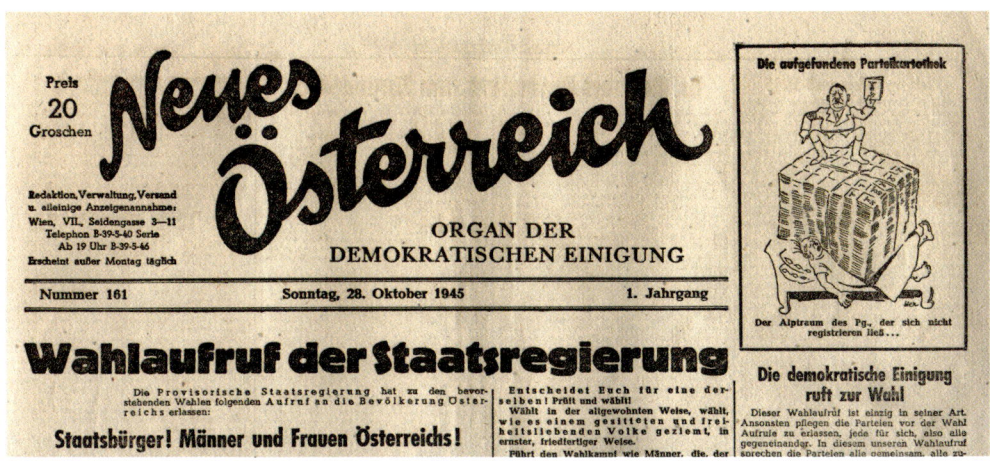

20. 12. Regierungsbildung durch Leopold Figl, ÖVP. Nationalversammlung wählt
Karl Renner zum Bundespräsidenten.

„ICH KANN EUCH ZU WEIHNACHTEN NICHTS GEBEN..."
(Bundeskanzler Leopold Figl, Weihnachten 1945)

Wiederum war es eine Stunde Null, die mit der Unabhängigkeitserklärung Österreichs durch die provisorische Regierung Renner am 26. April 1945 schlug: Zum Unterschied zu 1918 war Österreich aber flächendeckend von den vier Siegermächten besetzt und der „Alliierte Rat" beanspruchte die oberste Entscheidungsbefugnis. Das Kriegsende fiel nicht in den Herbst wie 1918, sondern in den Frühling, was bezüglich Heizmaterial und auch der Hoffnung auf die Ernte mehr Optimismus zuließ. Trotzdem ging es wieder ums nackte Überleben. Ohne Lebensmittelhilfe der Siegermächte wäre das nicht möglich gewesen. Im April 1945 wurde als einziges Nahrungsmittel Brot ausgegeben, sonst war nichts da. Lebensmittellager der Deutschen Wehrmacht und Fabriken wurden geplündert, allein aus den Lagern der Wiener Ankerbrot-Fabrik wechselten 2.000 Tonnen Mehl den Besitzer. Von den Russen gab es die 1. Mai-Spende – pro Person 1 kg Brot, 15 dag Fleisch, 5 dag Öl, 15 dag Zucker und 40 dag Hülsenfrüchte voller Maden und Ungeziefer. Der monumentale Soldat des russischen Siegesdenkmals am Wiener Schwarzenbergplatz erhielt deshalb von der Bevölkerung bald den Spitznamen „Erbsenprinz". Das Bewirtschaftungssystem mittels Bezugskarten musste weitergeführt werden. Die Bezugsmengen waren unterschiedlich nach Schwerarbeitern, Arbeitern, Angestellten,

Folge 7

Hilfe für Wien

Die Rote Armee hat Wien nicht nur befreit, sie hat auch weitgehende Hilfe zugesagt. Den Worten folgen die Taten auf dem Fuß: als Maigeschenk für das Volk von Wien hat die Rote Armee folgende Lebensmittel zur Verfügung gestellt:

  800 Tonnen Mehl,
7000 Tonnen Getreide,
1000 Tonnen Bohnen,
1000 Tonnen Erbsen,
  300 Tonnen Fleisch,
  200 Tonnen Zucker,
  500 Tonnen Mais,
  200 Tonnen Öl,
1000 Tonnen Sonnenblumenkerne.

Ferner Salz und eine Reihe von anderen Lebensmitteln.

Die „Maispende" 1945 der Roten Armee für Wien.

Kindern oder Normalverbrauchern geregelt. Im August 1945 wurde entschieden, auch Österreich in der UN-Lebensmittelhilfe zu berücksichtigen. Bevor aber die internationalen Hilfsaktionen anliefen, mussten die Österreicher 1945/46 noch einen schrecklichen Hungerwinter überstehen. Die tägliche Lebensmittelration betrug 900 Kilokalorien, die Säuglingssterblichkeit über 30 Prozent. Der Weihnachtsansprache des gerade vor einem Monat gewählten neuen österreichischen Bundeskanzlers Leopold Figl über den provisorischen Rundfunk zu den Klängen des Weihnachtsliedes „Stille Nacht, Heilige Nacht" ist nichts hinzuzufügen: *„Ich kann euch zu Weihnachten nichts geben. Ich kann euch für den Christbaum – wenn Ihr überhaupt einen habt – keine Kerzen geben. Kein Stück Brot, keine Kohle zum Heizen, kein Glas zum Einschneiden. Wir haben nichts. Ich kann euch nur bitten: Glaubt an dieses Österreich."*

Die tägliche Lebensmittelration drohte auf unglaubliche 800 Kalorien abzusinken. Der New Yorker Bürgermeister und Präsident des UN-Hilfswerkes UNRRA, Fiorello LaGuardia, wies darauf hin, dass die Österreicher dem Hungertod näher seien als jedes andere Volk auf der Erde. Dank der ab März 1946 einsetzenden Hilfe aus den

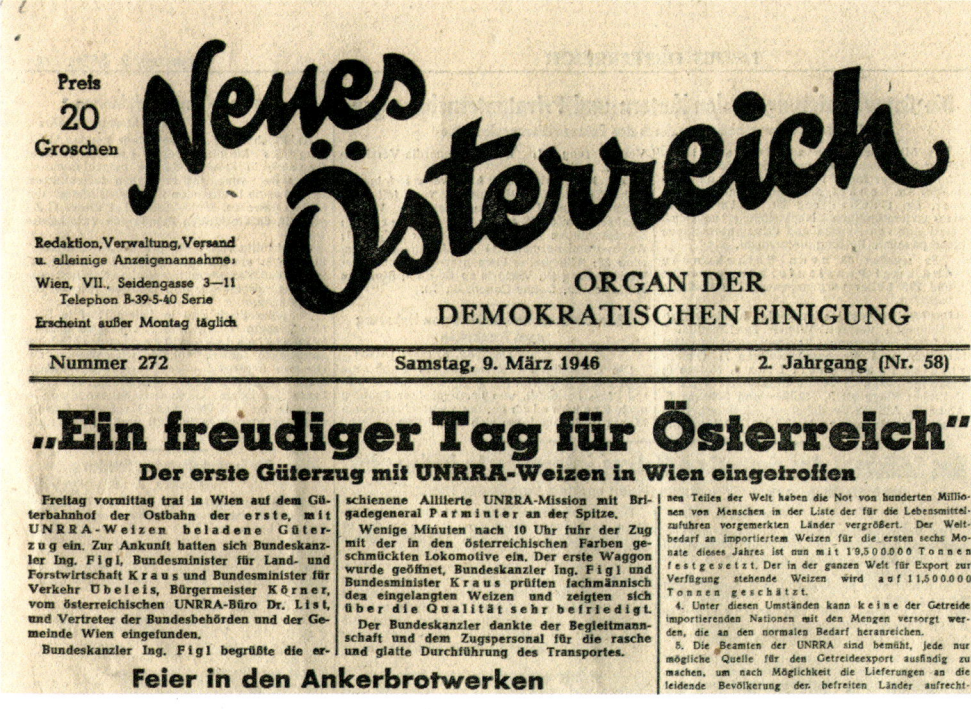

Preis 20 Groschen

Neues Österreich

ORGAN DER DEMOKRATISCHEN EINIGUNG

Redaktion, Verwaltung, Versand
u. alleinige Anzeigenannahme:
Wien, VII., Seidengasse 3—11
Telephon B-39-5-40 Serie
Erscheint außer Montag täglich

Nummer 272   Samstag, 9. März 1946   2. Jahrgang (Nr. 58)

„Ein freudiger Tag für Österreich"

Der erste Güterzug mit UNRRA-Weizen in Wien eingetroffen

Freitag vormittag traf in Wien auf dem Güterbahnhof der Ostbahn der erste, mit UNRRA-Weizen beladene Güterzug ein. Zur Ankunft hatten sich Bundeskanzler Ing. Figl, Bundesminister für Land- und Forstwirtschaft Kraus und Bundesminister für Verkehr Übeleis, Bürgermeister Körner, vom österreichischen UNRRA-Büro Dr. List, und Vertreter der Bundesbehörden und der Gemeinde Wien eingefunden.

Bundeskanzler Ing. Figl begrüßte die er-

schienene Alliierte UNRRA-Mission mit Brigadegeneral Parminter an der Spitze.

Wenige Minuten nach 10 Uhr fuhr der Zug mit der in den österreichischen Farben geschmückten Lokomotive ein. Der erste Waggon wurde geöffnet, Bundeskanzler Ing. Figl und Bundesminister Kraus prüften fachmännisch den eingelangten Weizen und zeigten sich über die Qualität sehr befriedigt.

Der Bundeskanzler dankte der Begleitmannschaft und dem Zugspersonal für die rasche und glatte Durchführung des Transportes.

nen Teilen der Welt haben die Not von hunderten Millionen von Menschen in der Liste der für die Lebensmittelzufuhren vorgemerkten Länder vergrößert. Der Weltbedarf an importiertem Weizen für die ersten sechs Monate dieses Jahres ist nun mit 19,500.000 Tonnen festgesetzt. Der in der ganzen Welt für Export zur Verfügung stehende Weizen wird auf 11,500.000 Tonnen geschätzt.

4. Unter diesen Umständen kann keine der Getreide importierenden Nationen mit aus den Mengen versorgt werden, die an deren normalen Bedarf heranreichen.

5. Die Beamten der UNRRA sind bemüht, jede nur mögliche Quelle für den Getreideexport ausfindig zu machen, um nach Möglichkeit die Lieferungen an die leidende Bevölkerung der befreiten Länder aufrecht

Feier in den Ankerbrotwerken

Die Westhilfe setzte erst nach der russischen „Maispende" ein.

Bundesminister Otto Sagmeister,
der Sozialistische Ernährungsminister,
teilt mit:

2100
Kalorien für den Normalverbraucher

Wie wird sich die Kalorienerhöhung in der Einkaufstasche auswirken? Normalverbraucher werden nach der Erhöhung pro Woche erhalten:

Brot und Mehl	2 kg	90 dkg
Nährmittel		45 dkg
Fleisch		30 dkg
Fett		30 dkg
Zucker		32 dkg

1948 wurde die Lebensmittelzuteilung auf 2.100 Kalorien pro Tag hinaufgesetzt.

USA, Kanada, England, Schweden, Dänemark, Irland, Portugal und der Schweiz konnte die unmittelbar lebensbedrohende Not aber rascher beseitigt werden als nach dem Ersten Weltkrieg. Die CARE-Pakete der Amerikaner sind heute noch ein Begriff. CARE, das war die „Cooperative for American Remittances for Europe". Dass so manche Fischkonserve in den USA als Katzenfutter produziert wurde, störte da nicht besonders. Auch 1946 konnte nur die Hälfte von 1936 geerntet werden, 60 Prozent der Lebensmittel stammten aus Hilfslieferungen, nur 40 Prozent aus eigener Produktion. Eine Erhöhung der täglichen Lebensmittelzuteilung auf 1.550 Kalorien war das maximal Mögliche. Österreich galt noch immer als das Land mit der am schlechtesten ernährten Bevölkerung in Europa, obwohl die Lebensmittelspenden seit Ende 1945 einen Wert von 137 Millionen Dollar repräsentierten. Erst ab dem 13. September 1948 gab es 2.100 Kalorien pro Tag. Die Bewirtschaftung von Obst und Gemüse konnte eingestellt werden, Fleisch, Fett, Brot und Mehl blieben noch weiter rationiert. Trotzdem war die Fleischversorgung besonders in Wien bis 1949 äußerst mangelhaft. Wiener Stadtrat für Ernährung war jener Franz Jonas, der dann Bürgermeister und Bundespräsident werden sollte.

In Gaststätten waren Lebensmittelmarken genau so wichtig wie Geld. 1946 kostete der Kalbsbraten 4,50 öS und 2 Fleisch-, 2 Fett- und 1 Kartoffelmarke.

Wie schon 1919 hatte man auch nach dem Zweiten Weltkrieg andere Sorgen, als die Briefmarken umzutauschen, selbst wenn sie noch das Konterfei Hitlers zeigten. Obwohl bereits im Juli 1945 die erste österreichische Briefmarke erschien, blieben noch bis

Bevor die erste österreichische Briefmarke auf den Markt kam, hatte man andere Probleme zu lösen. Der Kopf Hitlers wurde bloß unkenntlich gemacht.

November 1945 die deutschen Postwertzeichen mit dem mehr oder minder unkenntlich gemachten Kopf Adolf Hitlers und einem Überdruck „Österreich" im Umlauf.

Und auch auf so mancher Sammelbüchse karitativer Organisationen prangt heute noch, dick übermalt, der NS-Reichsadler mit Hakenkreuz. Die unverwüstlichen Geräte waren für die Winterhilfswerksammlungen hergestellt worden.

„ISS UND TRINK, SOLANG DIR'S SCHMECKT – SCHON ZWEIMAL IST UNS 'S GELD VERRECKT!" (Wiener Volksmund)

Bereits im April 1945 nahm auch die Österreichische Nationalbank ihre Tätigkeit wieder auf. Es gab zwei Hauptprobleme zu lösen. Wie nach dem Ersten Weltkrieg musste man zuerst das Einfließen von Geld aus anderen Ländern, in denen ebenfalls die Reichsmark gegolten hatte, verhindern. Anders als noch im Ersten Weltkrieg gab es im Zweiten aber eine strikte Bewirtschaftungspolitik – die Bevölkerung verfügte über viel Papiergeld, für das es keine Waren zu kaufen gab. Das war Teil der Wirtschaftspsychologie der Nazis. Das Volk sollte durch den Scheinreichtum im Glauben gehalten werden, nach dem Endsieg sofort wohlhabend zu sein – bezahlen würden dann alles die Besiegten.

Von den Amerikanern bereits 1944 in England gedruckt: die Schillingscheine der "Alliierten Militärbehörde – AMB".

In der russischen Besatzungszone wurden 1945 noch Reichsmark ausgegeben.

Auch St. Pölten lag in der russischen Zone und gab 1945 auf Reichsmark lautendes Notgeld aus.

Für die Besetzung Österreichs bereiteten die Amerikaner bereits 1944 eigene Geldscheine vor und wählten dafür die Vorkriegswährung Groschen und Schilling. Diese in London gedruckten Scheine der Alliierten Militärbehörde, AMB, sollten ursprünglich nur für die US-Besatzungsmacht gelten, die Bevölkerung akzeptierte sie aber sofort als Parallelwährung zur Reichsmark. In der russischen Zone wurden noch neue Scheine zu „1 Reichsmark der Republik Österreich" in Umlauf gebracht. St. Pölten gab auf Reichsmark lautendes Notgeld aus, das bis Ende 1945 gelten sollte.

Die Loslösung von der Währung des Dritten Reiches war jedenfalls wesentlich schwieriger als die seinerzeitige Integration. Der Goldvorrat in Österreich betrug den Gegenwert von ganzen 45.000 Schillingen, an eine echte Währungsdeckung war daher nicht zu denken. Die Lage entspannte sich erst, als die Amerikaner nach mühsamen Verhandlungen wenigstens 4,6 Tonnen Gold an Österreich übergaben. Hitler hatte 1938 mehr als 78 Tonnen „heim ins Reich" geführt – aber man konnte zumindest mit einer Neuordnung der Währung beginnen. 1958 sollten dann nochmals 55 Tonnen Gold nach Österreich zurückkehren. Hingegen betrug der Geldbestand in Österreich 1945 den Gegenwert von knapp 9 Milliarden Reichsmark – 1938 waren es bloß 1,2 Milliarden gewesen. Insgesamt waren folgende Währungen im Umlauf: Alte Reichsmark, neue Schilling, Alliierte Militärschilling, neue Reichsmark der russischen Zone, St. Pöltener Notgeld, alliiertes Militärgeld in Dollar und Pfund sowie alliierte Fremdwährungen in Dollar, Pfund, Francs und Rubel. Dieser Geldüberhang musste abgeschöpft werden, wollte man nicht wieder in eine galoppierende Inflation wie nach dem Ersten Weltkrieg stolpern. Deutschland hatte 1948 einen radikalen Umtausch von zehn Reichsmark in eine Deutsche Mark verfügt, in Österreich wollte man einen anderen Weg gehen. Das überschüssige Geld sollte zuerst auf Konten blockiert und im Falle eines entsprechenden Wirtschaftswachstums kleinweise freigegeben werden. Statt einer Enteignung wäre es bloß zu einem Zwangssparen gekommen, nur das Wirtschaftswachstum wollte sich nicht so recht einstellen.

Als erste währungspolitische Maßnahme verfügte die provisorische Regierung im „Schaltergesetz" die Öffnung der Bankschalter ab 5. Juli 1945. Gültig war es vorerst nur in der russischen Zone. Die Bankkonten wurden blockiert, nur 150 Reichsmark

Amerikanisches Armeekantinengeld zirkulierte in den Stationierungsorten.

Auch die regulären Währungen der Besatzungsmächte waren im Umlauf.

pro Person und Monat konnten abgehoben werden, soferne kein ausreichendes Einkommen zur Verfügung stand. Allerdings durfte ein Teil der Sperrguthaben zur Über-
weisung auf andere Sperrkonten, und damit zum bargeldlosen Zahlungsverkehr,
genützt werden. Gleichzeitig appellierte die Regierung an die Bevölkerung, Geld auf
die Sperrkonten einzuzahlen, was tatsächlich eine Abschöpfung von zusätzlich 1,5
Milliarden Reichsmark brachte.

    Als nächster Schritt konnte im November 1945 das „Schillinggesetz" gegen den
Widerstand der Besatzungsmächte durchgesetzt werden. Zur Abgrenzung von ande-
ren Gebieten des Deutschen Reiches war umgehend eine neue Währung einzuführen.
Um die Jahre von 1938 bis 1945 als bloße Unterbrechung der Eigenstaatlichkeit
Österreichs darzustellen, entschied sich die Regierung wieder für Schilling und Gro-
schen. Alle Banknoten über fünf Reichsmark oder fünf AMB-Schilling sollten ihre
Gültigkeit am 21. Dezember 1945 verlieren. Mit den Platten aus der Ersten Repu-

blik waren schnell „Interimsbanknoten" mit wechselnden Farben auf minderwertigem Papier gedruckt worden. Diese erste Serie umfasste Scheine zu 10, 20, 100 und 1.000 Schilling. Das Umtauschverhältnis Reichsmark zu Schilling wurde der Einfachheit halber mit 1:1, der Kurs des Dollars seitens der Alliierten willkürlich mit 1:10 festgesetzt. Zum Umtausch von Reichsmark und Alliierter Militärwährung auf Schilling musste auf Konversionskonten eingezahlt werden. Auch diese Konten wurden gesperrt, nur 150 Schilling und auch die nur für wirtschaftlich unbedingt notwendige Anschaffungen, waren abhebbar. Durch die Umtauschaktion wurden

Unterschriften	Datum	Rückzahlung RM	Rpf	Einlage RM	Rpf	Kapitalstand RM	Rpf	Buchungszeichen Konto-Nr.
1	I -7-41			*** *40.00		* *** *40.00		E N 952917
2	Zins. b. 31. Dez. 1941			*** **0.94				GZ N
3	I 21-42			*** 100.00		* *** 140.94		E N 952917
4	I 26-42	*** *20.00				* *** 120.94		R E 952917
5	Zins. bis 31. Dez. 1942			*** **2.79				GZ K
6				*** 100.00		* *** 223.73		E K 952917
7	I 25-43			*** 200.00		* *** 423.73		E E 952917
8	XII 30-43			*** 220.00		* *** 643.73		E N 952917
9	Zins. b. 31. Dez. 1943			*** **7.68				GZ N
10								
11								
12	I 14-44					* *** 651.41		952917
	Zins. b. 31. Dez. 1944							GZ
15	I -8-45					* *** 667.48		952917
16		*** 400.00		Bundesschuld				Re X 952917
17	30 XII-48	*** 267.48		Bundesschuld		* *** **0.00		Re X
18				Interimsscheine ausgefolgt am 30. Dez.				
19								
20								
21				*** 300.00				E X 952917
22		*** 300.00						R X 952917
23	30 XII-48			*** **1.00		**** **1.00		E X 952917
24								
25								
26								

Rückgebucht auf Kto. Nr. 23/82

Sparbuch 1945: Die Sperrung, Abwertung und Umwandlung der Einlagen in „Bundesschuldverschreibungen" wurde vermerkt.

Ein Teil der Spareinlagen wurde in gering verzinste Zwangsanleihen, die „Bundesschuldverschreibung 1947", umgewandelt.

nun 7,7 Milliarden Reichsmark und eine Milliarde an AMB-Schilling eingezogen. Trotz der Aufteilung Österreichs und Wiens in vier Besatzungszonen war dadurch ein einheitlicher Währungsraum geschaffen worden. Da die deutschen Münzen in Österreich aber noch galten, die Reichsmark-Scheine hingegen nur noch in Deutschland, setzte bald ein erheblicher Transfer von Papiergeld nach und Münzen aus Bayern ein, wodurch es in Deutschland zeitweise wieder zu einem Kleingeldmangel kam.

Aber schon wieder war mit 8,3 Milliarden Schilling für das geringe Warenangebot viel zu viel Geld im Umlauf. Von 1946 auf 1947 verdoppelten sich die Preise. Wollte man von der Zwangsbewirtschaftung weg und eine galoppierende Inflation so gut es ging vermeiden, musste endgültig eine tragfähige Relation von Geldbestand und Waren hergestellt werden. Dafür gab es zwei Wege: entweder eine weitere Anhebung der Preise oder die Abwertung des Geldes. Zur Vermeidung der inflationären Optik hoher Preise entschied man sich für die Abwertung. Durch die Bestimmungen des „Währungsschutzgesetzes" wurde im Dezember 1947 der Wert des Schillings auf ein Drittel reduziert. Alle alten Sperrkonten wurden ersatzlos gestrichen. Die umlaufenden Schillingscheine sollten schlagartig für ungültig erklärt und ihr Umtausch in gleich aussehende, aber mit einem Zusatz „2. Auflage" versehene verfügt werden. Die Vorbereitung dieser für Jänner 1948 geplanten Aktion verlief unter größter Geheimhaltung, da man Panikkäufe der Bevölkerung unbedingt verhindern wollte. Nach einer gezielten Indiskretion musste der Banknotenumtausch aber auf 10. bis 24. Dezember vorgezogen werden. Da nun auch die Nominalen zu fünf Reichsmark und 5 AMB-Schilling für ungültig erklärt worden waren, erweiterte man die Banknotenpalette um einen Fünf-Schilling-Schein. Ein Problem stellten die Münzen dar. Die Werte zu 10 und 50 Groschen sowie der erste Schilling aus Aluminium waren noch vor der Währungsreform ausgegeben worden und unterlagen nicht der Abwertung, natürlich hortete die Bevölkerung diese Münzen. Durch den Münzmangel sahen sich

Die ersten Schilling-Banknoten wurden ab 21.12.1945 ausgegeben (links), 1947 um 2/3 abgewertet und in gleichartige der „2. Auflage" umgetauscht (Mitte); die alten Scheine sodann als „nicht umlauffähig" gestempelt (rechts).

1000 Schilling „2. Auflage" 1947. Kaufkraft 2004 etwa das Vierzehnfache, mehr als tausend Euro.

Notgeld der Wiener Verkehrsbetriebe 1945 und der Tageszeitung Kurier 1948.

GUTSCHEIN
der WIENER VERKEHRSBETRIEBE für
1 Schilling
Nur gültig zum Ankauf von Fahrscheinen
der Wiener Straßenbahn u. Stadtbahn bis
31. Dezember 1945
Dieser Gutschein wird nicht gegen Bargeld eingelöst.
4 - 015895 ✳

GUTSCHEIN
DES „WIENER KURIER"
verrechenbar für
5 Groschen
nur gültig zum Kauf des „Wiener Kurier". Jeder
Kolporteur des „Wiener Kurier" ist angewiesen,
diesen Gutschein bis 15. Jänner 1948 einzulösen.
„WIENER KURIER"
herausgegeben von den
amerikanischen Streitkräften
№ 147379

die Wiener Verkehrsbetriebe, aber auch die Zeitung Kurier gezwungen, als Ersatz für Wechselgeld Marken zu 50 Groschen und einem Schilling auszugeben, die bei einer nächsten Fahrt oder einem nächsten Kauf als Zahlungsmittel akzeptiert wurden.

Ganze 150 Schilling gab es zum Kurs 1:1 in bar, den Rest zum Kurs von 3:1 auf Konten gutgeschrieben. Alte Konten wurden je nach Art zugunsten des Bundes endgültig abgebucht, um zwei Drittel verringert oder in gering verzinste langfristige Bundesschuldverschreibungen umgewandelt. Der Banknotenumlauf konnte drastisch reduziert werden, von den diversen Konten wurden 13 Milliarden Schilling abgebucht. Insgesamt zog der Staat zwischen 1945 und 1947 mehr als 15 Milliarden Schilling ein. Parallel dazu hatten die Besatzungsmächte eine Quote von 35 % der Staatseinnahmen als Besatzungskosten festgesetzt. Auch diese Last konnte nur nach langwierigen Verhandlungen abgewälzt werden. Zuerst verzichteten die Amerikaner, dann die Russen und zuletzt 1954 die Engländer und Franzosen auf die Bezahlung. Insgesamt kostete die alliierte Besetzung Österreichs und die Einlösung der AMB-Schillingnoten aber doch 9,3 Milliarden Schilling.

Erst 1948 erfolgte die Emission völlig neu entworfener Banknoten, wobei man für den 100-Schilling-Schein die Druckplatte des nicht mehr in Umlauf gebrachten Entwurfes von 1938 verwendete. Nur das Frauenbildnis wurde abgeändert, da der Schein sonst der 20-Reichsmark-Note von 1939 zu ähnlich gewesen wäre. Wegen technischer und logistischer Probleme musste in England gedruckt werden. Bloß der 5-Schilling-Schein verblieb nach dem Muster der Ersten Republik, er wurde bereits 1952 durch eine Münze ersetzt und aus dem Programm genommen.

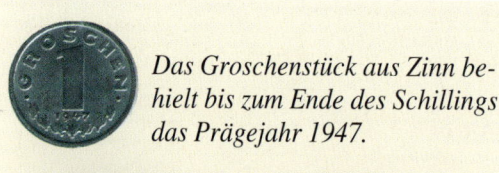

Das Groschenstück aus Zinn behielt bis zum Ende des Schillings das Prägejahr 1947.

Der erste Schilling der Zweiten Republik aus Aluminium: Der „Sämann" war einem Gemälde Albin Egger-Lienz' nachempfunden.

Das 1-Groschen-Stück von 1947 wurde bis 2002 nicht mehr verändert, es behielt sogar das Datum 1947 bei. Durch die Münzenausgabe konnten endlich die letzten Pfennige für ungültig erklärt werden.

Die erste Schilling-Münze aus Aluminium führte auch zu einer kulturwissenschaftlichen Kontroverse: Sie zeigte einen nackten Sämann, der seine Blöße mit dem Saatgutbeutel bedeckte. Das war wohl als Symbol für Aufbau und Fruchtbarkeit gemeint. Ein bekanntes Gemälde von Albin Egger-Lienz „Sämann und Teufel" zeigt eine Figur, die dem „Schilling-Mann" täuschend ähnlich ist. Allerdings ist das der Teufel, der hinter dem bekleideten Sämann Unkraut ausstreut und so die Mühen der Aussaat wieder zunichte macht. Vielleicht traf diese Interpretation das Empfinden der Bevölkerung sogar ziemlich gut, denn wiederum waren die meisten Ersparnisse dahin – das zweite Mal „ist uns 's Geld verreckt", wie der Volksmund dichtete.

Neben dem 50-Groschen-Stück gab es auch eine 2-Schilling-Münze aus Aluminum.

Die neuen Schilling-Scheine ab 1948.

„ES WAR EINE HARTE ZEIT. MAN HAT EIN BEFREITES VOLK HUNGERN LASSEN… MI NET. I HAB SCHO IMMER WAS DERWISCHT. G'SCHÄFTER G'HABT …" (Szene aus Helmut Qualtinger: Der Herr Karl)

Da die Lebensmittelzuteilung nach Alter und Tätigkeit verschieden war, wurden ab 1946 Beschäftigungsausweise eingeführt. Hausfrauen und Arbeitslose, sogenannte „Normalverbraucher", sollten 1.200 Kalorien, Kinder 1.300, Angestellte 1.450, Arbeiter 1.850 und Schwerarbeiter 2.700 erhalten. Tatsächlich sank der Kaloriendurchschnitt pro Tag aber immer wieder unter 1.000. Die Lebenserwartung betrug im Schnitt 65 Jahre,

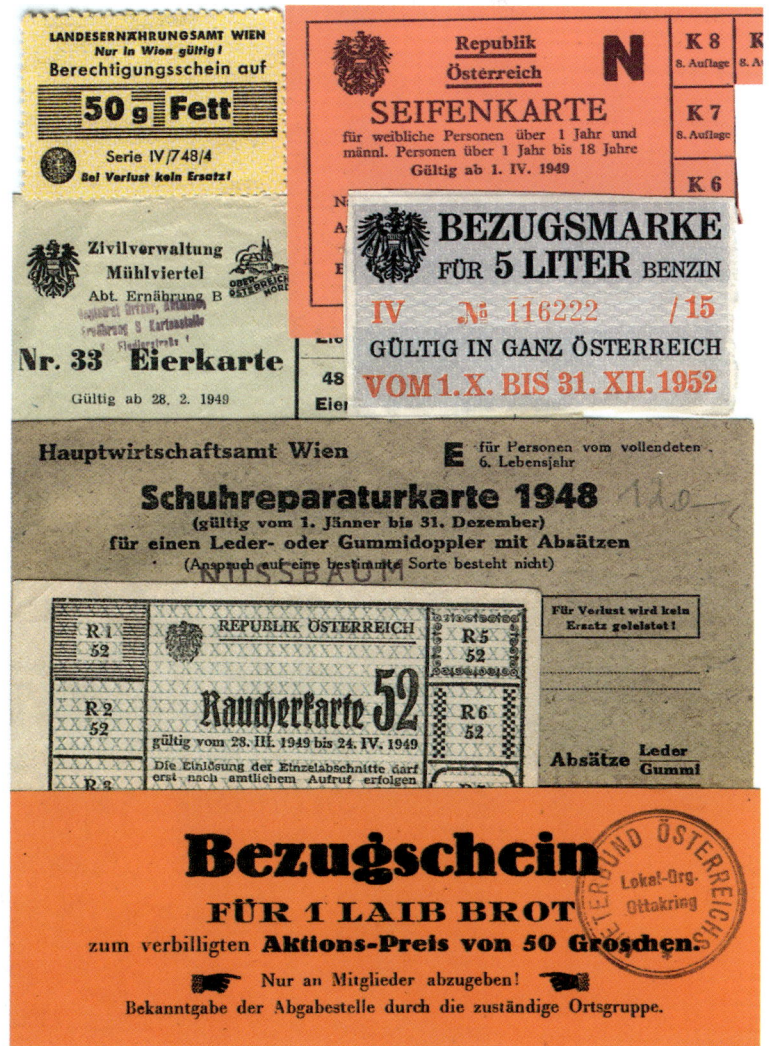

Ab Ende der Vierzigerjahre konnte die Lebensmittelbewirtschaftung sukzessive abgebaut werden.

um 11 Jahre weniger als 2004, die Säuglingssterblichkeit war viermal so hoch wie 1933. Die Schwarzmarktpreise lagen noch immer zehnmal so hoch wie die offiziellen. Die Dichterin Paula von Preradovic gewann 1947 einen Wettbewerb für die neue Bundeshymne mit dem Text „Land der Berge, Land am Strome". Ihre Söhne Fritz und Otto Molden, im Widerstand gegen Hitler tätig gewesen und später bedeutende Männer des österreichischen Kulturlebens, verfassten ihre eigene Version: „Land der Erbsen, Land der Bohnen, Land der vier Besatzungszonen, wir verkaufen dich im Schleich, vielgeliebtes Österreich". Erst 1948 gab es die ersten Lebensmittel ohne Karten und konnten die Beschäftigungsausweise wieder abgeschafft werden. Auch das seit 1945 geltende Sonntagsfahrverbot für zivile Kraftfahrzeuge wurde aufgehoben. Ab 1950 löste sich der Schwarzmarkt als ein erstes Ergebnis der rigorosen Finanzpolitik auf. 1949 gab es freie Textilwaren und Schuhe und in Gaststätten brauchte man keine Essensmarken mehr. In Wien kam es immer wieder zu einem Fleischmangel. Die Bewirtschaftung mit Lebensmittelkarten dauerte noch bis 1953.

Vergleich amtlich geregelter Preis 1945 – Schwarzmarkt 1946

Ware	amtlicher Preis 1945	Schwarzmarktpreis 1946	
	Reichsmark	US-Zigaretten	Schilling
1 kg Brot	0,56	9	46
1 kg Mehl	0,64	30	150
1 kg Zucker	0,79	60	300
1 kg Rindfleisch	2,50	130	660
1 l Speiseöl	2,00	160	800
1 kg Schmalz	2,16	200	1.000
1 kg Kaffee	10,00	440	2.200
1 Paar Schuhe	35,00	240	1.200
1 Flasche Wodka	–	100	500
1 US-Dollar	10,00	48	240
1 US-Zigarette	–	–	5

Quellen: Österreichisches Statistisches Zentralamt: Die Entwicklung der Verbraucherpreise von 1900 – 1996; „Wiener Kurier" vom 29. September 1945

Als Tauschgeld wurden alle handlichen und seltenen Waren wie zum Beispiel Saccharinpäckchen, Schokoladeriegel, Kaffee oder Büchsenfleisch aus Armeebeständen verwendet. Am beliebtesten waren aber mit Abstand amerikanische Zigaretten, von der Bevölkerung liebevoll Ami genannt, und von der Presse als „stabilste Währung der Welt" bezeichnet. Zwar nahmen die Austria Tabakwerke ihre Produktion bereits 1945 wieder auf, die Sondermischungen A und B orientierten sich aber mehr am Geschmack der russischen Besatzungssoldaten. Etwas besser war die Austria C. Die Zigaretten gab es regulär nur auf Bezugskarten. Zu Weihnachten 1945 erhielt jeder Lebensmittelkarteninhaber über 18 Jahre eine Sonderzuteilung von 20 Stück. Für Nicht-

Schwarz-markt-Tauschware Saccharin.

Milchpulver und Kaffee aus der amerikani-schen CARE-Aktion.

Die härteste Währung: Zigaretten.

Spendenmarke für die Heimkehrer-unterstützung.

Die „Smart", die erste Zigarette nach amerikanischem Geschmack, seit 1958 erzeugt.

Armbinde eines österreichi-schen Hilfsgen-darmen in der russischen Besatzungszone.

„Der Dritte Mann": Das Schwarzmarkt-Wien der Nachkriegsjahre im inter-nationalen Film.

raucher war das ein wichtiges Tauschkapital. Eine „Austria C" kostete 6 Groschen pro Stück, für die begehrten Ami-Zigaretten zahlte man am Schwarzmarkt bis zum Hundertfachen – fünf bis sechs Reichsmark oder Schilling.

Bis 1960 wurden Zigaretten in den Trafiken noch stückweise verkauft. Den Zigarettenschmuggel in der Ost-Zone kontrollierten die Russen selbst. 1947 kam die erste Serie von österreichischen Markenzigaretten heraus: die „Austria" als „Spezial", „Einser", „Zweier" und „Dreier", etwas später die „Donau". Zehn Jahre danach folgte die erste österreichische Zigarette nach amerikanischem Geschmack: rund statt oval, nicht mehr der herbe Orient, sondern eher süßlicher Virginia-Tabak – die „Smart". Die jahrzehntelang unverändert gebliebene Verpackung der „Smart" wurde 1958 in Paris mit dem „Eurostar" der „Europäischen Verpackungsföderation" ausgezeichnet.

Die Städter trugen wieder ihre letzten Besitztümer, Bettwäsche, Elektrogeräte, Schmuck, Möbel, Hausrat zu den Bauern aufs Land, um mit einigen wenigen Eiern, einem Stück Speck, etwas Schmalz oder Butter, einer Wurst oder einem Stück Fleisch heimzukehren. Oft genug wurde ihnen der geringe Ertrag dieser Hamsterfahrten noch von alliierten Militärpolizisten bei Straßen- und Bahnhofskontrollen abgenommen. Zigaretten, das war die „Edelvaluta", Butter, Speck und Eier die „Bauernvaluta" des Schwarzmarktes. Im Jahr 1946 betrugen die Schwarzmarktpreise noch immer 40 mal soviel wie die offiziellen Preise, trotzdem wurden etwa 40 Prozent des privaten Einkommens am Schwarzmarkt umgesetzt. Der Resselpark am Wiener Karlsplatz ist zum Synonym dafür geworden, der Film „Der Dritte Mann" das Zeitdokument.

Die Rundfunkstation der RAVAG begann schon im April 1945 wieder Programm zu senden, im ersten Fußballländerspiel nach dem Krieg besiegte Österreich Frankreich. 1946 übergaben die Amerikaner Bundeskanzler Figl die 1938 aus Österreich weggebrachten und bei Nürnberg gefundenen Kleinodien des Heiligen Römischen Reiches, Heinz Conrads startet im Jahr 1947 seine Rundfunkserie „Was gibt es Neues?" und das im Krieg zerstörte Wiener Riesenrad drehte sich wieder. 1948 wird der Film „Der Engel mit der Posaune" bei der Biennale in Venedig ausgezeichnet, Brasilien liefert 1949 hundert Tonnen Kaffee im Austausch gegen 200 Puch-Motorräder, das von VÖST und Alpine-Montan entwickelte „Linz-Donawitz-Verfahren" oder kurz „LD-Verfahren" revolutioniert die Stahlproduktion – Österreich bezieht bis 1977 Lizenzgebühren dafür.

„BETRIFFT: ÜBERGANG DEUTSCHER VERMÖGENSWERTE IM ÖSTLICHEN OESTERREICH IN DAS EIGENTUM DER UDSSR"
(General Kurassow, Befehl Nr. 17, Juni 1946)

Der wirtschaftliche Wiederaufbau Österreichs war von einer völlig anderen Ausgangslage als 1918 bestimmt. Zahlreiche Betriebe waren zerstört oder schwer beschädigt. Die Industrialisierung durch das Reichswirtschaftsministerium war auf eine Versorgung Deutschlands abgestimmt und in vielen Bereichen überdimensioniert. Die Siegermächte betrachteten in den ersten Monaten Österreich quasi als Art Pri-

Ausweise und Erlaubniskarten prägten das Leben in den ersten Nachkriegsjahren.

vateigentum und und nahmen sich, was sie gerade brauchen konnten. Im Juni 1946 beschlagnahmte der russische Oberbefehlshaber General Kurassow alles deutsche Eigentum. Während die österreichische Regierung nur Vermögenswerte, die bereits vor März 1938 in deutschem Eigentum standen als solche verstand, gingen die Russen vom Besitzstand 1945 aus. Mit dem Recht des Stärkeren setzten sie sich durch und bildeten daraus den USIA-Konzern. Die Erdölindustrie und das Schifffahrtsunternehmen DDSG wurden als Gesellschaften mit überwiegend russischer Beteiligung separiert gelassen. Diese russischen Betriebe wurden zu den wichtigsten Zellen der Kommunistischen Partei Österreichs. Die Verstaatlichungsgesetze der Jahre 1946 und 1947 hatten in der russischen Zone bloß deklaratorischen Charakter.

Als sich 1945 der Sieg der Alliierten klar abzeichnete, überlegten sie Deutschland und Österreich Reparationszahlungen aufzuerlegen. Besonders Deutschland sollte nachhaltig an einer Wiederaufrüstung gehindert werden, der Plan des amerikanischen Finanzministers Morgenthau sah eine völlige Ent-Industrialisierung und Rückführung auf den Status eines rein landwirtschaftlichen Staates vor.

Knapp vor Kriegsende schlug der US-Außenminister Stettinius dagegen vor, Wirtschaftshilfe zu gewähren. Aus den Darlehen würde ein beträchtlicher Teil in die wieder von Kriegs- auf Friedensproduktion umzustellende amerikanische Industrie fließen und amerikanischen Investoren wären die Türen in Europa geöffnet. Angesichts des beginnen-

Österreichweite Sammelaktion für den Wiederaufbau des Stephansdomes: Der Stephansgroschen.

Wiederaufbaufinanzierung durch Anleihen und Lotterien.

den „Kalten Krieges" gegen die Sowjetunion könnte man das nicht russisch besetzte Europa so an die USA binden. Die Sowjets wären nie im Stande, ähnliche Wirtschaftshilfe zu leisten, sie wäre vielmehr selbst auf Reparationszahlungen angewiesen.

Die Idee wurde von Außenminister Marshall weiter entwickelt und am 1. Juli 1948 trat Österreich dem ERP – European Recovery Plan – bei. Aufgrund der exponierten Lage inmitten eines Halbkreises russisch besetzter Staaten erhielt Österreich die zweithöchste Pro-Kopf-Quote an Förderungsmitteln. Bis 1955 erreichte die Wirtschaftshilfe eine Höhe von damals 1,6 Milliarden Dollar, nach Kaufkraft des Jahres 2004 etwa 23 Milliarden Euro. Diese Wirtschaftshilfe war auch zur Fertigstellung von Großbauten aus dem Dritten Reich notwendig. Alleine 1,3 Milliarden Schilling gingen in die halbfertigen Kraftwerke Kaprun und Ybbs-Persenbeug, eine Reihe von Industriebetrieben wurde wieder aufgebaut und erste Investitionen in den Tourismus getätigt. Entgegen einem ursprünglichen Plan, den zerstörten Wiener Stephansdom als Ruine stehen zu lassen, entschied man sich doch für den Wiederaufbau. Die Bevölkerung aller Bundesländer beteiligten sich daran. Die private Bautätigkeit wurde durch den Wohnhaus-Wiederaufbaufonds unterstützt, im Volksmund „Bombenkredit" genannt.

Wie vorhergesehen beuteten die Russen in ihrer Besatzungszone die Bodenschätze, insbesondere das Erdöl, rücksichtslos aus und demontierten bis zu ihrem Abzug 1955, was als „Deutsches Eigentum" verfügbar war. Im Gegensatz zu den Christlichsozialen der Ersten Republik konnte sich die ÖVP nun mit der Idee der Verstaatlichung anfreunden. Während es ihr vor allem um die Frage des „Deutschen Eigentums" ging, sahen die Pläne der SPÖ noch marxistische Steuerungselemente und Betriebe der Konsum- und Lebensmittelindustrie vor, was von der ÖVP aber strikt

Sein Magen knurrt, sein Sack ist leer,
und gierig schnüffelt er umher.

Der „Kohlenklau" des Dritten Reiches
(links) wurde als Propagandafigur
sowohl von ÖVP (unten links) als auch
SPÖ (unten) weiter verwendet.

abgelehnt wurde. Die Verhandlungen verliefen äußerst kompliziert, die westlichen Alliierten hatten zwar andere Beweggründe als die Russen, im Ergebnis waren beide aber gegen Verstaatlichungen. Trotzdem wurde 1946 das erste Verstaatlichungsgesetz betreffend die Eisen- und Stahlindustrie, den Kohlenbergbau, die Erdölförderung und einige Betriebe des Maschinenbaus, die Elektroindustrie, das Verkehrswesen und die drei Großbanken Creditanstalt, Länderbank und Österreichisches Creditinstitut verabschiedet. 1947 folgte die Elektrizitätswirtschaft. Entgegen den Wünschen der SPÖ wurde die Versicherungswirtschaft nicht in die Verstaatlichung einbezogen. Die Produktionsbetriebe ordnete man dem Ministerium Waldbrunner von der SPÖ zu. Der Bankenbereich fiel in die Sphäre der ÖVP. Soweit die Betriebe als ehemaliges „Deutsches Eigentum" in der russischen Zone lagen, waren die Gesetze allerdings eine reine Absichtserklärung.

DIE SOZIALPARTNERSCHAFT: „EINEM INLÄNDER BRAUCHT MAN SIE NICHT ZU ERKLÄREN UND EINEM AUSLÄNDER KANN MAN SIE NICHT ERKLÄREN." (Österreichischer Wirtschaftsfachmann über die Sozialpartnerschaft)

Ab 1947 begann die Sozialpartnerschaft das Preis-Lohn-Verhältnis in Österreich quasi amtlich zu regeln. Diese Methode der Marktregulierung führte eine Art paktierter Inflation herbei. Inflationsraten von 30 Prozent pro Jahr waren keine Seltenheit, 100 Schilling des Jahres 1946 hatten 1954 nur noch eine Kaufkraft von 12 Schilling. Julius Raab, der seit 1945 die Fäden in der ÖVP zog, aber wegen seiner Vergangenheit als Heimwehrführer im Ständestaat noch nicht an die Regierungsspitze treten konnte, ließ 1952 Dr. Reinhard Kamitz in das Amt des Finanzministers berufen. Die Inflation betrug bis zu 40 %. Kamitz löste das Problem mit harter Hand: Sparförde-

Bundeskanzler Ing. Raab und Finanzminister Prof. Dr. Kamitz

haben am 3. April 1959 der österreichischen Öffentlichkeit ihr Programm für die kommende Arbeit vorgelegt.

In der neuen Regierung

wird die Österreichische Volkspartei die dritte Phase des Raab-Kamitz-Kurses verwirklichen:

Steigerung des Volkseinkommens	Existenzsicherung des Bauernstandes
Sozialer Fortschritt	Weitere Steuererleichterungen
Schutz des Mittelstandes	Förderung der Familie
Aufstiegsmöglichkeiten für die Jugend	Eigentum für alle

Synonym für den Wiederaufbau: Der „Raab-Kamitz"-Kurs 1952-1960.

Für die Kinder der Nachkriegsgeneration die Sparbegleiter: Bienenhaus-Sparbüchse der „Ersten Österreichischen Sparkasse" und der 1953 aus Deutschland übernommene „Sparefroh".

rungen, Produktionssteigerung und Kreditverteuerung sollten die Geldmenge abschöpfen und für Stabilität sorgen. Der Preis dafür war ein rasantes Ansteigen der Arbeitslosenzahlen und Verluste für die ÖVP bei den Nationalratswahlen 1953. Als weiter mandatsstärkste Partei stellte sie den Bundeskanzler und nun griff Raab zu, Figl wurde auf den Posten des Außenministers abgeschoben. Gemeinsam mit Kamitz sorgte Raab nun für den höchst erfolgreichen „Raab-Kamitz-Kurs". Steuersenkungen sollten den privaten Konsum, aber auch die Investitionsbereitschaft der Betriebe begünstigen. Damit überließ Kamitz die Ankurbelung der Wirtschaft in erster Linie der Privatinitiative, die durch kluge Begleitmaßnahmen gefördert wurde. Der Staat kümmerte sich allerdings in einem Zehnjahresprogramm um den überfälligen Ausbau der Infrastruktur von Bahn, Post, dem Fernmeldewesen und dem Straßennetz, vor allem der Westautobahn. Die erste Energieanleihe brachte 600 Millionen Schilling. Um den Spargedanken in die Bevölkerung zu tragen, führte man den schon in der Vorkriegszeit bekannten „Weltspartag" wieder ein. Innerhalb nur eines Jahres konnte die unselige Preis-Lohn-Spirale gestoppt und die Arbeitslosenquote von 8,7 Prozent auf rund 4,5 Prozent fast halbiert werden. Schon 1954 waren über 75 % der 12,3 Milliarden umlaufenden Schilling-Banknoten durch Gold oder Devisen gedeckt. Der Dollar hielt für fast 20 Jahre bei einem Wechselkurs von 26 Schilling.

Die Arbeiterschaft unterstützte den Sanierungskurs durch Lohndisziplin, die gemeinsam mit den Preisverordnungen in fünf „Lohn-Preisabkommen" paktiert wurden. Nach Abschluss des 4. Lohn-Preisabkommens im September 1950 polemisierte die kommunistische Volksstimme gegen diesen „Preistreiberpakt" als „Verrat am arbeitenden Volk". Ursprünglich nur vereinzelte Streiks in den russischen USIA-Betrieben weiteten sich Anfang Oktober aus, Rollkommandos wollten weitere Betriebe zum Streik zwingen und besetzen in Wiener Neustadt auch öffentliche Gebäude. Die Mitglieder der Bau- und Holzarbeitergewerkschaft unter ihrem Obmann Franz Olah traten den

Erscheint täglich mit Ausnahme von Montag

Redaktion u. Verwaltung: Wien 5, Rechte Wienzeile Nr. 97, Tel. B 29-510

Anzeigenannahme: Wien 5, Rechte Wienzeile 97, und Stadtbüro, Wien 1, Schulerstraße 7

Arbeiter-Zeitung

Zentralorgan der Sozialistischen Partei Österreichs

Einzelpreis 40 Groschen

Im Wochenabonnement S 2·10 in jeder Verschleißstelle

Im Monatsabonnement S 9·— auch per Post

Nummer 232 ◆ Wien, Freitag, 6. Oktober 1950 Gegründet 1889

Abbruch des Streiks
Von der kommunistischen Betriebsrätekonferenz beschlossen — Die größte Niederlage der Kommunisten in Mitteleuropa

Die Bevölkerung wehrt sich
Am zweiten Tag der kommunistischen Putschaktion, der ein Tag der „Verschärfung" sein sollte, hat sich noch klarer herausgestellt, daß die großmäuligen Agenten, die im Namen des ganzen

Streikenden entschieden entgegen, nach wenigen Tagen war der Spuk vorbei. Im Gegensatz zu den meisten westlichen Staaten konnten die Kommunisten in Österreich nie mehr irgendeine Bedeutung erlangen. Wie schon im Kapitel über Fälschungen erwähnt, brachten sie im Wahlkampf des Jahres 1952 einen verfremdeten „Hundert-Schilling-Schein" in Umlauf. Die Vorderseite zeigte eine Karikatur von Bundeskanzler Figl und Vizekanzler Schärf, auf der Rückseite wurde auf die Preissteigerungen hingewiesen. Der Schein konnte im Osten Österreichs mangels Zustimmung der russischen Besatzungsmacht nicht eingezogen werden, obwohl er tatsächlich zu Verwechslungen führte.

Wenn auch nicht jedes der Lohn-Preisabkommen ein Erfolg war, und das letzte sogar eher kontraproduktiv wirkte, hatte sich die Kooperation der ÖVP und SPÖ in

Flugzettel der kommunistischen „Volksopposition" im 100-Schilling-Design. Detail: Bundeskanzler Figl (ÖVP) und Vizekanzler Schärf (SPÖ) als Januskopf.

Für 100 Schilling hast du bekommen:

	Herbst 1949	Winter 1952/53	
Brot	52¹⁄₂ kg	28¹⁄₂ kg	Haben die Löhne, Gehälter und Renten mit den Preisen Schritt gehalten? Nein!
Semmeln	588 St.	250 St.	
Kristallzucker	23¹⁄₂ kg	15¹⁄₂ kg	
Milch	71¹⁄₂ Liter	52 Liter	Gebt dafür den Regierungsparteien einen Denkzettel!
Butter	4¹⁄₂ kg	2³⁄₄ kg	
Kohle	278 kg	125 kg	Stimmt am 22. Februar
Koks	238 kg	86 kg	für die
Straßenbahnfahrscheine in Wien	125 St.	77 St.	

Herausgeber, Eigentümer und Verleger: Wahlgemeinschaft Österreichische Volksopposition und für den Inhalt verantwortlich: Wolfgang Hamerschlag, beide Wien IV, Mudernstraße 10 — Druck: „Graphkos", Wien II, Untere Augartenstraße 30

WAHLGEMEINSCHAFT ÖSTERREICHISCHE VolksOPPOSITION

Wirtschaftsfragen doch bewährt. So gründeten Gewerkschaftsbundpräsident Johann Böhm und Bundeskanzler Julius Raab eine „Paritätische Kommission für Preis- und Lohnfragen" aus Vertretern der Kammern, des Österreichischen Gewerkschaftsbundes und verschiedener Ministerien. Die Tätigkeit dieser bis in die neunziger Jahre agierenden Institution bildete die Kernaufgabe der „Sozialpartnerschaft", die Österreich zu einem der Länder mit der geringsten Streikquote weltweit gemacht hatte. Allerdings waren diese außerparlamentarischen Lösungsvereinbarungen unter dem Gesichtspunkt demokratischer Strukturen nicht unproblematisch. Österreich stand zunehmend im Geruch der „Packelei", der Verfilzung von Regierungspartei und Opposition.

Der Wirtschaftsaufschwung erlaubte neben der Finanzierung des Investitionsprogrammes auch die Bedeckung der Kosten von über zehn Milliarden Schilling, die aus dem Abschluss des Staatsvertrages erwuchsen. Dieses Jahr 1955 brachte ja nicht nur die so lange ersehnte Freiheit, sondern auch eine Fülle finanzieller Verpflichtungen. Rund 7,3 Milliarden Schilling mussten für die Rückgabe des durch Russland enteigneten und im USIA-Konzern zusammengefassten ehemaligen „deutschen Eigentums" teils in Bargeld, teils in Waren und Rohstoffen bezahlt werden. So waren für die Österreichische Mineralölverwaltung ÖMV bis 1963 insgesamt sechs Millionen Tonnen Öl an die Sowjetunion zu liefern. Nun konnte die bereits seit längerem gesetzlich geregelte Verstaatlichung der Grundstoffindustrie und Elektrizitätsversorgung auch im Osten Österreichs vollzogen werden.

Dafür war 1955 auch das Startjahr eines der ertragreichsten und sichersten Wirtschaftszweige Österreichs. Mit dem Abzug der Besatzungsmächte begann der Tourismus zu boomen. Mit einer neuen Partei, dem „Verband der Unabhängigen", VdU, dem Vorläufer der FPÖ, wurde den ehemaligen Nationalsozialisten eine politische

Der Staatsvertrag vom 15. Mai 1955 bringt die volle staatliche Souveränität, im Herbst verlassen die letzten Besatzungstruppen Österreich.

Heimat geboten. Allerdings, und das bleibt wohl einer der größten Schandflecken jener Zeit, kümmerte sich keine Regierung aktiv um die Zurückholung der ins Exil Vertriebenen. Man war zu sehr mit der Stilisierung der eigenen Opferrolle beschäftigt, um sich mit den Opfern und deren gerechter Entschädigung beschäftigen zu wollen. Vom SPÖ-Innenminister Oskar Helmer ist aus dem Jahr 1948 der Ausspruch überliefert, er sei „dafür, die Sache in die Länge zu ziehen". Nur manchmal, wenn wieder ein in Österreich Geborener, aber 1938 „Ausgewanderter" einen Nobelpreis erhalten oder einen Zenit künstlerischen oder wirtschaftlichen Schaffens durchschritten hatte, erinnerte man sich gerne der großen Töchter und Söhne der Heimat. Nach vielen guten Worten fanden erst im Jänner 2001 die Regierung Schüssel und Vertreter der USA eine tragfähige Lösung für das Problem der Vermögensentschädigung. 150 Millionen Dollar sollen als Soforthilfe für Überlebende der Vernichtungsmaschinerie der Nazis zur Verfügung gestellt, weitere 210 Millionen in einen Entschädigungsfonds eingezahlt werden. Damit wurde 56 Jahre nach Ende des Zweiten Weltkrieges ein weiteres „in die Länge ziehen", bis auch das letzte Opfer des Hitler-Regimes verstorben sein sollte, doch noch vermieden. Auch die Restitution von Kunstgegenständen, die ab 1938 ihren Weg aus privatem Besitz in staatliche Sammlungen gefunden hatten, wurde erst in den 1990er Jahren ernsthaft angegangen.

Eine internationale Rezession brachte auch den Wirtschaftsaufschwung in Österreich 1958 zum Halten, was für die ÖVP wieder Verluste bei der Nationalratswahl 1959 und einen Imageverlust für Kamitz bedeutete. Raab spielte mit dem Gedanken, in der neuen Regierung das Finanzministerium einem brillanten jüngeren Sozialisten anzubieten, aber dieser Dr. Bruno Kreisky wurde dann doch Außenminister. Kamitz blieb noch kurz im Amt, bis er an die Spitze der Nationalbank wechseln konnte. Anfang 1961 wurde der siebzigjährige Raab vom Steirer Alfons Gorbach als ÖVP-Parteiobmann und kurz danach als Bundeskanzler abgelöst.

Österreich besiegte 1950 Schottland im Fußball 1:0 und in Linz wird der erste Selbstbedienungsladen Österreichs eröffnet. Ferdinand Porsche starb 1951 in Stuttgart und die Limberg-Sperre in Kaprun, dritthöchste Staumauer der Welt, wurde fertiggestellt. Die neu gegossene Hauptglocke des Stephansdoms, die „Pummerin", wurde 1952 vor dem Stephansdom aufgestellt. Sepp „Bubi" Bradl setzt die Siegesserie der Vorjahre fort und gewann 1953 die Springertournee von Garmisch und Hermann Buhl bezwang den 8.126 m hohen Nanga Parbat im Alleingang. Der Film „Die letzte Brücke" mit Maria Schell lief 1954 in Wien an. 1955 nahm der erste österreichische Fernsehsender seinen Betrieb auf, das Burgtheater wurde mit Grillparzers „König Ottokars Glück und Ende", die Staatsoper mit Beethovens „Fidelio" wiedereröffnet, Romy Schneider lächelte mit Karlheinz Böhm erstmals in „Sissy" von der Kinoleinwand und der letzte Besatzungssoldat verließ tatsächlich Österreich. Heinz Zemanek baute 1956 die erste Großrechenanlage „Mailüfterl" und Toni Sailer gewann bei den Olympischen Winterspielen in Cortina d'Ampezzo drei Goldmedaillen. Der erste „Playboy" war verschämt unter dem Ladentisch erhältlich. 1958 teilten sich Toni Sailer und Josl Rieder bei der Skiwelt-

Wirtschaftswunder bedeutete Wohnung,
Haushaltsgeräte und vielleicht sogar ein
kleines Auto wie den „Steyr Puch 500" (links).

meisterschaft in Badgastein alle ersten und zweiten Plätze. Louis Armstrong gastierte 1959 erstmals in Wien. Das Durchschnittseinkommen betrug 1.700 Schilling, ein Kleinwagen der Marke Steyr Puch 500 kostete 14 Monatsgehälter: 23.800 Schilling. Auf dem Wunschzettel der Österreicher stehen Wohnung, Möbel und Haushaltsgeräte ganz oben.

Jahr	Radio	Fern-seher	PKW	Wasch-maschine	Kühl-schrank	PC	Mobil-telefon	Internet-anschluss
Als Zeichen des wachsenden Wohlstandes gilt die Ausstattung der Haushalte mit dauerhaften Konsumgütern und Telekommunikationsmitteln (in % der Haushalte):								
1951	65,3	-	2,3	0,1	1,0	-	-	-
1961	88,2	12,6	20,6	12,3	16,9	-	-	-
1971	83,9	61,6	52,3	36,9	66,8	-	-	-
1981	87,8	81,2	84,2	72,0	98,0			
1993	93,0	87,2	107,1*)	83,0	98,0	10,0	1,0	2,0
2004	94,0	91,2	117,4	94,0	98,0	53,0	72,2	40,3

*) Es gab bereits 1992 um 7,1 % mehr PKW als Haushalte
Quellen: Eigner-Helige: Österreichische Wirtschafts- und Sozialgeschichte;
          Veröffentlichung der Statistik Austria im Internet

MINERVA-FERNSEHEMPFÄNGER BELVEDERE
S 6750,—

Fernsehen —
das täglich neue Erlebnis
des modernen Menschen!

1955 begann auch in Österreich das Fernsehzeitalter.

Das markanteste Wohlstandszeichen war die rasante Zunahme der Motorisierung, im Rundfunk durch die von 1957 bis 1999 tagtäglich insgesamt 15.143 mal ausgestrahlte Sendung „Autofahrer unterwegs" heftig unterstützt. Bis 1964 bremste die Nationalbank Auslandsurlaube noch durch beschränkten Devisenumtausch.

Mit dem Auto kam auch das Fernweh, bis 1964 allerdings durch die Devisenbestimmungen der Nationalbank noch gebremst.

GROSS-GLOCKNER HOCHALPEN STRASSE
SALZBURG ÖSTERREICH KÄRNTEN

Preise und Einkommen 1953 – 2003

	1953	1963	1973	1983	1993	in Euro 2003
Tramway-Fahrschein Wien	1,30	3,0	6,0	15,0	20,0	1,50
Tageszeitung	0,90	2,00	3,00	7,00	15,00	1,10
1 l Milch	2,12	3,07	5,13	11,10	11,60	0,70
1 l Bier	4,00	6,00	8,00	13,70	18,00	1,10
1 kg Brot	3,50	4,17	6,97	13,20	22,80	2,00
1 kg Mehl	4,30	4,67	6,41	11,90	13,60	0,75
20 Zigaretten	5,00	6,00	8,00	15,50	23,20	3,20
1 kg Zucker	6,70	6,57	7,73	14,40	15,20	1,00
1 kg Rindfleisch	18,00	28,80	57,10	103,00	130,00	15,50
1 kg Kaffee	90,00	94,40	92,10	131,60	111,60	6,20
1 l Benzin	4,11	3,20	3,94	10,70	9,31	0,87
Radio*)	595,00	1.750,00	1.400,00	1.680,00	2.100,00	50,00
Herrenanzug	1.100,00	1.160,00	1.580,00	2.250,00	3.480,00	350,00

*) 1953: Siemens Super 513 U Grazioso Junior; 1963 und 1953: Mittelwerte; 1983 und 1993: Mittelwerte
Radio+Kassettenrecorder; 2003: einfache Anlage mit CD-Player und Kassettendeck
Quelle u.a.: Österreichisches Statistisches Zentralamt: Die Entwicklung der Verbraucherpreise von 1900 – 1996

Erst ab 1980 waren die österreichischen Haushalte mit Kühlschränken voll ausgestattet.

Preisindex 1938 – 2003 (gerundet)

1938	1945	1953	1963	1973	1983	1993	2003
100	112	664	866	1.329	2.374	3.210	3.836

Monatliches Durchschnittseinkommen in der Industrie

					in Schilling	in Euro
Jahr	**1953**	**1963**	**1973**	**1983**	**1993**	**2003**
Arbeiter	1.419	2.647	6.665	14.715	23.758	2.337
Angestellter	2.371	4.513	11.021	24.618	40.697	4.044

Budget (Allgemeiner Haushalt)

					in Mio Schilling	in Mio Euro
Jahr	**1953**	**1963**	**1973**	**1983**	**1993**	**2003**
Staatseinnahmen	22.731	54.983	128.315	316.673	601.445	57.892
Staatsausgaben	22.624	59.075	141.151	407.791	752.716	61.390
Überschuss/ Abgang	+107	-4.091	-12.835	-91.118	-171.028	- 3.498

Quelle: Butschek: Statistische Reihen zur Österreichischen Wirtschaftsgeschichte und eigene Recherche.

„NUR DER SCHILLING, DER BLEIBT, WEIL IHN NIX MEHR VERTREIBT, DER WIRD ALL'S ÜBERLEBEN ALLEIN."

(aus dem Chanson „Der Schilling" von Georg Kreisler 1969)

– MÜNZEN UND BANKNOTEN DER WIRTSCHAFTSWUNDERZEIT.

Ab 1950 begann mit dem Porträt Joseph Haydns auf dem 20-Schilling-Schein die Verwendung von Banknoten als Werbeträger für Österreichs kulturelle und wissenschaftliche Identität. Ein Unterfangen, das nach der nicht widerspruchslosen Eigenstaatlichkeit der Zwischenkriegszeit und den Jahren der Auslöschung unter der Nazi-Herrschaft nur zu verständlich war. Ein spezielles Schicksal hatte das nur zwischen 1950 und 1954 zirkulierende 20-Groschen-Stück. Da ein ordentlicher Knopf mehr als 20 Groschen kostete und die Münze auf der Rückseite das Bundeswappen ohne Aufschrift zeigte, wurde sie in großen Mengen zu Trachtenknöpfen „umgearbeitet" und auch exportiert. Die niedrigste Papiergeldnominale zu fünf Schilling, das Sujet stammte als einziges noch aus der Zeit vor 1938, wurde durch eine Aluminium-Münze abgelöst. Mit zunehmendem Wohlstand wurden dann doch auch die Münzen verbessert: Die Ein- und Fünf-Groschen-Stücke blieben aus Zinn. Das Zehnerl prägte man jetzt aus Aluminium, dafür wurde die unansehnlich gewordene alte Ein-Schilling Münze aus reinem Aluminium durch eine neue Prägung aus Kupfer mit Aluminiumzusatz ersetzt. Als äußeres Zeichen der besseren Zeit kam 1955 auch wieder eine

Die kupferne 20 Groschen-Münze wurde zu Trachtenknöpfen umgearbeitet und exportiert.

Die letzte Banknote mit „Vorkriegs-Design" wurde 1952 von einer 5-Schilling-Münze aus Aluminium abgelöst.

Wie sie bis 2002 in Umlauf waren: 5 Groschen aus Zinn; 2 und 10 Groschen aus Aluminium ab 1951, 50 Groschen und 1 Schilling aus Kupfer mit Aluminium seit 1959.

Die erste Silbermünze: Eröffnung des Burgtheaters 1955.

Ab 1957 ersetzte die erste 10-Schilling Münze aus Silber die Banknote mit dem Lipizzaner.

Schöner Glanz im täglichen Leben: Der silberne Fünfer von 1960.

silberne Gedenkmünze auf den Markt: 25 Schilling zur Wiedereröffnung der Bundestheater. Die Idee der Sammlermünzen hat sich für den Staat als so vorteilhaft und einträglich erwiesen, dass 1959 der erste Fünfziger zum 150-Jahr-Gedenken an den Tod Andreas Hofers im Aufstand gegen Napoleon und die Bayern aufgelegt wurde. Im Jahr 1957 wurde auch der 10-Schilling-Schein durch eine silberne Münze ersetzt, deren Bild bis 2002 unverändert blieb. Schließlich zog man 1960 auch den Aluminium-Fünfer ein und ersetzte ihn ebenfalls durch eine Silbermünze. Steigende Silberpreise ließen allerdings die silbernen Fünf- und Zehn-Schilling-Münzen zum Verlustgeschäft werden, weshalb sie 1968 bzw. 1974 durch eine Kupfer-Nickel-Legierung ersetzt wurden. Vorsichtshalber verminderte man auch den Silbergehalt der Sammlermünzen, die es nun auch zu 100 und 500 Schilling gab, bis dieser Markt zerstört war. Ein ebenso rasanter Verfall des Silberpreises in den letzten Jahren hat alle Sammlerhoffnungen, nun über einen Schatz zu verfügen, zunichte gemacht. Die Silbermünzen zu 25, 50, 100 und 500 Schilling werden mit ganz wenigen Ausnahmen nur zum Nominalwert eingetauscht, die alten silbernen Fünfer und Zehner, weil kein gesetzliches Zahlungsmittel mehr, sogar darunter.

Die ungeliebte 20-Schilling-Münze (links) und der Bimetall Fünfziger (rechts).

Die 1980 eingeführte 20-Schilling-Münze, von Automatenbetreibern heftig gefordert, fand nie den Gefallen der Bevölkerung. Ähnlich erging es den Bimetall-Fünfzigern seit 1996. Als Sammlerobjekte begehrt und nach dem jeweiligen Tageskurs des Goldes gehandelt, sind die goldenen Schillingmünzen – 38 Jahre nach dem goldenen Hunderter von 1938 gab es 1976 mit dem Tausender anlässlich der Einsetzung der Babenberger vor 1000 Jahren wieder die erste österreichische Goldmünze.

Parallel dazu fand der Siegeszug des bargeldlosen Zahlungsverkehrs statt. Von florentinischen Bankiers des 13. Jahrhunderts für die Wolleinkäufe in England erfunden, wurde das 20. Jahrhundert das Zeitalter des Giro-Kontos. Die Lohntüten, in denen noch bis in die sechziger Jahre der Wochen- oder Monatslohn abgezählt übergeben wurde, um im Kreis der Familie nach dem persönlichen Haushaltsplan aufgeteilt zu werden, gehörte endgültig der Vergangenheit an. Die Kreditkarte wurde in Österreich nie ganz so heimisch wie in vielen anderen Ländern – aber irgendeine muss man ja haben.

1960 wurde das neue Festspielhaus in Salzburg nach Plänen von Clemens Holzmeister eröffnet. Helmut Qualtinger trat 1961 erstmals mit seinem Soloprogramm „Der Herr Karl" auf. Der erste Betrieb auf der Olympiaschanze am Berg Isel fand 1962 statt. 1963 gewann Karl Schranz das Lauberhornrennen mit sieben Sekunden Vorsprung und die Europabrücke bei Innsbruck wurde eröffnet. 1964 stand im Bann der Olympischen Winterspiele in Innsbruck, viele Österreicher kauften erstmals einen Fernseher. Im Jahr darauf verfolgten 12.500 Fans den ersten Auftritt der Rolling

Zweimal, 1964 und 1976, fanden die Olympischen Winterspiele in Innsbruck statt.

Stones in Österreich in der Wiener Stadthalle. 1966 siegte der 32jährige Kärntner Udo Jürgens beim Songcontest in Luxemburg mit dem Lied „Merci Cherie". Nach dem Rundfunkvolksbegehren wurde Gerd Bacher 1967 ORF-Generalintendant, Helmut Zilk Fernsehdirektor. Österreich öffnete 1968 wieder die Grenzen für Flüchtlinge, diesmal die nach Niederschlagung des „Prager Frühlings" zur Tschechoslowakei. 1969 betraten nicht nur die ersten Menschen den Mond, Kinderstar Heintje betrat zum ersten Mal eine österreichische Bühne. Sein Lied „Mama" wurde in den Dreißigerjahren für Benjamino Gigli geschrieben, von diesem aber nur ein einziges Mal gesungen. Bei den Konsumgütern werden Fernseher und Auto zu Objekten der Begierde.

„EIN PAAR MILLIARDEN SCHULDEN MEHR BEREITEN MIR WENIGER SCHLAFLOSE NÄCHTE ALS EIN PAAR HUNDERT ARBEITSLOSE."
(Bundeskanzler Bruno Kreisky, 1979)

Parallel zum Wirtschaftsaufschwung fand eine Reduktion der Arbeitszeit statt. Bis 1959 waren zwischen 50 und 48 Stunden wöchentlich zu arbeiten, ab 1959 dann 45 Stunden, 1965 gab es die dritte Urlaubswoche, die Regierung Kreisky setzte die Arbeitszeit 1970 auf 43, im nächsten Jahr auf 42 und 1975 auf 40 Stunden herab, was den generell arbeitsfreien Samstag bedeutete.

Unter den streng auf das Budget achtenden Finanzministern Klaus und Koren konnte die Staatsverschuldung trotz der merkbaren Rezession 1962 stabilisiert werden. Die aufgrund des Wirtschaftswunders in Deutschland nun so richtig boomende Fremdenverkehrswirtschaft hat das ihre dazu beigetragen.

Die Konjunktur kam 1968 international wieder in Gang, wurde allerdings durch die Beseitigung der Zolldiskriminierung der EFTA-Staaten im Handelsverkehr mit der EWG für Österreich noch unterstützt. So konnte Bruno Kreisky nach seinem überraschenden Wahlsieg 1970 einen konsolidierten Staatshaushalt übernehmen. Nach der

AZ-Extraausgabe Nationalratswahl 1970
8 Seiten Ergebnisse, Bilder, Kommentare

AZ **Arbeiter-Zeitung**

WETTER
Anfangs bewölkt, später
wieder Niederschläge
TAG: 0 bis +5 Grad
NACHT: —7 bis —1 Grad

Nr. 50 A   MONTAG, 2. 3. 1970   ZENTRALORGAN DER SOZIALISTISCHEN PARTEI ÖSTERREICHS / GEGRÜNDET 1889   PREIS 1,50 S, 80 Lit, 1,50 Din P. b. b.

Kreisky wird Kanzler

SPÖ 81 (74),   ÖVP 78 (85),   FPÖ 6 (6)

galoppierenden Inflation der frühen 50er Jahre und der Stabilisierung während des Raab-Kamitz-Kurses begünstigte der lange Wirtschaftsaufschwung in den Jahren 1968 bis 1975 den Start der ersten sozialdemokratisch geführten Regierung seit Karl Renner 1918/1919.

Bruno Kreisky war erfüllt von der Verwirklichung des Sozialstaates, wie er ihn in seiner Exilheimat Schweden kennen gelernt hatte. Dazu holte er sich mit dem erst 32jährigen Hannes Androsch den bis Karl-Heinz Grasser jüngsten Finanzminister in die Regierung.

Die Staatsausgaben verdoppelten sich, die Defizite wuchsen und konnten nur durch Auslandskredite, die Androsch zu besorgen hatte, abgedeckt werden.

Nach den goldenen ersten Regierungsjahren, während derer ein Füllhorn von „Gratisleistungen" und „Förderungen" – vom Schulbuch über die Eheschließung bis zum Bausparvertrag – über die Österreicher ausgeschüttet worden war, überwältigte der erste Ölpreisschock im Gefolge der Nahostkriege 1973 die westliche Welt. Und Österreich war nun keine „Insel der Seligen" mehr, sondern sah sich entgegen den Versprechungen Kreiskys mit der harten Realität wirtschaftlicher Rezession konfrontiert. Die Wirt-

Ton-Sparkasse im Kreisky-Look.

schaftspolitik der folgenden Jahre war beseelt von dem Wunsch, die Vollbeschäftigung um praktisch jeden Preis zu erhalten und die rasant steigenden Sozialleistungen finanzieren zu können. Stetige Warnungen vor der Unfinanzierbarkeit dieser Sozialutopien wurden auch von der Bevölkerung gerne in den Wind geschlagen, die Kreisky einen Wahlsieg nach dem anderen bescherte.

Doch die anhaltend hohen Ölrechnungen und weit überproportional steigenden Löhne brachten die österreichische Leistungsbilanz zum Kippen und heizten die Inflation auf bis zu 10 % an. Im Gegensatz zu dem sparsamen Duo Klaus-Koren, das ja auch die Wahlen verloren hatte, setzten Kreisky und Androsch auf immer weiter steigende Staatsverschuldung. Entgegen der reinen Lehre des John M. Keynes, wonach der Staat in rezessiven Phasen durch eigene Nachfrage die Wirtschaft ankurbeln solle, überzogen die Regierungen Kreisky auch in guten Jahren wie 1976 das Budget immer mehr. Kreisky kannte aus der Zwischenkriegszeit den sozialen Sprengstoff hoher Arbeitslosigkeit und stellte sich auch um den Preis großer Verluste gegen eine Reorganisation der versteinerten verstaatlichten Industrie, die zunächst Arbeitsplätze gekostet hätte.

Gerade an der Währungspolitik zerbrach das Verhältnis Kreiskys zu seinem „Kronprinzen" Androsch. Kreisky wollte in Gemeinsamkeit mit der Industrie zur Bewältigung der Krise im letzten Drittel der Siebzigerjahre den Schilling abwerten und dadurch Exporte erleichtern und Importe erschweren. Androsch erkannte, wie gefährlich eine Abwertungspolitik längerfristig war. Die Verteuerung der Importe heizt die Preise an, die unvermeidlichen Lohnforderungen führen zu gesteigerter Inflation. Aus einer einmaligen Abwertung kann leicht eine Spirale nach unten werden, wie der Kursverfall des britischen Pfund, aber auch des US-Dollars drastisch vor Augen führten. Zum ersten Mal verweigerte Androsch die Gefolgschaft und setzte mit Unterstützung der Gewerkschaften den harten Schillingkurs gegen den Willen Kreiskys durch. Parallel dazu gab es 1977 das erste Sparbudget einer Regierung Kreisky. So wurden Luxusgüter mit einem Mehrwertsteuersatz von 30 % belastet, was ökonomisch richtig, aber politisch gefährlich war. Androsch wollte damals schon die Regierung verlassen und fand den gerade frei gewordenen Posten eines Präsidenten der Nationalbank reizvoll. Dafür waren die Gräben zwischen dem „Sonnenkönig" und seinem „Kronprinzen" aber schon zu tief. So wie Kreisky einst alle verblüfft hatte, als er den jungen Hannes Androsch zum Finanzminister bestellte, so verblüffte er nun wieder, als er den 59jährigen Stephan Koren an die Spitze der Notenbank hievte. Koren, acht Jahre zuvor noch Finanzminister der letzten ÖVP-Regierung und nun Klubobmann der großen Oppositionspartei, hatte wegen seines Wirtschaftspessimismus' den Ruf einer wahren Kassandra, ein bequemer und willfähriger Währungshüter war er für den Kanzler nicht. Gemeinsam mit Androsch wurde er zum Verteidiger des harten Schillings.

1970 starb der Rennfahrer Jochen Rindt beim Training zum Großen Preis von Monza, er wurde posthum Weltmeister. Dem Wiener Polizeipräsidenten Josef „Joschi" Holaubek gelang 1971 persönlich die Festnahme des Gefängnisausbrechers

Schandl mit den Worten „I bin's, dei' Präsident". Im folgenden Jahr wurde Karl Schranz durch den IOC von der Teilnahme an den Olympischen Winterspielen in Sapporo ausgeschlossen, in einem wahren Triumphzug fuhr er vom Flughafen Schwechat zu Bundeskanzler Kreisky auf den Ballhausplatz in Wien. 1973 erhält Konrad Lorenz den Nobelpreis für Medizin. Das „Pickerlzeitalter" beginnt 1974: Im Zug der ersten Ölkrise hat jeder Autofahrer einen autofreien Tag pro Woche einzuhalten, der auf einem Aufkleber an der Windschutzscheibe ersichtlich sein muss. Die Höchstgeschwindigkeit auf Autobahnen wird mit 130 km/h, die auf Bundesstrassen mit 100 km/h festgelegt. 1975 überfällt ein Terrorkommando unter „Carlos" die Wiener OPEC-Konferenz. 1976 ist ein Jahr der Katastrophen, der Rennfahrer Niki Lauda verunglückt auf dem Nürburgring und die Wiener Reichsbrücke stürzt ein. Dafür gewinnt Franz Klammer die Abfahrt bei den zweiten olympischen Winterspielen in Innsbruck. 1977 wurde der „Strumpfkönig" Walter M. Palmers durch Mitglieder der linksradikalen Baader-Meinhof Bande entführt und im Jahr darauf wurde der Sportreporter Edi Finger lautstark „narrisch", als Österreich bei der Fußball-Weltmeisterschaft in Argentinien den regierenden Weltmeister Deutschland 3:2 schlug. 1979 wurde die 5,7 Milliarden Schilling teure UNO-City in Wien fertiggestellt. Das Konsumverhalten der Siebzigerjahre ist nach wie vor vom Wunsch nach einem eigenen Auto geprägt, dazu kommen teurere Elektrogeräte, insbesonders der Unterhaltungselektronik und auch Urlaubsreisen.

„ES IST ALLES SEHR KOMPLIZIERT …"
(Bundeskanzler Fred Sinowatz, 1983)

Die ersten Sparmaßnahmen einer Regierung Kreisky griffen nur kurzfristig. Noch einmal schlugen Kreisky und Androsch gemeinsam Nationalratswahlen, aus denen sie wieder als Gewinner einer absoluten Mehrheit hervorgingen. Androsch, der am längsten dienende Finanzminister Österreichs seit 1848, wurde nach einer Reihe von Vorwürfen über die Tätigkeit seiner Steuerberatungskanzlei Consultatio sowie diverse Finanzierungen 1981 durch den Tiroler Herbert Salcher ersetzt.

Am 12. Dezember 1980 meldete der Kurier was schon allgemein erwartet wurde: Der am längsten dienende Finanzminister Österreichs tritt zurück.

Kreisky musste unter dem Zwang der leeren Kassen sein erstes wirkliches Spar-paket schnüren, das vor allem Steuer- und Abgabenerhöhungen vorsah und nach dem Entstehungsort „Mallorca-Paket" genannt wurde. Zeitungen kritisierten, dass sich Rentner nun die Heizkosten nicht mehr leisten werden können. Finanzminister Sal-cher meinte es vielleicht gut, aber seine Bemerkung, man könne ja auch Brennholz sammeln, war angesichts der von vielen Menschen noch erlebten Not der Jahre 1919/20 und 1945/46 zynisch oder zumindest unklug. Die Abgabenquote stieg von 35 % im Jahr 1970 auf nun über 41 %. Die Zeitungen waren voll mit Kritik an der Belastungswelle, zum ersten Mal, so schien es, verließ den „Medienkanzler" das Glück der öffentlichen Meinung. Angesichts des zum Zerreißen angespannten Budgets war es schwer, sich an den Ausspruch Colberts, Finanzminister unter „Son-nenkönig-Kollegen" Ludwig XIV. von Frankreich, zu halten, wonach die Kunst des Steuereinnehmens vergleichbar sei mit dem Rupfen einer Gans: Man müsse trachten, möglichst viele Federn bei möglichst wenig Geschrei zu erhalten. In diesem Jahr 1981 erfüllte sich auch Kreiskys Tragik. Trotz aller Schuldenpolitik war die Vollbeschäf-tigung nicht zu halten. Betrug die Arbeitslosenquote 1970 gerade 1,9 %, so verdop-pelte sie sich bis 1983 auf 3,7 %. Zum ersten Mal seit den Fünfzigerjahren waren wie-der mehr als hunderttausend Österreicher ohne Arbeit. Nach der Wahlniederlage 1983, dreizehn Jahre nach Amtsantritt, zog sich der am längsten dienende Bundes-kanzler der Republik Österreich verbittert zurück. Mittlerweile hatte die wirtschaft-liche Realität auch die Parteibetriebe der SPÖ eingeholt: Nach dem altehrwürdigen Vorwärts-Verlag und der Arbeiterzeitung musste mit der Konsumgenossenschaft noch eine Ikone der Sozialdemokratie zusperren.

Die Weltwirtschaft erholte sich von der zweiten Ölkrise 1979 nur zögernd. Die durch die Ausgabewut der Regierungen Kreisky überspannten Staatsfinanzen gaben

Entstaatlichung: Der Reifenpro-duzent „Semperit" ging 1983 an die deutsche Continen-tal AG, die den flo-rierenden Betrieb Jahre später ein-stellen ließ.

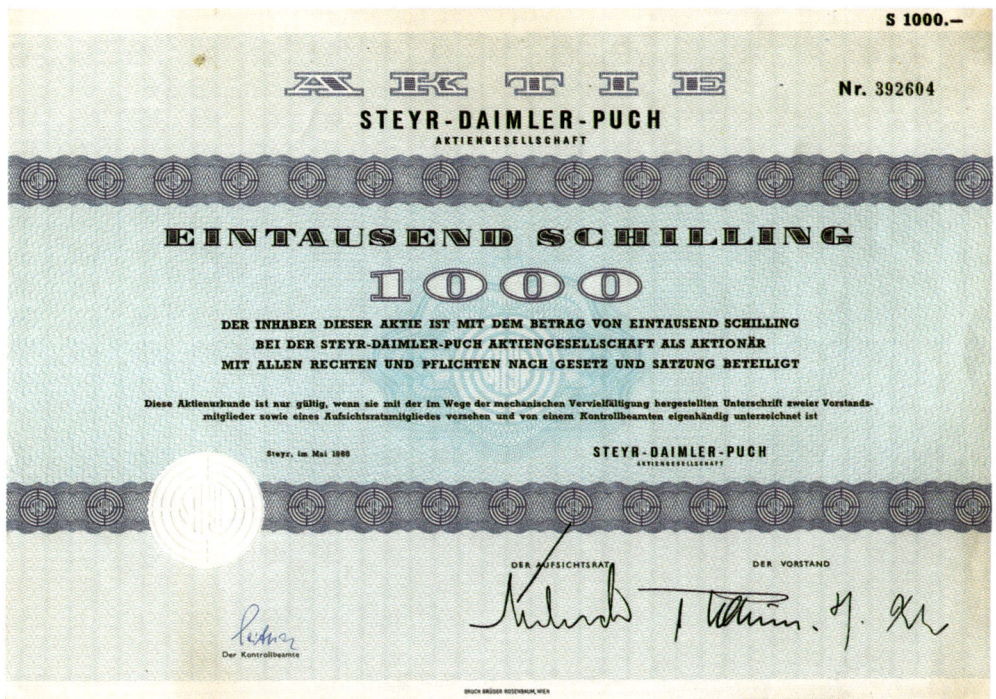

Entststaatlichung: Steyr-Daimler-Puch ging 1998 an Frank Stronachs Magna Holding AG.

keinen Spielraum mehr für nun so bitter notwendige Konjunkturmaßnahmen her. Betrug das Defizit 1970 und 1971 noch um die 8 Milliarden Schilling, explodierte es 1975 auf 37 Milliarden, um gegen Ende der Siebzigerjahre an die 50 Milliarden zu erreichen. Kreisky erbte eine Staatsschuld von 43 Milliarden Schilling, am Ende seiner Ära 1983 betrug sie mit 341 Milliarden fast das Achtfache. Schließlich warnte auch der Internationale Währungsfonds Österreich vor einer Fortsetzung dieser Wirtschaftspolitik.

Zur verstaatlichten Industrie gehörten nicht nur Betriebe der Holdinggesellschaft ÖIAG, sondern auch Betriebe im Eigentum der verstaatlichten Banken, vor allem der Creditanstalt. Die Creditanstalt, so hieß es, müsse als Bank so erfolgreich arbeiten, um sich diesen „Bauchladen" an Beteiligungen leisten zu können. Ein Fünftel der österreichischen Produktionskapazität gehörte dem Staat, produzierte zu teuer und konnte seine Güter zumeist nur mit massiven Stützungen der öffentlichen Hand absetzen. Immer öfter erfolgte die Lieferung an zahlungsschwache Staaten, wobei Österreich eine Ausfallshaftung übernahm, die nur zu oft schlagend wurde. Maschinen- und Nutzfahrzeugfabriken wie Noricum und Steyr-Daimler-Puch stiegen vermehrt auf die Produktion von Rüstungsgütern um, die unter dubiosen Umständen und dem Schutz hochrangiger Politiker bedenkenlos in Krisengebiete exportiert wurden. Dieses Debakel kostete 120 Milliarden Schilling, bis Finanzminister Ferdinand Lacina zögernd daran ging, die

„Heilige Kuh" stückweise zu verkaufen. „Das Ende wird furchtbar sein", diese Bemerkung wird Ex-SPÖ-Vorsitzendem Bruno Pittermann angesichts der Regierungsüber-
nahme durch Kreisky 1970 zugeschrieben. Nach der Ablöse der sozialistisch dominier-
ten Koalitionsregierung Klima durch die ÖVP-FPÖ Koalition unter Bundeskanzler
Wolfgang Schüssel im Februar 2000 wurden die so dringend notwendigen Reformen
umgehend begonnen. Welcher Erfolg ihnen beschieden sein wird, weist die Zukunft.

Dafür gelang es der SPÖ, die Entstaatlichung des Bankensektors voll für sich zu
nutzen. Franz Vranitzky musste 1981 den Sessel des stellvertretenden Generaldirektors der Creditanstalt-Bankverein räumen, um Hannes Androsch Platz zu machen.
Also wechselte er als Generaldirektor in die ebenfalls staatliche Länderbank. Nach
strenger staatlicher Proporzregelung gab es neben der „schwarzen" Creditanstalt die
„rote" Länderbank. Als Eigentümerin der dritten verstaatlichten Bank, dem „Österreichischen Credit-Institut", hatte sie annähernd die Größe der ebenfalls „roten", aber
nicht in staatlichem, sondern im Besitz der Gemeinde Wien stehenden „Zentralsparkasse". Während sich der politische Einfluss auf die im Staatseigentum stehenden Institute nach einem Regierungswechsel leicht ändern konnte, war dies bei der Gemeinde
Wien nicht zu befürchten. Die durch schlechtes Management und große Pleiten wie
von EUMIG und Klimatechnik schwer angeschlagene Länderbank musste zuerst einmal mit drei Milliarden Schilling aus den Steuertöpfen saniert werden, was aber dem
ehemaligen Androsch-Sekretär Vranitzky mühelos gelang. Schon 1984 sollte
Vranitzky den glücklosen Herbert Salcher als Finanzminister ablösen, um 1986 selbst
Bundeskanzler zu werden. Die Länderbank expandierte munter weiter, diesmal besonders riskant auf dem amerikanischen Markt. Die Blase platzte 1991 und kostete

*Mit der Län-
derbank ging
auch ihre
markante
Hauptanstalt
in Wien Am
Hof in der
Bank Austria
auf.*

wieder einmal eine Milliarde Schilling. Mittlerweile war Gerhard Randa als General-direktor am Ruder und fädelte seinen ersten großen Bankencoup ein. Er kam aus der Welt der Zentralsparkasse der Gemeinde Wien und wusste, wie gerne sich dieser „rote Riese" die Länderbank einverleibt hätte. Einige Jahre zuvor war ein Versuch der Zen-tralsparkasse, die Girozentrale zu übernehmen, gescheitert. Angesichts des Debakels von 1991 konnte Randa aber die Länderbank auf dem Tablett präsentieren. Im Okto-ber wurde die verschmolzene „Z-Länderbank-Bank Austria AG" ins Firmenbuch ein-getragen. Die Länderbank-Tochter „Österreichisches Credit Institut" ging in der „Girozentrale" auf, deren Hauptaktionär war die Bank Austria. Mit diesem program-matischen Namen für die neue Gesellschaft – „Bank Austria" – signalisierte Randa, wo er hin wollte. Generaldirektor dieser neuen „Bank Austria" blieb der ehemalige Z-Chef Alfons Haiden, sein Stellvertreter mit bereits vorher genau festgelegtem Nach-folgerecht wurde Gerhard Randa. Als nächstes besuchten Haiden und Randa in einer beispiellosen Einkaufstour durch ganz Österreich örtliche Sparkassen als Kleinak-tionäre der nunmehrigen „GiroCredit" und tatsächlich wurde aus dem Hauptaktionär auch ein Mehrheitseigentümer. Während aber die Länderbank von einem Tag auf den anderen integriert wurde, dümpelte die GiroCredit neben der Bank Austria einher. Da war aber die nächste Aktion schon in Planung. Als unter dem Diktat der leeren Kas-sen der Rückzug der Republik aus den verstaatlichten Betrieben begann, stand end-lich auch die „schwarze" Großbank, die Creditanstalt, zur Disposition. Die Bank-führung wollte die Selbständigkeit erhalten und strebte daher den Verkauf der Staats-anteile an eine große Zahl von Aktionären über die Börse an. Die Regierung blieb aber weiter dabei mit Pauschalkäufern verhandeln zu wollen. Neben diversen ausländi-schen Interessenten kristallisierte sich als erfolgreichster Anbieter ein österreichisches Konsortium rund um die „Erste Bank" und die „Generali Versicherung" heraus. Da trat der amtsmüde Finanzminister Ferdinand Lacina zurück und Kurzzeit-Finanzmi-nister Andreas Staribacher begann die Verhandlungen von neuem, um seinerseits nach wenigen Monaten von Viktor Klima abgelöst zu werden. Die Bank Austria verhielt sich ruhig, schon einmal war ein Übernahmeplan mangels Partner gescheitert. Währenddessen arbeitete Randa in aller Stille an einem Finanzierungskonzept für eine Übernahme durch die Bank Austria. Die Verhandlungen zogen sich, der Finanzminis-ter erstreckte die Fristen und im Dezember 1996 war die Katze aus dem Sack: Die Bank Austria war mit 16,7 Milliarden Schilling Bestbieter, gefolgt vom „Konsortium" mit 13,8 Milliarden und der Privatstiftung des Billa-Milliardärs Karl Wlaschek. In der ÖVP läuteten die Sturmglocken, Finanzminister Klima bot noch eine Nachfrist bis 10. Jänner 1997 zur Anbotsverbesserung an, Randa erhöhte auf knapp 17,2 Milliarden, weder ÖVP noch das Konsortium konnten die Differenz aufbringen. Das „Flaggschiff" bürgerlicher Bankkultur, Österreichs einzige Großbank von internationalem Zu-schnitt, fiel als Krönung der Strategie Gerhard Randas an die Bank Austria. Dass CA-Generaldirektor Guido Schmidt-Chiari zuvor noch die Beteiligungen an den drei Bun-desländerbanken Bank für Kärnten und Steiermark, Bank für Tirol und Vorarlberg und Oberbank verselbständigen konnte, war da nur ein schwacher Trost. Der Forderung

12. Jänner 1997: Ein strahlender Gerhard Randa hat gerade das größte Geschäft in der Nachkriegsgeschichte der österreichischen Banken abgewickelt.

der konsternierten ÖVP, dafür die GiroCredit an die Erste Bank verkaufen zu müssen, kam Randa gerne nach. Als Sparkasseninstitut passte sie nicht so recht in sein Bankkonzept und Geld brauchte man nun sowieso. Für die düpierte ÖVP mag es auch ein geringer Trost gewesen sein, dass Randa bei einem ähnlichen Spiel wie seinerzeit mit der Länderbank nicht mehr zum Zug kam. Ohne äußere Not veranlasste er den Verkauf der Bank-Austria Mehrheit an die deutsche Hypo-Vereinsbank, in deren Vorstand er einzog. Ende 2004 verließ er ihn nach einem Machtkampf mit Hypo-Vereinsbank-Generaldirektor Dieter Rampl Richtung Frank Stronachs Magna-Konzern. Das Los der größten österreichischen Bank ist seither mit dem der Hypo-Vereinsbank verbunden, die ihrerseits in der italienischen UniCredit eine recht dominante Partnerin gefunden hat.

1980 brach der Skandal um das Wiener Allgemeine Krankenhaus aus und Annemarie Moser-Pröll gewann den Olympia-Abfahrtslauf in Lake Placid. Im Jahr darauf erhielt Elias Canetti den Literaturnobelpreis. Im Jahr 1982 wurde mit dem Bau des umstrittenen Konferenzzentrums bei der Wiener UNO-City begonnen und Harti Weirather wurde Abfahrts-Weltmeister. 1983 besuchte Papst Johannes Paul II. erstmals Österreich. 1984 wurde Niki Lauda zum dritten Mal Formel-I Weltmeister und zu Weihnachten verkündete Bundeskanzler Fred Sinowatz den Baustopp für das Kraftwerk in der Hainburger Au. Im Jahr darauf forderte ein Terroranschlag in Schwechat vier Tote. 1986 starben zwei Künstler, die unterschiedlicher nicht hätten sein können: Heinz Conrads und Helmut Qualtinger. 1987 wurde Ulla Weigerstorfer aus Bad Aussee „Miss World" und Kurt Krenn war Weihbischof von Wien. Im Folgejahr baute Alfred Hrdlicka das Denkmal gegen Krieg und Faschismus am Wiener Albertinaplatz. 1989 wurde der Wiener Schickeria-Tausendsassa Udo Proksch am Flughafen Wien verhaftet. Der Verdacht, er habe durch die veranlasste Sprengung des Schiffes Lucona auch das Verbrechen des sechsfachen Mordes begangen, fand gerichtliche Bestätigung. 1990 starb Bruno Kreisky und der Skandal um illegale Waffenlieferungen der VOEST-Tochter Noricum erschütterte nochmals die Republik und die Granden der SPÖ.

„Ich sehe Europa, so wie es ist. Ich sehe es sich erstrecken von Gibraltar bis zum Ural.“

(General Charles de Gaulle, französischer Staatspräsident, 1960)

Österreich bemerkte bereits in den Sechzigerjahren eine zunehmende Diskriminierung als Nichtmitglied der Europäischen Wirtschaftsgemeinschaft EWG. Die Teilnahme an der Freihandelszone EFTA war da nur ein geringer Ersatz. Der Wunsch, der EWG, der EG oder EU beitreten zu können, scheiterte regelmäßig an der Interpretation der Neutralität durch die Sowjetunion. Das änderte sich mit dem Aufbruch durch die „Perestrojka“ Gorbatschows ab 1989. Plötzlich waren Optionen gegeben, an die wenige Jahre zuvor niemand zu glauben gewagt hätte. Für Österreich bedeutete dies nicht nur eine völlig geänderte gesellschaftliche und wirtschaftliche Situation an den Grenzen, sondern auch die Möglichkeit, die Interpretationsfesseln des Staatsvertrages abzuwerfen. Die Chance wurde genützt und noch 1989 ein Beitrittsansuchen in Brüssel abgegeben. Anfangs reagierte die EG zurückhaltend, da ihr die Realisierung des Binnenmarktes wichtiger war als die Erweiterung, die Verhandlungen waren äußerst kompliziert und langwierig. In vielen wichtigen Positionen musste sich Österreich den Vorstellungen Brüssels beugen. Doch im „Austriazismen-Protokoll“ zum Beitrittsvertrag konnte festgelegt werden, dass in der österreichischen Amtssprache weiterhin Beiried (Roastbeef); Eierschwammerl (Pfifferlinge); Erdäpfel (Kartoffeln); Faschiertes (Hackfleisch); Fisolen (Grüne Bohnen); Grammeln (Grieben); Hüferl (Hüfte); Karfiol (Blumenkohl); Kohlsprossen (Rosenkohl); Kren (Meerrettich); Lungenbraten (Filet); Marillen (Aprikosen); Melanzani (Auberginen); Nuss (Kugel); Obers (Sahne); Paradeiser (Tomaten); Powidl (Pflaumenmus); Ribisel (Johannisbeeren); Rostbraten (Hochrippe); Schlögel (Keule); Topfen (Quark); Vogerlsalat (Feldsalat) und Weichseln (Sauerkirschen) gesagt werden darf – das Problem Marmelade versus Konfitüre tauchte erst zehn Jahre später auf.

Noch im selben Jahr 1994, in dem die Verhandlungen abgeschlossen werden konnten, entschieden sich die Österreicher zu zwei Dritteln für einen EU-Beitritt am 1. Jänner 1995. Neben der Öffnung des Eisernen Vorhanges zwischen Österreich und Ungarn gemeinsam mit dem ungarischen Außenminister Gyula Horn am 27. Juni 1989 war dies die Krönung der Tätigkeit von Außenminister Alois Mock. Die größten Meilensteine der EU-Entwicklung seit Österreichs Beitritt sind wohl die Einführung einer gemeinsamen Währung und die Ost-Erweiterung. Das Ringen um eine Vereinheitlichung der Währung begann ja schon Hunderte Jahre zuvor. Schließlich scheiterten alle Versuche aber immer an Separatismus und nationalen Eigeninteressen, dem Grundübel Europas seit dem Römischen Reich. Damit sollte ab 31. Dezember 2001

★ EU-Volksabstimmung ★

Thomas Chorherr: *Eine Sternstunde für Österreich und Europa (Seite 2)*
Positiver Dominoeffekt für die skandinavischen Staaten? (Seite 3)
Die Ergebnisse von 300 Gemeinden (Seite 5)

Die Presse

UNABHÄNGIGE TAGESZEITUNG FÜR ÖSTERREICH

MO 24 / Nr. 13.885 / 12 Schilling ・ *Vormals* NEUE FREIE PRESSE *Gegründet 1848* ・ *** Montag, 13. Juni 1994

Österreichs Ja zu Europa fiel überwältigend aus ── HEUTE

UMRECHNEN LEICHT GEMACHT

SCHILLING	→	EURO		EURO	→	SCHILLING
1,00	0,07	26,00	1,89	0,10	1,38	2,60	35,78
2,00	0,15	27,00	1,96	0,20	2,75	2,70	37,15
3,00	0,22	28,00	2,03	0,30	4,13	2,80	38,53
4,00	0,29	29,00	2,11	0,40	5,50	2,90	39,90
5,00	0,36	30,00	2,18	0,50	6,88	3,00	41,28
6,00	0,44	31,00	2,25	0,60	8,26	3,10	42,66
7,00	0,51	32,00	2,33	0,70	9,63	3,20	44,03
8,00	0,58	33,00	2,40	0,80	11,01	3,30	45,41
9,00	0,65	34,00	2,47	0,90	12,38	3,40	46,79
10,00	0,73	35,00	2,54	1,00	13,76	3,50	48,16
11,00	0,80	36,00	2,62	1,10	15,14	3,60	49,54
12,00	0,87	37,00	2,69	1,20	16,51	3,70	50,91
13,00	0,94	38,00	2,76	1,30	17,89	3,80	52,29
14,00	1,02	39,00	2,83	1,40	19,26	3,90	53,67
15,00	1,09	40,00	2,91	1,50	20,64	4,00	55,04
16,00	1,16	41,00	2,98	1,60	22,02	4,10	56,42
17,00	1,24	42,00	3,05	1,70	23,39	4,20	57,79
18,00	1,31	43,00	3,12	1,80	24,77	4,30	59,17
19,00	1,38	44,00	3,20	1,90	26,14	4,40	60,55
20,00	1,45	45,00	3,27	2,00	27,52	4,50	61,92
21,00	1,53	46,00	3,34	2,10	28,90	4,60	63,30
22,00	1,60	47,00	3,42	2,20	30,27	4,70	64,67
23,00	1,67	48,00	3,49	2,30	31,65	4,80	66,05
24,00	1,74	49,00	3,56	2,40	33,02	4,90	67,43
25,00	1,82	50,00	3,63	2,50	34,40	5,00	68,80

Bereits acht Jahre nach dem EU-Beitritt Österreichs löste der Euro den Schilling ab.

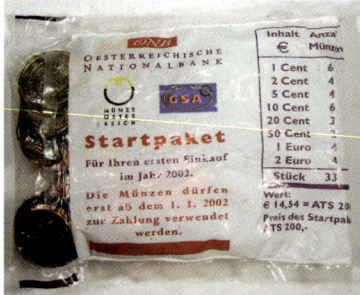

Schluss sein und das bedeutete auch das Ende für die Erfolgsgeschichte des Schillings: 77 Jahre nach seiner Einführung, zuerst ein Zeichen gnadenloser Hartwährungspolitik, dann für sieben Jahre verschwunden, wiedereingeführt in der größten Not der Nachkriegszeit, stellte der Schilling bei seinem Ende eine der stabilsten und bei der Bevölkerung angesehensten Währungen der Welt dar. Vielleicht sind die Österreicher deshalb ein bisschen „Euro-skeptischer" als die Bürger anderer Euro-Länder.

Am 1. Januar 2002 setzte die EU ihren bisher spektakulärsten Schritt zur europäischen Einigung: Die Einführung der gemeinsamen Währung Euro. Damit gilt erstmals seit 1200 Jahren, seit Karl dem Grossen, wieder eine offizielle Währung zwi-

DIE EURO-MÜNZEN

Die Euro-Münzen sind
in allen 12 Euro-Ländern gültig
und haben eine gemeinsame
europäische Seite.
Die andere Seite zeigt nationale
Motive. Die Euro-Münzen
haben unterschiedliche Größen
und Ränder.
Ab 15. Dezember 2001 gibt es
Euro-Münzen bei Kreditinstituten
und Postämtern für den ersten
Einkauf ab 1. Jänner 2002.

2 Euro = öS 27,5206
Bertha v. Suttner

1 Euro = öS 13,7603
W. A. Mozart

50 Cent = öS 6,88015
Wiener Secession

20 Cent = öS 2,75206
Schloss Belvedere

10 Cent = öS 1,37603
Stephansdom

5 Cent = öS 0,688015
Alpenprimel

2 Cent = öS 0,275206
Edelweiß

1 Cent = öS 0,137603
Enzian

schen Atlantik und der Grenze zu Asien, zwischen der Nordsee und dem Mittelmeer. Die Geburtsstunde des Euro schlug auf der Konferenz von Maastricht 1992. Damals beschlossen die Staats- und Regierungschefs der Europäischen Gemeinschaft, noch ohne Österreich, eine Währungsunion mit all den notwendigen und umfassenden Begleitmaßnahmen, die als Maastrichter Konvergenzkriterien bekannt geworden sind. Im wesentlichen handelt es sich um Grenzwerte für Defizit, Verschuldung, Inflation und Zinsen in den Mitgliedsstaaten, die einen möglichst homogenen Wirtschaftsraum sichern sollen. Den wirtschaftlich schlechter gestellten Ländern wie Spanien, Portugal, Irland und Griechenland musste dabei geholfen werden, was für einige Jahre in diesen Ländern zu einem bemerkenswerten Wirtschaftswachstum führte. Als äußeres Zeichen dieser tiefgreifendsten Reform seit Gründung der EG 1957 benannte sich auch die Gemeinschaft selbst in Europäische Union (EU) um und signalisiert seitdem, dass am Ende dieser Entwicklung die Vereinigten Staaten von Europa stehen sollen.

Die Euro-Münzen im Nennwert von 1, 2, 5, 10, 20 und 50 Cent sowie 1 und 2 Euro haben eine einheitliche Vorderseite und eine nationale Rückseite, die von jedem Mitgliedsland völlig frei gestaltet werden konnte. Anders die Banknoten: Aus 44 Entwürfen wurden die des Österreichers Robert Kalina, von dem auch die letzte Schilling-Serie stammte, ausgewählt. Gemäß dem Auftrag der Europäischen Zentralbank, die auch beim Banknotendesign die Rolle der Nationalbank übernommen hat, sollten keine national zuordenbaren Motive verwendet werden. Vielmehr mussten die Bilder den Themenbereichen „Zeitalter und Stile in Europa" oder „Abstrakte und moderne Motive" entsprechen. Kalina verband diese Forderungen und zeigte anhand abstrakter Bauten die Entwicklung der Baustile in Europa – keine(s) dieser Brücken, Fenster und Tore existiert in Wirklichkeit – aber jede(s) steht für eine ganze Epoche europäischer Kunstgeschichte.

Fenster und Tor als Symbol der Offenheit

Nominale	Motive auf den Vorderseiten
5	Fensterbogen der Antike
10	Torbogen der Romanik
20	Gotisches Kirchenfenster
50	Tor und Fenster der Renaissance
100	Triumphbogen des Barock und Rokoko
200	Eisen- und Glasarchitektur 19./20. Jahrhundert
500	Moderne des 20. Jahrhunderts

Der Umtausch von Schilling in Euro ging unerwartet problemlos vor sich, wenn auch ein Teil der Teil der Bevölkerung noch immer in Schilling rechnet. An Banknoten waren 400 Millionen Stück mit einem Nominalwert von 180 Milliarden Schil-

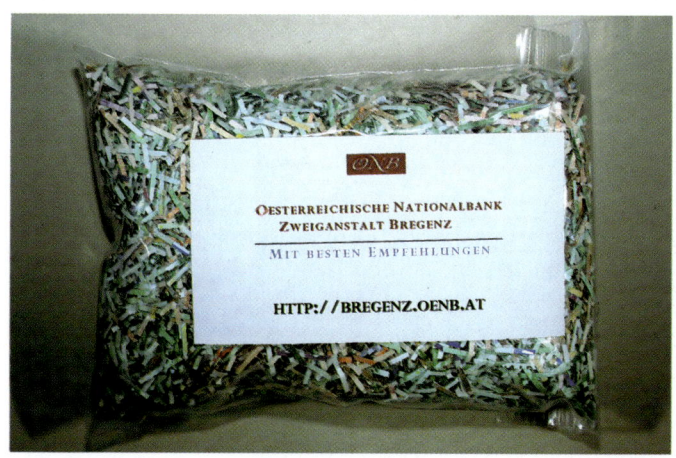

Wieviel Geld mag das wohl gewesen sein?
Die Nationalbank gibt nicht nur Geld aus, sondern zieht unbrauchbar gewordene Banknoten auch ein und vernichtet sie.

5 €: 120 x 62 mm, grau

10 €: 127 x 67 mm, rot

20 €: 133 x 72 mm, blau

50 €: 140 x 77 mm, orange

100 €: 147 x 82 mm, grün

200 €: 153 x 82 mm, ockerfarben

500 €: 160 x 82 mm, lila

Das Symbol für den Euro ist €. Seine offizielle Abkürzung lautet EUR.

DIE SIEBEN EURO-BANKNOTEN

Die sieben Euro-Banknoten mit Werten von 5 € bis 500 € sind leicht zu erkennen. Jeder Banknotenwert hat eine andere Farbe und Größe. Je höher der Nennwert, desto größer die Banknote.

Die Fenster und Tore auf der Vorderseite der Banknoten symbolisieren Offenheit, die Brücken auf der Rückseite stehen für die Zusammenarbeit zwischen den Völkern Europas sowie zwischen Europa und der übrigen Welt.

In die Euro-Banknoten sind mehrere Merkmale eingearbeitet, die Blinden und Sehbehinderten die Unterscheidung der verschiedenen Banknotenwerte erleichtern.

ling, an Münzen sechs Milliarden Stück mit einer Nominale von acht Milliarden Schilling umzutauschen. Für den Erstumlauf wurden 450 Millionen Euro-Scheine ausgegeben, die Erstausstattung der Nationalbank betrug allerdings 750 Millionen Euro-Scheine. Unansehnlich gewordene und beschädigte Banknoten sollten rasch ausgetauscht werden können. Ein bisschen schmuddelig sieht das neue Geld ja schon bald aus, hier sei eine sentimentale Erinnerung an die hervorragende Qualität der Schilling-Banknoten gestattet.

Auf die ausgebenden Länder weisen nur noch die Buchstaben vor den Nummern hin:

Belgien	**Z**	Deutschland	**X**	Finnland	**L**
Frankreich	**U**	Griechenland	**Y**	Irland	**T**
Italien	**S**	Luxemburg	**R**	Niederlande	**P**
Österreich	**N**	Portugal	**M**	Spanien	**V**

Reserviert für zukünftige Euro-Länder:					
Dänemark	**W**	Großbritannien	**J**	Schweden	**K**

FRIEDE IST WOHLSTAND: EIN VEREINTES EUROPA ALS FRIEDENS- UND WOHLSTANDSORDNUNG

Mit dem Beitritt Österreichs zur Europäischen Union 1994 ist viel mehr geschehen als bloß die Teilnahme an einem großen Wirtschaftsraum – es war der Eintritt in ein politisches Gebilde, das der 2000-jährigen Geschichte europäischer Bürgerkriege ein Ende setzen soll. Nur ein großer Feldherr wie Helmuth Moltke, der Sieger über Österreich 1866, konnte zugeben: „Jeder Krieg – auch ein siegreicher – ist ein nationales Unglück“. Mit der Nationalisierung der europäischen Staaten im Laufe des 18. und 19. Jahrhunderts nahm diese Kriegshäufigkeit dramatisch zu. Im Gegensatz dazu gründet sich der Wohlstand der USA unter anderem darauf, dass sie seit 1865 keinen Krieg im eigenen Land führten. Österreich war in dieser Zeit in drei Kriege verstrickt, darunter zwei Weltkriege, von denen der erste die gesamte staatliche Struktur, der zweite fast das gesamte Volksvermögen zerstörte. In West- und Mitteleuropa hat es in den letzten 2000 Jahren keine so lange Friedenszeit wie seit 1945 gegeben. Österreich hat sich in knapp 60 Jahren von „jenem Volk der Erde, das dem Hungertod am nächsten steht“ zu einem der reichsten Länder der Welt entwickelt. Von einer „Insel der Seligen“ wie Papst Paul VI. Österreich einmal bezeichnete, kann aber längst keine Rede mehr sein. Ende 2004 suchten rund 380.000 Menschen Arbeit, auch wenn von der offiziellen Statistik „nur“ 250.000 als arbeitslos erfasst werden. Die Arbeitslosenquote von rund 10 % entspricht den Werten der so krisengeschüttelten 1920er Jahre. Über 300.000 Österreicher leben in Armut, fast 900.000 sind armutsgefährdet. Das ist aber kein Widerspruch zur Tatsache, dass Österreich hinter Luxemburg, Irland und Dänemark das wohlhabendste EU-Mitglied ist. Diejenigen, die Arbeit haben, verdienen in der Regel gut und vielen Menschen ist es gelungen, ihren Wohlstand auch über die Pensionsgrenze hinweg zu retten.

So paradox es aber auch scheinen mag: 45 Jahre lang war dieser Aufschwung durch permanente Kriegsgefahr zwischen Ost und West abgesichert – um den Preis der Gefahr eines Dritten Weltkrieges. Mit dem Zerbrechen der Sowjetunion gerieten die Nachfolgestaaten wieder in den Sog von Bürgerkriegen. Der schwache Wohlstand des ehemaligen Jugoslawien und vieler exsowjetischer Republiken ging wieder einmal im Rauch von Granatfeuern auf. Die erste und sinnvollste Pflicht der Politik ist die Sicherung des Friedens. Nicht umsonst gab mit 52 % die Mehrheit der befragten Österreicher in einer Umfrage 2005 an, die wichtigste globale Aufgabe der EU sei die Sicherung des Friedens. Die Bedeutung für die Weltwirtschaft liegt mit 47 % Zustimmung erst nach dem Kampf gegen den Terrorismus auf Platz drei. Der Euro stellt seit 1. Januar 2002 die erste gemeinsame Währung Europas seit den Pfennigen Karls des Großen dar. Je vereinter Europa ist, desto friedlicher und sicherer wird es sein.

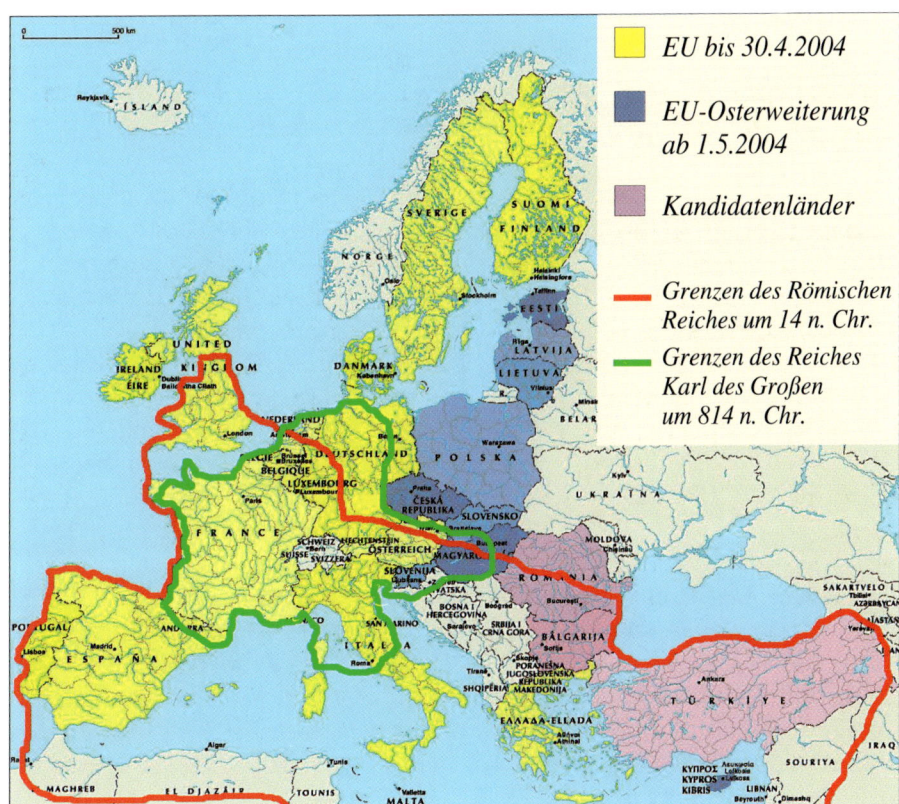

Käthe Kollwitz: „Nie wieder Krieg", 1924, © VBK, Wien, 2005

Die deutsche Künstlerin Käthe Kollwitz hatte ihren Sohn 1914 im Krieg verloren. Den Durchhalteparolen des Jahres 1918 widersprach sie öffentlich: „Es ist genug gestorben! Keiner darf mehr fallen." Ihre Mahnung „Nie wieder Krieg" auf dem Plakat für den „Mitteldeutschen Jugendtag" von 1924 verhallte. 1942 fällt ihr Enkelsohn in Russland. Ihre letzte Lithographie „Saatfrüchte sollen nicht vermahlen werden" war eine neuerliche Anklage gegen den Krieg. Käthe Kollwitz starb am 22. April 1945, zwei Wochen vor dem Ende des Zweiten Weltkrieges.

Anhang

WÄHRUNGEN IN ÖSTERREICH VOM MITTELALTER BIS HEUTE

Die Dezimalteilung der Währung, 1 Gulden zu 100 Kreuzer, wurde 1857 eingeführt, bis dahin galt der Gulden zu 60 Kreuzern.

12. Jahrhundert: Friesacher Pfennig; Pfennige aus Enns und Krems nach Regensburger Muster.

1200 Wiener Pfennig

1500 Kaiser Maximilian I.: Guldiner (Taler), Batzen, Kreuzer, Pfennige

1559 Reichsmünzordnung Kaiser Ferdinand I.:
Relation: 1 Reichsguldiner = 60 Kreuzer (Recheneinheit)
1 Reichstaler = 68 Kreuzer

1748 Erstmalige Ausprägung von kupfernen Scheidemünzen

1753 Maria Theresias „Süddeutsche Münzconvention" gilt bis 1857. Relationen:
1 Silbergulden „Conventionsmünze" („C.M.") enthält 11,69 g Feinsilber,
1 Taler = 2 Gulden und 24 Kreuzer, 1 Gulden = 60 Kreuzer

1762 Gulden des Wiener Stadt Banco als erstes Papiergeld im allgemeinen Umlauf. Ab 1800 verfällt der Kurs der Papiergulden rasant gegenüber den Silbergulden C.M.

1811 Einlösungsscheine Wiener Währung (W.W.) ersetzen die Stadt Banco-Zettel und gelten neben den Silbermünzen C.M. Umtauschwert: 5 Gulden Wiener Stadt Banco-Zettel = 1 Gulden Wiener Währung (Staatspapiergeld)

1813 Antizipationsscheine, offiziell keine Währung, sondern unverzinsliche Anleihe auf zukünftige Steuern (Staatspapiergeld)

1816 Erste echte Banknoten: „Nationale Zettel Bank", dann „Österreichische Nationalbank". Einlösung des bisherigen Staatspapiergeldes der Wiener Währung und der Antizipationsscheine und Ausgabe neuer Banknoten. Umtauschwert: 2,5 Gulden Staatspapiergeld (W.W.) = 1 Gulden Conventionsmünze (C.M.) = 1 Gulden Banknoten

1857 Wiener Münzkonvention des Deutschen Münzvereines, innerhalb Deutschlands gleichwertige Vereinsmünzen, daneben lokale Österreichische Währung (Ö.W.). Übergang von der 60er-Teilung zur 100er-Teilung (1 Gulden = 100 Kreuzer). Relationen: 66 Vereinstaler = 100 Gulden C.M. = 105 Gulden Ö.W. = 250 Gulden W.W. – alles klar?

1867   Ausscheiden Österreichs aus dem Deutschen Bund und Deutschen Münzver-
       ein als Folge des österreichisch-preußischen Krieges, Österreichische
       Währung (Ö.W.) bleibt bestehen. Anlehnung an westliches Franc-Währungs-
       system, ohne ihm jedoch beizutreten (Union Latine: Frankreich, Belgien,
       Schweiz und Griechenland)

1892   Neue Währung; 1 Krone = 100 Heller (Übergang zur Golddeckung).
       Umtauschwert: 1 Gulden Österreichischer Währung = 2 Kronen

1925   Neue Währung: 1 Schilling = 100 Groschen, Umtauschwert: 10.000 Kronen
       = 1 Schilling

1938   Neue Währung: 1 Reichsmark = 100 Pfennige, Umtauschwert: 1,5 Reichs-
       mark = 1 Schilling

1945   Neue Währung: 1 Schilling = 100 Groschen, Umtauschwert: 1 Schilling =
       1 Reichsmark

1947   Amtliche Wertreduktion: 3 Schilling „erste Auflage" = 1 Schilling „zweite
       Auflage"

2002   Neue Währung: 1 Euro = 100 Cent, Umtauschwert: 1 Euro = 13,7603 Schil-
       ling

ALTE ÖSTERREICHISCHE MASSE UND GEWICHTE

Das metrische System 1 Meter = 100 cm wurde am 23.7.1871 eingeführt.
Bis dahin wurden lokal sehr verschiedene Maßeinheiten verwendet.

Länge, Fläche
– 1 große Wiener Elle („Leinenelle"): 89,6 cm
– 1 kleine Wiener Elle („Tuchelle"): 77,5 cm
– 1 Klafter (1,9 m) = 6 Fuß/Schuh (je 32 cm) zu je 12 Zoll (je 2,7 cm)
– 1 Quadratklafter (3,6 m²) = 36 Quadratfuß (1 Quadratfuß =1.024 cm²)

Hohlmaße
– 1 Wiener Maß (1,4 Liter)
– 1 Eimer (56 Liter) = 40 Maß
– 1 Metze (62 Liter)

Münzgewichte:
– Wiener Mark ca. 280 g (die wichtigere Kölner Mark betrug 234 g)
– Silber: 1 Mark (280g) = 16 Lot (je 17,5g) zu je 4 Quentchen (je 4,4g)
– Gold: 1 Mark (280g) = 24 Karat (je 11,7g) zu je 12 Grän (je 1g)

Sonstige Gewichte (auch für Kupfermünzen):
– 1 Wiener Pfund (0,56 kg) = 32 Lot zu je 4 Quentchen
– 1 Wiener Zentner = 100 Pfund (56 kg)

Zählmaße
– 1 Schock   = 60 Stück
– 1 Schilling = 30 Stück
– 1 Dutzend = 12 Stück

Relationen zwischen Einkommen 1792 – 2000 (Werte gerundet)

Jahr	Faktor Umrechnung in Euro	Bruttolohn pro Woche Ungelernter	Wert in Euro Jahr 2004	Arbeitszeit pro Woche in Stunden	Preis für 1 kg Brot	In Euro 2004	Kilo Brot pro Wochenlohn	% des Einkommens[1] frei verfügbar
1 fl[2] 1790	24,00	1,5 fl	36	70,0	0,035 fl	0,84	21	-
1 fl 1830	15,40	2,5 fl	39	82,5	0,04 fl	0,62	36	7
1 fl 1870	9,10	6 fl	55	78,0	0,16 fl	1,46	38	8
1 K 1910	4,20	18 K	75	58,0	0.31 K	1,30	58	12
1 S 1930	2,50	56 S	137	44,0	0,55 S	1,38	102	23
1 S 1950	0,60	231 S	132	50,3	2,40 S	1,44	96	23
1 S 1970	0,24	961 S	230	44,3	6,10 S	1,46	158	35
1 S 1980	0,13	2.687 S	350	40,0	11,10 S	1,44	242	39
1 S 1990	0,09	4.123 S	390	39,5	19,20 S	1,73	215	46
1 S 2000	0,07	5.620 S	407	37,5	23,04 S	1,60	244	49

1) nach Abzug der Ausgaben für Lebensmittel, Kleidung, Miete, Heizung und Einrichtung
2) fl Abkürzung für Gulden („Florin")

Quellen: Österreichisches Statistisches Zentralamt: Die Entwicklung der Verbraucherpreise von 1900 – 1996; Sandgruber Roman: Ökonomie und Politik, Österreichische Wirtschaftsgeschichte vom Mittelalter bis zur Gegenwart

Kriegskosten Österreichs von 1756 bis 1945:

	in Mio Gulden	= Mio Euro 2004
Siebenjähriger Krieg 1756-1763:	260	8.000
Napoleonische Kriege 1798-1815	2.000	20.000*)
Niederschlagung der Revolution 1848/49	133	2.000
Mobilisierung Krimkrieg 1854	193	1.780
Krieg gegen Frankreich und Piemont 1859	221	2.060
Bundeskrieg gegen Dänemark 1864	16	150
Krieg gegen Preußen 1866	149	1.390
Okkupation Bosnien-Herzegowina 1878-1882 + Niederschlagung des Aufstandes von 1882	171	1.500
	in Mio Kronen**)	
Annexion Bosnien-Herzegowina 1908	176	770
Erster Weltkrieg 1914-1918	90.000	383.000*)
Zerstörungen im Zweiten Weltkrieg 1943-1945		57.000
Gesamt 1756 – 1945		**477.650**

*) Kaufkraftvergleich aufgrund der galoppierenden Inflation dieser Zeit nur grob schätzbar

**) 1892 Einführung der Kronenwährung, 2 Kronen = 1 Gulden

Quelle: Walter Wagner in: Die Habsburgermonarchie 1848-1918, Band V

„WHO IS WHO" AUF DEN ÖSTERREICHISCHEN BANKNOTEN 1950 – 2001

Die Jahreszahlen geben den Zeitraum zwischen Ausgabe und Einziehung wieder. Die Ausgabe erfolgt in der Regel nach dem auf dem Geldschein vermerkten Datum des Beschlusses der Einführung mittels kaiserlichem Patent, Reichs- oder Bundesgesetzes. Von der Einziehung ist die Präklusion zu unterscheiden: Mit der Einziehung verliert die Note ihre Funktion als allgemein gültiges Zahlungsmittel, kann aber bis zum Ende der Präklusionsfrist noch bei der Österreichischen Nationalbank umgetauscht werden.

Diese Präklusionsfrist beträgt seit 1947 zwanzig Jahre ab dem Datum der Einziehung. Eine Ausnahme bilden die zuletzt gültigen Schilling-Banknoten (Einziehungstermin 28.2.2002) – sie können zeitlich unbegrenzt gegen Euro umgetauscht werden.

20 S, 1950-1957,

Joseph Haydn,
Bergkirche, Eisenstadt (B)

geb. 1732 Rohrau (NÖ), gest. 1809 in Wien, beigesetzt in der Bergkirche Eisenstadt, Komponist, Schöpfer der „Wiener Klassik". Freund Mozarts, Lehrer Beethovens. Durch Anstellung bei Fürst Esterházy finanziell unabhängig, große Erfolge auf zwei Englandreisen. Vier Oratorien, darunter „Die Schöpfung", „Die Jahreszeiten", 106 Symphonien, 83 Divertimenti, Ouvertüren und Streichquartette, darunter das „Kaiserquartett", die spätere Kaiserhymne, 24 Opern, 14 Messen. Auf dieser Banknote wurde erstmals ein prominenter Österreicher dargestellt.

50 S, 1952-1964,

Jakob Prandtauer,
Stift Melk
an der Donau (NÖ)

geb. 1660 Stanz bei Landeck (T), gest. 1726 in St. Pölten (NÖ), Barockbaumeister: Stift Melk, Stift St. Florian, Karmeliterkirche und Kloster in St. Pölten, Barockisierung des Domes von St. Pölten, Wallfahrtskirchen Sonntagberg, Maria Taferl (Kuppel) und Christkindl.

500 S, 1953-1967,

Julius Ritter
von Wagner-Jauregg,
Universität (W)

geb. 1857 Wels, gest. 1940 Wien, Psychiater, Univ. Prof. für Psychiatrie in Graz und Wien, Vorstand der Wiener Psychiatrischen Klinik „Am Steinhof", 1927 Nobelpreis für die Entdeckung der therapeutischen Bedeutung der Malariaimpfung bei progressiver Paralyse; sozialmedizinisch bedeutsam seine Forschungen zu Schilddrüsenstörungen und die Entwicklung der Kropftherapie mittels jodiertem Kochsalz, Ehrendoktor der Universität Wien für die Tätigkeit auf dem Gebiet der Gerichtsmedizin.

100 S, 1955-1964,
Franz Grillparzer,
Dürnstein (NÖ)

geb. 1791 Wien, gest. 1872 Wien, Dichter, Direktor des Hofkammer-Archives in Wien, bedeutendster Vertreter der klassischen Dichtung in Österreich. Hauptwerke: „Die Ahnfrau", „Sappho", „Das goldene Vliess", „Ein treuer Diener seines Herrn", „Des Meeres und der Liebe Wellen", „Der Traum ein Leben", „Wehe dem, der lügt", „Libussa", Gedichte. Obwohl sein Drama „König Ottokars Glück und Ende" ein Hauptwerk der patriotischen Dichtung ist, war Grillparzer selbst Opfer der überspitzten Zensur in Österreich. Tritt öffentlich mutig dagegen auf. Verherrlichte Radetzkys Siege über die Revolution in Italien 1848/1849 („In Deinem Lager ist Österreich").

1.000 S, 1956-1964,
Anton Bruckner,
Brucknerorgel,
St. Florian (OÖ)

geb. 1824 Ansfelden (OÖ), gest. 1896 Wien, Organist und Komponist, als „Organist Gottes" international anerkannt, als Komponist von der zeitgenössischen Musikkritik angegriffen und verhöhnt. Persönlich anspruchslos, rührend seine Bitte anlässlich einer Audienz bei Kaiser Franz Josef, als dieser ihm einen Wunsch freistellte, der Kaiser möge doch etwas dagegen tun, dass der Kritiker Hanslick nicht dauernd auf ihn, Bruckner, so losgehe. Neun Symphonien, drei Messen, „Tedeum".

20 S, 1956-1970,

Carl Auer
Freiherr von Welsbach,
Kirche Maria Rain,
Karawanken (K)

geb. 1858 Wien, gest. 1929 Schloss Welsbach/Mölbling (K), Chemiker, Erfinder: Gasglühstrumpf 1891, Osmium-Wolfram-Metallfadenglühlampe (Osram-Lampen) 1898, Cer-Eisen (synthetischer Feuerzeugzündstein) 1907, Entdecker von vier neuen chemischen Elementen, Gründer der Treibacher Chemischen Werke.

100 S, 1961-1972,

Johann Strauß Sohn,
Schloss Schönbrunn (W)

geb. 1825 Wien, gest. 1899 Wien, Kapellmeister und Komponist: Walzerkönig, entwickelte den Walzer zum symphonischen Konzertstück, der „Donauwalzer" war ursprünglich ein Misserfolg, zahlreiche weitere Walzer, darunter „Künstlerleben", „Geschichten aus dem Wienerwald", „Wiener Blut", „Rosen aus dem Süden", „Frühlingsstimmen", „Kaiserwalzer", Quadrillen, Märsche, Galopps, Polkas und Operetten, darunter „Die Fledermaus". Wegen einer Ehescheidung nahm Strauß die sächsische Staatsbürgerschaft an und wurde evangelisch.

1.000 S, 1962-1972,

Viktor Kaplan,
Donaukraftwerk Ybbs-
Persenbeug und Schloss
Persenbeug (NÖ)

geb. 1876 Mürzzuschlag (Stm.), gest. 1934 Unterach am Attersee (OÖ), Techniker, Professor an der Technischen Hochschule Brünn, Erfinder: Verbesserung der Francis-Turbine für niedrige Gefälle, Entwicklung der Kaplan-Turbine mit verstellbaren Laufschaufeln, dadurch Verdreifachung der Leistung von Niederdruck-Kraftwerken, erste Kaplan-Turbine in Velm (NÖ), heute im Technischen Museum Wien, Ausrüstung der Flusskraftwerke wie Ybbs-Persenbeug, auf der ganzen Welt eingesetztes Patent.

50 S, 1963-1973,

Richard Wettstein
Ritter von Westersheim,
Schloss Mauterndorf (S)

geb. 1863 in Wien, gest. 1931 in Trins (T), Botaniker, Univ. Prof. in Prag, Ordinarius an der Universität Wien, Vizepräsident der Akademie der Wissenschaften, Neugestaltung des Botanischen Gartens, Entwicklung der stammesgeschichtlichen Systematik in der Botanik, Hauptwerk „Handbuch der systematischen Botanik" 1901-1908, Forschungsreisen nach Süd- und Ostafrika.

500 S, 1966-1987,

Josef Ressel,
Dampfer Civetta

geb. 1793 Chrudim (Böhmen), gest. 1857 Laibach (Slowenien), Techniker, Förster. Nach zahlreichen Erfindungen das Hauptwerk, die Schiffsschraube, 1829 am Dampfer Civetta erprobt. Ein Dampfrohr brach, die Fahrt wurde erfolglos beendet und die Schiffsschraube in Zusammenarbeit konservativer Behörden mit einem Raddampfer-Fabrikanten verboten. Seine Erfindung ging über Paris nach London, er erlebte noch die Ankunft eines englischen Schraubendampfers in Triest, erhielt aber keinerlei finanzielle oder persönliche Anerkennung, da seine Konstruktions-Unterlagen verlorengegangen waren.

20 S, 1968-1989,

Carl Ritter von Ghega,
Semmering
mit Bahnviadukt (NÖ)

geb. 1802 in Venedig, gest. 1860 Wien, Ingenieur. Straßen-, Wasser- und Brückenbauten in den Alpen, Mitarbeit an der Kaiser-Ferdinand-Nordbahn. Studienreisen nach England und in die USA, danach Entwicklung des Planes einer Adhäsionsbahn über den Semmering. Mitwirkung an der Konstruktion entsprechender Gebirgslokomotiven. 1854 erste Gebirgsbahn Europas über den Semmering trotz zahlreicher Gegner fertiggestellt. 1855-1857 Fertigstellung der Südbahn von Laibach nach Triest.

1.000 S,
1970-1985,

Bertha Freifrau
von Suttner,
Schloss Leopoldskron
und Festung Hohensalz-
burg (S)

geb. 1843 in Prag als Gräfin Kinsky, gest. 1914 Wien, Pazifistin und Schriftstellerin. Kurzzeitig Sekretärin des schwedischen Dynamitfabrikanten Alfred Nobel. Verbindung zu Friedensorganisationen, 1889 Hauptwerk „Die Waffen nieder", 1890 Gründung der „Österreichischen Friedensgesellschaft". Bewegt Alfred Nobel zur Stiftung eines Friedenspreises, des Nobelpreises. 1905 erste österreichische Nobelpreisträgerin. Stirbt während der Vorbereitung eines für August 1914 in Wien geplanten großen Friedenskongresses knapp vor dem Attentat auf Erzherzog-Thronfolger Franz Ferdinand in Sarajevo und dem Ausbruch des Ersten Weltkrieges.

100 S, 1970-1986,
Angelika Kauffmann,
Bregenzerwälderhaus
aus 1686 (V)

geb. 1741 in Chur, gest. 1807 Rom, Malerin. Stammt aus einer Familie aus Schwarzenberg (V), ab dem 16. Lebensjahr Aufträge für die Pfarrkirche Schwarzenberg, Aufnahme in die Accademia S. Luca, Florenz und Royal Academy, London. In Rom künstlerischer Salon, Kontakt zu Goethe, Herder und Winckelmann. Zahlreiche Porträts und Bilder religiösen Inhalts.

50 S, 1972-1988,
Ferdinand Raimund,
Burgtheater (W)

geb. 1790 als Ferdinand Jakob Raimann in Wien, gest. 1836 Pottenstein (NÖ), Schauspieler und Dichter. Als Zuckerbäckerlehrling Süßwarenverkäufer im Burgtheater, ab da Ausbildung zum Schauspieler bei Wandertruppen, in Wien am Theater in der Josefstadt und Leopoldstädter Theater, Direktor. Zaubermärchen und Possen „Der Verschwender", „Der Bauer als Millionär", „Der Alpenkönig und der Menschenfeind". Selbstmord nach einer harmlosen Verletzung durch einen Hund aus panischer Angst vor Tollwut.

1.000 S, 1983-1998,
Erwin Schrödinger,
Universität (W)

geb. 1887 in Wien, gest. 1961 Wien, Physiker, Universitätsprofessor in Stuttgart, Breslau, Zürich, Berlin, Oxford, Graz, emigrierte 1938 nach Dublin, nach der Rückkehr Professur in Innsbruck. Die von ihm entwickelte „Schrödinger Gleichung" bildete die Grundlage für die Quanten- und Atomtheorie, Mitbegründer der Wellenmechanik, 1933 Nobelpreis für Physik.

100 S, 1984-2002,

**Eugen Ritter
von Böhm-Bawerk,**
*Akademie
der Wissenschaften (W)*

geb. 1851 in Brünn, gest. 1914 Kramsach (T), Nationalökonom, Politiker, Ordinarius für Nationalökonomie in Innsbruck, mehrfach Finanzminister, Einführung der progressiven Einkommenssteuer, Mitbegründer der „Österreichischen Schule der Nationalökonomie", Entwicklung der Lehre vom Grenznutzen, Präsident der Akademie der Wissenschaften, Hauptwerk: „Kapital und Kapitalzins" (1884-1889).

500 S, 1985-1998,

Otto Wagner,
*Postsparkassengebäude
(W)*

geb. 1841 in Wien, gest. 1918 Wien, Architekt, Schüler Siccardsburgs und Van der Nülls, baute ursprünglich im klassizistischen Stil, Grabenhof in Wien, Länderbank Am Hof, Assicurazioni Generali am Bauernmarkt, Professor für Architektur an der Akademie der bildenden Künste, Entwicklung eines eigenständigen Jugendstil-Baustiles, Gründungsmitglied der Wiener Secession, Begründung der „Otto Wagner-Schule" der Architektur, maßgeblich für die bedeutendste Generation von Jugendstil-Architekten in der Monarchie und ihren Nachfolgestaaten. Wichtigste Bauten in Wien: Stadtbahn, Postsparkassengebäude, Krankenhaus und Kirche Am Steinhof,

Wohnhäuser an der Linken Wienzeile 38 und 40, Schützenhaus am Donaukanal, Schleusenanlagen Donaukanal, zwei Villen „Wagner" in der Hüttelbergstraße. Zahlreiche großangelegte Projekte zum Ausbau Wiens, Kaiserboulevards entlang des Wienflusses, Bahnhöfe, Museen, Platzgestaltung Karlsplatz. Bei Erzherzog-Thronfolger Franz Ferdinand anlässlich der Eröffnung der revolutionären Kirche Am Steinhof 1907 in Ungnade gefallen, ab dann keine öffentlichen Aufträge mehr.

50 S, 1986-2002,
Sigmund Freud,
Josephinum (W)

    geb. 1856 in Freiberg (Mähren), gest. 1939 London, Arzt, Neurologe, Begründer der Psychoanalyse, Studien zur Hysterie, zu seelischen Erkrankungen, schließlich zur Traumdeutung, Universitätsprofessor in Wien. Seine Studien zur Psychoanalyse bilden die Grundlage der modernen Tiefenpsychologie und Psychotherapie. Freud musste als Jude 1938 nach London emigrieren. Seine Wohnung mit der berühmten Couch in Wien 9, Berggasse 19 ist als Museum gestaltet. Hauptwerke: „Traumdeutung", „Der Witz und seine Beziehung zum Unbewussten", „Drei Abhandlungen zur Sexualtheorie", „Totem und Tabu", „Das Ich und das Es", „Das Unbehagen in der Kultur".

20 S, 1986-2002,
Moritz M. Daffinger,
Albertina (W)

    geb. 1790 in Lichtental (Wien), gest. 1849 in Wien an der Cholera, Maler, Zeichner in der Porzellanmanufaktur Augarten, ab dem Wiener Kongress 1815 Karriere als Porträtmaler des Kaiserhofes, des Adels und Großbürgertums. Über 1000 Miniatur-Porträts, über 500 Blumenbilder.

5.000 S,
1988-2002,

Wolfgang
Amadeus Mozart,
Staatsoper (W)

geb. 1756 als Johannes Chrysostomus Wolfgangus Theophilus Mozart in Salzburg, gest. 1791 Wien, Komponist. Vielleicht der bedeutendste Vertreter der Wiener Klassik, zeitlich zwischen Haydn und Beethoven. Als Sechsjähriger 1762 Vorspielen bei Kaiserin Maria Theresia, Konzertmeister in Salzburg, ab 1872 in Wien, k. k. Kammerkompositeur. Verstarb früh an einem Nierenversagen, konnte sein letztes Werk „Requiem" nicht mehr vollenden. Mozart verdiente gut, lebte aber als Spieler verschwenderisch. Seine oft als „Armenbegräbnis" bezeichnete Bestattung entsprach der Josephinischen Begräbnisordnung und dem Zeitgeist der Aufklärung. Mozart hinterließ mehr als 600 Werke, auch nur die berühmtesten aufzuzählen, würde den Rahmen sprengen.

500 S,
1997-2002,

Rosa Mayreder,
Gruppenbild

geb. 1858 in Wien, gest. 1938 Wien, Malerin, Schriftstellerin, Frauenrechtlerin, Gründerin des „Allgemeinen Österreichischen Frauenvereins", Vorsitzende der „Frauenliga für Frieden und Freiheit", Kampf um die politische und gesellschaftliche Gleichberechtigung der Frau, als Schriftstellerin Textbuch zu Hugo Wolfs Oper „Der Corregidor", Romane, Novellen, Gedichte, politische Schriften, Jugenderinnerungen „Das Haus in der Landskrongasse".

1.000 S, 1997-2002,

Karl Landsteiner,
Laborbild

geb. 1868 in Baden (NÖ), gest. 1943 New York (USA), Arzt, Serologe, entdeckte 1901 die Unterschiede im menschlichen Blut, legte Bezeichnung der Blutgruppen A, B und 0 fest, Universitätsprofessor für Pathologie in Wien und Den Haag, 1922 Berufung an das Rockefeller Institut, New York, Weiterentwicklung der Blutgruppenforschung, 1930 Nobelpreis für Medizin, 1940 Mitentdecker des Rhesusfaktors. Seine Forschungen ermöglichten die Entwicklung der Bluttransfusion.

Quellenverzeichnis und Bibliographie

– 100 Jahre Interunfall, 150 Jahre RAS, Wien 1989

– 175 Jahre österreichische Tabakregie, Wien 1959

– Abschied vom Schilling, in: Die Münze, 12. Jahrgang, 1.-5. Ausgabe, Wien 2001

– Adel, Bürger, Bauern im 18. Jahrhundert, Ausstellungskatalog Schallaburg 1980

– Der Tiroler Taler, Publikation zur Ausstellung 1972 in Innsbruck, Hrsg. vom Tiroler -Landesmuseum Ferdinandeum, Innsbruck o.J.

– Die Entwicklung der Verbraucherpreise von 1990-1996, Hrsg. vom Österreichischen Statistischen Zentralamt, Wien 1997

– Die Geschichte des Geldes. Was alles vor dem Euro war, Artikelserie in „Finanznachrichten" Heft 24/2001-03/2002, Wien

– Geld, gestern und heute, Graz-Wien-München 1966

– Österreich, Land im Aufstieg, Wien 1955

– Österreichische Nationalbank 1816-1966. Münz- und Papiergeld in Österreich, Ausstellungskatalog, Wien 1966

– Vom Pfennig zum Euro. Geld aus Wien. Ausstellungskatalog Historisches Museum der Stadt Wien, 2002

– Wien, am Graben 21. 150 Jahre Erste Österreichische Spar Casse, Wien 1969

Andics, Hellmut: Der Staat, den keiner wollte, Wien 1962

Andics, Hellmut: Die Insel der Seligen, Wien 1968

Androsch, Hannes: Die politische Ökonomie der österreichischen Währung, Wien 1985

Aulinger, Barbara: Vom Gulden zum Euro. Geschichte der österreichischen Banknoten, Wien 2000

Aumann, G.: Primitives Geld, Vormünzliche Zahlungsmittel, Coburg o. J.

Ausch, Karl: Als die Banken fielen, Wien 1968

Bachinger, Karl; Matis, Herbert: Der österreichische Schilling, Graz 1974

Bachinger, Karl u. a.: Abschied vom Schilling, Graz–Wien–Köln 2001

Breitner, Marion: Hinter der Front. Zur Versorgungslage der Zivilbevölkerung im Wien des Ersten Weltkriegs, in: Studien zur Wiener Geschichte, Jahrbuch des Vereins für Geschichte der Stadt Wien 1994, Wien 1994

Brook-Shepherd, Gordon: Österreich. Eine tausendjährige Geschichte, Wien 1998

Bruckmüller, Ernst: Sozialgeschichte Österreichs, Wien-München 1985

Brusatti, Alois Hrsg.: Die Habsburgermonarchie 1848-1918, Bd. 1: Die wirtschaftliche Entwicklung, Wien 1973

Buchan, James: Unser Geld. Eine Geschichte der Münzen und Scheine, Köln 1999

Burger, Adolf: Unternehmen Bernhard, Berlin 1992

Butschek, Felix: Die österreichische Wirtschaft im 20. Jahrhundert, Wien 1985

Butschek, Felix: Statistische Reihen zur österreichischen Wirtschaftsgeschichte, Wien 1998

Chaloupek, Günther; Eigner, Peter; Wagner, Michael: Wien. Wirtschaftsgeschichte 1740-1938, Wien 1991

Cribb, Joe: Geld, Hildesheim 2002

Dehnke, Erhard: Münzen. Ein Brevier für Sammler, Niedernhausen 1990

Dilke, O. A. W.: Mathematik, Maße und Gewichte in der Antike, Stuttgart 1991

Diwok, Fritz: Gold, Dollar und unser Geld, Wien 1968

Diwok, Fritz; Koller, Hildegard: Reinhard Kamitz. Wegbereiter des Wohlstandes, Wien 1977

Dworschak, Fritz; Moeser, Karl: Erzherzog Sigmund der Münzreiche von Tirol, Wien 1986

Edlinger, Karl Andreas Hrsg.: Ohne Geld is nix umsonst. Geld-Geschichten aus 15 Ländern, Wien 1988

Eigner, Peter; Helige, Andrea: Österreichische Wirtschafts- und Sozialgeschichte im 19. und 20. Jahrhundert, Wien 1999

Fassbender, Dieter: Lexikon für Münzsammler, Augsburg 1991

Fessler, Wilhelm: 200 Jahre Weltwirtschaftsgeschichte, Wien 1992

Fritz, Wolfgang: Für Kaiser und Republik. Österreichs Finanzminister seit 1848, Wien 2003

Frugoni, Chiara: Das Mittelalter auf der Nase, München 2003

Galbraith, John Kenneth: Geld. Woher es kommt, wohin es geht, München und Zürich 1976

Gleeson, Janet: Der Mann, der das Geld erfand, Wien 1999

Göbl, Robert: Einführung in die Münzkunde der römischen Kaiserzeit, Wien 1960

Göhring, Walter; Stadlmann, Friederike: Start in den Abgrund, Österreichs Weg 1918-1945, Wien o. J.

Good, David F.: Der wirtschaftliche Aufstieg des Habsburgerreiches 1750-1914, Wien 1984

Grubelnik, Klaus: Die rote Krake. Eine Bank erobert Österreich, Wien 1998

Gutknecht, Christoph: Lauter blühender Unsinn, München 2001

Hanslik, Johann: Sicherheit im Wandel der Zeit. Ein Überblick über das Versicherungswesen, Graz 1985

Hauser, Andreas: Durch den Berg in ECHOspezial Nr. 5, Innsbruck, Juli/2002

Hauser, Andreas: Die Meister des Erzes in ECHOspezial Nr 5, Innsbruck, Juli/2002

Hauser, Michael: Aus der Geschichte der vormünzlichen Zahlungsmittel, Offenburg o. J.

Häusler, Wolfgang Hrsg.: Geld. 800 Jahr Münzstätte Wien, Wien 1994

Häusler Wolfgang: Von der Massenarmut zur Arbeiterbewegung, Wien-München 1974

Heiller, Bernhard; Wagner, Michael: Im kurzen Wege. Hundert Jahre Postscheckverkehr, Wien 1987

Helczmanovszki, Heimold: Die Bevölkerung Österreich-Ungarns, in: Geschichte und Ergebnisse der zentralen amtlichen Statistik in Österreich 1829-1979, Beiträge zur österreichischen Statistik, Heft 550, Wien 1979

Herinek, Gerhard: Austria Netto Katalog 2002, Wien 2001

Hofbauer Ernst: Das war der Schilling, Wien 1998

Holzmair, Eduard: Münzkunst in Österreich, Wien 1948

Hoor, Ernst: Österreich 1918 – 1938. Staat ohne Nation, Republik ohne Republikaner, Wien 1966

Huber, Hugo: Das silberne Zeitalter in ECHOspezial Nr 5, Innsbruck, Juli/2002

Huber, Hugo: Silberne Wege in ECHOspezial Nr. 5, Innsbruck, Juli/2002

Huber, Hugo: Teures Pflaster in ECHOspezial Nr. 5, Innsbruck, Juli/2002

Huszár, Lajos: Münzkatalog Ungarn. Von 1000 bis heute. Battenberg o. J.

Jaeger, Kurt; Haevecker, Ulrich: Die deutschen Banknoten seit 1871, 2. Auflage, Basel 1969

Jaksch, Karl; Stahl, Werner: Das Ersatzgeld der Kriegsgefangenen- und Internierungslager in Österreich-Ungarn 1914-1918, Numismatische Zeitschrift, 92. Band, Wien 1978

Jungmann-Stadler, Franziska: Geld. Von der Kauri-Schnecke zur Kreditkarte, Nürnberg 2002

Jungwirth, Helmut: Geprägt in Gold und Silber, Wien 1968

Jus, Josef: Einführung in die Münzkunde, Wien 1962

Kainz, Julius; Unterberger Andreas, Hrsg.: Ein Stück Österreich. 150 Jahre „Die Presse", Wien, 1998

Kausel, Anton: Österreichs Volkseinkommen 1830-1930, in: Geschichte und Ergebnisse der zentralen amtlichen Statistik in Österreich 1829-1979, Beiträge zur österreichischen Statistik, Heft 550, Wien 1979

Kerschagl, Richard: John Law. Die Erfindung der modernen Banknote, 2. Auflage, Wien 1968

Kleindl, Walter: Das große Buch der Österreicher, Wien 1987

Kleindl, Walter: Österreichische Daten zur Geschichte und Kultur, Wien 1978

Knapp, Horst: Selektion. Wirtschaft in Zitaten. Geld, Wien 1991

Koch, Bernhard: Münz- und Geldwesen unter Friedrich III. in: Friedrich III. Kaiserresidenz Wiener Neustadt, Ausstellungskatalog, Wien 1966

Koppatz, Jürgen: Geldscheine des Deutschen Reiches, Berlin (Ost) 1983

Kramar, Konrad; Stüber, Petra: Habsburgs leere Kassen, Wien 2001

Kranister, Willibald Hrsg.: Die Geldmacher. Vom Gulden zum Schilling, Wien 1985

Kranister Willibald: Die Geldmacher international, Wien 1989

Kroha, Tyll, Großes Lexikon der Numismatik, Gütersloh 1997

Kühnel, Harry Hrsg.: Alltag im Spätmittelalter, Graz, Wien, Köln 1996

Küntzel, Ulrich: Die Finanzen großer Männer, Wien und Düsseldorf 1964

Landwehr v. Pragenau, Ottokar: Hunger, Wien 1931

Langer, Waltraud: Vom Schilling zum Euro, Wien 1997

Lassnig, Stefan: Tirols Henker in ECHOspezial Nr 5., Innsbruck, Juli/2002

Leitner, Friedrich W.; Krauland, Elfriede: Sonderausstellung „Geld regiert die Welt – Geprägte Geschichte von Kaiser Maximilian I. bis zum EURO", in Rudolfinum, Jahrbuch des Landesmuseums für Kärnten 2001, Klagenfurt 2002

Lendvai, Paul: Die Ungarn, Eine tausendjährige Geschichte, München 1999

Lerch, Monika: Arbeiten, Saufen, Sündigen und Beten in ECHOspezial Nr 5, Innsbruck, Juli/2002

Lerch Monika: Vom Licht ins Dunkel in ECHOspezial Nr. 5, Innsbruck, Juli/2002

Liebscher, Klaus: Seipel, Wilfried Hrsg.: Vom Schilling zum Euro. Ausstellungskatalog Kunsthistorisches Museum Wien, 2002

Loehr, August: Österreichische Geldgeschichte, Wien 1946

Loewenfeld-Russ, Hans: Im Kampf gegen den Hunger, Wien 1986

Marchet, Gustav: Die Versorgung der Kriegsinvaliden und ihrer Hinterbliebenen, Warnsdorf 1915

Markus, Georg: Schlagzeilen, die Österreich bewegten. Das Jahrhundert der Kronen-Zeitung, Wien 1990

Märwerts, Michael: Soll oder Haben oder Wirtschaft in Anekdoten, Wien, Berlin 1974

Mathis, Franz: Die deutsche Wirtschaft im 16. Jahrhundert, München 1992

Maus, Hansjörg und *Mondfeld, Wolfram* zu: Alles Gold gehört Venedig, München 1978

Michel A. Th: Die neuen Münzgesetze des Kaiserthums Oesterreich, Wien 1859

Miller zu Aichholz Viktor von, Loehr August, Holzmair Eduard: Österreichische Münzprägungen 1519-1938, 2. Auflage, Wien 1948

Mühlpeck, Vera; Sandgruber, Roman; Woitek, Hannelore: Index der Verbraucherpreise 1800-1914, in: Geschichte und Ergebnisse der zentralen amtlichen Statistik in Österreich 1829-1979, Beiträge zur österreichischen Statistik, Heft 550, Wien 1979

North, Michael: Deutsche Wirtschaftsgeschichte, München 2000

North, Michael: Von Aktie bis Zoll. Ein historisches Lexikon des Geldes, München 1995

Ogger, Günter: Kauf dir einen Kaiser. Die Geschichte der Fugger, München 1979

Österreichisches Statistisches Zentralamt Hrsg.: Die Entwicklung der Verbraucherpreise von 1900 – 1996, Wien 1997

Palme, Liselotte: Androsch. Ein Leben zwischen Geld und Macht, Wien 1999

Peissl, Walter: Das „bessere" Proletariat, Wien 1994

Pentzlin, Heinz: Das Geld, Berlin, Frankfurt/Main, Wien 1982

Pick, Albert: Papiergeld, Braunschweig 1967

Pick, Albert: Papiergeld Lexikon, Regenstauf 1992

Pick, Albert: Papiergeldkatalog. Europa seit 1900, 2. Auflage, München 1973

Pick, Albert: Papiergeld. Ein Brevier für Sammler, Niedernhausen 1980

Pick, Albert: World Paper Money, general issues, volume two, 7th edition, Iola/ Wisconsin 1994

Pick, Albert; Richter, Rudolf: Papiergeld Spezialkatalog Österreich 1759-1986, Wien 1986

Porteous, John: Münzen. Geschichte und Bedeutung in Wirtschaft, Politik und Kultur, Frankfurt/Main 1969

Portisch, Hugo: Österreich I. Die unterschätzte Republik, Wien1989

Portisch, Hugo, Österreich II. Die Wiedergeburt unseres Staates, Wien 1985

Portisch, Hugo, Österreich II. Der lange Weg zur Freiheit, Wien 1986

Pressburger, Sigmund: Österreichische Notenbank 1816-1966, Wien 1966

Probszt, Günther: Österreichische Münz- und Geldgeschichte, 2 Bände, Wien 1994

Probszt, Günther: Goldmünzen, Braunschweig 1963

Rauser, Franz: Die Verstaatlichung in Österreich, Wien 1949

Redlich, Fritz: Die deutsche Inflation des frühen 17. Jahrhunderts in der zeitgenössischen Literatur: Die Kipper und Wipper, Köln und Wien 1972

Reischl, Friedrich: Wiens Kinder und Amerika, 2. Auflage, Wien 1920

Riché, Pierre: Die Welt der Karolinger, Stuttgart 1981

Richter, Rudolf: Notgeld Österreich. Deutsch-Österreich und Nachfolgestaaten mit Nebengebieten ab 1918, Regenstauf 1993

Richter, Rudolf: Notgeld Österreich. Lagergeld, Regenstauf 1997

Richter, Rudolf: Notgeld Österreich. Österreich-Ungarn 1914-1918, Regenstauf 1996

Ritter, Hugo: Der Mensch und das Geld, München 1952

Rohrbach, Wolfgang: Von den Anfängen bis zum Börsenkrach des Jahres 1873 in: Versicherungsgeschichte Österreichs, Band I, Wien 1988

Rohrbach, Wolfgang: Die altösterreichischen Regionen Zentral- und (Süd)Osteuropas: Gestern-heute-morgen in: Versicherungsgeschichte Österreichs, Band VII, Wien 2004

Rubin, Eli (= Sozius): Der Fall oesterreichische Creditanstalt, Wien 1931

Ruland, Bernd: Vorsicht Falschgeld, Zürich 1967

Sailer, Olaf: Die Sternstunde des Talers in ECHOspezial Nr. 5, Innsbruck, Juli/2002

Sailer, Olaf: König der Kaufleute in ECHOspezial Nr. 5, Innsbruck, Juli/2002

Sailer, Olaf: Silberner Segen in ECHOspezial Nr. 5, Innsbruck, Juli/2002

Samhaber, Ernst: Die neuen Wirtschaftsformen 1914-1940, Berlin 1940

Samhaber, Ernst: Das Geld, München 1964

Sandgruber, Roman: Geld und Geldwert in: Vom Pfennig zum Euro, Wien 2002

Sandgruber Roman: Ökonomie und Politik, Österreichische Wirtschaftsgeschichte vom Mittelalter bis zur Gegenwart, Wien, 1995

Schacht, Hjalmar: 76 Jahre meines Lebens, Bad Wörishofen 1953

Scheithauer, Erich u.a.: Geschichte Österreichs in Stichworten, Bände I bis VII, Wien 1971 – 1987

Schmitz, Jakob: Historische Wertpapiere, Düsseldorf 1982

Schramm, Petra: Der Mensch und sein Geld im Spiegel der Kunst, Wiesbaden 1985

Schramm, Petra: Geldgeschäfte und Kapitalanlagen in alter Zeit, Wiesbaden 1988

Schramm Petra: Raritäten aus der Geldgeschichte, Wiesbaden 1986

Schröder, Heinrich: Die österreichische Währung von 1918-1968 in: 1918-1968 Österreich – 50 Jahre Republik, Wien 1968

Seipel, Wilfried Hrsg: Geld aus China, Ausstellungskatalog, Wien 2003

Sieghart, Rudolf: Die letzten Jahrzehnte einer Großmacht. Menschen, Völker, Probleme des Habsburgerreiches, Berlin 1932

Spira, Leopold: Attentate, die Österreich erschütterten, Wien 1981

Spitzmüller, Alexander: „...und hat auch Ursach, es zu lieben.", Wien 1955

Sprenger, Bernd: Das Geld der Deutschen, Paderborn, 1991

Sterk Harald: Industriekultur in Österreich, Wien-München 1985

Stiefel, Dieter: Arbeitslosigkeit, Berlin 1979

STUZZA – Studiengesellschaft für Zusammenarbeit im Zahlungsverkehr Hrsg.: Der Euro – unser neues Bargeld, Wien 2000

Tautscher, Anton; Kübler, Ernst: Die Lebensfähigkeit Österreichs, Wien und Graz 1946

Treichlinger, Wilhelm M.: Das Geld. Seine Geschichte in Geschichten, Wien 1968

Trost, Ernst: Zur allgemeinen Erleichterung...Eine Kultur- und Wirtschaftsgeschichte des Tabaks in Österreich, Wien 1984

Überbacher, Johann: Kämpfende Knappen in ECHOspezial Nr 5, Innsbruck, Juli/2002

Urbanski, Hans: Aus dem Milieu des Versicherungswesens (Erste Republik) in: Versicherungsgeschichte Österreichs, Band III, Wien 1988

Urbanski, Hans: 150 Jahre Generali, 100 Jahre Erste Allgemeine. Ursprung, Geschichte und Motivation, Wien 1982

Veit, Ludwig: Das liebe Geld, München 1969

Vocelka, Karl: Geschichte Österreichs, Graz 2000

Wagenführ, Horst: Der goldene Kompaß, Stuttgart 1959

Wagenführ, Horst: Die Geldgeschäfte großer Herren, Stuttgart o. J.

Wagenführ, Horst: Handelsfürsten der Renaissance, Stuttgart 1957

Wagner, Michael; Tomanek Peter: Bankiers und Beamte. 100 Jahre österreichische Postsparkasse, Wien 1983

Wala, Adolf Hrsg.: Der Schilling. Ein Spiegel der Zeiten, Wien 1994

Walz, Karlheinz: Falschgeld, Regenstauf 1999

Walker, Karl: Das Geld in der Geschichte, Lauf/Nürnberg 1959

Wandruszka, Adam und *Urbanitsch, Peter* Hrsg.: Die Habsburgermonarchie 1848-1918, Wien ab 1973

Wegs, Robert J.: Die österreichische Kriegswirtschaft 1914-1918, Wien 1979

Wehle, Peter: Sprechen Sie Wienerisch?, Neuausgabe, Wien 1980

Wenger, Otto Paul: Römische Kaisermünzen, Bern 1975

Wiesflecker, Hermann: Friedrich III. und der junge Maximilian, in: Friedrich III. Kaiserresidenz Wiener Neustadt, Ausstellungskatalog, Wien 1966

Wirth, Max: Das Geld, Leipzig, Prag 1884

Voigtlaender, Heinz: Falschmünzer und Münzfälscher, Münster 1976

Zarlenga, Stephen: Der Mythos vom Geld – die Geschichte der Macht, Zürich 1999

Zischka, Anton: Der Dollar. Glanz und Elend einer Währung, München 1986

PERSONENVERZEICHNIS

Abkürzungen:

Ehzg.: Erzherzog/ Erzherzogin

Frfr: Freifrau

Frhr.: Freiherr

Fst.: Fürst/ Fürstin

Gf.: Graf/ Gräfin

Hzg.: Herzog/ Herzogin

Kg.: König/ Königin;

Kfst.: Kurfürst/ Kurfürstin

Ks.: Kaiser/ Kaiserin.

v.: von

Kaiser von Rom und Kaiser des Heiligen Römischen Reiches werden nur als „Kaiser" bezeichnet.

DER AUTOR

Dr. Erik Eybl, geboren 1957 in Wels/OÖ, studierte neben seinem Dienst als Offizier des Bundesheeres Geschichte und Jus. Der begeisterte Bergwanderer lernte in den Dolomiten die Aktion „Friedenswege – Via della pace" von Walther Schaumann kennen. Es folgten zwölf Sommer Mitarbeit an der Errichtung der Freilichtmuseen des Ersten Weltkrieges in Südtirol und Kärnten sowie am „Museum 1915-1918" in Kötschach-Mauthen. Veröffentlichung „Das Freilichtmuseum 1915-1917, Plöckenpaß". Nach einer kurzen Tätigkeit als Ministerialbeamter Wechsel zu einer großen Privatversicherung.

Aus seiner reichhaltigen Sammlung historischer Zahlungsmittel, Archivalien und Plakate gestaltete er Ausstellungen wie *„Von der Eule zur Generali-Bank. 3000 Jahre Geldgeschichte"* (Wien 2003), *„Geld, Geld und nochmals Geld. Kriegsfinanzierung und Friedensfolgen"* (Kötschach-Mauthen 2003), *„Information. Propaganda. Kunst. Französische und österreichische Plakate des Ersten Weltkrieges"* (Wien 2004) und *„Krieg an der Wand. Der Erste Weltkrieg im Spiegel der Plakate"* (Kötschach-Mauthen 2005).